四川大学文化遗产与文化互动研究基地
现代中国文化与文学研究中心 主办

现代中国文化与文学

第10辑

XIANDAI ZHONGGUO
WENHUA YU WENXUE

四川出版集团 巴蜀书社

编 委 会 名 单

编委会主任

编　委

目　录

Contents

论中国现代文学概念的游移与中华民国文学史的缺位

□李光荣

一

中国现代文学学科的诞生快60年了，如果从胡适的《五十年来中国之文学》算起，则更早，已有80多年的历史。在这漫长的历史时期中，经过数代研究者的努力工作和持续贡献，中国现代文学学科已相当完备且较为成熟了，这是学术界公认的。但是，中国现代文学还存在着许多不清楚、不确定的问题。这自然不奇怪。每个学科都不是一成不变之后才宣布诞生的，且都是在不断探索研究中发展成熟的，有的学科发展了数十年，连学科涵义都没有确定，有的学科经过数十、数百年的历史，最后又被其他学科取代、吸纳而消亡等，也是所见的事。因此，对于学科内容的发展、阐释、厘定、扩充等都是常有的事，属于学科研究的范畴。甚至从某种意义上说，正是存在不清楚和不确定，才表明了学科的活力，对于不清楚和不确定的探索推动了学科的发展——学科的魅力正在于此。所以，我们敢于面对和迎接中国现代文学学科中的不清楚和不确定的对象，且进行深入不懈的探索，以期完全彻底地解决问题，并在此过程中促进学科的发展与完善。在中国现代文学学科的许多不清楚和一些不确定的内容中，中国现代文学的概念是一个困扰研究者的难题。中国现代文学，通常是指"五四"至中华人民共和国成立这段时期的文学，具体地说，是1917年1月至1949年7月之间产生的文学，标志是胡适《文学改良刍议》的发表和中华全国文学艺术工作者代表大会的召开。这一概念存在着它的狭隘性，既忽略了此前长期酝酿发展的现代意识和文学的改良与变化，又截断了现代文学传统在当代的传承与发扬光大。于是，研究者便上溯近代、下延当代，对现代文学进行了拓展式的研究。此间，一个最响亮的口号是由陈思和等提出的"重写文学史"。在这种观念指导下，除了对"五四"至中华人民共和国成立这一时期的文学进行新的阐释，对文学规律进行新的概括外，还对近代文学的现代转型和当代文学与现代文学的关系进行梳理研究。一种较为通行的方法是打通现当代，或者以"中国现代文学"包涵中国当代文学，或者把现当代合并，称"中国现当代文学"。国家的学科设置也如此：国家标准学科分类称"中国现代文学史"，教育部全国一级学科专业目录中二级学科为"中国现当代文学"。同时，许多大学把原来的"中国现代文学"和"中国当代文学"

两门课合为一门，有的称“中国现代文学”，有的称“中国现当代文学”。近代文学在现代文学的扩展中似乎没有取得与当代文学同等的地位。但近代文学的研究实力相当雄厚，许多学者如陈平原、杨联芬等投入其中并取得了可喜的成绩，海外学者王德威的研究成果引人注目，“没有晚清，何来五四”的质问为学界普遍接受。而中国现代文学史一般都从近代讲起。在此过程中，出现较早、影响巨大的是黄子平、陈平原、钱理群三人提出的“20 世纪中国文学”的观念。这个观念不是一般意义上的“打通”中国近、现、当代文学，而是把从 1895 年“公车上书”以来的 20 世纪文学作整体观。在 20 世纪中国文学概念中，中国现代文学和当代文学概念融入其中而消失了。随后，有多本以“二十世纪中国文学史”为名的史书出版，许多论文在此题下发表，“20 世纪中国文学”成为研究者观察认识文学问题的思想观念。但是，20 世纪中国文学并没有取得学科地位，这一方面是因为 20 世纪的中国文学实在太复杂；另一方面是因为漫长的中国古代文学不按世纪划分，简言之，中国文学的发展不以世纪为单元。所以，20 世纪文学很难通行，就连首倡者之一的钱理群也没有去写《20 世纪中国文学史》，他影响最广泛的史书是与温儒敏、吴福辉合著的《中国现代文学三十年》。

上述工作表面上看只是一个时间问题，由 30 年到 80 年，再到 100 年，实质上是文学史观的变化，即怎样看待中国近代文学、现当代文学和 20 世纪文学的问题，只有概括出一个时段内文学的面貌特征及其发展的共同特点和规律，才可能把它们组合在一起。所以，近 30 年来，研究者对文学的特点和规律进行了深入的探索和多样的概括，例如，对于自由主义文学的阐发，对于现代主义文学流派的疏浚，对于先锋文学的探讨，对于现代文学与传统文学、外国文学的继承和发展关系，对于文学史料的全方位发掘等等，都关乎现代文学总体概括的研究。其中，关于先锋文学与现当代文学格局的讨论是离现在最近的一次大讨论。此论由陈思和提出，经吴福辉、吴晓东等专家的推进，形成了较为明确的认识，即 20 世纪中国文学史是先锋文学和常态文学交替发展的历史，常态文学是基本的较为稳定的文学形态，先锋文学则起到刺激、引导和推动文学发展的作用。一种先锋文学经过一段时间试验，逐步为大多数人接受就变成常态文学而失去了先锋性，这时又出现了新的先锋文学刺激、引导和推动着常态文学，进而实现新的一轮交替，如此往复，构成了 20 世纪文学的基本面貌。这种史观无疑具有概括力，尤其是对外国文学思潮和流派对于中国文学所起的作用肯定充分，但对于中国传统文学在新的历史条件下所起的变异甚至决定作用未加以重视，而对于 20 世纪中国文学的民间资源则没有足够的认识，所以，这种文学史观仍然难以得到推行。

从 20 世纪 80 年代中期“重写文学史”的主张提出，至今已 20 多年了。在这 20 多年里，研究者们对于中国现代文学史观进行了多方面探讨，得出了一些很有价值的观念，指导了 20 余年中国现代文学的研究并且取得了丰硕的成果。但是，我还是要不无遗憾地说，那种能够全面准确地概括中国现代文学或者 20 世纪中国文学的线索、特点和规律的史观还没有被提出来。

二

为什么难以寻求准确、全面的中国现代文学或者20世纪中国文学史观呢？其根本原因与20世纪中国社会的复杂性有关。

20世纪的中国，说具体一些是20世纪上半期的中国，经历了三个朝代，不，是三种社会制度的更替。这在中国历史上前所未有，在世界史上也罕见。唐朝之后，有五代十国，国家不可谓少，但无非是封建国家的改朝换代，社会性质没有改变。周朝末即春秋战国时期，出现了若干个国家，开始了奴隶制社会向封建制社会的转化，但各个国家相互并列或另行组合，并没有改变社会性质，至大一统帝国秦朝建立，才完成了朝代的更替和社会制度的转变。唯有20世纪上半期，中国社会由封建制度转变为以资本主义为主体的制度，再转变为社会主义制度，国家名称由清朝到中华民国再到中华人民共和国，实现了社会性质的“三级跳”。社会体制的急剧变化，带来了社会文化和思想意识的急剧变化，所以，20世纪上半期的社会、政治、思想和文化都是相当复杂的。传统意义上的中国现代文学30年，正好处于三种社会制度中间一种之内，这就意味着，中国现代文学是推翻了封建主义后建立起来的资本主义（尽管不充分）条件下的文学。同时，中华民国既是资本主义发展的社会，又是无产阶级壮大的社会，同时还是封建主义和帝国主义势力存留的社会，而资本家在取得政权以后，即变为反动阶级，成了无产阶级革命的对象，于是，20世纪上半期便存在着两种阶级斗争和两种社会革命。两种阶级斗争，一种是资产阶级反对封建阶级的斗争，一种是无产阶级反对资产阶级的斗争，而反对帝国主义是中国各阶级的共同任务。两种社会革命则是推翻封建王朝后，接着推翻资本主义统治。在这种历史环境中产生的文学必然有其复杂性。更为复杂的是，中国资产阶级由于自身发展不健全，具有软弱性，不能独自承担并完成反帝反封建的任务，这一任务便落到了无产阶级的肩上。无产阶级一面反对资产阶级，另一面又和资产阶级一道反对封建阶级和帝国主义，于是构成了异常复杂的情况。有时候，无产阶级和资产阶级站在一起；有时候，无产阶级和资产阶级水火不容。我们看到，在要求民主、自由、科学、现代化的目标上，两大阶级一致，但在对待利益、政权和平等地位等方面却针锋相对，你死我活。因此，在这段历史时期中，既有资产阶级的文学，又有无产阶级的文学，还有反映两个阶级共同思想利益的文学，文学的复杂性明显。

在中国现代文学上伸下延过后，本来已经相当复杂的现代文学就更为复杂难辨了。晚清以来，既有社会改良的要求和民主主义思想，又有强大的封建意识，且许多进步人士的思想是保皇安民，忠君行孝，与资产阶级的民主和无产阶级的人民大众思想对立。这时候的文学，虽然有一些现代意识，但其局限性很大。要把近代文学和现代文学捏拢，归纳出一致的思想内容、艺术特点和文学形式是困难的。这大概就是近代文学和现代文学至今未能融为一个学科的原因。虽然大家都认可“没有晚清，何来五四”，但晚清和“五四”又绝不是一回事，它们只是萌芽与禾苗的关系，现代文学可以从晚清写起，但晚清文学并不是现代文学。在“百年文学史”（1840－1949）主张联通近现代的同期，出现了“打通中国现当代文学”的主张。研究者不满于现代文学仅短暂的30年，要使它成为发展的活的文学，而更为主要和实质性的则是现代文学和当代文学的思想性质、文学形式和风格特点相一致。在我们的观念中，现代文学是人民大众的文学，当代文学更是人民大众的文学，其领导阶级都是无产阶级，其创作队伍有延续性，尤其是80年代以来的文学与“五四”文学在精神上的紧密联系等。由于这些条件，如上所说，中国现代文学和当代文学合并而成的中国现当代文学取得了学科地位，许多学校把它们合为一门课。但是，中国现、当代文学毕竟有许多不同，例如，现代文学的批判精神到了当代消失了，取而代之的是颂歌；现代文学的悲剧色彩和悲凉风格在当代消失，取而代之的是正剧和喜剧以及乐观昂扬的格调；现代文学注重对于人性的发掘与抒写，着重揭露人性的阴暗面，当代文学侧重阶级和集体的描写，歌颂人性的美好。这种情况主要表现在“十七年”。至70年代末起，发生了变化，文学继承“五四”文学优良传统，写人性，写悲剧，注意揭露和批判，并且形成了不同的探索和多种风格流派，但文学思想的广度和深度仍不能跟“五四”时期相比，既没有“五四”文学的意气风发，也没有“五四”文学的丰富多彩，甚至没有产生出“五四”及现代的文学大家。这是为什么？是两种社会的体制不一样，社会思想意识也不一样。现代是资产阶级专权，而资产阶级思想从来没有统占过全国，当代是无产阶级专政，政权是高度集中统一的。现代社会的任务是批判、斗争、夺取政权，当代社会的任务则是建设、发展、富强。大体说来，批判需要多种思想和方式，建设则需要统一、团结、集中、和谐，不允许破坏的力量存在。文学属于意识形态，决定于社会存在，因此，现代文学和当代文学虽然有诸多联系，但本质和特点仍然是不同的。正因为此，现在的情况仍然是现代文学研究会和当代文学研究会各行其是，研究者可以脚跨两边，也可以独站一头，但不能强行捏合。教学上即使将现、当代文学排为一门课，但无法把现代文学思想贯穿于当代，自然也不能用当代文学思想去讲授现代文学。一句话，中国现、当代文学貌合神离。弄清了现代文学与近代文学和当代文学不可调和的道理，“20世纪中国文学”的概念难以成立的原因也就清楚了。

与近代社会和当代社会相比，现代社会还有独特的现象，那就是战争。虽然近代和当代也有过战争，但没有现代频仍。武昌起义后，接着是二次革命、护国运动、军阀混战、北伐战争、国共战争、抗日战争、解放战争，在民国38年的历史上，差不多每年都有战争，战争由局部到全国，几乎全民卷入，几至亡国。且不说自然灾害和阶级压迫给老百姓造成的灾难，单是战争就到了民生国力难以承受的地步。各个时代有各个时代的灾难，但像这样的连年战争是近代和当代所没有的。在战争的环境中，无论国家、团体或个人都有不同于和平环境的表现，在这种背景下产生的文学，必然有其特殊性。我们抒写反封建的文学史，梳理“人的文学”的发展历程，这都是对的，但却忽略了战争文学，或者说没有对战争环境下的文学进行深入的考察，这是中国现代文学研究的缺憾。例如，冯至的十四行诗、穆旦的战争诗、戴望舒的后期诗、艾青的战斗诗、沈从文的《湘西》、林蒲的《湘西行》只能产生在抗战时期，这些作品对于人、对于死亡、对于生活、对于民族的探索与描写都异常深刻，为其他时期的作品所不具备。战争条件下的文学以至描写战争的文学无论是近代还是当代都不可能包涵，也是20世纪文学无法概括进去的特点。因此，要把近、现、当代文学合在一起，确实有相当的难度。

三

“打通近、现、当代”难以成为事实，除了中国现代社会太复杂和现代文学的特点难以为近代、当代融合，还有名称的问题。直言之，用“近代”、“现代”、“当代”这些没有明确时间界限的词语作为历史时期的名称不科学。

“近代”是现代人的近代，而不是当代人的近代，“现代”是现代人的现代，也不是当代人的现代，“当代”自然是当代人的当代，而不是未来人的当代，可我们今天——当代人要称1840—1917年为近代，1917—1949年为现代，这在词义上已经发生了混乱。“现”和“当”本是同义语素，因为有了一个“现代”，不得不换一个词而用作“当代”，如果再有一段历史需要划分，是否叫“今代”、“此代”、“这代”？按照马克思的理想，将来的社会形态是共产主义，我们今天也说社会主义是一个过渡阶段，到了共产主义，还称20世纪的历史为近代、现代、当代吗？可见，把近代、现代、当代作为历史名称，只是暂时的提法，它经不住时代的演进和时间的洗刷，再过几百年、几千年是无论如何都不能这样称呼的。

近代、现代、当代这些时间词语的词义是模糊的。模糊词语在表情达意方面有特殊的作用，但用来表示恒定的时段就不恰当了。用“现”、“当”作为语素指称的时间可长可短，它们的本意为此时、当前或叙述者指称过去的某时刻，但我们所说的“现代”、“当代”都长达数十年，超出了这些词本身的容载量。按理，模糊词语是不能作为年限或时段名词使用的。由于近代、现代、当代的含义不确定，带来了学习、掌握和使用的困难，除专业人士能确切地使用这几个名词外，即使受过专门教育的人也常常出错。在特定情况下，即使专业人士也要分辨一下它们所指的具体时间，如“现代”是从“五四”开始，还是从1917年开始或者更早，而结束是中华人民共和国建立还是1949年7月或者包含了当代。

正因为时间不确定，现代的概念才既可上推，也可下延。近20年来对现代文学概念的探讨，自然源于内涵，而表现之一是时间的扩展。最初也是最成功的是合并现、当代文学，这样，现代文学陡然增加了60年以至于此时此刻还在产生。而上推则不统一，有的从黄遵宪、梁启超讲起，有的从戊戌变法开始，有的从“公车上书”算起。如果从1895年“公车上书”算起，现代文学又添加了20年。之所以如此，就是由于“现代”一词在时间上的不确指性，其直接的后果是给现代文学造成了混乱。

“20世纪中国文学”的提法，其时间概念很清楚，克服了近、现、当代表现时间的含混，是一个较好的名称。但也有其不可解决的问题：首先，文学是不以世纪为单位创建的，按世纪为单位划分阶段不符合文学规律，例如，21世纪的文学与20世纪末文学并无本质区别；其次，中国20世纪的社会与文学异常复杂，它由三种不同性质的社会组成，文学在内容上表现为多种性质特点，在形式上表现为古今两种语言形态；再次，这种划分方法得不到历史的呼应。由于中国社会的发展变化与纪年的“世纪”之间没有形成对应的关系，中国古代文学不以世纪划分阶段，就目前看来，今后的文学也不会用世纪来划分，光一个“20世纪文学”不能构成一个体系，因此难以推行开去。这些问题不能解决，“20世纪中国文学”就很难成立了。

时间范围游移不定大概是中国现代文学的特殊现象，中国古代文学就不存在这样的问题，虽然它有漫长的两千多年。其奥秘在于古代文学以朝代纪文学史。先秦文学，秦汉文学，以至唐、宋、元、明、清文学，这些概念一说，听者脑子里都会出现一个明确的历史时段。楚辞、汉赋、唐诗、宋词、元曲、明清小说等概括既抽出了各个历史时段的突出成就，又与朝代联系。稍有文学常识的人都知道，诗不仅唐朝辉煌，词并不是宋人才写，小说非独明清特有，而人们并没有因其不独有，而责备这种概括。至于弄清某种文学体裁起于何时、衰于何时，那是文学史家的事，一般人只需要知道史家概括出来的概念就可以了解某个朝代的代表文学了。而“现代”，则是一个没有定准的名词，每个朝代的人都可以称自己的朝代为“现代”。既然不能确指，时间的游移就难免。可知，中国现代文学时间概念的游移其实是脱离了朝代之故。

中国现代文学研究者以语言和形式为标志，以思想和内容为根据，开辟一条新道路，创建另一种文学史格局，努力找出现代文学自身的性质、特点、线索和规律，自是一种创新，其精神令人敬佩！可是，经过几代人的辛劳，似乎都未见成效。自从“新民主主义文学”和“无产阶级领导的人民大众的反帝反封建的文学”定义被颠覆后，还没有找出一个可以贯穿中国现代文学的核心思想来。这是为什么？是因为文学研究和文学史概括脱离了历史实际。作为观念形态的文学，是一定历史时期作家活动的产物，离开了历史实际，文学就飘起来了。把文学发展历程称为“史”，就承认它是一种历史，文学史是历史的一种类别，它不可能遗世独立。而我们仅仅从文学的内部去寻找规律，故无法切合实际。20世纪80年代以来，中国现代文学史出现了若干种，但越是后来的越少描述历史情形而孤立地讲述文学实际。脱离历史叙述的一个后果是以偏代全。20世纪80年代以前的文学史，主体是左翼作家作品，20世纪80年代以后的文学史，自由主义作家逐渐获得了突出位置，文学史丰富多了，但由于我们概括归纳线索和规律时或多或少地脱离了历史实际，而从思想意识出发，从主观出发，就遗漏了许多东西，比如，反映国民党抗战的文学、反映国民大迁徙的文学就没有写入文学史。

我们批评中国现代文学史写成了“作家论”，经过20年的改变，未能从根本上摆脱这种写法，这一方面与文学作品是作家创作的客观实际有关，另一方面是把文学从历史中抽出来的缘故。固然文学是人类的心灵史，但人类早已构成了社会，心灵史也是社会史的一种。作品当然是作家创作的，但作家生活在社会上，嫦娥的“飞”与孙悟空的“飞”存在艺术差别，鲁迅只能产生在现代。文学固然有其自身的规律，但此规律只能服从于历史的大规律，甚至可以说它是历史规律的派生，不然，反封建精神、民主意识、现代化追求、西方思想的引进等为什么只能是现代文学的精神特质，而不为元、明、清文学所拥有，也不是当代文学“十七年”的精神因素？如果我们本着历史的精神，从历史实际出发，庶几可以克服“作家论”的文史格局。

我不是说现行文学史完全不顾历史事实，而是说依从历史不够，存在着依据历史而又脱离历史的矛盾。由于没有充分尊重历史，所写文学史是片面的、抽象的，因而也是不够科学的。正是企图摆脱历史实际的思想，支配了现代文学史的写作，才使文学史追求“另一种历史”，使用了“现代”这样一个不科学的名称，导致了现代文学概念的游移。这在某种程度上，可以说是“现代”的无根，也可以说是“中国现代文学”的无根。

四

以上论述表明，解决中国现代文学概念游移的问题，根本之点是尊重历史，还原历史，具体做法是确立“中华民国文学史”概念。

中华民国与唐、宋、元、明、清一样，是中国历史上的一个客观存在，它是一个国名，在中国大地上存在了几十年，这几十年就叫中华民国。中国的历史书上就这么写的，辞典上的《我国历代纪元表》也是这么写的。因此，编一部《中华民国文学史》并不是无中生有。至于中华民国的政治清明与否，与国名本身无关，那是另外一回事，可以从别的方面去评价它。一个人名叫“寿福”，就真的长寿有福吗？另一个人叫了“殿龙”，也当不上皇帝。在名实之间，我们当然希望名至实归，但事实往往不是这样。假若一个叫“常廉明”的人当了贪官，玷污了这三个字，就不用“常、廉、明”这三个字，是十分荒唐的。在国名的使用上更是如此，没有因为嬴政焚书坑儒，就不称秦国，没有因为蒙古族用大刀夺取了政权，就不用元代，也没有因为清朝统治者卖国，就不写清朝，因为国名与统治者的实际做法没有必然关系。中华民国一词只代表以此称呼中国的那几十年的时间，此外别无关系。再说，中华民国还是孙中山领导的同盟会（国民党）发动武昌起义，推翻了封建王朝而后建立的呢。孙中山曾经亲手制定了联俄、联共、扶助农工三大政策，共产党员曾经集体加入过国民党，中国工农红军也曾经编为国民革命军第八路军，至于共产党和国民党的斗争、联合，与中华民国这一国名没有关系。中华人民共和国每年国庆期间，在天安门广场上都会摆出两幅巨人头像，一幅是孙中山、一幅是毛泽东，这就是说，我们承认孙中山是伟大的革命先行者，不忘他领导国民党结束封建帝制，建立中华民国的历史功绩，那么，编写一本《中华民国文学史》不会有政治问题吧？

以朝代为单位编史是中国文学史编写的传统。中国历史有编年史、国别史、断代史等编写类别，文学史较通行的似乎是断代史。至于史怎么断，那是史家的自由，可以一个朝代单列，也可以把两个或几个前后相连的朝代合在一起，由于文学成就的高低不同，几个朝代的文学评述还没有一个朝代篇幅长的情况也是有的，经过100多年编写经验的积累，中国古代文学史形成了先秦文学、两汉文学、魏晋南北朝文学、唐宋文学、元明清文学几个板块，任何编写者都跳不出这几个板块，所做的事情无非是按照一定的文学观重新组织和叙述内容。古代文学史之所以能够形成如此稳定的编写体例，是借鉴了中国古代史的编写方法的缘故，朝代固定不变，断代史方法自然也就获得了稳定的基础。而古代文学史并不是机械地搬用断代史，如秦以来的文学，有的根据文学的实绩和篇幅的大小，把各朝代独立专编，有的又把它们相对合并，既显出了史家对于文学的独特认识，又使体例活泼多变。古代文学史也有借鉴国外而分上古、中古、近古，不依朝代而编的史书，由于内容的“附着力”没有断代史强，不利于对文学的阐释与把握，很快被抛弃。中国古代文学采用断代史而又灵活运用的方法值得现代文学史学习。

中国现代文学史本来有代可断，可为什么不采用呢？不用说，大家首先说出的肯定是政治原因。如上所说，中华民国是在孙中山领导下建立的，国民党和共产党还有两次全面合作，蒋介石企图置共产党于死地，但在他任委员长的抗日战争时期，曾与共产党团结抗日，后来反目，最终国民党被赶出大陆，随着中华人民共和国诞生，中华民国也就成了历史遗迹。众所周知，中国现代文学从诞生以来到新中国建立后的学科确立都称“新文学”，这是与用文言文写成的以封建思想意识为正统的“旧文学”相对的概念，王瑶和刘绶松所著文学史都称“新文学史”。后来“新文学”变成了“现代文学”，其集大成者是唐弢主编的《中国现代文学史》三卷本。这一名称的改变并不具有科学意义：“新”有明确的比较对象，“现代”则为临时的概说。而我们要推敲的是，改变时为什么不用“中华民国”而用“现代”。这恐怕也有政治原因。国民党到了台湾后，不甘心失败，仍称“中华民国”，梦想光复大陆，20世纪50—80年代，叫嚣甚烈，在这种情形下决定的学科名称当然采取不承认主义。这在当时情有可原，但历史已经前进了几十年，政治情形也有了许多变化，历史经过时间洗刷而面影越来越清晰的时候，我们仍以不承认主义对待历史，便是忌讳了。如果我们要忘掉中华民国的存在，而在说到一些历史事件时，均以“国民党”代替，这样，我们就遗漏或曲解了一些历史，表现出主观的、阶级的、党派的态度，也就离开了科学的历史观。

考察中国现代文学史的时间，从1917年1月到1949年7月，这段时间正好是民国时期。中华民国从1912年起，至1949年止。如果创立“中华民国文学史”，则中国现代文学完全溶入其中，也就不存在任何时间概念的调整游移，从而解决了文学研究者长期不断的论争。

这里要明确指出的是，“中华民国文学史”绝不是中国国民党文学史。虽然国民党是中华民国的执政党，但国民党不等于中华民国，中华民国也不是国民党的别称。就目前所知，国民党并没有多少文学，更没有什么优秀作品，构不成一部国民党的文学史。我所说的中华民国文学史主要是由左翼作家、右翼作家、自由主义作家、小资产阶级作家的文学以及民间文学构成的，思想倾向是民主、自由、现代化、进步、和平，艺术表现继承中国传统又吸收西方技巧并创造新的手法，其基本思想和格局与中国现代文学史差不了多少，或者说以中国现代文学史为主体，再吸收一些被遗漏的作品组成。至于中华民国文学史怎么编，不是本文的任务，这里只想说明中华民国文学史不等于中国国民党文学史，即使要编写中国国民党文学史都是不成立的。中华民国只是作为一个时间概念来限定中国现代文学，而作为断代文学史，又容易找出其间的性质、特点和规律来，因此是解决中国现代文学概念的游移且能让绝大多数研究者接受的最佳方法。它还可以规范学科，创造一部重写的文学史。

末了，还要说明，编写中华民国文学史不是笔者的创意，也不是中国现代文学研究界的标新立异，其他学科早就完成了以“中华民国”命名的修史工作。早在1987年中华书局就出版了李新、李宗一主编的《中华民国史》，2006年四川人民出版社又出版了朱汉国、杨群主编的10卷本《中华民国史》，分类史有《民国社会大观》、《民国乡村建设运动》、《民国大案纪实》、《中华民国经济史》、《民国瓷器图鉴》、《中华民国美术史》，还有属于文学研究的《民国笔记概观》、《民国笔记小说大观》。最值得述及的是葛留青、张占国所著的《中国民国文学史》，此书不仅内容与本论接近，而且书名也与本论略同，此书是百卷本《中国全史》之一种，1994年由人民出版社出版。其他“中国民国”题下的，还有《政治史》、《经济史》、《军事史》、《思想史》、《宗教史》、《习俗史》、《科技史》、《教育史》、《艺术史》等，此外有各省的民国史书如10卷本《民国宁夏风云实录》等，还有史料类的《中华民国史料》、《中华民国大事记》（共39卷）、《中华民国史料丛编》、《中华民国史研究述略》等以及辞书《中华民国辞典》、《民国史大辞典》等。这些都是20世纪80年代以来大陆出版社出版的书，未列香港和海外出版的以“中华民国”或“民国”命名的书，自然未列1949年前出版和台湾出版的书。大陆的其他学科都已启用“中华民国”为名称了，文学学科使用它，不至于产生学科名称之外的歧义吧。

（本文构思于2004年，成稿后宣读于2008年，此次为初刊）

（作者单位：西南民族大学文学院）

“民国文学”或者“民国机制”

——民国话语空间推进的可行性和操作性探讨

□ 汤巧巧

百年来中国文学的叙述，充满复杂、矛盾和纠结，从近代一现代一当代的时间划分，再到20世纪中国文学的大融合，或者把“现代”作为价值概念的重新阐释，这一过程显示出学界在一些特别的时空回到基本史实之艰难，而又在可以回到基本史实时，放弃了一些简单有效、切合百年中国文学自身实际的阐释方式。关于百年中国文学的若干命名，许多学者已经精准地分析了各自的得失，我不再辨析。今天想讨论的是近年来，陆续有学者提出的“民国文学”或者“民国机制”等概念。

近年来，诸位先生从不同角度提出“民国文学”、“民国机制”等概念或者写作“民国文学史”的呼吁。张福贵从中国文学史自身沿用的按时代、朝代为分界点的分期方法出发，魏朝勇从多年来关于现当代文学时间上下限争论的角度出发，梁子民、毕文昌、谢泳则从学生容易理解的教学方便出发，赵步阳从保护和开发南京民国时期文学旅游资源的角度出发，汤溢泽从大中国文学史谱系的完整性出发，李怡从“民国机制”阐释框架解决命名难题、刺激学科新的生长点、使文学研究获得更充分的本土基础和可靠的逻辑线索出发，等等。角度不同，但其中包含有共同的前提，“民国文学”或者“民国机制”是切合中国文学分期实际、扩展文学研究时空边界、回到诸多历史事实、解决命名困扰的方便理解、简单有效的概念。但是，为什么这么多年来，许多学者都对这类提法讳莫如深，宁愿舍近求远？个中原因很复杂。有两个大家不言自明的原因：一方面“新中国”主流意识形态刻意回避或者淡化“民国”作为国家形态的实际存在和影响，作为经过改造的中国知识分子，正视这一基本史实是需要付出极大勇气，寻找恰当时机的；另一方面，现代文学这一学科的诞生是新中国政权力量合法性的证明之一，而在民国时期，新文学研究或者说现代文学研究其实地位是不高的。民国时期，新文学作为大学课程，只是被当作现代国文，还无法获得独立课程形态，同时，教授新文学课程也受到排挤。即使得风气之先，雄心勃勃地在清华大学推广新文学课程，并因之编成现代文学史的开创性著作《中国新文学研究纲要》的朱自清，因后来任课的闻一多、陈寅恪、刘文典的不满以及诸多原因，改革也偃旗息鼓。据考察，“1934—1935年度《国立清华大学一览》的课程目录虽然还能看到‘新文学研究’，但实际上1933年以后，朱自清就已意兴阑珊，不再开设这门课了。1936－1937年度的《国立清华大学一览》已经看不到‘新文学研究’这门课程了”[①]。王遥后来回忆说：“当时大学中文系的课程还有着浓厚的尊古之风……而‘新文学’是没有地位的。”[②] 直到中华人民共和国成立后，1949年10月12日，华北高等教育委员会颁布的《各大学专科学校文法学院各系课程暂行规定》中，现代文学才作为基本课程正式进入学科体制。正因如此，从事现代文学研究的学者和史家们对于“民国”的感情是相当复杂甚至有些尴尬的。当时空环境变得比较松动的时候，学界一些质疑的声音造成了现代文学学科危机感。那么，以“民国文学”取消“现代文学”的设想对于学科稳定和合法性的冲击，也是提出概念时应该考虑的问题。因此，我们必须思考的是提出“民国文学”是不是时机恰当以及如何进入实际操作层面。要被广泛接受，除了学理的必要性论证，还要充分考虑解决顾虑的现实可行性和操作性。

当前，国家主流意识形态已经深刻地意识到“文化软实力”的重要性。而国家文化软实力的提高不仅在于将展示中国作为文化古国的独特魅力作为重点，更是从精神文化上展示我们自己对“普世价值”（比如基本人权保护、对待历史的态度等等）的真正重视。民国时期关于“民族、民权、民生”的集体想象与努力，是现代中国摸索民主价值观的宝贵传统。因此，正视历史、反思历史、还原历史的基本史实也是必需的姿态。可以看到的是，近年来，许多影视文学已经揭开了民国时期国民党正面抗战的历史事实，这是主流意识形态话语逐渐开放“民国话语”空间的重要开始。许多与民国历史、经济、文化、抗战有特殊关系的区域得到了重视和开发。比如云南腾冲，这个在中华民国抗战历史上举足轻重的边陲城市，近两年成为旅游热点，许多大城市开设直达腾冲驼峰机场的航线。腾冲火山温泉、和顺古镇、驼峰机场、国殇墓园等历史文化景点早已有之，过去却很少提及。盖因它曾是国民党正面抗战的英勇写照之一，它创造了“三个第一”：第一次取得战略反攻的全面胜利；第一次全歼入侵之敌；第一座在全国光复的县城。开发腾冲旅游资源不可避免地会开放这些民国话语空间，因此，很长一段时间，主流意识形态对拥有丰厚旅游资源且交通便利的腾冲进行了淡化处理，民国时期在当地修建的国殇墓园就是纪念为国家捐躯的中国远征军烈士，在“文化大革命”时期几近毁损。而近几年，国殇墓园经过重新修缮，免费向游人开放，详细展示了腾冲抗战历史中的当地文化名人，包括国民党元老李根源先生、当时的县长张问德先生以及中国远征军即国民党第二十集团军、飞虎队官兵和腾冲人民英勇抗战历史的详细资料、照片、图片和实物，成为云南仅有、国内少有的国民党抗日大型纪念陵园。尤其是今年恰值辛亥革命一百周年纪念，中央电视台、香港凤凰卫视等主流电视台更是隆重推出了《腾冲抗战》、《民国往事》等大型纪录片。这一系列的举措，既是历史本身的力量证明，也是当前主流意识形态民国话语空间的扩容，更是国家打造文化软实力的眼光和睿智。在这样一个话语氛围

---

① 陈立峰：《中国现代文学学科之发轫》，《人文杂志》2010年第3期。

② 《王瑶全集》（第五卷），河北教育出版社2000年版，第608页。

下，民国政治史、民国思想史、民国军事史、民国科技史等都在向纵深发掘，将“民国文学”或者“民国机制”等概念付诸实践，并以此为基础推进民国历史文化资源的整合，将中国历史上一个独特时代的精神历程真实地展开，应该是一个比较恰当的时机。这并不是文学研究唯主流意识形态的马首是瞻，而是面向现实、让一个有利于文学研究发展的空间推进能够少些干扰，多些成功的理性策略。毕竟，我们的文学研究或者文学与主流意识形态有着千丝万缕的联系也是不争的事实。在这样一种动态关系中把握时机、实现有利于文学研究本身发展的理想是研究者的理性和智慧。

关于第二个问题，可能是“民国话语空间”能否应用于文学研究的一个关键问题。当张福贵先生在2003年断言“‘现代文学’的称谓必然被取消而最终被定名为‘民国文学’，这是一种不言自明的未来事实”的时候①，我们为他的眼光和学术敏感赞叹。但作为从事现当代文学研究的学者，学科本身合法性的荣誉感和责任感也是一个现实困扰问题，学界对民国话题复杂的情绪前面已有论述。取消“现代文学”而定名“民国文学”，皮之不存，毛将焉附？那现代文学学科是否应该取消？我以为，这不是一个必要性就能解决操作性的问题。为什么这么多年学界对此应者寥寥？可能是提出并阐释“民国文学”概念的学者忽略或者认为这个问题不重要或者故意避开？我们可以探讨的操作方法有几个方面：其一是如张福贵先生或者赵步阳先生的对抗式，即以“民国”取消“现代”，这样直接的取消在当前的学术环境下，很明显不利于整合稳定的学科力量，势必在学科内造成危机，反过来影响学术研究的发展；其二是在现当代文学二级学科下设置“民国文学研究方向”，如古代文学下设先秦、汉唐方向一样，这样的方法在不触动现代文学学科稳定的前提下，扩展文学研究对象和内容，在当前的学术现状下，是比较调和的方法。但问题是，这样的设置是把“现代”仅仅作为一个时间概念为前提，而中国学术语境中关于“现代”的内涵是比较复杂的。在“现代”的前提下设置民国文学方向或者进行民国文学史的写作，势必会有一些矛盾和抵牾之处。综合以上考虑，我以为，近期李怡提出的“民国机制”，在推进“民国话语空间”的尺度、深度、节奏等方面更具有学科现实性。李怡在近期发表的《民国机制——中国现代文学的一种阐释框架》中，把民国话语和现代文学结合起来，突出了精神生产的政治形态背景，以此打开了对现代中国文学主体的形成有着重要影响的民国政治的结构因素、民国经济方式的保证与限制、民国社会的文化环境氛围的全方位视野，更能在动态关系的把握中阐释现代文学；同时，在更深层次上把握“‘民国机制’并不属于民国政权的专制独裁统治，而是根植于近代以来成长起来的现代知识分子群体，根植于这一群体对共和国文化环境与国家体制的种种开创与建设，根植于孙中山等民主革命先贤的现代理想，通过对民国机制的梳理考察，将可能揭示中国现代文学发生发展的本土规

① 张福贵：《从意义概念返回到时间概念——关于中国现代文学史的命名问题》，《文学世纪》2003年第4期。

律”[①]，从而把民国话语空间从历史书写的横向呼吁引入纵深。既不打破现代文学核心稳定的一面，又能成功扩展民国话语在现代文学学科中的影响力。一种话语只有当它在一个范围内累积到一定程度才能发生质的转变，实际上，提倡民国文学也是为了开放文学研究的“民国话语空间”。在当前的学术环境下，要推进民国话语，我以为，必须把握“民国话语空间”推进的尺度、深度以及节奏，先做好“民国机制”在现代文学阐释中的研究更具有现实操作意义和深远历史意义。

（作者单位：西南民族大学文学院）

① 李怡：《民国机制——中国现代文学的一种阐释框架》，《广东社会科学》2010年第6期。

从奥匈帝国边缘到新文学中心

——作为中国现代文学传播者的记者、翻译家卡尔玛

□［瑞士］冯　铁著　史建国译

一、一位文学家的传记素描

毫无疑问，约瑟夫·卡尔玛（Joseph Kalmer，1898－1959）出生于奥匈帝国最东北部的加利西亚，那里的人们使用德语、波兰语、罗马尼亚语和乌克兰语，其中三分之一的人口是犹太人，他们内部讲犹太语。卡尔玛就是出生在一个犹太家庭，本名 Kalmus。他上了 Czernowitz（今天乌克兰的 Chernivci Чернівці）学院，当时 Czernowitz 是布科维纳公国的首都。他的家人很可能从俄罗斯占领区逃离了，因此，1915 年他毕业于奥匈帝国素菲高中（k. u. k. Sophiengymnasium）。据考察，他最早的文学作品是 13 岁时用法文创作的①。同样，据说他最早的翻译尝试也是 1911 年从法文翻译梅里美（Mérimée）的《复活节的故事》（*Conte de Paques*）②。

当他结束作为一个奥匈帝国军官的身份后——他曾服役于东、西线，他开始在维也纳大学学习法律。1918 到 1920 年间，他似乎对纳色恩（1862－1945）讲授的中文课程最感兴趣③。然而他在哪个领域都没有毕业，很快便将精力投入到新闻事业当中去。同时他也开始了他的表现主义文学生涯（见他 1927 年出版的诗集《飞经风景诗集》）以及翻译事业（1927 年出版了《当代欧洲诗集 1900－1925》）。还在维也纳的时候，他就被任命为《布拉格日报》的编辑，专门负责编辑那些斯拉夫文学翻译。1938 年德国入侵之后，他被迫于 1939 年 8 月流亡到英国。多亏他的朋友何凤山博士（1904－1997）提供的一张中国签证，他才得以从纳粹集中营中被释放，然后开始在维也纳大使馆工作。无论是在社交方面还是在文学方面，卡尔玛都非常出色，这使得他能够建立起一个版权代理处并保证它能够在战争中以及战后顺利运转，这个版权代理处在维也纳和伦敦交替运作，一直到 1959 年他去世。当然这也得益于他妻子的巨大帮助。他的妻子艾瑞卡（Erica，1913－1987）出生于艾伦费斯特（Ehrenfest），有摩拉维亚血统。

除了以下将会讨论的三位著名作家之外，卡尔玛至少还翻译过下述中国作家

---

① Erica Kalmer，“Lebenslauf”，Biography of Joseph Kalmer prepared for Konstantin Kaiser，*Oesterreichisches Literaturarchiv* 奥地利文学档案馆（Nachlass Joseph Kalmer 卡尔玛遗文，4. 2. 2.）.

② Joseph Kalmer，Letter to Anny Fasold，Dec 23rd，1958，ibid.（2. 2.）

③ 目前无法找到关于他学习中文的文本材料。Cf. Gausterer，“Der Literaturvermittler”，10 - 11，and Führer，*Vergessen und verloren*，235 - 236.

的作品：杜运燮（1918－2002）、冯至、郭沫若、老舍、沈从文以及郁达夫——在他翻译过的150多位作家中，有许多是亚非作家（印度、越南、日本、埃及、摩洛哥）以及大量的俄罗斯、捷克、西班牙和法国作家。目前，这只是一个最小的数字，因为他的许多翻译都是匿名发表在范围极广的报刊上，而这些报刊今天即便在德语国家也很难找到。

除了这张令人印象深刻的名单，卡尔玛的代理处也是以下中国作家的代理（即作品翻译权的持有人）：艾青、艾芜、巴金、白平阶（1915－1995）、卞之琳、草明（1913－2002）、丁玲、李广田、林柳杞（1920－）、刘植莲（1911－1950?）、骆宾基（1917－1994）、毛泽东、莫耶（1918－1986）、彭家煌（1898－1933）、闻一多、萧红、萧乾、徐进（1923－2010）、姚雪垠（1910－1999）、叶君健（1914－1999）[①]、于黑丁（1914－2001）以及张天翼[②]。卡尔玛代理的许多作者同时也是翻译中文作品的翻译家，比如Florian Egger，这意味着除了他们的翻译之外，卡尔玛也代理他们的创作。

到目前为止，很少有学者注意到卡尔玛。毫不奇怪，当戈宝权（1913－2000）回顾鲁迅作品的德语翻译，从特定的角度考察在鲁迅生前他的一部作品是否有德语译本时[③]，他提到了卡尔玛，但只是与其他早期译者在一起简单一提，除了他1955版的译作标题之外，没有给出关于他的任何详细信息，这样也就忽略了他早年的翻译工作。

20世纪80年代后期，一位香港的文学史家以1947年8月司马文森发表在他的《文艺生活》上的四封信为基础[④]，著文探讨批评家、社会活动家司马文森（1916－1968）与卡尔玛之间的关系[⑤]。卡尔玛是在读了司马文森发表在《中国文摘》上的一篇关于中国现代文学的介绍文章后开始与他联系的，这个刊物1925年创办于上海，1937年又迁移到香港[⑥]。尽管这篇文章是首次正面突出卡尔玛，对卡尔玛做了极为细致的考虑，但有关更为宽广的背景则充满了误解和错误，例如将卡尔玛称为“英语作家”等[⑦]。

---

① 大概可以肯定卡尔玛促成了小说《梦》（*The Dream*）在《新作》（*New Writing*）的发表，署名“Chun-Chan Yeh”。甚至可能叶君健是用英文写成了这个小说，这样的推断并不牵强，因为1944－1949年间他曾经被送到英国去为中国做战时宣传，并且做过剑桥大学国王学院的研究员。参看徐乃翔编《中国现代作家笔名录》，湖南文艺出版社1988年版，第95页。

② 这些作家是超过500名其他作家中的一部分，另外的主要是德国（流亡）、俄罗斯、西班牙和法国作家，由卡尔玛翻译的作家没有单列出来。参看Gausterer，“Der Literaturvermittler…”，106 - 112.

③ 戈宝权：《谈鲁迅生前〈阿Q正传〉有无德文译本》，见《〈阿Q正传〉在国外》，人民文学出版社1981年版，第83－86页。

④ 司马文森：《七月书简》。这其实并不十分准确，因为卡尔玛写给司马文森的第一封信是在1947年5月16日，见1947年8月《文艺生活》第34期，第16－27页。

⑤ 杨玉峰：《司马文森与卡尔玛：中西文学交流史上的失落印迹》。

⑥ 无法确定司马文森的《新中国现代作家及其作品》是否就是杨玉峰《司马文森与卡尔玛》中所提的那篇文章。这可以说明尽管战后资料缺乏，但卡尔玛追踪近期发展状况到何种程度。

⑦ 杨玉峰《司马文森与卡尔玛》第22页说：“在法律意义上，卡尔玛1951年才成为一个英国人。”

二、现代文学德语翻译的最早历史

在卡尔玛为其做代理人的作家中，有一位是后来成为乔伊斯的《尤利西斯》[①]合译者之一的萧乾（1910—1999）。他们两人第一次相见大概是萧乾在伦敦大学东非学院做中文讲师的时候。在这里萧乾接替了后来成为著名语言学家和藏学家的于道泉（1901—1992）博士，成为卡尔玛的亲密合作者，这种合作关系维持了许多年，直到20世纪50年代后期。乔治·贝格利（George Begley）也是同样，尽管目前还找不到他的详细信息，但他很可能是来自一个在20世纪的第一个十年生活在中国的家庭当中[②]。有了这两人——他们是为他提供汉语专业知识的重要人力资源，卡尔玛和他们开始了一种不太稳定的合作：他们提供粗糙的英文翻译，卡尔玛再将其翻成典雅的德文——这一合作模式下文将详细讨论。至少后面这位合作者并没介意他们的合作成果被标上“中文独家授权，卡尔玛译”类似的标签。1959年卡尔玛死后，乔治·贝格利曾写信给他的遗孀：“我同他一起做了许多事，我喜欢这一切——即便是异常费力的中文翻译——如果没有他，我决没有耐心去做这样的事。”[③] 这种合作究竟如何进行自然还有待研究，但无论如何，始终保持匿名的他的助手乔治·贝格利，有一次甚至要求卡尔玛翻译一些他自己添加了一些词汇的萧乾的《梦之谷》英译本——像其他许多作品一样，这部作品也没有出版[④]。

或许卡尔玛最为杰出的贡献是推动了最初那篇关于新文学的长篇演讲德文版的问世。当1939年萧乾作为《大公报》驻欧记者到达英国的时候，他对中国的同情到达了顶点[⑤]。他不断叙写中国并且出版了至少四本或者用英文写成或者翻成英文的书。其中，1942年出版的 *Etching a Tormented Age—A Glimpse of Contemporary Chinese Literature*（《苦难时代的蚀刻：现代中国文学鸟瞰》），对胡适于1933年出版的英文系列讲演 *The Chinese Renaissance*（《中国的文艺复兴》）形成了一种明确的和必要的制衡。1947年，这本小册子在瑞士出版卡尔玛翻译的德文版，其富于表现力的新闻报道风格仍然被大量而广泛的引文非常传神地承继了过来，甚至还有所增强：新文化运动表现出的彻底决裂，正如“五四”知识分子所期望并且声称的那样，是“5000多年来中国的首次文艺复兴”[⑥]。像萧乾一样的年轻一代作家，或者那些在20世纪20年代末登上文坛的作家，比如艾芜、白薇（1894—1987）、冰心、草明、丁玲、端木蕻良、凌淑华、罗淑、沙汀、萧红、萧军、周文等明显占据了主流。郁达夫则受到责难，当然这也毫不奇怪——

---

① 事实上，他与妻子文洁若（1926—）一起翻译了《尤利西斯》（2卷，译林出版社1994年版）。

② 参见 Peter Sturberg，*No Foreign Bones in China. Memoirs of Imperialism and its Ending*（Edmonton：University of Alberta Press，2002），154 passim.

③ Letter to Erica Kalmer，July 20，1959，Nachlass Joseph Kalmer [2.4.1].

④ 译题为“Dream Valley”；见 Gausterer，“Der Literaturvermittler Joseph Kalmer”，52.

⑤ 赵毅衡在他的《对岸的诱惑》（知识出版社2003年版）中有生动的描述。

⑥ 萧乾，*Die chinesische Literatur der Gegenwart*，5.

在1942年，周氏兄弟周作人和鲁迅也被阐述为绝对的对手，而陈独秀尽管他的文字仍然被逐字引用，但他的名字却早已被禁了[①]。作者得出了这样的结论：

总体来说，战争对中国文学尤其是叙事散文有利……许多作家都被战争带到正确的轨道上来……其中最为重要的是他们首次与普通百姓以及那些住在远离大的港口、无法受到欧洲影响之地的人们有了密切接触……因此，我们可以对战后的作家抱有很高的期望[②]。

萧乾的简要介绍是依据文体分类来展开的，何其芳的散文作品被举例讨论，认为他经历了从“超现实主义”写作到憎恶乡村的愚昧，再到对中国农民充满希望这样一种转变。同样引人注目的是他对外国文学样式的广博知识，比如他详细阐述了李金发的诗——这在文学史上是极为少见的。不仅如此，在如此简短的一个回顾中，他甚至还专章讨论了翻译文学，其中包括缺乏外语技巧所导致的困难、从林纾的翻译开始中国所经历的各种翻译样式，其中贯穿了一种审美批评的态度。

当这本只有63页的小册子，由卡尔玛依据萧乾的英文本译成德文并于1947年在瑞士出版的时候，已成了连贯地介绍新文学的首个德语译本。但为什么是在瑞士？因为这个国家曾经一度是唯一一个不被纳粹占领的德语区，因而不仅成了许多德国知识分子的身体流亡地，而且也成了欧洲德文书籍的唯一避难所，这种角色一直保持到20世纪50年代。

三、对鲁迅的翻译

战后，卡尔玛和他的代理处与苏黎世附近的赫尔利堡（Herrliberg）一家规模很小的比尔（Bühl）出版社建立了业务联系，这未必不是萧乾从中牵线的结果。1945－1946年，在参加完纽伦堡审判之后，萧乾到了苏黎世[③]。不管怎样，由卡尔玛翻译的至少三本书是在那里出版的，不仅有上面提及的那本历史概述，还有一本精装的萧乾的小说集[④]，以及一本小册子即鲁迅的《祝福》——这也是鲁迅的作品首次被翻成德文出版。考虑到几年之后出版的那本内容极为丰富的鲁迅作品翻译，可以推想此时卡尔玛已经翻译了远比这本小册子中所展现的更多的内容。相关活动已经证实，瑞士的出版社在1940－1948年间已倾向于冷战分裂和战后遭到重创的奥地利与德国思想和物质的复苏。或许这就是卡尔玛翻译的鲁迅那本超过500页的巨著由一家深深介入新的政治前线的出版社出版的原因。这家“进步出版社”（Progress－Verlag）由反重整军备活动家约翰·普拉东（Jo-

---

① 萧乾，*Die chinesische Literatur der Gegenwart*，5－6，引用了陈独秀1917年发表的《文学革命论》。

② 萧乾，*Die chinesische Literatur der Gegenwart*，24.

③ 见他的报道《南德的暮秋》，文化生活出版社1946年版。

④ 萧乾 *Die Seidenraupen*，几乎包括《篱下集》和《栗子》（两书均出版于1936年）中的全部作品，全书差不多有200页。

hann Fladung）经营，亲东德控制的德国共产党。考虑到1956年是鲁迅逝世20周年，因此这也同弥漫整个苏联占领区的巨大的宣传（翻译）的努力有关。

无论如何，下面将详细分析卡尔玛翻译的鲁迅《呐喊·自序》，以凸显卡尔玛的翻译技巧，当然也会涉及某些缺陷[①]。

1：437 我要到N进K学堂去了
9 Ich wollte……die Kiangnan－Marineakademie in Nanking beziehen
1：440 S会馆
12 Studentenheim in S

这是整篇《自序》中唯一有拉丁字母的两处，在这两段中，第一个符号解读的非常准确，然而第二个却将“会馆”误以为是“学生宿舍”。这令人惊讶，因为据我所知，没有任何版本的鲁迅作品集在此处（或这两处）简写的地方没加注释。这也可以归结为卡尔玛将“自序”作为一种事实的陈述而非小说来解读，他将拜访自序作者的朋友“金心异”解码为“钱玄同”也清楚表明了这一点（C1：441，G 13）——相应的，这也明确地表明其实卡尔玛手头有注解。

1：438 那时是用了电影，来显示微生物的形状的……教师便映些风景或时事的画片给学生看

10 damals wurden Filme verwendet，um die Mikroben zu zeigen…führte der Dozent…Kulturfilme oder die Wochenschau vor “movies，films”；“culture movies”；“［weekly］news reels”

其中一个关于时代错误的鲁迅翻译例证让人印象最为深刻，它不仅广泛存在于各种版本的鲁迅翻译中，而且也成了近些年研究中争论不休的一个核心问题[②]。考虑到直到1903年东京才有了第一家电影院，1908年日本才有了第一家制片厂，因此完全可以排除在1906年3月鲁迅离开之前仙台医专拥有电影放映机的可能。毫无疑问，作为一个现代复合词，“电影”指称“film”，然而同时它也指称投影技术（即“用电投影”），因此也可以是“slides”（幻灯片）的意思。而“culture movies”（文化影片）则纯粹是译者的发明创造，和“news reels”（新闻录像带）一样，明显是为了强调“时事”的主题而增加的。因此，即便只有几十年的间隙，它所造成的这种时代困难也是不容易跨越的。

1：439 如置身毫无边际的荒原，无可措手的了，这是怎样的悲哀呵，我于是以我所感到者为寂寞。

---

① 中文文本相关数字参见《鲁迅全集》（18卷本，2005年版），德文文本相关数字参见Lu Xun，*Die Reise ist lang．Erzählungen von Lu Hsün*（1955）．如有必要，后面会附有逐字进行的英文翻译。

② 例如 Rey Chow，*Primitive Passions．Visuality，Sexuality，Ethnography and Contemporary Chinese Cinema*（New York：Columbia University Press，1995）．

12 zu einer wirklichen Trag? die wurde die Sache für ihn, wenn…, als w?re er ein Rufer in einer grenzenlosen Wüste, der nirgends mit Hand anlegen durfte. Und da begann ich, milch einsam zu fühlen.

"Somebody crying"; "desert"

考虑到《文化偏至论》和《摩罗诗力说》中对先知以赛亚的广泛征引，鲁迅的“荒原”意象源自《圣经》似乎已经被证实：“在旷野有人喊着说：‘预备主的道，修直他的路。’”①（《以赛亚书》40. 3）在《新约》（《马可福音》，1. 2—3处）中也再次出现。因为圣经的德语翻译中“wilderness”（荒原，即中文《圣经》中的“旷野”——译者注）等同于德文“Wüste”（desert，荒漠），卡尔玛正确地确定了意象的来源并且在他的翻译中作了参考。

1：439 名目是取“新的生活”的意思，因为我们那时大抵带些复古的倾向，所以只谓之《新生》

11 Zeitschrift, die schon im Titel anzeigen sollte, dass es sich um eine Neusch? pfung handele. Und da wir zu jener Zeit noch ziemlich an den Klassikern hingen, nannten wir sie: Neues Leben.

"indicate a nes creation"; "still much devoted to the Classics"; "New Life"

语域的变化是最难解决的翻译难题之一，而如果像此处鲁迅使用的那样具有讽刺意味的话，就更是如此了②。事实上，“新生”这个词跟其他大量冠以“新”的复合词一样，“五四”之后才变得普遍，而在20世纪30年代国民党的新生活运动中，这个词的使用到达高潮，1945年之后又再次复兴。卡尔玛试图使用“新创造”这个拐弯抹角的词回避这一问题。毫无疑问，鲁迅和他的同伴曾经比较接近以章太炎为中心的复古运动，说他们曾经致力于“古典”则稍微有些误导。在这一语境中，一个受过教育的欧洲读者会很自然地想到但丁的Vita nova（《新生》）。

1：439 这就是我们的并未产生的《新生》的结局。

11 Das "Neue Leben" endete mit einem Abortus

将“未产生”翻译成相当粗鲁的说法“流产”或许显得过分，然而它却不仅顾及了暗示的那一长期酝酿的过程而且也顾及了“产生”和“新生”这一文字游戏。

1：439 无端的悲哀

---

① 汉语译文依据《圣经》，中国基督教协会1998年版。

② 关于这个问题的富有启示意义的讨论，以向斯洛伐克的传播为例，参见Jana Benická，"Qian Zhongshu a jeho roman *Weicheng*——problémy zmien jazykového registra pri prekladaní"（钱钟书和他的《围城》——翻译过程语言使用领域的问题），*Studia Orientalia Slovaca*（《斯洛伐克东方研究》）9，1 (2010)，83 - 93.

12 seltsame Traurigkeit

这里，通过将其指称为“奇怪的”，“悲哀”的“无端”程度被大大降低了。

1：439—440 就是我决不是一个振臂一呼应者云集的英雄。

12 dass ich ganz bestimmt nicht der heldische Typus war，auf dessen Ruf sich die Massen versammeln

“heroic type，kind of hero”

同样，没有任何明显的原因，这里的“英雄”被翻译成一个独立性被弱化了的词。

1：440 沉入国民中

12 indem ich mich dem Geist der Zeit anpasste

“to adapt to the zeitgeist 时代精神”

这个关于卡尔玛翻译中程度被弱化的另一个事例跟前面两个事例相比显得略微复杂。“沉入……”确实比“适应……”程度要深得多，而且还强调了主体的被动、消极态度。“沉入国民中”增加了匿名的含义，而“国民”同样带有点嘲讽的意味，因为它指的是新成立的民国的百姓——正像鲁迅反复阐述过的那样，他们其实跟梁启超想象中的“新国民”大相径庭。所以，跟“国民”相比，到访的金心异更代表了 zeitgeist（时代精神）。因此，这种翻译方式在某种程度上会产生些误导：在经常提到的“孤寂”之外，作者还表达了他已经变得“无形”这层意思。

1：440 遇不到什么问题和主义

12 waren weder mit politischen Probemen，noch auch mit Streitfragen verbunden

“political problems”（不等于当前“政治问题”！）；“controversial issues”

这一段中的两个关键词很明显指向胡适发表于 1919 年的那篇文章。[①] 在这种透视下，译文“政治问题”或许跟那些争论本身一样是合理的。无论如何，正如上面所描述的，自序作者与“时代精神”的距离是被强调了——尽管这是通过一种自由换置的方式而不用在注释中作进一步的解释。

1：440 因为怕狗，似乎心房还在怦怦的跳动

13 er sah so aus，als schlüge sein Herz noch immer heftig，wierwohl er den Bogen um die Wachthunde schon gemacht hatte

（译者注：躲避看门狗是一个中文寓言，意指“成年”G 525）

---

① 胡适：《多研究些问题，少谈些主义》，载 1919 年 7 月 20 日《每周评论》第 31 期。

无法确定卡尔玛给出的这一大胆解释（为这篇序言所做的唯一单独的注释）的来源，因为在任何参考书中都找不到这一词条的这种用法。这里，卡尔玛肯定被他的中文语言顾问交叉误导了——也或者他只是提供了钱玄同比绝大多数《新青年》作者年龄稍长（生于1889年，比胡适还大两岁），事实上和鲁迅年龄接近这一外部信息。否则，这一注解就是一个有关汉语的外国人陈述的典型例证。

1：441“假如一间铁屋子，是绝无窗户而万难破毁的，……”

13“Stelle dir ein fensterloses, vollkommen unzerst? rbares Haus vor, ……”

1：441“然而几个人既然起来，你不能说决没有毁坏这铁屋的希望。”

13“Wenn einige erwachen, dann kannst du nicht sagen, es bestehe keine Hoffnung, das eiserne Haus zu zerst? ren.”

“house”；“iron house”

这一著名的关键段落，中文只有短短的五行，但却值得翻译时给予更多的留意。第一个失误是在介绍这个词时省略了“铁”字，因此结尾处的“铁屋子”像是一个自然而然形成的隐喻。此外，开头处通过后缀“子”所强调的“隔绝”的内涵，原本也可以更方便地用“chamber”（“Kammer”）来翻译。

1：441从此以后，便一发而不可收，每写些小说模样的文章，以敷衍朋友们的嘱托，积久就有了十余篇。

13—14 Seither konnte ich nicht aufh? ren zu schreiben und pflegte auf Verlangen von Freunden von Zeit zu Zeit irgendwelche Erz? hlungen zu schreiben, bis ich mehr als ein Dutzend davon beisammen hatte

“could not help writing on and on”；“something like stories”；“over and dozen”

这里我们发现至少有不少于三个非常不同的翻译问题。第一个表达可以读解为“我写的文章总是发表”或“我写的文章马上发表”以及“但是我没有结集出版”或“它们不值得结集出版”——后者是基于作者提及小说时非常明显的谦虚态度“小说模样的文章”，或者最后“没有终止”（“无法终止”）。很明显这里是以最后一种形式为基础的，省略了“而”字之前的内容。对于“小说”，德语翻译无疑是恰当的。最后，对于数字或是类似数字的处理——普遍存在于标明年龄或其他情况时，卡尔玛也找到了符合德语语言习惯的完美解决方式。

总之，可以认为卡尔玛对鲁迅《呐喊·自序》的翻译是非常成功和准确的。尽管乍一看，许多德语翻译的解决方式显得非常奇特，但绝大多数情况下，它们都是经过深思熟虑的，交叉错误极少。这些翻译已经过去了半个多世纪，但今天读起来仍然感到非常新鲜和才华横溢，有时还会在那些经验丰富的编辑记者们手中清晰地得到证实。这就是卡尔玛的翻译作品一再被重版的原因，并且大多数后继者的翻译也都或多或少对他有所借鉴——当然，这两种情况都没有得到约瑟夫·卡尔玛的授权。

四、对茅盾的翻译

不像对鲁迅的翻译，卡尔玛并不是翻译茅盾的开拓者，因为战后不久就有一本翻译茅盾的小册子出版[①]。当1953年，一本由约瑟夫·卡尔玛翻译的茅盾小说集在原民主德国出现的时候，这时的环境已经明显打上苏联控制区文学接受政策的印记了[②]。从这本书中抽出的两篇小说即《春蚕》和《秋收》（分别写于1932年和1933年），被收入1955年出版的一套发行量极高的丛书中被重印。以下例证就是出自这套书中[③]。

翻译中最棘手、在某种程度上最严格的技术困难是：（1）人物的名称体统，特别是当设计称谓词时；（2）数量值以及与之相伴的最复杂的内涵；（3）宗教术语，尤其是神的名字，关于他们的概念个人化到何种程度，这是耶稣会会士们从16世纪开始就试图解决但直到今天都没有解决的问题，直到今天，“上帝”和“神”两种说法还并存于圣经的翻译当中。

媳妇四大娘、阿四
Schwester Vier，A Se

在这两个词中，对应的德语翻译贯穿整部作品，用以指称小说中的一位主人公“阿四”（第四个儿子的意思）和他的妻子，这两人属于同一代。而对应的德语翻译从语义上来说应该是“四姐”，而对男方，则直接音译为“se”（四），因此，这种翻译就模糊了称谓语的一个重要原则。

8：354 三斗米
55 dreissig Pfund Reis
8：357 五升米
60 fünf Pfund Reis
8：359 一百五十担米

① 不清楚这本书中具体包含了哪些篇目：Mao Tun，*Chinesische Novellen*，tr. by Walter Donat（Berlin；Buxtehude：Hübener，1946）. 译者 Walter Donat（1898 - 1970）一开始研究德国文学，1926年左右开始居留日本，成为著名的日本文学翻译家。考虑到他曾涉入纳粹组织（见他的 *Das Reich und Japan*，1943），可能他在日本时就开始准备翻译茅盾，并且因为文学的原因而从希特勒德国的同盟国日本离开。

② Mao Tun，*Der Laden der Familie Lin*，tr. by Joseph Kalmer（Berlin DDR：Volk und Welt，1953）. 见俄文翻译 *Rasskazy*［Stories］，tr. by V. Rudman（Moskva：Goslitizdat，1954）and Sočinenija［Works］，3 vols.，ed. by N. T. Hodorenko（Moskva：Goslitizdat，1956）.

③ 相关页码参见叶子铭等编《茅盾全集》（40卷），人民文学出版社1984－2002年版。以及 Mao Tun，*Seidenraupen im Frühling. Zwei Erzählungen*，tr. by Joseph Kalmer（Leipzig：Insel，1955），respectively.

61 hundertfünfzig Pikul Reis

对量词的翻译采用了两级，第一个是在目标语言中寻找到了一个具有历史意味的对应词，第二个则是马来语中的量词，此词先是被英语借用之后又从英语进入德语。撇开区域和地方差异的可能性不管，这种翻译并没有反映出两种计量方式之间的关系，比如1“Pikul”等于100“Pfund”（或者对某些商品来说是40到70磅）。反过来，对应的前两个汉语表达中存在10升等于1斗的关系，而德语翻译则用了同一个量词“Pfund”，这是因为德语中没有提供任何比“Pfund”更高一级的词汇。

8：340 小宝的父亲，今天一早就镇里找他岳父张财发，当真为的借钱，——好歹要揪住那张老头儿做个“中人”向镇上那专放“乡债”的吴老爷“借转”这么五块十块钱。

36 Hsiao Baos Vater war nur zu dem einzigen Zweck weggegangen，um ganz gleich，zu welchem Zinsfuss，Geld zu borgen. Der alte Tung Bao hatte sich entschloseen，seines Sohnes Schwiegervater Dschang Tsai－fu zu bitten，er m? ge bei Herrn Wu，dem berufsm? ssigen des Bezirks，eine Anleihe von fünfzig Dollar vermitteln.

“fifty dollars”

在这一段中，相比非常难翻的“乡债”的准确翻译——译者在翻译时大致恰当地将其折中为借钱，此处将钱的数目“五块（或）十块”翻译成“五十”大概只是个小小的误读。

8：359 农民可以向米店赊米，到秋收的时候，一石还一石；

61 Erstens konnten die Bauern von den H? ndlern Reis auf Kredit nehmen; die gleiche Menge war nach der Herbsternte，um ein Pikul als Zinsen vermehrt，zurückzuzahlen.

这里，计量单位的比例再次消失了。考虑到一石等于十斗，尽管跟前面的例子不一样，此处，一个大致德语对应词还是可以采用：“ton”（或者“half ton”、“Tonne”）。然而更糟的是，由市镇当局下令而由米店实施的赊米，表面看起来似与利益挂钩，而实际上则明确表达了没有利息，即“一石还一石”。

8：339 素来只崇拜两件东西：一是菩萨，一是健康。

34 liebte nur zwei Dinge：Gott und seine gute Gesundheit

8：339 老通宝所信仰的菩萨就是“财神”。

34 Im übrigen betete der alte Tung Bao auch den Gott des Glücks an.

汉语中的“菩萨”在这里被随意译为god（上帝），而特定的神——财神的职责“财富”，则被改为“幸福”。

8：339“唉！总共不过困了个把月，怎么就变了样子！”

34“Gott des Erbarmens,”kr? chzte er schwaxh，“wie kommt es，dass ich nach einem Monat im Bett wie ausgewechselt bin?”

8：340“呀，呀，小宝！你怎么的?”

35“O Gott，Hsiao Bao，‘kleiner Schatz’，was fehlt dir?”

这两处，简单的感叹词“唉”与“呀”——“呀”还是重复使用，再次被译成单一的“god”（上帝）。同时，我们发现了在翻译一个人的人名时所采用的第三种形式，即对人名的直译进行添加翻译，无论这人名是确切的个体的名字或是对一个小孩的一般称谓。

8：361 老太婆眯着老花眼望着天空念佛。但是一次一次只是空高兴。

66 Die alten Weiber starrten zum Himmel empor，beteten und riefen Buddha an，aber ihre Bemühungen waren erfolglos.

在这一语境中，原来的汉语是指“大声读出佛经”，作为引申义，也获得了口语意义上的“祈求佛祖保佑”一层意思。译文则通过“向佛祈祷”和“祈求佛”加倍强调了这层意思，

8：363“天老爷显灵。今晚落一场雨，就好了！”

68“Wenn uns nur Gott seinen Segen gibt，wird ein Regenschauer uns alle heute nacht retten”，erwiderte der Alte fromm und verbarg sein Gesicht in der Reisschale.

在这段话中，“老天爷”这个字，字面意思是“上天（自然）的最高主宰”，这个词的出现很可能与19世纪基督教才在中国传播有关，是“上帝”的代名词，因而与德语中的翻译类似。可是，译者在翻译时却自由添加了是谁在说话以及说话的方式，即“当他把脸埋在饭碗里时虔诚地……”如此多姿多彩和富有想象力的语句推断是出自卡尔玛之手应该并不牵强，因为他或许是考虑到了说这句话的人并不明晰。

8：367 只要一次好收成，乡下人就可以翻身，天老爷到底是生眼睛！/但是镇上的商人却也生着眼睛，他们的眼睛就只看见自己的利益，就只看见铜钱。

75 Diese reiche Ernte konnte sie alle won ihrer Armut befreien. Endlich hatten die Götter ein Herz für die Elenden. Aber die H? ndler in der Stadt hatten kein Herz，oder zumindest waren ihre Herzen nur auf den eigenen Verdienst und nicht auf Fürsorge für die Armen bedacht.

“翻身”这个词不过是指“改变一个人的命运”，此处更明确地引申为“从贫困中获得救赎”。另外，应该一提的是，跟上面一样的“天老爷”在这里却被译成了复数的“上帝”（Götter)。然而更为重要的是对茅盾作品中视觉隐喻词汇的翻译处理：“生眼睛”（意即注意）被修改成了作为结果而存在但语义相同的“看见”。因为“生眼睛”不能与宾语（即文中的“利益”与“铜钱”）相连使用。一开始的翻译“有心……”（ein Herz haben）及其另外一种形式“表现出有心……“（ein Herz haben〔 mit 〕）是肯定非常恰当的——似乎没有宾语无法表达，而尽管事实上当然可能表达。而“天老爷有怜悯之心”以及最终对茅盾这个词的解释并非那么必要。此外，对“利益”这个词，译文也进行了自由地附加解释——“而不是体恤穷人”——尽管德语中处理这种并列关系的语句并不困难。

8：341 南瓜和芋头
36 Kürbis und Jamswurzeln
“pumpkin and taro/sweet potatoes”

另外一个在翻译中非常重要同时也充满困难的词汇领域是那些动植物名称、物质文化词汇，在相当大的程度上还包括那些菜肴的名称。用“pumpkin”翻译“南瓜”没有任何问题，但却绝对不可能是“芋头”。翻译中所选用的“Jamswurzeln”一词并不贴切，因为它是指山药类，而“sweet potatoes”（红薯）则属于另外一种——尽管“芋头”在汉语中可以同时指称上面两类。出现这种情况显然是由于汉语的词汇组织并不反映严格的植物分类。也正因此，既有的可能比较准确的拉丁词汇在翻译时很难胜任，因为它们是文学文本的问题。目前只有两种选择，要么选择一个大致相似的词，要么这个词在引申义上与要翻译的植物或者菜肴意义等同。在这个特例中，“Jamswurzel”尽管有异国风味，但并不令人满意，因为它不属于任何一类。

8：341 小烧饼
37 süsse Kuchen

8：344 烧饼
41 Semmel

在这两个事例中，“烧饼”的翻译揭示出了翻译的两难境地。两种翻译，无论是 süsse Kuchen（甜糕）还是 Semmel，都难以让人满意，因为前者太过笼统，而后者更接近于汉语中的“馒头”。

8：342 到“廊檐口”，坐在门坎上
38 ruhte sich auf dem hölzernen Sitz unter dem Dachvorsprungaus

作为另一个独特的物质文化方面的表现，建筑风格和建筑物在外语中很难找到直接的对应。尽管门坎确定无疑并不是个座位，但阿四还是坐在了上面，此处翻译采取的是功能近似原则。

8：343 这是他家紧邻李根生的老婆，那出名的荷花！

39 Sie gehörten seiner Nachbarin，Li Gen－schengs Frau，der liebestollen Ho－hua

8：346 那母狗白虎星

43 Ho－hua，der Tigerinnenstern

第一次出场，李根生的老婆被含糊地界定为“出名”（臭名昭著），并没有进一步的详细叙述。如果她被按照字面意义贴上“为爱疯狂”的标签，考虑到在此后几页用了相当严厉和粗俗的词如“母狗”，那这种相对比较温和的翻译揭示了译者在翻译时已经通篇考虑了整部作品。

8：346“道士！……道士，你说该打不该打？”

43“Taoist，……”

8：345 可是老通宝却就懂得这黄道士的“斯文话”。

43 aber dem alten Tung Bao machte Huangs gewählte Sprache Vergnügen

对“道士”的德语翻译是彻底失败的。而黄道士那带有梵语因素（或者是由于汉语对佛经的翻译）的富有特色的话，其内涵丢失、被缩减为“精彩的讲话”这种更加笼统的表达。

8：347“岂敢，岂敢！……舍下还有点小事，再会，再会；保重，保重！”

45“Iic bin deines Dankes nicht würdig. ……Jetzt habe ich in meinem armseligen Haus ein paar Sachen zu erledigen. Also auf Wiedersehen，auf Wiedersehen！Pflege deinen kostbaren Körper！”

尽管上面的变化使得老通宝的语言模式表现得非常明晰，但这种变化（调换）并不是在每个实例中都能找到令人信服的对应，在一定程度上，讽刺夸张的效果没了，同时它也与平常语言融合在一起。

8：348 老通宝虽然拿出“祖传”的圣贤人的大道理——“人穷了也要有志气”这句话来，却是毫无用处。

46－47 Vergeblich hatte er versucht，die Gedanken der leidenden und hungernden Frau mit einem Zitat der Philosophen auf den rechten Weg zu lenken：

"Der Mensch muss die richtigen Grunds? tze beobachten, wie tief er auch in Armut sinken mag." Das war ein altehrwürdiger Merkspruch.

"high ambitions"

在这段中，在叙述者评论老通宝的话的地方，我们看到了对颇具讽刺意味的引文一个比较自由的翻译，同时在每个单一的事例中也有各自的语言表达。总之，翻译是对上述关键词的合成和自由重组，比如"祖传"、"圣贤人"，此处翻译成"哲学家"和"正确的原则"，其中明显涉及了"志气"。

8：352 他自己也是从二十多岁起就死心塌地地学着镇上老爷们的"好样子"，——虽然捏锄头柄，他"志气"是有的，然而他现在落得个什么呢？天老爷没有眼睛！

52—53 Von Jugend an hatte Tung Bao sich bemüht, in Benehmen und Auftreten "wohlerzogen" zu sein wie die Vornehmen dei Stadt, er hatte "Ehrgeiz" gehabt und "Grundstze". DEI Vorsehung war blind.

这里，对传统习俗的尊重（"好样子"）和老天爷对此的考虑之间的对比有些模糊了，因为后者在汉语文本中是作为一种人格化的"上帝"而存在的，而不仅仅像德语译文中所昭示的那样是"天意如此"。

8：354 他们这样乱哄哄地喊着。而且多多头也在内！而且是他敲锣！

55 Dann aber taumelte der alte Tung Bao vor Schreck zurück: Do—do marschierte an der Spitze der Banditen. Er war es, der den Gong schlug!

在这段中，译文非常自由，而且实际上是一种重述：德语翻译只是描绘了对老通宝的影响，而略去了汉语文本中描述的事实，没有任何叙述者的评论。

8：359 绅商们很明白目前这时期只能坚守那"大事化为小事"的政策。

61——

一个非常明显的叙事者对当地精英们在干旱状况下的行为的评论再次被省略掉了，其中也包括对"大事化为小事的政策"的解释，于是一个叙事者不同于茅盾本人的观念形成了。

虽然茅盾的作品中对词汇和句法的干预比较频繁，但在大多数情况下，德语翻译精确地揭示了作者的叙事手法并尽可能试图在译文中有所反映，其中有些问题可能是由于翻译风格的原因，有些则显示了对叙事者态度的纠正修改。总之，即使是明显的缺省或许也可以归结为这种观念，而不是译者对汉语文本缺少语言穿透力。许多问题仍然存在争议，并没有真正被曲解。因此，茅盾翻译（它们大概受到了早期民主德国出版社编辑们最广泛的关注）可能是卡尔玛翻译活动中最均衡的部分。

五、对赵树理的翻译

在和茅盾同样的背景之下——尽管早得多，卡尔玛拿出了赵树理的著名中篇小说《李有才板话》（1943）的德语译本。撇开环境与明显简单朴素的语言不管，单是作品的题目就有相当大的困难。这明显地体现在翻译题目时卡尔玛没有找到任何满意的解决方式，这可以从他对第一章“书名的来源”的最后部分的翻译中看出来，那里给出了详细的解释。

第一章　作诗的人，叫“诗人”；说作诗的话，叫“诗话”。李有才作出来的歌，不是“诗”，明明叫做“快板”，因此不能算“诗人”，只能算“板人”。这本小书既然是说他作快板的话，所以叫做“李有才板话”。

18—19 Leute，die Gedichte schreiben，werden Dichter genannt，und die Bücher，die berichten，wie es zum Schreiben dieser Gedichte kam，heissen Geschichten der Gedichte. Li Yü—ts'ais Lieder sind keine Gedichte sondern nur Knüttelverse oder Schnellreime，und so kann man ihn nicht als Dichter bezeichnen，sondern nur als Reimschmied. Darum habe ich diesem Buch den Namen gegeben：Die Lieder des Li Yü—ts'ai.

第一章　这种歌，在阎家山一带叫“圪溜嘴”，官话叫“快板”。

16 In Peking nennt man solche Lieder“K'uai pan”——Schnellreime；in Jen-tschia Schan hiessen sie einfach“Schlüpfrige Schnauze”

尽管给德国读者准确介绍了板话术语，提供了普通话（官话）词汇，甚至还给出了注音，同时也给出了当地使用的习语，但结尾部分对书名起源的说明还是注定会让那些对汉语并不熟悉的读者感到费解。这主要是缘于赵树理那番议论过程中并不恰当的对应词，它实际上合成了一个新词“板话”。作为一种活动的“作诗”/Gedichte schreiben与诗人/Dichter之间的关联仍然的明白无误的。然而，第一个重要的障碍导致了失败，因为作为一种相当广泛的文体，“诗话”肯定不仅仅是“说作诗的话”，如果用一个学术点的词来指称，或许可以称之为“诗学”。因此，“板话”就有误导性——甚至有加倍的误导作用，因为“话”甚至没有体现在德文标题中。将“快板”翻译成“Lieder”（歌曲）是另一个严重错误（德语中的“Lieder”常常用作中文“词”的对应翻译），而且尽管坚持称它们为“Knüttelverse”或“Schnellreime”（即英文“doggerel”或者用一个更通俗的汉语词来说就是“打油诗”），这种翻译方式也没有被接着采用①。“板人”被译成

---

① 后来英文版本的译者主要是出于教学目的，在这方面做得更为恰当。中文文本包括前言和注释由 Susan S. H. MacDonald 翻译。见 Chao Shu-li，*The Tale of Li Youcai's Rhymes*（London；New York：Cambridge University Press，1970）。

"Reimeschmied"，但过后也放弃了。由此，板话这个合成词的讽刺意味完全丧失了——说它具有讽刺意味是因为它将具有悠久历史传统的高雅文体加了后缀"话"并且与低俗的"板话"进行了颇具喜剧意味的对比，并且实际上还在相关词汇指称的基础上依据"老"和"小"进行了类似的讽刺性区分。这一切都由标题中的主角"李有才"在第一章前面那段文字中阐述出来。

在此，我想特别提出一个关于题目翻译的建议，这种译法或许更好，即"Poetologie des Knüttelreims von Li Youcai"（"Poetology of the Doggerel by Li Youcai"）。

无疑，贯穿整部中篇小说的李有才的板话构成了作品的核心。也毫不奇怪，上述开场白之后，一个对"板话"翻译的批判性评价导致了一个更为灾难性的评价——这是不同寻常的，因为卡尔玛是通过诗歌进入文学世界的，尽管并不是很有名。集中讨论作品中出现的第一个例证，同样是在第一章中出现的：

> 第一章
> 鬼眏眼，阎家祥
> 眼睫毛，二寸长，
> 大腮蛋，塌鼻梁，
> 说句话儿眼皮忙。
> 两眼一忽闪，
> 肚里有主张，
> 强占三分理，
> 总要沾些光。
> 便宜占不足，
> 气得脸皮黄，
> 眼一挤，嘴一张，
> 好像母猪打哼哼！
> Seine Augenwimpern
> Sind zwei Zoll lang,
> seine Sattelnase
> macht einen krank.
>
> Die Lider klimpern
> In einem fort
> Zu jedem Blinzeln
> gibt's ein neues Wort.
>
> Du bist immer schuld,
> er hat immer recht,
> verliert gleich die Geduld
> und macht dich schlecht.

Dann schliesst er die Augen
lässt offen den Mund
und sieht wie ein Schwein aus,
das gerade grunzt.

首先，应该弄清整段快板的音节排列，将语法单位放在括号中，而同韵词的字母放在末尾：

3（1—2），3（1—2）a
3（2—1），3（2—1）a
3（1—2），3（1—2）a
7（2［1—1］—2—2—1）a
5 5（2—2—1）x［a］①
5（2—1—2）a
5（2—2—1）x
5（2—1—2）a
5（2—1—2）x
10 5（2—2—1）a
3（1—2），3（1—2）a
7（2—2—1—2）a

这段快板有着非常明晰和有说服力的结构：三个三音节的对联进行陈述，然后以一个七音节的句子作结。随后的详细阐述采用五音节句式，在结尾之前又用了一个三音节的对联，最后用七音节句式结尾。在进入语义方面的讨论之前，应当说明这段快板的德文翻译采用了四节，每节四句的形式——对于任何可能的对应翻译来说，这都是个非常糟糕的开头，最后一节的音节重读模式如下所示：

◡—◡　◡—◡
◡—◡　◡—
◡—◡　◡—◡
—◡—◡—

最后一行的第一个音节（与其他诗节不对称），已经暗示出毛病所在。第一节对村长儿子的介绍完全被略掉了：“鬼眏眼，阎家祥。”同样被略掉的还有“大腮蛋”，但是主角的鼻子反而成了“让人生病”。第一部分结尾处七个音节的那个句子则完整地分布在第二诗节当中。详细阐述部分的五音节句子（汉语的第5—10行）被极大

① 从目前的翻译批评出发，尾音/—n/和/—ŋ/在方言中可能存在的一致性暂不作讨论，尽管出生于山西沁水县的赵树理是一个很好的研究对象。

地缩减，色彩也黯淡了许多，也就不足为怪了，不仅如此，译者还被迫采用一些抽象资源，比如“你总是错的/他总是对的”（似乎是翻译的第5—9行）。

从这极少数的提示中已经能够非常明显地看出，卡尔玛未能成功且令人信服地翻译出赵树理小说中的基本要素。最可能的原因是约瑟夫·卡尔玛一直生活在城市环境中，因而没有培养出对《李有才板话》中所表现出来的那种质朴甚至有些粗俗的风格的良好的感觉。考虑到他第一次翻译中文作品是在1946年，因此很难归结为这是他语言技巧的演变。至于他为什么选择去翻译赵树理，这可能同样是出于出版社的要求——在冷战刚开始时，民主德国的中央出版社（相当于莫斯科的Goslitizdat）愿意出版任何来自红色中国的东西。

不管怎样，翻译一个具有浓郁的地方色彩和通俗因素的诗意文本必然会有许多困难，甚至可能会比翻译鲁迅的那样复杂的叙事散文更加困难。如果翻译赵树理时约瑟夫·卡尔玛不得不依靠助手的帮助和支持的话——可能为他提供翻译草稿（目前为止未被确认）[①]，那么这一工作未能完成也就不奇怪了。在这一翻译实践中，译者倾向于并且实践了用诗歌的形式去翻译，但并不成功。

多语性与中介：一些结论

卡尔玛后来之所以能够成为一位翻译家，肯定不止与他的家乡加利西亚的多语言环境有关。在普热梅西尔（位于现今波兰境内）小学，他不仅接受了波兰语和俄语教育，同时也接受了德语教育。而毫无疑问这种环境也契合了他的特殊兴趣，这在他于Czernowitz学院读书期间表现得特别明显：他不仅学习了必修的古典语言如拉丁语、希腊语和希伯来语，而且也学习了亚美尼亚语、英语、法语、波兰语和卢塞尼亚语。虽然目前能获得的文献并不是证明他汉语水平的最理想证据，但他曾经提及自己是汉学研究的专家：

> 我最感兴趣的是那些诗［Rudolf Felmayer（1897—1970）的*Östliche Seele im Tode*“Eastern Soul Dying”（1945）］。因为，你知道，我是一个专业的汉学家，并且被看作是一个“远东犹太人”，即一个研究远东政治和文学的专家[②]。

根据他自己的陈述，一战之后，他在布拉格以教西班牙语为生——当然学生是说捷克语的[③]。总而言之，包括他未出版的翻译作品在内，他一共翻译了大概

---

① 1957年，巴金的《憩园》和赵树理的《李有才板话》的英文译稿被两家预期的出版社拒绝这一事实并不能够证实作品的英文版是否比德文版（均出版，分别出版于1950、1954年）更早。参见Gausterer，“Der Literaturvermittler…”，55.

② 1946年11月9日致Otto Basil的信，见*Archiv der Theodor－Kramer－Gesellschaft*，Vienna。我不同意Gausterer的判断（这个文学经纪人……51），他的这一明显语带讥刺的评价肯定引用了他从大英图书馆所藏关于远东的广泛研究文献里获得的知识。

③ 1958年2月20日致Ilse Barea的信，见*Österreichisches Literaturarchiv*（Nachlass Joseph Kalmer，2. 2）.

不少于49种不同语言的作品（在他自己的专门术语列表中，“美式英语”、“加泰罗尼亚语”都是独立的语言）——不管他对这些语言精通的程度的差异，以及在何种程度上助手介入了他的翻译。此外，在卡尔玛的一生中有两次因为战事和欧洲大陆猖獗的反犹主义而被迫改变生活环境：在战争中流亡到维也纳，以及在纳粹统治时期逃离英国。

他的政治活动——先是作为战后建立的士兵委员会的代表，在那里他遇到了著名记者艾根·厄文基施（Egon Erwin Kisch，1885—1948），后来又作为奥地利社会民主工人党的终身党员，与他20世纪30年代以来作为记者的职业活动一起使他形成了自己的理想：不仅要做一个媒体人，而且要做一个语言的传播者。这使他最终翻译了范围惊人的作品，其中也包括重要的中国文学作品。

卡尔玛的汉语技巧以及他与中国作家和机构的关系网络仍然有待更详细的研究。同时必须说明的是，如上所述，他的翻译显示了旺盛的生命力：直到今天，在德国读者接受中国现代文学尤其是鲁迅的领域仍然占有一席之地。

（作者单位：斯洛伐克布拉迪斯拉法考门斯基大学）

民初新剧之情节剧的形式及民初文化保守主义管窥

□金 莉

民初通俗文学，尤其是鸳鸯蝴蝶派小说与其时商业化出版机制和消费市场之共生互促的关系已成为学界的一个定论。本文意在民国文学文化史的一个新的层面，即作为民初通俗文化重要组成部分的新剧如何参与和干预了其时的“文化生产场域”（the field of cultural production）①。“文化生产场域”在本文超越了一般对通俗文化商业化的定义而与民初文化保守主义这个理论议题相关。这种相关性首先在于民初新剧从事者多为传统文人，其转型期的文化心态和身份认同有着传统和现代性对话的深层面向。其次，当把民初新剧的文本阅读与其时的新剧批评相结合，笔者观察到民初新剧对传统伦理的剧场演绎着意于“哀情”（pathos）的生成。这种“负面”的情感经验构成了民初文化保守主义一个高度主观化的层面，联系到伤感主义（sentimentalism）这个涵盖极广的文学文化议题。

目前学界对新剧的关注大多集中于晚清时段。新剧在晚清的兴起与其时的戏剧改良运动紧密结合，与梁启超的“小说界革命”相辅相成。与“新小说”相伯仲，晚清新剧高度政治化地服务于启蒙国族意识，致力于宣传反清的种族革命运动。把新剧局限于晚清时段从而导致了新剧被单一地界定为服务于反清政治的宣传工具，而民初新剧在历史还原和批评分析两个方面往往都被忽略了。新剧之有晚清和民初的分界早有史实的定论。洪深明确指认民初为新剧的“全盛”时期②。欧阳予倩把新剧划分为三个阶段，并以1911年的辛亥革命来界断新剧的“创始”和“发展兴盛”两个时期，而新剧的“发展兴盛”正是从1911－1917年的民初年间。这两个时段的划分决定了民初新剧不可能与晚清新剧具有相同的主题关怀。具体地说，学界所强调的晚清新剧之政治化倾向，尤其是启蒙国族意识，宣扬反清种族革命的内容，到民初已不再为历史时势所支持。本文所关注的正是民初新剧之有别于晚清新剧的主题关怀及其剧场形式。这个内容和形式共生的议题落实到情节剧（melodrama）这个批评概念如何具象化于民初社会文化心理，从而生成了为民初语境所特设的历史文化意义。

民初新剧一反晚清新剧激进的政治化倾向，其主旨着意于文化伦理的关怀。

① Pierre Bourdieu，*The Field of Cultural Production：Essays on Art and Literature*. New York：Columbia University Press，1993.

② 洪深：《中国新文学大系戏剧集·导言》（第九集），上海文艺出版社2003年版，第4页。

朱双云于1914年辑《新剧史》，在其自序的结尾吟咏了时代的哀音，表达了浸浸于民初新剧的良苦用心："呜呼，世道之衰，于今为烈。礼失求诸野，古训昭然。世有季札，其或不我疵乎。"[①] 沈所一在《新剧春秋序》中点明了民初"世道之衰"的文化因由："欧风东渐，俗尚浮华，道德沉沦，伊于何底。忧时之士，创为新剧。寓谲谏于优俳，寄感慨于粉墨。"[②] 冯叔鸾在序《新剧史》时更指明了民初新剧所处的政治语境。"自有清失政，四民离所。卑鄙龌龊之流，联袂登朝。而优秀之士，反沉塞抑郁，无由遂其生。落落穷巷，顾影生惭，俯仰人生，富位难忽。势利所激，挟聪明以趋夫歧路者，固比比然。今之《新剧史》之所传者，非其伦耶?"朱双云在"《新剧史》自序"中把传统文人为民初时势所趋的身世之感与时代哀音联系起来。"矧今之所为新剧家者，都英髦特达之辈，使得脱颖而出，必能大有作为。至时运不齐，托足于优孟一流。仍抱其沉郁苍凉之慨，不能大抒其抱负。牛刀割鸡，风尘仆仆。生也无闻，死也无闻，等蜉蝣于天地，夫亦大可怜矣。若夫忧国之士，慨于世道陵夷，志切移风易俗。第以手无寸柄，不能偿其宏愿，乃从事于粉墨场中，将以感人性情。生公说法，石可点头；广长谭禅，佛甘摩顶。盖亦大有功于世道，更不敢湮没不彰著也。余如滑稽玩世之流，愤世嫉俗之辈，凭其一腔热血，发为慷慨悲歌。虽亦借酒浇愁，要亦别有怀抱。"[③] 由上所引可见，民初新剧的"发展兴盛"联系到传统文人在"有清失政"、"欧风东渐"的历史时势趋促下所执意的文化保守主义的伦理担当，而以南社成员为代表的传统文人在民初政治舞台上"郁郁不得志于时"，无所用其"才"的政治边缘化地位更彰显了其拯"世道之衰"的文化使命感，新剧则成为其"长歌以当哭"、发抒个人困懑、表达文化伦理关怀的剧场媒介。与《新剧史》之古典主义的修辞不同，欧阳予倩在50年代从马克思主义阶级论出发，界定了民初新剧从事者在晚清民初历史转型期的边缘境遇："(新剧) 编剧者多是从封建社会出身，受了资产阶级民主革命新思潮的影响，他们还没有完全能够脱离封建残余的束缚，他们很善良，有正义感，也要求进步，但是找不到正确的方向。辛亥革命的启示，因为不能答复人民所提出的问题，也就显得软弱无力。"[④] 欧阳予倩从阶级论出发对民初传统文人的指认着重于政治的层面，从而民初新剧被界定为对辛亥革命以后政治低潮的一种剧场反应。这无疑是民初新剧所置身的历史时势的一个方面。然而吊诡的是，民初新剧之于文化保守主义的批评意义不在于对其时政治时势的直接反映或反应，而恰恰在于其对政治体制及文化伦理之间隔的执意。正是基于对此间隔的执意，民初新剧之情节剧（melodrama）的形式及其"哀情"的剧场效应才进入了文化保守主义的批评视界，并在民初语境中生成了现代性话语一个高度主观化的面向。

---

① 欧阳予倩：《谈文明戏》，《欧阳予倩代表作》，华夏出版社1999年版，第421—422页。

② 沈所一：《新剧春秋序》，《新剧史》，上海新剧小说社1914年版。

③ 朱双云：《新剧史·自序》，《新剧史》，上海新剧小说社1914年版。

④ 欧阳予倩：《回忆春柳》，《中国话剧运动五十年史料集》，中国戏剧出版社1985年版，第98页。

在西方的文学批评中，情节剧作为普泛的批评概念，与古典的悲剧理论以及现实主义、象征主义、表现主义等现代剧场理论相抵牾，长期以来被视为“廉价恶俗的惊诧效果的同义词”[①]。在70年代后期，情节剧被摒弃于正统文学批评的境遇发生了转变，其主要契机是彼得·布鲁克斯所著的《情节剧的想像》[②]。继布鲁克斯的奠基之作后，学界普遍认为作为批评概念的情节剧指涉了与现代性共生的一种感知模式，其历史生成和理论意义联系到戏剧、电影和小说等多样的文艺形式。学界对情节剧的研究也早已超越了以欧美为中心的文化界域而成为阐释非西方国家的现代经验的一个重要批评概念。从90年代开始，从事中国电影研究的学者开始注目于情节剧在中国电影之民族形式生成过程中所起的主导作用，中国电影史的史实钩沉更确认了民初新剧，即文明戏对早期电影的直接影响。相形之下，情节剧在中国现代戏剧的正统叙述里成为一个吊诡。虽然从剧史的角度来说，民初新剧是中国早期的话剧形式，可是由于现代话剧一贯以易卜生“现实主义”剧场的介绍和胡适《终身大事》的创作为其滥觞，被尊为“五四”新文学的直接传乘，从而导致了民初新剧因其情节剧的形式不为现代戏剧史在批评意义上所兼容，其在民初语境中的历史及批评意义也被搁置而不论。

作为批评概念的情节剧一般指涉情节的奇诡突变以及由此而生成的惊诧、煽情的戏剧效果。在西方的批评语境中，情节剧被确认为兴起于18世纪末期法国的通俗剧场（popular theatre），其作为一种“现代”的剧场形式与当时贵族的新古典主义剧场相对立，是对法国大革命后新兴资产阶级的历史境遇及其阶级意识“戏剧化”的反应。因此，情节剧的兴起与其时一系列历史激变相因果，尤其是帝制的濒危，封建等级制的解体，以及基督教之神圣威权所面临的世俗化的挑战。彼得·布鲁克斯认为情节剧的形式生成于一个“后神圣的世界”（a post—Sacred universe），特别指涉现代性滥觞于西方所导致的基督教作为规范人间道德之绝对威权的弱化及渐及缺失。与古典悲剧传统相较，情节剧对善恶冲突的人格化演绎不着意于心理现实的发掘，其代表善恶冲突的人物往往是平面单向的，其奇诡突变的情节着意于观众的不是智性的反思而是惊诧煽情的感官效应。以新兴的市民阶级为其理想观众，18世纪末兴起于西方的情节剧是当时政治主导地位尚未确立的资产阶级反映于社会文化层面的一种心理代偿机制。当把情节剧这一批评概念应用于民初新剧，布鲁克斯所定义的“后神圣世界”可以用来指涉民初文人眼中“道德沦丧，伊于何底”的民初中国，而布鲁克斯所界定的“情节剧的想象”之主角，即西方新兴的资产阶级，可为处于晚清民初历史转型期的中国传统文人群体所置换。在民初文化保守主义的批评语境中，民初新剧之情节剧的形式彰显了有别于西方情节剧传统的高度“民族化”（nationalize）了的情节和人物，其所寄托的伦理意蕴与民初文化保守主义的潮流有着密切的联系。

陆镜若（1885—1915）的《家庭恩怨记》正是民初新剧之文化伦理关怀藉

---

① James Smith, *Melodrama*, London: Methuen, 1973, pp. 66.

② Peter Brooks, *The Melodramatic Imagination: Balzac, Henry James, Melodrama and the Mode of Excess*. New Haven: Yale University Press, 1976.

情节剧的形式得以彰显的典藏之作。陆镜若为江苏常州人。在东京帝国大学留学期间，他开始接触日本其时方兴未艾的新派剧，并参与了其舞台演出。后在早稻田大学学习期间，他加入了由坪内逍遥主持的文艺协会，开始了解西方剧场及其理论。他于1907年加入春柳社，成为新剧的创始人之一。于1908年与欧阳予倩合作，在上海创立申酉会，次年又与欧阳予倩、吴我尊、马绛士合作创立了新剧同志会，也就是后来的春柳剧场。直到1915年早逝，陆镜若是春柳剧场的主持人和主要剧作者。郑正秋于1919年所辑的《新剧考证百出》中记载的“春柳悲剧”多为陆镜若所创[①]。作为民初新剧典藏的《家庭恩怨记》由陆镜若作于1912年，同年由新剧同志会（春柳剧场）首演于上海青年会。朱双云在《新剧史》中点明了“《家庭恩怨记》一剧实本于晋献公故事。全剧结构颇为缜密。比闻同志会有续排二本之说，殊不以为然。盖以剧情已尽，续之恐多牵强。转将是剧损色”[②]。欧阳予倩在“谈文明戏”一文中也指出了《家庭恩怨记》是“在春柳剧场所有的戏当中是最受欢迎的”，“对比较完整的话剧的演出形式起了示范的作用”[③]。由此可见，《家庭恩怨记》代表了陆镜若所创的春柳剧场对剧场形式，尤其是其结构的严整统一的艺术追求，而陆镜若对剧场之现代化的自觉使其在民初新剧界卓立特出。《家庭恩怨记》在民初受欢迎的程度更为《新剧史》首页登载的广告所证实，其曰：“是剧（《家庭恩怨记》）为新剧同志会陆镜若君所编，新剧中兴以来已风行一时。其佳处观者类能道之。兹特请天隋主编成小说。文笔绮丽，趣味兴浓，爱观新剧者不可不手置一篇。”[④]

《家庭恩怨记》戏剧冲突的中心是传统范畴的父子人伦，其故事背景是辛亥革命后的1912年。作为父亲的王伯良是一个参与了辛亥革命的武人，他在上海为妓女桃红所惑，决定结束他的鳏夫生涯。回到苏州的家中后，王伯良把桃红作为继母介绍给17岁的儿子重生和未圆房的儿媳梅仙。当重生与梅仙无意间在花园里撞破了桃红和情人的幽会，桃红畏事泄于乃父，决意陷重生于不孝。当王伯良生辰之庆，桃红置毒于酒，诬重生有弑父霸母之谋。王伯良盛怒之下命重生离家并永不回返。其后，王伯良酒醉沉酣。重生无以自白，绝望中用其父置于桌上的手枪自杀。梅仙目睹惨剧后精神失常。翌日晚，王伯良在花园邂逅了梦游的梅仙，方得知重生自杀。当终于真相大白，王伯良手刃桃红，并计划疏散家财后自杀。后在一个朋友的劝导下，他决定离家投身于救国运动。朱双云在《新剧史》里指出：“《家庭恩怨记》一剧实本于晋献公故事。”这里所说的晋献公故事分别见载于《礼记》、《左传》及《史记》，记晋献公二子重耳及申生事。公元前656年，晋献公受谗于骊姬，欲杀世子申生。因虑其逃亡将有损于献公，有悖于人子之道，申生虽临危而拒绝逃亡，最后受赐而死。申生之弟重耳流亡列国19年，备历艰辛，于公元前636年终于返国即位为晋文公，成“春秋五霸”之一。

---

① 郑正秋：《新剧考证百出》，上海中国图书集成公司1919年版。

② 《杂俎》，《新剧史》，上海新剧小说社1914年版，第5页。

③ 欧阳予倩：《回忆春柳》，《中国话剧运动五十年史料集》，第50页。

④ 《新剧史》，上海新剧小说社1914年版。

《家庭恩怨记》的剧情证实了“晋献公故事”确为是剧之本事。在《家庭恩怨记》的第三幕，重生向梅仙转述了这个历史传奇，并表达了他对申生作为人子之忠孝典范的崇仰[①]。此外，重生的名字结合了重耳之重及申生之生，显然是重耳和申生这两个人子形象的重叠与投射。如果对“晋献公故事”中重耳、申生这两个人子形象做一现代阐释，他们代表了对于父子伦常决然相反的两种态度。重耳代表了意志和行动。在关于他的历史叙述中，具体的生存境遇和历史时势使从权成为其行动指南，作为绝对道德律的忠孝理念被相对化了。与其相反，申生代表了对作为人子规范之忠孝理念的绝对服从，其自我牺牲的道德实践带上了强烈的宿命色彩。父子伦常对申生而言是康德式的“绝对律令”，其独立于常动不居的具体情势而要求道德主体的无条件的遵从，即使以生命为代价。《家庭恩怨记》正是对这个以父子伦常为中心的历史本事的现代演绎。虽作于1912年并以辛亥革命后的民初中国为故事背景，其情节剧的形式并不兼容任何现实主义的解读。在“当代”的表象下，忠孝的道德律令被剧场化而生成了寓言的深度。晋献公的历史本事着重于重耳这个代表了意志和行动的英雄形象，其于颠沛流离中百折不挠的故事显然更具有情节化的潜力。然而陆镜若对重生形象的塑造显然强化了执著于绝对道德律并为其牺牲的申生，在历史本事中申生的“受赐而死”更被演绎成剧中重生自我毁灭式的自杀情节。陆镜若之侧重于在人格和道德实践两方面与重耳相对立的申生，其文化伦理的指归显然别有深意在焉。

联系到朱双云和沈所一感慨于民初“世道之衰，于今为烈”，“道德沉沦，伊于何底”，从而把新剧尊为“礼失而求诸野”的济世匡时的事业，《家庭恩怨记》之对父子伦常及其忠孝理念的剧场演绎显然与此对新剧之文化承担和道德关怀的一般假定若合符节。然而要解读《家庭恩怨记》之具体的批评意义，关键还在于解读作为重耳和申生之新剧演绎的人子形象申生所代表的伦理意蕴及其情感指向。在《家庭恩怨记》中，申生无疑代表了一种忠孝典范，可吊诡的是，这个人物在剧中完全为情节所左右，缺乏任何意志力的表现，从而也被剥夺了任何行动的可能性。这种意志和行动的双重缺失使得作为忠孝典范的申生指涉了一种“负面的人格”（negative identity），其涵括的不过是“无所辩白的受难，自我否定，最后导致自我毁灭”[②]。申生这种“负面的人格”在剧中架空了忠孝的道德理念，使其不再表现为意志、决断和行动，而成为了哀歌吟咏的对象。这类“负面的人格”在陆镜若所创的春柳剧场中具有典型性。如欧阳予倩所观察的，“春柳的戏，多半是情节除了一些暴露的喜剧，还有就是受尽了苦楚最后勉强团圆——带妥协性的委委屈屈的团圆之外，大多数是悲剧。悲剧的主角有的是死亡、被杀或者是出家，其中以自杀最多，在二十八个悲剧中，以自杀解决问题的有十七个”。对春柳剧场这种“负面”倾向，欧阳予倩从马克思主义唯物史观的角度做了阐释。

---

① 王卫民编《中国早期话剧选》，北京戏剧出版社1989年版。

② Thomas Elsaesser, “Tales of Sound and Fury: Observations on the Family Melodrama.” Marcia Landy, ed., *Imitations of Life: A Reader on Film & Television Melodrama*. Detroit: Wayne State University Press, 1991, pp. 79.

"这些戏暴露了社会的黑暗面（主要是封建社会的罪恶），反映着根深蒂固的封建势力难于打破，而解决矛盾的方法只是消极抵抗——尽管有愤世嫉俗之情，因为找不到正确的出路，就不免流于消极；甚至虽是极少数的，还有厌世之想。"①欧阳予倩一以概之地以"封建社会的罪恶"涵括了春柳剧目的内容，作为意义生成之剧场形式的情节剧没有纳入他的批评视界。可是他接着所指出的春柳编剧者"多半是书香门第出生"，触及了民初新剧之"负面"情感倾向与民初文化保守主义之间的联系。

回溯前此谈到的民初新剧从事者拯"世道之衰"的文化担当，其着意于传统伦理的主题关怀不宜用"封建社会的罪恶"这一"五四"批判现实主义的修辞来一言以蔽之。置身于"道德沦丧，伊于何底"的民初社会，处于政治边缘化地位的传统文人在新剧舞台上用情节剧的形式来演绎"封建伦常"与其说意在批判，不如说取其为哀歌吟咏的对象。《家庭恩怨记》中作为忠孝之人格化承载的申生正代表了民初新剧藉"哀情"演绎"封建伦常"的剧场美学。其"哀情"（pathos）之生成涵括了民初新剧所普遍执意的剧场效果，从而成就了民初文化保守主义的一种情感叙述。如彼得·布鲁克斯所论证的，在18世纪末基督教之绝对威权弱化渐及缺失的欧洲，关于德行（Virtue）的叙述往往把德行主观化为情感状态或心理关系。这种把德行主观化、情感化的倾向集中表现于其时情节剧这一新兴的"现代"剧场形式。在"有清失政"的民初中国，帝制的倾颓使"封建伦常"在政治及文化两方面都失却了体制上的支持，其表现于道德实践的个人主体则是意志力、决断和行动的缺失。这种缺失显然又与民初传统文人在政治身份及文化认同两方面的边缘境遇相因果，其拯伦常于失序的文化保守主义立场从而转向了一个高度主观化的维度，执意于藉民初新剧来从事一种"情感教育"（sentimental education）。

在民初时势下，"儒家的道德目的论已经被体察为失却了其在现世的可行性。进化论的宇宙观成为一种纯自然主义的信仰体系。从儒家的道德宇宙观看来，其对社会和自然世界之合理性的维系是以非人化（dehumanization）为代价的"②。由此民初传统文人所感慨的"道德沦丧"、"世道之衰"无疑指涉了在帝制被推翻，进化论的信仰喧嚣尘上后的伦常失序，而民初之文化保守主义正是植根并生成于这一"后神圣"的文化语境。其对传统的执念与其说在于理念层面的确认，毋宁说在于情感的蕴藉，从而作为新剧之主题关怀的"封建伦常"成为了伤情（sentimental）的对象，其"哀情"的剧场美学成就了民初文化保守主义的一种情感叙述。近来文化保守主义正在成为中国现代性反思的一个批评焦点，学界对文化保守主义的界定还主要着重于思想史和社会政治体制的层面。与此主流相轩轾，研究中国思想史的美国学者本杰明·斯瓦茨和夏洛特·冯斯早在70年代就

① 欧阳予倩：《谈文明戏》，《欧阳予倩代表作》，华夏出版社1999年版，第428页。

② Charlotte Furth, "Intellectual Change: From the Reform Movement to the May Fourth Movement, 1895－1920." In Merle Goldman and Leo Ou－fan Lee, eds. *An Intellectual History of Modern China*. Cambridge; New York: Cambridge University Press, pp. 41.

强调了民初文化保守主义所着重的是与传统的一种“心理关系”。这种“心理关系”不凭借于体制层面上的实践理性或智性的确信，而指涉对传统的“心理态度”（mental attitudes）[①]。基于此一理解，作为民初通俗文化之重要组成部分的民初新剧尽管没有“现实主义”地反映社会政治的激变，其对“封建伦常”的伤情演绎成就了对民初历史情境的一种审美折射。民初新剧之“哀情”的伦理美学正代表了民初文化保守主义一个高度主观化的层面，指示了文化保守主义参与现代性话语的一个常被忽略的层面。其情节剧的形式及其情感主义的旨归对中国文学现代性在文学、戏剧和电影领域的建构都有着深远的影响。

（作者单位：美国布朗大学）

① Benjamin Schwartz, “Notes on Conservatism in General and in China in Particular,” Charlotte Furth, “Culture and Politics in Modern Chinese Conservatism.” *The Limits of Change: Essays on Conservative Alternatives in Republican China*. Cambridge: Harvard University, pp. 3—14, 22—56.

李健吾与福楼拜和自然主义①

□ 范水平

早年在清华大学西洋文学系求学时，李健吾便已经点燃了对福楼拜崇敬、向往的热情。他说："《包法利夫人》原文是我读第三年法文读到的，教我法文的是美国温德（Winter）先生。……我跟他念了四年法文。后来我去法国留学，就是受了他教的这本书的影响，放弃了坡及其他法国象征派。……自然，我也接受了一些福楼拜关于艺术的理论。"② 后来，李健吾去法国留学，就是为了专门研究福楼拜。在法国的两年中，"我当时日夜研究福楼拜"③。他折服于福楼拜的才华和"为艺术而艺术"的美学思想。1935年《福楼拜评传》出版，奠定了李健吾作为著名的法国文学研究家和文学评论家的地位。这部巨著至今仍然得到法国文学研究专家柳鸣九先生的高度评价。没有真正的学术认同，是无法写出如此切近福楼拜的精神内涵、历几十年而不过时的学术力作的。随后不久，福楼拜的主要作品如《福楼拜短篇小说集》、《圣安东的诱惑》、《情感教育》、《包法利夫人》等均由他译成中文在中国出版④，中国人真正认识福楼拜这位法国文学巨匠，与李健吾的这些研究和译著是分不开的，况且，是他规范了"福楼拜"这一译名。李健吾服膺于福楼拜的一句名言："杰作的秘密在作者的性情与主旨一致。"他在其文学评论中曾多次征引，并作出自己的注脚："一部作品和性情的谐和往往是完美的标志。"李健吾是从法文原文学习、翻译、研究福楼拜的作品、书简和文艺思想的，法国文学研究是他的职业，而福楼拜研究则是他的事业。在李健吾的一生中，虽然他接触到很多种类的文艺思想和理念，如自然主义、现实主义、印象主义、象征主义等，但其中福氏的文艺思想对他产生了最深刻的影响，这种影响持续了他的终生。钱林森先生说："着力于福楼拜独异个性的发掘而作灵魂的拷问，剖示作者的内在用心而做客观的展呈，便构成了李健吾阐释福楼拜的一种内在模式"，"三四十年代李健吾评论法国作家和中国作家大体上都采用这种模式"⑤。便

① 本文系2010年国家社会科学基金项目"李健吾的自然主义文学批评研究"（批准号：10CZW014）的阶段性成果；江西师范大学博士启动基金项目"李健吾文学批评思想研究"的阶段性成果。

② 李健吾：《我走过的翻译道路》，《当代文学翻译百家谈》，北京大学出版社1989年版，第294页。

③ 李健吾：《我有了祖国》，载《解放日报》1950年10月8日。

④ 以上福楼拜小说的李健吾译本分别于1936年、1937年、1948年、1948年出版。

⑤ 钱林森：《李健吾与法国文学》，《文艺研究》1997年第4期。

是李健吾自己，在1958年写的作为思想检查的《自传》里，也比较切近事实地承认了福楼拜对他的文学思想的影响："我在巴黎，补习法文半年，另外一年半在图书馆读书，研究现实主义小说家福楼拜。他的'为艺术而艺术'的主张对我起了很坏的作用。我在文艺理论上变成一个客观主义者。"①

"研究现实主义小说家"——这实际上是李健吾在无奈之下的言不由衷之词！如果我们据此就认为他与自然主义无关便是不求甚解。李健吾有几处都说：因为中国需要现实主义，所以他研究福楼拜（见于《我所走过的翻译道路》和1981年的《自传》）。然后，在《拉杂说福楼拜》中，他又想撇清他与自然主义之间的关联②。然而，李健吾深知福楼拜痛恨现实主义，不属于现实主义的阵营。圣伯夫将之称为现实主义作家时，福氏非常反感，李健吾不但在《福楼拜评传》中几次三番地为我们论证，就是在后来的其他文学评论文章中也如此这般地表述，如："我们扩大了现实的意义。但是在十九世纪中叶，现实却专指丑陋的内容而言。……所以圣伯夫把《包法利夫人》看做现实主义的杰作，引起作者的愤怒。而法官用现实两个字形容《恶之华》的时候，鲍德莱耳感到气闷。……所以，假如我们现在说《恶之华》和《包法利夫人》是现实的，十九世纪中叶诽谤的意义自然不在话下。"③李健吾还考证说，在《包法利夫人》问世之初，现实主义对于福楼拜来说，意味着一种轻蔑、恶意中伤，"批评家在这里看见奇形怪状的乡下佬，大惊小怪，想不出更坏的名词来诅咒，便拾起'现实主义'这块烂泥投了过去：'想做一个现实主义者，真实在这里算不了一回事：要紧的是丑！'……然而读者惊于它的新颖，一时没有更相宜的标记来说明它的特征，囿于懒惰，由于方便，也由于一部分的道理，便拿杜朗地之流的'现实主义'招牌，借花献佛，转赠《包法利夫人》的作者"④。而福楼拜自己，是非常厌恶这个称呼的，他"从来不曾有一句话表扬现实主义，一般人把他看作现实主义的祭酒，惹起他极度的反感……我们应当记住，《包法利夫人》时代的现实主义曾经和无知的法庭同时将《包法利夫人》驱逐出境"⑤。根据《辽宁日报》1962年10月19日的《李健吾教授谈西欧文学与戏剧问题》，我们知道，李健吾在1962年10月中旬在沈阳文艺界和辽宁大学中文系做过关于"十九世纪法国现实主义文学"专题讲座，在这个讲座中，李健吾把莫里哀和巴尔扎克作为现实主义作家，并没有提到福楼拜。然而，李健吾为何好几次都说现实主义作家福楼拜呢？他的批评方法到

---

① 转引自韩石山《李健吾传》，山西人民出版社2006年版，第78—79页。

② 在《拉杂说福楼拜》中，李健吾说福氏和自然主义没有关系，但又肯定地说，自然主义是左拉创立的，左拉对于福氏居于半有半生的地位，左拉把福氏归于他的自然主义师承之内。福氏认为左拉的小说很好。同样，李健吾也说福氏没有参加现实主义。李健吾认为，用名词点定一个人是一种方便，省却许多解释。把自然主义和现实主义硬派给福氏，那是文学史家和理论家的事情。不过，他又说："福氏的作品有那两种主义的特征是可能的，因为大家都生活在一个科学世纪……"

③ 李健吾：《鲍德莱耳——林译〈恶之华〉序》，《宇宙风》（散文半月刊）第84期，1939年11月16日。

④ 李健吾：《〈包法利夫人〉的时代意义》，《文艺复兴》1947年第4卷第1期。

⑤ 刘西渭：《三个中篇》，《文艺复兴》1946年第2卷第1期。

底是什么样的？对李健吾研究有素的韩石山先生一语道破：“不全是说谎，只能说囿于时代的偏见，一种机警的躲闪。从全国解放到他去世，三十几年间，无论政治的清明与暗昧，现实主义永远是个鲜亮的庇护，‘为艺术而艺术’从来被视为妖异。我们只能惋惜他去世太早，来不及修正他那掩饰的说辞。……事实上，在大学时代，甚至在整个前半生，李健吾从来是以‘为艺术而艺术’自诩的。”[①]

李健吾心目中从没把福楼拜看做是一位现实主义作家，而是津津乐道于福氏与自然主义作家左拉、圣伯夫、莫泊桑等之间的文学联系。李健吾热爱福楼拜，有如宗教徒热爱上帝般虔诚，在他心目中，福楼拜是最完美的，最让他心折的。他说：“我们不信世上单有一种艺术家存在。要是有的话，从理论和生活方式来看，中外古今也就只是一个，他叫居斯塔夫·福楼拜。”[②] 在他看来，“司汤达深刻，巴尔扎克伟大，但是福楼拜，完美。巴尔扎克创造了一个世界，司汤达剖开了一个人的脏腑，而福楼拜告诉我们，一切由于相对的关联”[③]，“唯有福楼拜，是天之骄子”[④]。福楼拜的可贵还在于“自从有了实业革命，差不多个个文人，不出卖灵魂，也要出卖物质的生存。只有这样一个人，硕果仅存，做成我们最后的反抗，从理想里追求精神的胜利”[⑤]。

李健吾多次说：“拿一个人的经验裁判另一个人的经验，然而缺乏应有的同情，我们晓得怎样容易陷于执误。”[⑥] 所以，李健吾用他的经验去裁判福楼拜的经验，至少他自己认为是有很科学的“同情”的。因为福楼拜的文学理念和作品中具有明显的自然主义倾向，“对福楼拜研究有素”[⑦] 的李健吾的文学批评思想中也十分明显地体现出自然主义文学批评的理论与方法。他在研究福楼拜时基本袭用了福氏的创作理念和原则[⑧]，比如，福楼拜为了写作小说《萨郎宝》，会去小说故事的发生地点突尼斯进行实地考察。当年，李健吾为写作《福楼拜评传》，为了解、体会福氏幼年时的居住环境和后来的生活环境对福氏创作的影响，他曾经去福氏小时候生活过的鲁昂医院进行实地考察；为了更深刻地理解、把握《包法利夫人》中女主人公爱玛的生活环境对她的影响，他也到故事发生地去实地查看，了解当地的风情。这实际上就是在实证论影响下的自然主义理论所提倡的实

---

① 韩石山：《李健吾传》，山西人民出版社 2006 年版，第 79 页。

② 李健吾：《福楼拜评传·序》，上海商务印书馆 1935 年版。

③ 同上。

④ 同上。

⑤ 同上。

⑥ 刘西渭《〈鱼目集〉》，载 1936 年 4 月 12 日《大公报·文艺》第 126 期“星期特刊”。亦见于他分析卞之琳的诗歌时的辩解。

⑦ 参见陈燊等《评李健吾先生的〈科学对法兰西十九世纪现实主义小说艺术的影响〉》，《文学研究》1958 年第 4 期。

⑧ 李健吾说：“我们立论的根据，几乎完全用的是他自己：即‘以其人之道，还治其人之身’。这如果是取巧的方法，却也是最稳妥、最坚定的方法。……我们主要的论断，大部分站在对他的认识上。”所以，他深深地受到福楼拜文艺思想的全方位影响。见李健吾《福楼拜评传·序》，上海商务印书馆 1935 年版。

地观察的方法。在具体研究福氏时，李健吾不但十分注重居住环境对福氏创作所造成的影响，还十分重视脑系病对福氏创作的影响，这从1934年他发表在《大公报·文艺副刊》上的两篇相关论文的标题即可清楚地看出：《福楼拜与医院——环境的影响》、《福楼拜的病魔——脑系病的影响》。前面说过，《福楼拜评传》既奠定了他的学术地位，也是他学术思想的滥觞，基本厘定了李健吾文学批评的主要模式。这种学术思想，实际上就是以自然主义文学理论为主导的思想。后来，在《咀华集》、《咀华二集》中，李健吾在论及中国作家、作品之时，拉来为其论断作证的外国作家、理论家多达80多位，而其中引用最多的还是福楼拜，其次是左拉和圣伯夫，可见福氏对他的影响很深。1957年，他写的《科学对法兰西十九世纪现实主义小说艺术的影响》一文，实可看作是《福楼拜评传》思想的延续。

当然，李健吾接受自然主义文论的影响，并在文学批评实践中广泛运用，还与1921年中国文坛上那次著名的关于引进自然主义的文学运动有关。20世纪20年代的中国文坛，文学氛围相对比较宽松，面对写实小说的创作出路问题，当时的文坛大腕茅盾以《小说月报》为阵地，展开了为期一年多的关于引进自然主义文论的讨论。在1921—1922年的《小说月报》上，刊载了大量有关自然主义理论的论文和关于自然主义作家左拉、福楼拜等的研究论文，基本是讨论引进何为、如何引进、引进后如何扬长避短等问题。这是一次非常难得的文人之间心平气和的大范围的学术讨论，也是自然主义自引进中国以来所享受的最高的礼遇，它的积极性、优长等到公允的评价，理论的疏漏也得到比较公正的评价，与后来上纲上线的打压完全不同。20年代初，正在北师大附中读中学的李健吾已然是个文学积极分子，是文学情感极其浓郁的时期。他与蹇先艾等组织文学团体曦社，创办文学刊物《爝火》，请徐志摩、鲁迅到班上演讲，发表了小说《终条山的传说》、《一个兵和他的老婆》等，应该说，他对于当时的文坛动向是了然于心的。或许正是由于这双重合力，李健吾欣然接受了自然主义文艺思想的理念和方法，并加以积极实践，在文学批评中检阅着他的学术理想，一如福氏般的虔诚。

可以说，李健吾文学批评思想体系就是以自然主义为主导的。没有法国文学的陶冶，没有自然主义文学、文论的熏陶和给养，没有福楼拜文艺思想和作品的潜移默化的影响，就没有李健吾那玲珑璀璨的文学批评华章。这也正是他与其他京派文学批评家的不同之处，也是他文学批评思想的独特之处，在整个中国现当代文学史上，还没有哪个作家、理论家像他这样自觉地把自然主义文论所倡导的方法化用在具体的文学批评当中。而正是因为福楼拜的文艺思想的孕养，使得李健吾的文学批评思想不但以自然主义为主导，并有一定的超越，呈现出巨大的理论张力和强烈的现代意识。

（作者单位：江西师范大学国际教育学院

江西师范大学当代形态文艺学研究中心）

论20世纪40年代的穆旦批评空间

□易 彬

引 言

种种迹象表明1946年之前的穆旦缺乏反响。《中央日报·平明》（第225期，1940/5/29）、《柳州日报·布谷》（创刊号，1942/1/3）等处曾刊出穆旦同学赵瑞蕻、学弟杜运燮所作赠诗[①]，《文聚》杂志曾两次（第2卷第2期，1945/1；第2卷3期，1945/6）刊出一份据说由穆旦本人撰写的诗集《探险队》的广告，这些文字表明了穆旦在当时的影响力，但均不能算作文学批评。穆旦1940年在《大公报》发表的评论，《他死在第二次》和《〈慰劳信集〉——从〈鱼目集〉说起》，未见相关回应文字，看来并未激起多大反响。而从常理推断，穆旦1935年入清华大学外文系，1940年夏毕业留校任教近两年；1943年从军回来后虽没有重新回到联大教席，但在昆明等地仍多有滞留，与联大教师之间应有较多交往，在相关老师的日记、书信乃至评论类文字里，也应有或多或少的记载，但并不多，闻一多书信有过一次提及，新诗选本《现代诗钞》选入穆旦4首诗歌；吴宓日记对于"查良铮"有较多记载，但诗人"穆旦"的一面没有任何呈现[②]。

1946年之后，关于穆旦的批评文字出现较多，其中多热切颂扬之辞，也不乏严厉批判之语；有专论，也有某一种整体性视角的考察；其作者有年长的，如沈从文、朱光潜这类有着重要影响力的文化人，穆旦作品的发表多得益于他们襄助；同辈人较多，有陈敬容、王佐良、周珏良、袁可嘉、唐湜、李瑛、吴小如等，是年轻的大学讲师或助教、新创的刊物编辑以及在校大学生，他们多是穆旦的同学与友人，也有些陌生人。至于批判者的身份，暂不得其详。年长者均是粗笔勾勒，同辈人所作多长篇大论。这表明穆旦诗歌激起了不同的反应。作为批评重要形式的选本也陆续出现，这也是穆旦反响得到加强的一个辅证。

由于学界对部分观点已多有引述，这里将更关注各人背景与观点的形成过程，他们所指涉的现象、问题及相关语境；部分时候，也将适当提及这些批评与穆旦本人的写作状况之间的关联。

---

① 分别为《昆明底一个画像——赠新诗人穆旦》、《拘留所——赠穆旦》。

② 参见易彬《〈吴宓日记〉关于查良铮（穆旦）的记载》，《新文学史料》2006年第1期。

一、新文学史序列：沈、朱的批评

沈从文、朱光潜二位用非常粗略的笔法将穆旦诗歌放置到新诗发展脉络当中。沈从文（1947年7月）曾将新诗发展分作五个阶段："五四时代"；"新月时代"；1931年开始以戴望舒、臧克家、何其芳、卞之琳为代表的第三期；抗战后以高兰、王亚平、彭燕郊、艾青为代表的朗诵诗潮；最近，冯至、杜运燮、穆旦等人新印诗集，"若为古典现代有所综合，提出一种较复杂的要求"①。另一次，沈从文（1947年10月）提出了辩解，有一二读者责备他"不懂诗"，在主编发稿的《益世报·文学周刊》50期中"专登载和编者一样宜于人博物院的老腐败诗作"！沈从文否认了这种责备，并为包括穆旦、郑敏、袁可嘉、李瑛等在内的一批年轻作者而觉得"光荣"②。

朱光潜是在"现代中国文学"的框架中提及穆旦的。同题文章（1948/1）较多谈及新文学发展的背景性因素，新文学"确是在朝一个崭新的方向走"；但新诗"对于西诗的不完全不正确的认识产生了一些畸形的发展"：早期新诗、新月派诗人"功夫都不够"；"卞之琳、穆旦诸人转了方向，学法国象征派和英美近代派，用心最苦而不免僻窄"，冯至、臧克家等人的写作也面临困境。其结论是"新诗似尚未踏上康庄大道，旧形式破坏了，新形式还未成立"③。

能够进入两位在文坛具有重要影响力的前辈的批评视野，并被镶嵌到新文学史的序列之中，与一些重要诗人并称，表明在两位的视野中，穆旦诗歌具有超出一般写作者的价值。但非常微妙，尽管沈、朱二人被认为是有着共同旨趣的自由主义作家，在两种勾勒中，穆旦诗歌却呈现出近乎相反的诗学效果：既是"综合"的、"复杂"的，却又是"僻窄"的。这一局面的形成，可能与沈、朱二位评判新文学的基本价值准则有关。沈从文是新文学作家，对于新文学一直保持积极阐释的态度，对具体文本也常有细致分析，其结论往往即源于此。朱光潜更多理论家本色，其文艺批评多援例于西方文学和中国古典文学，少有新文学方面的内容，这表明其价值准则多从古典与西方中来——放眼新诗评论文章，一直到20世纪40年代，例证和资料援引方面都有这种倾向，朱自清《新诗杂话》系列论文、阿垅的评论文字，多以古典诗歌为证，袁可嘉也苦于找不到"细致复杂的作品可充例证"④。这多少表明新诗自身存在较大问题，虽有较为高远的理论视域，却缺乏可资例证的重要文本。不妨说，沈从文对于穆旦等年轻作者的肯定即是对于新文学现状的肯定，以年轻为"光荣"则透现了他对于新文学前途的乐

① 沈从文：《新废邮存底　二五八》，《平明日报·星期艺文》第13期，1947年7月20日。

② 沈从文：《新废邮存底　三二四》，《益世报·文学周刊》第63期，1947年10月25日。

③ 此文是朱光潜应张晓峰之约为《现代中国文化》一书所写的一章，刊《文学杂志》第2卷第8期。

④ 袁可嘉：《新诗现代化的再分析——技术诸平面的透视》，天津版《大公报·星期文艺》，1947年5月18日。

观。朱光潜操持来自古典文学和西方文学的、带有普遍性的诗学标准，对于新文学的前景保持乐观；对于现状则多焦虑，目前新文学"距离理想还很远"，随着"西方影响的输入"，传统面临着"极严重"的问题。

沈、朱二人的分歧倒不是一个新话题，而是一个自新文学发生就衍生而出的命题①。20 世纪 90 年代之后，这一分歧被成倍地放大②——穆旦也从一个简略例证而成为一个非常重要的文学史个案，这是后话，留待另叙。

二、"中国新诗人"：王、周的批评

同辈人士所作穆旦批评多有观点发明，其中出现最早、流传最广、引用频率最高、争议最大的是王佐良的《一个中国新诗人》。该文初刊伦敦 *Life and Letters* 杂志（1946/6）；产生实质性影响应是附录于《穆旦诗集（1939－1945）》，特别是在《文学杂志》（第 2 卷第 2 期，1947 年 7 月）刊出之后。从多个方面看，这都是一次富有开创性意义的批评。

王佐良是穆旦大学同学、联大外文系同事，对穆旦的成长背景了解甚多。他称当时联大的一群年轻写作者"毫不有名"，穆旦"很少读者，而且无人赞誉"，重要原因即"那些印在薄薄土纸上的小书"无法往远处传播。他所描述的穆旦 1942 年从军途中的生死经历确立了穆旦的基本形象：性格坚韧内敛，对于自身英雄传奇经历"觉得淡漠而又随便"。具体而言，文章既强调了穆旦作为一个写作者在抒情、文字、风格等方面的创造，也强调了他作为现代中国知识分子的精神诉求与痛苦。这些观点奠定了穆旦研究的基本格局，也造设了穆旦研究的根本歧义——最主要的即是如何衡定穆旦写作的非中国化问题，即穆旦"一方面最善于表达中国智识分子的受折磨而又折磨人的心情，另一方面他的最好的品质却全然是非中国的"。

争论焦点是"非中国化"到底是不是一种最好的品质。这自然值得好好辩诘，但首先需注意这一强调的话语逻辑及其与时代语境之间的关联，王佐良多次将穆旦与"中国的智识分子"对举，以突出穆旦之"新"，这种带有夸饰色彩的文体，"五四"新文学以降使用非常广泛，现代读者非常熟悉，也即，王佐良这一夸饰文风乃是受自身隶属的一种急峻的历史意识所激发，在一种"中国式极为平衡的"、"缺乏大的精神上的起伏"的现实气候之中，在新诗尚未有效地确立自身传统的时刻，唯有"新"才能彰显他们这一代人独特的历史处境。

时间徙进，语境也发生潜移或蜕变：20 世纪 80 年代初期，王佐良用"中国品质"取代了"非中国化"的判断，同一个"中国"被赋予不同的价值。所谓"胜利"，既是因为对古典中国的无知，又是因为"中国品质"占了上风③。到目前为止，王佐良关于"中国"的两个命题并没有得到有效整合。再者，今人基本

---

① 参见姜涛《"新诗集"与中国新诗的发生》，北京大学出版社 2005 年版，第 184－192 页。

② 参见郑敏《世纪末的回顾：汉语语言变革与中国新诗创作》，《文学评论》1993 年第 3 期。

③ 王佐良：《中国新诗中的现代主义——一个回顾》，《文艺研究》1983 年第 3 期。

上弃置了王佐良当年所施用的文体，却也激活了当年并未引起多大争议的命题——事实上，在争议话语出现之时，“非中国化”的观点一直统摄着穆旦研究，以致穆旦写作与中国古典诗学之间的关联被有意无意排除在外，同时却又将他置于新诗写作的高位，这无疑与学界对于“新”（“现代化”）的信仰有着莫大关联。

相比于王佐良，周珏良与穆旦的关系更为亲近：中学同学、姻亲——《读穆旦的诗》（1947 年 7 月）① 发表时，穆旦与周珏良的妹妹周与良已确立恋爱关系。

《读穆旦的诗》开头部分简略提到艾略特、叶芝、邓、马威尔、奥登等人的影响，这一与王佐良相近的切入方式表明“外来影响”在两位非常熟悉穆旦成长背景的评论者那里是一个需要解释的问题，也即，两者都是从辩解开始，周文的实际行文也采取了从写作者与知识分子两个向度深入穆旦诗歌的方式：先是强调穆旦诗歌中“情思的深度，敏感的广度、同表现的饱满的综合”；中段则转向“现代中国知识阶级”的精神问题，即“受苦”——“在精神上却情不自禁地踏进了现代文化的‘荒原’”；最终的结果是一种悲剧——“反复追求不过使悲剧更加庄严”（《甘地》）。

文章还标举穆旦诗中一种“特别可注意的”成就。《农民兵》文字“十分平易”、“老媪能解”，“然而句句清新，它深刻锐利的地方尤其使人感觉到搔到痒处的痛快”；《甘地》则是“用极近口语的文字写出了庄严的诗，在白话文已被提倡了二十多年的今日，而每有大制作还是觉得此种文字不够典雅非用文言不可的时候，这种成就是特别可注意的”。周珏良从 20 多年的白话文历史的角度强调了穆旦诗歌语言（口语）所具有的诗学力量。今人多以“欧化”来批评穆旦诗歌语言及其他现代文学作品，周珏良却不仅不认为它是个问题，相反，从“平易”与“庄严”相融汇的层面肯定了它之于白话文历史所具有的独特的诗学价值。可见，随着时间的徙进，问题本身也发生了潜移。

三、“新诗现代化”：袁、陈的批评

比穆旦略小的袁可嘉和唐湜在穆旦批评上倾力颇多。袁可嘉是联大外文系后期学生，20 世纪 40 年代后期任北大西语系助教，其间在平、津、沪等地报刊发表较多新诗批评文字，其核心话语为新诗现代化。这一话语与前辈学者朱自清的新诗研究有所关联，但朱自清标举的“现代化”更偏向于题材，即“迫切地需要建国的歌手”，所谓“建国”主要指现代化的生活②。袁可嘉则着眼于新诗的现代品质，他有着更强的文学史意识，穆旦成为了他非常倚重的阐释对象。

《新诗现代化——新传统的寻求》（1947 年 3 月）是较早的一篇③，其核心观点后被广泛引述，即“现代诗歌是现实、象征、玄学的新的综合传统”。袁可嘉

① 《益世报·文学周刊》第 48 期，1947 年 7 月 12 日。

② 朱自清：《诗与建国》，《新诗杂话》，作家书屋，1947 年，第 65—66 页。

③ 天津版《大公报·星期文艺》第 25 期，1947 年 3 月 30 日。

将"'现代化'的新诗"作者称为"感性改革者"，其先例有戴望舒、冯至、卞之琳、艾青等人。这一话语逻辑表明穆旦接洽了前辈诗人所开创的传统。与王佐良的夸饰观点相比，这种对于新诗品质的分析更为精细，对于新诗实际进程与成就的体认更为切实。

袁可嘉行文多为宏论，穆旦稍早发表的《时感》（1947 年 2 月 8 日）是该文所举的唯一实例，《时感》表达的是"最现实不过"的内容，即"有良心良知的今日中国人民的沉痛心情，但作者并没有采取痛哭怒号的流行形式，发而为伤感的抒泄；他却很有把握地把思想感觉糅合为一个诚挚的控诉"。"这样的诗不仅使我们有情绪上的感染震动，更刺激思想活力；在文字节奏上的弹性与韧性（Toughness）更不用说是现代诗的一大特色。"

基本话语确立之后，袁可嘉又分四次阐释了新诗现代化的命题，《诗与民主——五论新诗现代化》[①] 是最后一篇，其时已是 1948 年 10 月。此文与"文学界的宗派倾轧"直接相关，民主是"全面的一种文化模式或内在的一种意识形态"，它所要求的"辩证性、包容性、戏剧性、复杂性、创造性、有机性、现代性"，与那种仅仅将民主视为"狭隘的一种政治制度"的观点"构成尖锐的对照"。袁可嘉通过比较来彰显诗歌"如何从原始走向现代"，例证是徐志摩的抒情诗和穆旦的戏剧诗，这是"两个先后时代诗底本质底不同"：徐诗"是浪漫的好诗"，"明朗而不免单薄"；穆旦的诗"是现代化了的诗"，"晦涩而异常丰富"。价值如何区分呢？"不同时代的诗虽然都有相对的价值，但作为现代人，我们也自然不无理由对穆旦底诗表示一点偏爱。"不同时代的诗有"相对的价值"，"偏爱"是基于现代人的立场。这般标举现代性的视域与王佐良是相通的。

可特别指出的是，当年轻的袁可嘉以"宗派倾轧"来界定 1948 年的文坛现象时，他显然还没有来得及理会那其实是一场政治博弈，也就没有意识到它那异常强大的威慑力，这使得其论文保留着一股天真的热情。稍早，他作《诗的新方向》（1948 年 9 月）[②] 也是为"近十余年来南北文坛的相互排斥的情形"感到惋惜。文章将《中国新诗》视为"新方向"，所登诗歌"极不相同的风格"证明了诗的发展具有"多种可能性"。青年诗人的合作是因为"有想在艺术和现实间求得平衡的一致心愿"，其创作是"艺术与人生，诗与现实间正确关系的肯定与坚持！"郑敏、穆旦、唐祈、杜运燮等为他所倚重，"穆旦的搏斗的雄姿，拼命地思索，拼命地感觉，而又不顾一切要诉之表现的镜头是北方读者所熟悉的，他的《世界》、《手》、《我想要走》仍保有一贯的 dynamic 的特质，我个人觉得他是这一代的诗人中最有动量的可能走得最远的才人之一"。"正确关系"的说法显示了袁可嘉的天真热情，"我个人觉得"、"可能"、"之一"等限定性词汇透现了他批评时的某种谨慎。"拼命"应和了周珏良的说法，"搏斗"关联起唐湜的观点（见后引），"艺术与人生"的说法则与陈敬容相通。

---

① 天津版《大公报・星期文艺》第 101 期，1948 年 10 月 3 日。

② 《新路》第 17 期，1948 年 9 月 15 日。

陈敬容也强调“诗的现代性”，即“强调对于现代诸般现象的深刻而实在的感受，无论是诉诸听觉的、视觉的，内在的或者外在生活的”；也对新诗传统提出了批评，即“尽唱的是‘梦呀、玫瑰呀、眼泪呀……’”与“尽吼的是‘愤怒呀、热血呀、光明呀……’”的“传统”；也强调“综合”的意义，现代诗所要求的是“一切的综合”。文章指出穆旦诗歌从“浪漫派”到“现代”诗的过程，穆旦“用深入——深入到剥皮见血的笔法，处理着他随处碰到的现实题材。无论写报贩，洗衣妇，战士，神或魔鬼，他都能掘出那灵魂深处的痛苦或欢欣”①。不难看出，袁、陈二人既对新诗传统提出批评，又对新诗现代化命题大加阐释，其中显然包含了对于新诗实际境遇的强烈省思。

四、“搏求者穆旦”：唐湜的批评

与前述诸人的主动阐释不同，唐湜是1947年秋受与穆旦同出自西南联大的小说家汪曾祺推荐之后才写成批评的，带有不小的偶然性。

唐湜的教育背景与前述批评者有相似之处，曾先后在浙江大学、暨南大学外文系就读，熟稔西方文学；他也标举“现代化”——可见当时“现代化”作为批评话语在一定范围内的效应。不过，生活在沪、杭等地的唐湜有着不同的文化交往圈子，他是《诗创造》丛刊和《中国新诗》丛刊的编辑（陈敬容也是），与臧克家、胡风等有较多交往；其批评范围较广，涉及小说、诗歌以及艺术问题（如意象）；批评理念与视野也有歧异。譬如，与更重学理分析的袁可嘉相比，唐湜更强调批评主体的精神投入，即“将生活与批评联结起来”。他曾追忆第一次阅读穆旦诗歌的感受：“阔大、丰富、雄健、有力，有我从来没有读到的陌生感或新鲜感”②；而在写作批评文字时，“甚至带了肌肉官能的感觉与欲望来写作。我想作一种跳跃式的欣赏的解说，作一些能动的思想的展开与情感生活的再现，一种在作者的精神风格里的沉潜，总之，一种再创造”。这里回响着胡风的声音，具体行文则不乏李健吾的影响。

唐湜意在强调穆旦的精神气质。稍早的《诗的新生代》（1948年2月）③措辞有胡风“主观战斗精神”理论话语的痕迹；其批评对象也包括受胡风影响的年轻诗人，将他们与穆旦并称为“渐渐该交互起着作用”的“两个高高的浪峰”：“辛勤工作”的穆旦、杜运燮等人是“自觉的现代主义者”，私淑于艾略特与奥登、史班德们，“气质是内敛又凝重的”；“果敢的进击”的绿原等人“不自觉地走向了诗的现代化道路”，“私淑着鲁迅先生的尼采主义的精神风格，崇高、勇敢、孤傲，在生活里自觉地走向了战斗”，“由生活到诗，一种自然的升华”。强

① 默弓：《真诚的声音——略论郑敏、穆旦、杜运燮》，《诗创造》丛刊第12辑《严肃的星辰们》，1948年6月。

② 唐湜：《忆诗人穆旦》，杜运燮等编《一个民族已经起来》，江苏人民出版社1987年版，第151－157页。

③ 《诗创造》丛刊第8辑《祝寿歌》，1948年2月。

调“自觉”和“不自觉”，包含了对不同诗人群体的写作风格与人生态度的区格；希冀他们“交互作用”则是对于诗歌发展趋势的归结或对于前景的希冀。从具体行文看，穆旦比他人更受倚重，对穆旦诗歌所作的“多么丰富，甚至‘丰富得痛苦’”一类概括可视为《穆旦论》的引论。

《穆旦论》(1948年8—9月)[①] 是早期穆旦研究中最长的一篇，唐湜作为外文系学生的阅读经验是关键性的，他将穆旦诗歌与希腊悲剧、哈代小说、《浮士德》、老庄文字等并列，认为能激起同样的阅读感受；又引述D·H·劳伦斯和T·S·艾略特的诗文，对王佐良“穆旦懂得受难，却不知至善之乐”的观点提出疑义和补充。在更主要层面上，该文突入穆旦诗歌内部——穆旦的内心，强调穆旦诗歌的精神给人“一种无比的丰富，丰富到痛苦的印象”。这一精神历程最终被提升到“历史过程”当中：穆旦“该是更成熟更爱受磨折的，他的受难的精神历程与中国布尔乔亚时代的受难的历史过程正可以心心相印”；穆旦“忠诚于自己的生活感受，自然地反映了这一历史时代的‘精神风格’”；穆旦所具有的“布尔乔亚的进步精神”，“正可以与那些自命进步却实在是虚伪的甚至发扬了人民的落后趣味的‘人民诗人’作一个强烈的对比”。最末的说法具有特殊的时代指向性，带有辩护的意味。

作为后起的批评，唐湜文字里有王佐良、袁可嘉乃至李瑛等人批评话语的痕迹。而可提及的是，20世纪80年代之后，唐湜对这篇长文的行文措辞进行了较多改动，标题也加入了“搏求者”字眼——更彰显了胡风话语的痕迹[②]。

五、还“不能收到更大的完美的诗的效果”：吴、李的批评

作穆旦批评的吴小如和李瑛年龄更小，他们在褒扬之后，都明确指陈了穆旦诗歌的缺点。

吴小如与穆旦兼有南开中学和清华大学双重校友身份。《读〈穆旦诗集〉》(1947年8月21日)[③] 透现了一些背景材料，先是听到老师沈从文赞誉穆旦；之后又得友人举荐，感到“自有新诗以来，还没有读过写说理诗写得这么好的”。文章从缺点谈起，这在当时穆旦批评中是一个别有意味的起点：其一，形式(“O”字诗句)与内容不够和谐；其二，诗篇如《甘地》“真是无可再精的精品”，显示了穆旦说理诗的好处——“真是远迈前人，是那么自然而警策，而且丝毫不带‘载道’气息和‘说教’声口。这是学问和功力再加上运用纯熟技巧的成绩，单靠天才，不会写得这么浑厚而扎实”，但有些“锤炼得不够”，“累赘、烦琐、重复、枝蔓”，之后则是劝勉：“在现有的基础之上加上阅世的炉锤，至性

---

① 《中国新诗》丛刊第3集《收获期》和第4集《生命被审判》，1948年8月、9月。

② 唐湜：《搏求者穆旦》，《新意度集》，三联书店1990年版；《笔然的搏求者——穆旦论》，《九叶诗人：“中国新诗”的中兴》，上海教育出版社2003年版。

③ 天津《民国日报·文艺》第93期，1947年9月8日。

的火花，与夫学问的压力，思想的喷泉，十年二十年从事于兹，不特作者自己，就连新诗本身也会因之而走出一条新路来的！”在吴看来，“照传统的说法”，穆旦的说理诗还“不是最好的境界”，在抒发情感处“不妨多打磨一下”，“使情感熔冶得更柔一些”，“韧一些”。从“传统”着眼，这可能并不隐含对于王佐良批评的不满，但“传统”与“现代”思路的分歧也表明了批评的不同指向。

正如沈从文骄傲地强调，《读〈穆旦诗集〉》[①]（1947/9）发表时，李瑛还是年轻的大学生。此文有两点突出之处：一是穆旦思想有一个由消极到积极的过程：诗集“不但明晰地记录了穆旦自己多方面的感受，记录了他情绪的波动，生命的发展，而且他足以代表了整个中国小知识分子在苦闷的时代普遍感到伤害，冷酷”；诗集前半部分“完全是一个小知识者，在动摇中感到的焦虑”；后半部分则“走入了明朗的宽阔的圈子里去”。另一是对于穆旦诗歌晦涩风格的解释。晦涩（“不懂”）问题周珏良、陈敬容、袁可嘉等人也曾提到，但并未给出更多解释。李瑛认为，穆旦“接受了很多现代人现代思想对事物观察的同样的角度”。读者“很容易因为了解力与经验的关系”而“采用了错误的方式”，认为穆旦诗歌“晦涩”、“艰深”而“责难”或“批判”，产生审美“距离和隔膜”，这“完全由于风格传统的问题”；若能“站在一个适当的角度慎重的思索，同你的经验，教训，洞察它们所有的秘密和相互的关系，你便会了解，接受”。李瑛所秉持这类开放的观点固然有助于理解穆旦诗歌的晦涩，但晦涩问题频频产生，无疑表明在当时读者眼中这是一个突出的问题。

李瑛还谈道，“穆旦完全是以一个新姿态来从事诗坛的开垦，他的诗歌装下了哲理新意识的内容”，“是崭新的尝试”，难免优缺点并存：优点是会“因他的内容而多方的改变”诗歌形式；缺点是有的句子“冗长，读起来觉得累赘，破坏了诗的境界，尤其是节拍的美”；有的辞藻“还生涩牵强”，因此，穆旦诗歌还“不能收到更大的完美的诗的效果”。这里对于穆旦诗歌缺点的指陈，与吴小如有相通之处。

吴小如和李瑛既发出热切赞誉，其口气多少类似于他们的老师沈从文；又直言不讳地指陈穆旦诗歌的缺点。这种赞誉与批评可能会令人想起1940年穆旦对于前辈诗人艾青和卞之琳的评价。1947年，穆旦也已到了当年卞之琳的那个年龄，30岁；而批评者正如穆旦当年一样，是20岁出头的新锐力量。不妨将此视为不同历史阶段与不同历史人物之间所形成的微妙对应。

六、选本：未知的或被夸大的批评事件

当关于穆旦的批评文章较多出现的时候，作为批评的另一种形式的选本也开始出现，稍早的有两种英文选本。一是 *Contemporary Chinese Poetry*，为曾任教于西南联大外文系的英籍教授罗伯特·白英（Robert Payne）与闻一多合作选译。闻一多的

① 《益世报·文学周刊》第59期，1947年9月27日。

工作约始自1943年9月，至1945年前段大致结束。该书1947年由英国伦敦George Routledge&Sons公司出版发行，收入穆旦诗歌4首；书中有导论，"概述了中国新诗发展的道路，主要评价了徐志摩、闻一多、艾青、田间等人的诗歌创作"[①]。另一种是诗人方宇晨所译，据称，选入穆旦诗歌9首[②]。不过，汉语知识界对这两个英文选本所知甚少[③]，目前还无法展开评述，也无从估量其影响。

在汉语知识界产生实质性影响的选本是《现代诗钞》。它可说是*Contemporary Chinese Poetry*的中文母本[④]，于1948年8月随开明书店印行的《闻一多全集》而第一次面世。这可能是当时唯一选入穆旦诗歌的中文选本。所选4首诗为《诗八首》、《出发》、《还原作用》与《幻想底乘客》。当时媒体称，"因为新诗的选本极少"，因此该选本"尤其受人注目"[⑤]。

相关选本既少，此一选本又是由闻一多这一富有影响力的学者编选完成，可以设想穆旦的知名度将获得较大提升。但需注意这一选本及相关背景的复杂性：一是，《现代诗钞》目录在穆旦名下标识为11首，这是将《诗八首》视为8首。将诗的一章视为一首诗的做法在现代中国非常普遍，但《诗八首》终究是由结构完整而考究的8章构成，视为8首并不恰当。《现代诗钞》共有17位作者为4首或以上，有48位在4首之下，可见年轻的穆旦在闻一多心目中的地位是较高的，但并不超群。一是，种种迹象表明20世纪40年代闻一多对于新诗已有较大隔膜；《现代诗钞》的编选本意是一部"作为二千五百年全部文学名著选中一部分"[⑥]的诗选，选入过多联大学生作品的事实表明身为联大教师的闻一多对于学生有着并不合理的偏爱，也即，受阅读视野局限等原因，闻一多过多地借助于切近的资料而没能在一个更宽广的范围内进行取舍，这妨碍了选本的公正性。因此，"4"的意义还宜适度缩小。一是，该选本虽较早编就，但在多大程度上流传过尚不得而知，而它第一次公开面世时已是1948年8月这样一个政局纷乱的年代，这使得其影响力要打上几分折扣——事实上，这里所涉批评文字，均未提及它。

后来的研究忽视了这些复杂性，强调选入穆旦诗作11首，数量之多仅次于徐志摩，进而推断穆旦"早在40年代就成为当时最受欢迎的青年诗人"[⑦]。正如这一表述所包含的夸张与误会，《现代诗钞》多少成为了一个被夸大的批评事件。

---

① 葛桂录：《中英文学关系编年史》，上海三联书店2004年版，第253页。

② 1948年5月出版的《诗创造》丛刊第11辑《灯市》"诗人与书"栏目中有此消息。

③ 1948年2月出版的《诗创造》丛刊第8辑《祝寿歌》"诗人与书"栏目摘译了一份*Contemporary Chinese Poetry*的书评。

④ 两者在入选诗人及实际选目上还是有所出入，参见张错《批评的约会》，上海三联书店1999年版，第41页。

⑤ 见天津版《大公报·图书评论》第63期（1948年8月23日）"新书解说"之《闻一多全集》。

⑥ 闻一多：《致臧克家》（1943年11月25日），《闻一多全集》（12），湖北人民出版社1992年版，第380—382页。

⑦ 陈林：《穆旦研究综述》，《中国现代文学研究丛刊》2001年第2期。事实上，较早时期的一些研究论文多以"11首"立论。

七、“人民之敌”：批判者的声音

当批评者勉力将穆旦从同时代诗人中提升而出的时候，也有批判之辞将他列入反动文化集团当中，如初犊的《文艺骗子沈从文和他的集团》（1947/9）①，矛头直指主编或代编北方几个较大报纸的文艺副刊的沈从文，袁可嘉等人被称为沈从文的“小喽罗们”。其中，在“由同行估价”下提及袁可嘉《新诗现代化》对于穆旦《时感》的评析，文章主要也是针对袁可嘉，而非穆旦本人，即认为袁可嘉的评语“‘诚挚的’‘沉痛哀婉’的‘控诉’”，不仅“无知”，更是“分明要存心欺骗读者愚弄读者”，因为诗歌里面“不但没有一点真实的人生的活的气息，而那‘希望’也微弱得连死人的喘息和呻吟都不如了”。

《中国新诗》创刊之后，张羽迅即在《南北方才子才女的大会串——评〈中国新诗〉》（1948/7）② 中称它为“恶流”，“集中国新诗中一种歪曲倾向的大成”。其作者“神经错乱”，对生活“感到惶惑”，而只能向上帝或“甘地的在天之灵”求救。循此，穆旦《我想要走》是作者“简直想离开这个世界”的象征，显示了“这一个悲哀彷徨犹疑贪婪自私的嘴脸，和一个为旧社会所豢养的和有毒的血液所滋育的腐烂的知识分子的消极堕落悲观失望动摇不定的可怜相”。杭约赫《严肃的游戏》、陈敬容《个体的完全》、唐湜《论风格》及《中国新诗》发刊辞《我们呼唤》也被批判。

前引袁可嘉《诗的新方向》乃是此一批判的回应之作——其他回应文字则有唐湜的《论〈中国新诗〉》、《论乡愿式的诗人与批评家》等③，以及《诗创造》、《中国新诗》等刊物的后记或按语。需指出的是，随着1948年的到来，文化语境发生重要变化，左翼话语强势出击，沈从文、朱光潜这些对穆旦襄助颇多的文化人被定性为有色作家、反动文艺④。这种大批判语境对于文艺队伍产生了巨大影响，促成了文艺队伍的分化与重新站队，刊载张羽文章的《新诗潮》丛刊的变脸即是一例。该刊于1948年1月出版第1辑，其作者与《诗创造》有重叠，如羊翚、吴越、戴望舒等，《编者·读者·作者》强调办刊目标是发表“现实性和艺术性都要同样重视”的好诗，其中甚至援引瑞恰慈观点，可见其趣味与袁可嘉等人有相似之处；1948年3月出版的第2辑也以刊登诗歌为主。同月出版的《诗创造》第9辑《丰饶的平原》“诗人与书”栏目还对它进行了介绍。但之后，《新诗潮》脸孔大变，7月出版的第3辑名为《新诗底方向问题》，《编后记》直接操持“有色”话语：“今天的上海诗坛，确是太混乱了，‘红黄蓝白黑，无所不备’的。大有理源清流，一扫这种恶劣作风及歪曲倾向的必要。”

及到12月出版的第4辑《理论与批评》，划清道路的意图更加明显，头两篇即是措辞更为严厉的批判文章，舒波《评〈中国新诗〉》和晋军《踢去这些绊脚

---

① 此文作于1947年4月9日，《泥土》第4辑，1947年9月17日。

② 上海《新诗潮》丛刊第3辑《新诗底方向问题》，1948年7月。

③ 《华美晚报》，1948年8月13日、16日。

④ 参见郭沫若《斥反动文艺》，《大众文艺丛刊》第1辑《文艺的新方向》，1948年3月1日。

石》。前者将活跃在《大公报·文艺》、《文汇报》、《诗创造》、《中国新诗》等报刊的诗人称为“白相诗人”。在诗歌“已经担起了民主与反民主的积极的战斗的任务”的时代，《中国新诗》是“一股逆流”，如《创刊号》上穆旦的《世界》。文章随后集中批判了《中国新诗》第2、3辑，其中涉及唐湜的《穆旦论》。后者是在一次十多人的文艺座谈会之后“以大家的意见为原则而写下的”，批判之辞兼及《诗创造》和《中国新诗》。《诗创造》刊载的是“一些自由主义，第三条路线的诗作品”，“充分的表现了小资产阶级在这个暴风雨的时代里的彷徨和苦闷”，穆旦是其中“比较觉醒的”，也是“恐惧”的，《控诉》“正表现了他们的困惑和不安，一方面了解反对压迫者，而另一方面却反对大众日益增长的攻击力量”。《中国新诗》“大泼其‘为了人民’的烟雾弹”，被陈敬容誉为“真诚的声音”的穆旦即是代表之一，《赞美》、《控诉》等诗表明他“仍旧停留在否认人民的立场，只是看见了人民的盲目，驯服，愚昧，而抹杀了人民的革命可能性，而抹杀了人民背后隐藏着的革命价值”，“在广大的人民已经觉醒了时代里”，这样的“到人民的搏斗里去”的诗人是不允许存在的。“诗创造派”和“中国新诗派”“有意的阻碍了大众的前进，有意的浑乱了诗的阵营”，“以人民之友自居，而实在却是人民之敌”，这样的绊脚石应该“踢了开去”。

这一次，自然是没有人敢站出来还击了——尽管1948年11月，沈从文诸人仍在强调“今日文学的方向”[①]；但到1948年底前后，沈从文等人在平、津、沪等地主编的文艺副刊全部停刊——穆旦被湮没的时间更早，他在“旧中国”的最后一次露面是1948年10月10日的《诗四首》，刊载于沈从文主编天津版《大公报·星期文艺》第102期。

八、从相对复杂的刊物空间纯化为圈子化程度较高的批评空间

将上述批评信息具体到年份，可得一组数据：1946年，批评1篇；1947、1948年，批评均约10种。尽管这并非完全的数据，但已不难看出1947、1948两年是穆旦批评相对集中的时期。

为什么会出现这种差别呢？这就有必要回顾一下穆旦作品的发表与出版情况。纵观之，先是1939—1942年间发表较多，其中香港版和桂林版《大公报》副刊发表尤多，影响也较大；其他的如《贵州日报·革命军诗刊》、《文聚》等，影响面有限。1942年后半段至1946年前半段，穆旦先后在桂林、重庆等地刊物发表作品，如《柳州日报·布谷》、《中南报·中南文艺》、《青年文艺》、《文哨》、《文学报》、《诗文学》、《诗地》等，发表面扩大了，但渠道依然并不稳定，基本上是零散刊登一两首。不过，这也表明其时穆旦发表作品的刊物空间相对复杂，不仅刊物风格相异，与穆旦同期杂志发表作品的作者的身份往往也各不相同。有理由相信：不同群体的诗人在共同分享发表空间的同时，也分享了某些共通的诗学冲动与经验。

---

① 同题文章11月14日刊载于天津版《大公报·星期文艺》，为朱光潜、沈从文、冯至、废名、陈占元、袁可嘉等人举行的“今日文学的方向”座谈的记录。

1946年下半年之后，批评集中出现的两年多内，穆旦发表频繁，刊物包括《文艺复兴》、《文学杂志》、《大公报·星期文艺》、《益世报·文学周刊》、《中国新诗》、《新诗歌》、《民歌》、《诗星火》等。其中，有的非常短命，如现今学界倚重的《中国新诗》仅出5期，《民歌》、《诗星火》甚至仅出1期；但多种报刊都产生了较大影响，它们依托重要报纸或出版机构，具有相对稳定的经济支撑；实存时间较长，发行量较大，发行面较广；主事者多是在文坛具有重要影响力的人士，具有丰富的编辑经验及相对成熟的编辑理念；此外，还具有较完善的宣传策略，一些刊物甫一出版，批评界就有较多介绍与评述——即便是那几种短命刊物，也有较为发达的宣传网络①，它们所遭受的批判也是影响之所在。

发表渠道也变得稳定，穆旦的发表变得集中且富有连续性，一份刊物往往集中推出穆旦多篇作品，且多次发表。刊物空间也大有变化：发表批评文字的刊物与穆旦发表诗歌的刊物多有重叠，多篇批评文字甚至和穆旦诗歌同期刊出，如《森林之歌》与王佐良《一个中国新诗人》，《饥饿的中国》与朱光潜《现代中国文学》，《暴力》与唐湜《穆旦论》。这意味着穆旦诗歌及其批评多在同一空间展开。而这些报刊的主持或编辑往往也就是穆旦诗歌的批评者，如沈从文、朱光潜、陈敬容、唐湜等人，以及与这些刊物有着密切关系的人——倒并不必然都与穆旦有着密切关系，穆旦与王佐良、周珏良是同学，与沈从文、冯至、陈敬容、袁可嘉有较多交往，但当时的唐湜还不能算作穆旦友人②，李瑛、吴小如等人也未必与穆旦有直接交往。不过，穆旦与刊物之间确实有着较为密切的关系③，他甚至可能短期辅助过沈从文编辑《益世报·文学周刊》④。批判者将从《大公报》文艺副刊到《中国新诗》的核心人物都指认为沈从文，虽有其偏颇处，但也道出了时人对于20世纪40年代后期文坛氛围与格局的感知。当然，这也可能是批判者为了打击沈从文而施用的一种策略。至于选本，穆旦与闻一多、方宇晨⑤等人也有着较为密切的关系。

再从诗集出版看，穆旦当时共出版3部诗集，即1945年1月昆明文聚社的《探险队》，1947年5月自印于沈阳的《穆旦诗集（1939—1945）》，1948年2月文化生活出版社的《旗》。第二部反响最大，不少批评文章直接标明为“读《穆旦诗集》”。这可能和篇幅有关，该集收入诗歌58首，几乎囊括了1945年之前的全部重要作品；也可能和宣传策略有关——出版之后，天津版《大公报·星期文艺》（第34期，1947年6月1日）旋即刊发了一则小广告，《诗创造》丛刊第6辑《岁暮的祝福》（1947年12日）“诗人与书”栏目也有出版信息；友人（读者）的传播也起了良性的

---

① 《新诗歌》、《民歌》、《中国新诗》出版后，《大公报》都即时刊发了介绍文字；知名批评家如李健吾还撰文评价了《民歌》、《新诗歌》等刊物，见《〈诗丛〉和〈诗刊〉》，《文艺复兴》，1947年3月。

② 据唐湜《忆诗人穆旦》，新中国成立前，仅在1949年元旦与穆旦有过一次见面。

③ 尽管穆旦并未在《诗创造》发表作品，但该刊“诗人与书”栏目多次发布穆旦的信息，包括南下、诗集出版等，可见编者与穆旦的交往以及对于穆旦的看重。

④ 参见吴小如《我又见到了沈从文先生》、《我和废名师的最后一面》、《读萧乾先生的〈梦之谷〉·附记》，《书廊信步》，辽宁教育出版社1995年版。

⑤ 1948年前期，穆旦在南京、上海等地生活时，即与方宇晨有交往；后同在美国新闻处任职；但不能断定两人的交往与选本成书时间孰先孰后。

作用[①]。被收入巴金主编《文学丛刊》第9集的《旗》的影响稍后也有体现，亦门（阿垅）迅即作长文《〈旗〉片论》（1948年3月23日）[②]，陈敬容读到了《旗》，晋军明确标出只看到了《旗》，远在青岛的《文艺》（第5号，1948年9月）甚至也有诸葛疯的评论《从〈旗〉看穆旦和一些穆旦们》[③]。《探险队》从未被引述，这也可以想见，文聚社只是一个校园文学社，昆明之外的人士少有人知道，王佐良的文章虽提到了它，却连诗集名字都不曾说出。

综合考量之，穆旦作品的发表、出版与批评空间的生成之间具有一种互动关系：20世纪40年代中段之前，穆旦发表空间零散、芜杂，诗集出版不力，作品也缺乏反响；1946年之后，两部诗集陆续出版，《大公报·星期文艺》、《益世报·文学周刊》、《文学杂志》、《文艺复兴》、《中国新诗》等报刊较多发表其作品，甚至包括穆旦本人亦参与编辑活动，一个穆旦批评空间逐渐生成。在相当程度上，不妨说，与穆旦作品发表、出版相映衬的，是一个圈子化程度较高的批评空间，批评的展开过程即一个纯化的历程，这种纯化使得穆旦从一个富有才华的校园诗人成长为一个有着一定影响力的年轻诗人。

所谓圈子化程度较高的空间，这无疑将强化或放大穆旦的影响，却也提示后世读者注意反响本身的限度，它并不具备普适性，闻一多对于穆旦的看重也可作如是观。这样一个刊物空间与批评空间对于穆旦的写作及传播与影响事实上是一把双刃剑：它固然能极好地提升穆旦在此一圈子内部的知名度，但一旦这一圈子受到外界强力的侵扰，穆旦也会受到牵连。1948年底，朱光潜、沈从文等人及相关刊物纷纷倒下，穆旦也停止了写作及发表作品。之后，朱光潜、沈从文等人一直处于去势状态，穆旦也一直被埋没。

九、20世纪40年代后期时代语境的效应

需注意穆旦批评空间与20世纪40年代后期时代语境之间的内在关联，周、王二人的观点与文风自不待说，晚年唐湜明显附和了新兴的“九叶”话语[④]，而忽视了早年复杂的历史冲动，这种对于文学史图景的简化也反证了当初文化语境的效力。《甘地》成为批评的焦点之一，也与时代有关，这一点，可从1948年1月30日甘地遇刺身亡之后在中国所激起的反响见出。以《大公报》为例，该报从2月1日开始即在主要版面连续发表社评和新闻，可谓一时之谈，如社评《哭甘地！悲人世!》（2月1日）等。及到3月6日，又有《南京公祭甘地　蒋主席亲临励志社主祭　中外各界代表千人参加》的消息，可见关注甘地俨然是一种国

① 唐湜受汪曾祺举荐，吴小如受梁诚瑞举荐，陈敬容也是在友人处看到《穆旦诗集》。

② 载亦门（阿垅）：《诗与现实》第三分册《论现象》，五十年代出版社1951年版。

③ 笔者尚未找到该刊，资料据刘锡山、王义宾、马述祯主编《山东省文化艺术志资料汇编》第十辑（非正式出版物），1986年，第66—80页。

④ 长期偏居温州的唐湜的“九叶意识”相当强烈，有两部著作直接以“叶”命名：《一叶诗谈》（广西教育出版社2000年版）与《九叶诗人：“中国新诗”的中兴》。前者是个人著述行为，而被列入“中国现代知识群体研究丛书”的后者则加强了文学史构设意图。

家行为，而不仅仅是文化人的事业。在这等语境之中，穆旦先后写下《甘地》（1945年9月）与《甘地之死》（1948年2月4日），论者或赞誉或批判，均可视为时人对甘地这一时代性人物的感知。《赞美》被批判也是一例，现今读者普遍给予高度评价[①]，当时赞誉穆旦者基本上没有提及它，而批判者却严厉地引向"人民之敌"的结论。这些都直接关乎各自所隶属的历史意识与价值观念，赞誉者们的忽视和他们强调"人的文学"有关[②]；当时左翼文化界所发出的判词虽多有激进之处，但强调《赞美》并没有写出"人民"的革命与觉醒，却也道出了部分事实。对于《控诉》的评价也明显呈现出时代反差。此外，今人着力强调"中国新诗派"，时人却将它与"诗创造派"并举；今人多关注《大公报》文艺副刊、《益世报·文学周刊》、《诗创造》、《中国新诗》等报刊，却忽略了批判者所提及的《文汇报》，这些都可视为时代语境的潜移所带来的认识差异。而《诗创造》同仁[③]及袁可嘉等人强调的"宗派主义"，左翼文化界却进行了措辞严厉的政治定性——还可包括他们对于"沈从文"核心的感知，都与当时的文化语境直接相关。这些因素又一次提示了文学史写作的一个基本原则，后世读者虽有时间上的优势，但时人更加切近于历史现场，他们对于问题的感知，无疑值得好好梳理与辨驳。

如上所勾勒的穆旦批评空间，赞誉为多，也有缺点的指陈，还有批判。赞誉非常热切，批判措辞也异常严厉，两者呈现出截然对立的态势，这固然可说是穆旦批评空间具有较大程度的复杂性，但严格说来，即如《新诗潮》一类刊物的变脸所隐喻，这乃是20世纪40年代末期文化语境二元对立格局的一个表征，随着批判升级，穆旦作为批判对象所具有的政治文化意义进一步得到加强——穆旦成为了窥见时代复杂语境的一扇小小窗口。

在这一总体状况之下，赞誉之辞还可进一步辩诘。批评者的观点多有应和之处，"现代化"、"综合性"、"晦涩"可谓核心话题。相较而言，唐湜有一种异质性，呈现了理论的交叉性与较为复杂的人事纠葛，也激发了一种更复杂的阐释空间，塑造了一个更丰富的穆旦形象。换个角度看，袁可嘉有更强烈的文学史意识，其讨论内蕴了对于新诗发展状况的看法；其他诸位也提出了一些文学史问题，但总体上说来，阐释性更强。这样一种状况，应与20世纪40年代的整体语境有关，即中国现代文学史的实际发展历程过短，文学史叙述尚未凝结成为一个有效的问题。

批评文字之外，其他一些信息也可透现穆旦当时的影响问题。一类可表明穆旦影响的扩大化，比如，时人对于穆旦之于报刊的效应的关注。稍早的有1947年3月的《杂志，副刊，中国的新写作》，将李健吾、郑振铎编辑的《文艺复兴》，朱光潜编辑的《现代文录》，杨振声、萧乾任编委的《大公报·星期文艺》，沈从文编辑的《益世报·文艺周刊》称作"目下文艺沙漠里的绿洲"。谈到诗歌时，举郑敏、穆旦为例，说郑敏"很引人注意"，但穆旦"更为重要"，"更丰富，

---

① 今人显然误用了"一个民族已经起来"这一结句，可参易彬《赞美：在命运和历史的慨叹中——论穆旦写作（1938—1941）的一个侧面》，《中国现代文学研究丛刊》2006年第5期。

② 如袁可嘉《"人的文学"与"人民的文学"》，天津版《大公报·星期文艺》，1947年7月6日。

③ 参见1947年11月《诗创造》丛刊第5辑《箭在弦上》在《编余小记》中对《文艺骗子沈从文和他的集团》一文的回应。

方面更广。他有一种灵魂上的痛苦，而这使他最普通的观念都得了一种深厚和庄严。这样的诗中国以前还不大多见”①。稍后则有莎生（吴小如）的《〈文学杂志〉的去来今》，认为《文学杂志》上，穆旦已取代资格更老的诗人——“丰满遒劲的穆旦已代替了神清骨秀倜傥不群的卞之琳”②。这些观点将穆旦看做是刊物风格的代表，可视为影响力扩大的一种表征。此外，唐湜③以及年龄更小的邵燕祥④，其创作中都有穆旦的某种影响。亚珍在《新报》被查封、穆旦离开沈阳之际写下了《送穆旦离沈》⑤。唐湜已在小范围内有所影响，其他两位尚属无名之辈，他们的文字也彰显了穆旦对于更年轻的写作者的影响力。

另一类则显示了穆旦影响的限度，如1948年10月，被誉为当时“首都唯一纯诗刊”的《诗星火》丛刊第1辑《魔术师的自白》出版，刊载了穆旦《诗两首》（即1948年《诗四首》的前两章）。当月25日，天津版《大公报》“图书评论”副刊“出版界杂讯”栏目发布出版消息并列出包括8位作者的要目，为汪铭竹、霍焕明、黄河柳、孙用、吕叔湘、施蛰存、周煦良、商章孙，其中没有穆旦。《诗星火》不过是仅仅刊载13位作者的诗文或翻译的薄薄诗刊，穆旦未进入要目，这从一个侧面提示了20世纪40年代末期穆旦的知名度与影响力的限度。

当然，形诸文字的不过是所谓反响中最清晰可见的那部分，因此，也不妨将1946年之前视为穆旦批评的蛰伏期；王佐良使得穆旦批评具有很高的起点；数量较多、也较为复杂的反响始自1947年，至1948年底逐渐湮息，期间约两年时间。

十、自我的态度：沉默且决绝的回应

对于穆旦的批评既关联着一个时代内部的诸种因素，穆旦本人对于批评的态度又如何呢？据说，他最喜欢王佐良和周珏良的批评⑥——将《一个中国诗人》附录收入自印诗集，既可见出穆旦的喜好，也可说是一种宣传策略；对于闻一多编选《现代诗钞》，他也是满意的⑦；至于其他批评，穆旦的态度就不甚明了。公开的回应文字未直接出现，私底下则是充满怨气，比如，在给友人梁再冰的信中，穆旦即谈很不满那些谩骂式的批判文字，“从那些骂我的话看来，只要他们有一天得势，我是一定要受他们‘训练’的。我实在想写一些鲁迅杂文式的诗，

---

① 《平明日报·读书界》第18期，1947年3月22日，未署作者名字。

② 《民国日报·文艺》第111期，1948年2月19日。

③ 迪文（唐湜）的《手——敬悼朱自清先生》（《中国新诗》丛刊第4集《生命被审判》，1948年9月），其词汇、意象多受穆旦的《赞美》影响。

④ 1933年生于北平的邵燕祥回忆道，《时感四首》给他的影响很大，《失去譬喻的人们》（刊《平明日报·星期艺文》第23期，1947/9/28）“太受他的影响了。当时我有很多诗受他的影响，这首诗连思想都受他的影响”。见邵燕祥《重新发现穆旦》，《瞭望》1988年第23期；《找灵魂——邵燕祥私人卷宗：1945－1976》，广西师范大学出版社2004年版。

⑤ 天津《益世报·文学周刊》第67期，1947年11月22日。

⑥ 周珏良：《穆旦的诗和译诗》，《一个民族已经起来》，江苏人民出版社1987年版，第20页。

⑦ 在《致郭保卫》（1975年11月14日）和《致董言声》（1976年4月29日）中，穆旦都以肯定的语气提到了这一选本。

把他们也反扫荡一下，我实在看不惯这种‘文化法西斯’的逐渐兴起”[①]。

这一说法自然会令人想起《五月》中那句有名的“是你们教了我鲁迅的杂文”，但时局日紧，它们最终应该并没有写成[②]。可以视为间接回应的是1948年底前后自行编定、但并未付梓的一部诗集[③]。此前三部诗集的收录下限为1945年，此时编订一部从1937年到1948年的诗集，应是对于此前创作一个有意识的总结，以展现自己20世纪40年代的创作全貌。

诗集的编排即别有意味。诗集有《序》，由于此前三部诗集均没有序，这应表明穆旦有话要说（不过序文已无法找到）。诗歌被编为四部分：“第一部：探险队（一九三七——九四一）”、“第二部：隐现（一九四一——九四五）”、“第三部：旗（一九四一——九四五）”、“第四部：苦果（一九四七——九四八）”。有两个取用此前诗集的名称，表明穆旦的“探险”与“旗”仍具有风格指向性。而1947至1948年间从未结集的诗歌被取了一个主观意味非常明显的名字——“苦果”。这是有意将创作历程划为四种形态：从“探险”的激情张扬，到“隐现”式的精神诉求，到“旗”式主观投射，最终则是生命“苦果”的品尝，藉此，穆旦似乎有意识地勾勒出一幅个体在现代社会里成长与毁灭的图景。

更有意味的是，穆旦对诗歌进行了不同程度的修改，这可见出穆旦对于自己的诗歌写作以及诗歌所勾画的形象仍念兹在心——对穆旦而言，写作与生活之间未必有着足够清晰的界限，诗歌形象在相当程度上即是自我形象的投射。但停止写作，诗集又包含着明显的总结意图，可见穆旦已然意识到那些措辞严厉的批判文字所具有的特殊威力，意识到在一个风云突变的时刻，他的诗歌写作所具有的政治风险性——诗集未出版，本人更是在新中国即将成立之际选择“出走”，穆旦以一种沉默且决绝的方式回应了时代的批评。

袁可嘉、唐湜等人可称得上是某种职业性的诗人兼批评家，积极地参与到文学历史的建构当中。20世纪40年代的穆旦虽也从事了若干文化事业，更主要的身份却是一名游离于主流文化圈之外的、藉助英语技能谋生的小职员。在相当程度上，穆旦对于自我写作的关注乃是封闭性的；而他对于批评的回应又是相当内敛的。在批评空间逐渐构筑起来而又湮息的过程中，穆旦始终只是通过作品来发言，而无意于通过自我陈述（阐释）、辩解一类公开的回应来强化自身的文学形象。现今文学史之于穆旦的高度评价，更主要地是由穆旦诗歌本身所激起的。这，既见证了穆旦当初沉默所内蕴的效力，与当初某些占据高位的文学界人士在今日地位的骤降又形成了不无强烈的反差。

（作者单位：长沙理工大学中文系）

① 该信约写于1949年前期穆旦在曼谷生活期间，现据南开大学档案馆所藏穆旦档案之梁再冰《关于我所了解的查良铮的一部分历史情况以及查良铮和杜运燮解放后来往的情况》（1955年11月26日）。

② 作于1948年4月的《绅士和淑女》（《中国新诗》第4集，1948/9）或可算一例，它以反语的形式表达了对于时局的看法。

③ 现据穆旦著、查明传等编《穆旦自选诗集》，天津人民出版社2010年版。

1956年“百花时代”中的《人民日报》副刊与诗歌

□［韩国］白贞淑

《人民日报》创刊于1948年6月[①]。它作为中共中央的机关报，可以说是中国最有权威、最有影响力的一份报纸。它虽然不是文艺性的报纸，却对新中国成立初期的文学产生了极大的影响，并从创刊初期就对文学表现出了极大的关心。特别是就文学路线和文学政策而言，它可以说是对中国当代文学影响最大的非文学报纸。《人民日报》创刊初期曾有“星期文艺”、“人民文艺”等文艺副刊[②]，创刊以来一直设有文艺部，积极参与文学创作和文艺运动的开展。新中国初期的重要文学事件都在它上面展现，甚至可以说当时的重要文学批评运动都是从《人民日报》的社论开始展开的。如1951年5月20日的社论《应当重视电影〈武训传〉的讨论》、1954年10月28日的《质问〈文艺报〉编者》、1955年5月13日的《关于胡风反党集团的一些材料》等等，都是直接影响到当时文艺界的代表性文章。此外，《人民日报》创刊以来还刊登过不少杂文和诗歌等文学作品，那些作品基本上都是在中国共产党的文艺政策可容纳和接受的范围之内的，特别是在新中国成立初期相当长的一段时期里，《人民日报》所刊登的诗歌大多是颂歌和战歌。不过，1956年7月《人民日报》实施全面性的改版，在第八版恢复副刊，从此直到1957年上半年，《人民日报》副刊刊登了一批突出“百花文学”精神的评论和诗歌。这就证明在1956年“双百方针”提出的背景下，《人民日报》副刊上出现了一个新的格局。实际上，这一时期《人民日报》积极参与“双百方针”的实施，对于这一时期的文学批评和创作发挥了带头的作用，它刊登过的不少文学评论都引起了很大的反响，对当时的重要文学刊物也有很大的影响。毫无疑问，这一时期《人民日报》副刊对于“百花文学”的研究，具有非常重要的史料价值。在“百花文学”研究方面，《人民日报》常常与“反右运动”紧密联系，这时期它的副刊和“百花文学”的关系往往被忽略了。笔者认为1956年前后

---

① 《人民日报》1948年6月15日创刊在河北省平山县里庄，作为中共中央华北局机关报出版了创刊号。1949年3月15日人民日报社迁到北平，1949年8月1日定为中共中央机关报。

② 《星期文艺》1949年5月8日首次推出，1949年11月6日后改为《人民文艺》。可惜这些副刊未能持久，1952年以后，《人民日报》搞过“学习苏联《真理报》”的运动，袁鹰先生说“《人民日报》不办副刊也有这一学习运动的影响”。关于《人民日报》的“学习苏联《真理报》”运动，可以参见人民日报史编辑组编《人民日报回忆录》，《人民日报》出版社1988年版，第96页。

《人民日报》副刊上出现的文学评论和诗歌作品也是值得研究的。

一

1956年4月8日，在中共中央政治局扩大会议的总结讲话里，毛泽东正式把“百花齐放、百家争鸣”作为发展社会主义科学文化事业的方针提出。5月2日，他在最高国务会议等七次会议的总结讲话里，再一次论述了“双百”方针，肯定“在艺术方面的‘百花齐放’，科学方面的百家争鸣的方针，是有必要的”①。5月26日，中宣部部长陆定一作了题为《百花齐放、百家争鸣》的报告，代表中共中央对这一方针作了权威性的详细阐述，指出该方针是“提倡在文学艺术工作和科学研究工作中有独立思考的自由，辩论的自由，有创作和批判的自由，有发表自己意见、坚持自己意见和保留自己意见的自由”②。6月13日，经过修改的报告全文刊载在《人民日报》上，这一文章的出现就标志着“百花时代”的到来，“双百方针”的提出给当时的文学界带来了勃勃生气，形成了一个短暂的春天。

“双百方针”也为中国新闻界提供了改革的契机，1956年《人民日报》的改版也属于中共中央实施“双百方针”的一项重要措施③。当时的总编辑是邓拓，而改版的工作在中宣部副部长胡乔木的具体领导下进行④。4月初，新闻工作改革正式开展。1956年7月1日，《人民日报》发表《致读者》社论，正式宣布改版。这一社论指明了此次改版以“扩大报道范围”、“开展自由讨论”以及“改进文风”为重点举措。社论还说明了改版后版面的变化，即扩大版面（由六个版增到八个版），增加报道内容，并且在第八版上恢复了副刊。当时，这一副刊没有刊名，人们就称之为“八版”。担任这一“八版”副刊的主编袁鹰将这时期《人民日报》副刊的性质规定为“有文学色彩的综合性副刊”，他特别重视副刊的文学性，说“这个性质包含了两个因素：一，是综合性副刊；二，要有文学色彩。是综合性副刊，因而就不是纯文艺副刊。……然而它还需要文学色彩”⑤。改版第一天，袁鹰在八版上刊登了一份副刊稿约，说明了副刊所需要的稿件类型：

---

① 《共和国走过的路——建国以来重要文献选编》（1953－1956），中央文献出版社1991年版，第250页。

② 陆定一：《百花齐放，百家争鸣——一九五六年五月二十六日在怀仁堂的讲话》，《人民日报》1956年6月13日。

③ 最早提出新闻界改革要求的人就是《人民日报》的总编辑邓拓，1956年《人民日报》的改版可以说是当时中国新闻工作改革全面开展的标志。参见吴延俊《中国新闻史新修》，复旦大学出版社2008年版，第414页。

④ 根据当时文艺部主编袁鹰的回忆，胡乔木“几乎领导了改版的全部筹备工作。他原先就常到报社来，那一时期更加频繁，几乎每星期要来一两次”。参见袁鹰《风云侧记——我在人民日报副刊的岁月》，中国档案出版社2006年版，第41页。

⑤ 袁鹰：《副刊编辑手记》，《新闻战线》1959年第1期。

本报副刊（第八版上半版）需要下列稿件：

一、短论、杂文、有文学色彩的短篇的政论、社会批评和文学批评；

二、散文，小品，速写，短篇报告，讽刺小品，有文学色彩的游记、日记、书信，回忆；

三、关于自然现象和生产劳动的小品，关于历史、地理、民俗和其他生活知识的小品；

四、短诗，民歌，寓言，故事，短篇小说，短剧；

五、读书笔记，短篇的书评、剧评、影评、美术评论、音乐评论和其他文学艺术的评论；

六、小幅美术作品。

除了适宜于连载的少数作品以外，一般稿件的篇幅希望在一千字左右。

有特别适合的翻译稿件（包括由外国文翻译的和由古文翻译的）也可以接受一部分[①]。

这份稿约证明了这时期《人民日报》副刊对“文学性”的追求。当时负责指导改版工作的胡乔木也比较重视副刊的文艺性，这份稿约是袁鹰起草之后，经过胡乔木的修改、补充、定稿，“有文学色彩”的五个字，就是他亲自加上的[②]。而且，他还特别看重作者队伍和稿件，这一时期的副刊刊登了不少优秀的散文和诗歌作品。其中有许多出自著名的老作家之手，茅盾（玄珠）、巴金（余一）、叶圣陶（秉丞）、沈从文、周作人、夏衍（子布）、艾青、何其芳（桑珂）、冯至、邵燕祥、公刘、穆旦、蔡其矫等等，都在这一时期《人民日报》的副刊上发表了自己的作品。这些作家的文章，充实了副刊的内容，提高了副刊的文学性，形成了《人民日报》副刊最初一次鼎盛期，还得到了读者的欢迎。特别是一些50年代以后基本上停止写作的老作家的名字又重新出现，引起了人们的关注。1956年7月，《人民日报》副刊编辑部特意请沈从文为副刊写一篇散文，他应邀写了一篇《天安门前》，发表于7月9日。沈从文在40年代已被称为资产阶级的“自由主义”作家，新中国成立后相当长一段时间，似乎没有公开发表文章，“‘沈从文’这名字在《人民日报》副刊上出现，引起了热烈的回响”[③]。此外，这一时期《人民日报》副刊还刊载了《郁达夫日记》[④]、周作人（启明）的《谈毒草》[⑤]、

---

① 《读者　作家　编者》，《人民日报》1956年7月1日。

② 参见袁鹰《风云侧记——我在人民日报副刊的岁月》，中国档案出版社2006年版，第42页。

③ 袁鹰：《风云侧记——我在人民日报副刊的岁月》，中国档案出版社2006年版，第45页。

④ 载于1956年8月30日《人民日报》副刊。当天副刊写了一个“编者按”，说明这是“已故作家郁达夫先生的未发表的日记原稿，是在作者的家乡浙江富阳发现的”。

⑤ 载于1957年4月25日《人民日报》副刊。

夏衍（子布）的《关于电影的杂感》[①]、王统照的诗歌《游开罗纪感》[②] 等等，这些作家的文章在《人民日报》的版面上都是很罕见的，这些文章的刊登体现了这一时期《人民日报》副刊对于文学性和多样性的追求。

二

改版初期，《人民日报》副刊的主要关注点还是“如何贯彻‘双百方针’的精神”，胡乔木在副刊工作中也非常强调这一点，指出“副刊同整个报纸一样，要宣传党的政策精神，尤其要作为贯彻‘百花齐放、百家争鸣’方针的重要园地，对学术问题和文艺理论问题可以有不同意见乃至争论，不要有一样的声音；提倡文责自负，并不是每一篇文章都代表报纸，更不是代表党中央；副刊稿件的面尽可能地宽广，路子不能太狭……要包罗万象；作者队伍尽可能地广泛”[③]。此后，他的意见在很长时期内都成为副刊编辑工作的指针。《人民日报》的改版得到了上级肯定的评价。改版一个月后的8月1日，中共中央批转了“人民日报向中央的报告”[④]，肯定了《人民日报》的改进办法：“为了便于今后在报纸上展开各种不同意见的争论，《人民日报》应该强调它是中央的机关报又是人民的报纸。过去有一种论调说‘《人民日报》的一字一句都必须代表中央’，‘报上发表的言论都必须完全正确连读者来信也必须完全正确’。这些论调显然是不实际的，赞同报纸可以有不同意见的争论，今后《人民日报》发表的文章，除了少数中央负责同志的文章和少数的社论外，一般地可以不代表中央的意见，而且可以允许一些作者在《人民日报》上发表同我们共产党人的见解相反的文章，这样做就会使思想更活跃，使马克思主义的真理愈辩愈明。”[⑤] 尽管还存在着不少限制，这种宽容的评价对于《人民日报》的改版确实提供了更有利的环境，对于副刊工作也拓展了更多的自由讨论的空间。

在这种氛围的带动下，从1956年7月到1957年的上半年，《人民日报》副刊成为了名副其实的“鸣放的阵地”，积极参与“百花文学”的发展。特别是在改版后最初几个月，《人民日报》在副刊上每天平均发表四五篇评论文章。当时，“反对教条主义”和“反对官僚主义”，“独立思考”和“价值多元”是文学界所

---

① 夏衍的《关于电影的杂感》一共有三篇连续发表。《一个联想——关于电影的杂感之一》发表于1957年1月11日，《又一个联想——关于电影的杂感之二》发表于1957年1月13日，《关心与干涉——关于电影的杂感之三》发表于1957年1月14日。

② 载于1956年11月27日，附注王统照对这首诗的解释：“二十多年前我去欧洲时，船过苏伊士运河，曾得一日时间往开罗游览，后在船上草成这首诗，但向未发表，今从旧笔记本上录出刊布，赠与埃及人民。”

③ 袁鹰：《风云侧记——我在人民日报副刊的岁月》，中国档案出版社2006年版，第42页。

④ 《中共中央关于人民日报编辑委员会向中央的报告的批语》，参见《报纸工作研究参考资料》（内部刊物）第1期。转引自王晓梅《1956年〈人民日报〉的改版过程》，《新闻大学》2007年第4期。

⑤ 丁淦林：《中国新闻事业史》，高等教育出版社2007年版，第308页。

关注的最大焦点。这一时期《人民日报》副刊刊登了不少涉及"双百方针"提出后新话题的文章，特别是一些带有明晰的批判精神的评论引起了关注。重要的文章有玄珠（茅盾）《谈独立思考》、桑珂（何其芳）《批评和障碍》、《批评和可怕》、方浦《批评家——不是法官》等等。

"双百方针"提出后，在思想领域，反对"教条主义"、提倡"独立思考"就成为中心问题。当时，在思想文化方面普遍存在的"教条主义"和缺乏"独立思考"确实是文学现状的重大问题，《人民日报》副刊围绕着这个问题刊出了不少评论文章。其中茅盾的《谈独立思考》是一篇值得关注的文章，他在这篇文章中非常辛辣地批评缺乏"独立思考"的"井底之蛙"和"应声虫"的存在：

> 眼睛只看上边、不看下边的人，耳朵只喜欢听好话、不喜欢听批评的人，常常只想到自己、不想到别人的人，他们面前的可能的危险是：让"独自"思考顶替了独立思考。教条主义是独立思考的敌人，它的另一敌人便是个人崇拜。如果广博的知识是孕育独立思考的，那么，哺养独立思考的便应是民主的精神。井底之蛙恐怕很难有独立思考的能力。应声虫大概从没有感到有独立思考之必要。而日驰数百里的驿马虽然见多识广，也未必善于独立思考[①]。

这篇文章表现出对于50年代以来的文艺政策中越来越严重的"教条主义"倾向的反思。当时，反对"教条主义"是文艺理论领域的工作重点，随着"双百方针"的提出，很多作家开始探讨这个问题。由于过去过分强调文艺为工农兵服务的方针，以及对社会主义现实主义创作方法的过多重视，产生了教条主义和片面性，以致使文艺创作发展受到了限制。反对"教条主义"的思想束缚，以"独立思考"和"自由讨论"来繁荣科学和文化事业，就是"双百方针"的出发点。在学术思想领域，为了造成一个具有"独立思考"和"自由讨论"的环境，首先需要建设一个健康合理的"批评机制"。当代文学诞生以来一直伴随着频繁的批判斗争，经过1951年《武训传》批判和1954年《红楼梦》研究批判，特别是1955年下半年的"胡风反革命集团"的斗争，以及在全国开展了"肃清反革命"运动，文艺界的思想批判运动大大背离了学术批评的性质，而以政治批判代替学术批评，完全失去了学术批评的规范。这接踵而至的批判，将文学创作和批评中的自由空间大大缩减，沉重地打击了知识分子的自由思想的发展。这一时期，很多作家和评论家特别关注这样的文学批评现状，还发表了新的观点和意见。

何其芳在这时期《人民日报》副刊上发表了几篇评论，他特别关注"粗糙的批评"的"障碍"和"可怕"。他在《批评和障碍》中指出："对于自觉的成熟的文学家和批评家，批评决不能成为他们的创造的障碍。那么我们为什么又反对粗暴的批评，简单的批评呢？棍子打不倒大树，然而它却可以毁坏新从土里长出来

① 玄珠：《谈独立思考》，《人民日报》1956年7月3日。

的幼芽。更可忧虑的是粗暴的简单的批评可以在社会上发生很坏的作用，可以毒害读者的头脑和心灵。"[①] 实际上，1951 年的《武训传》批判事件，已经"开辟了建国以来以政治批判代替学术讨论的恶劣文风的先河"[②]，批评完全变成非常"可怕"的事情。何其芳在《批评和可怕》中说："批评成为可怕，是在有些时候批评具有一种超过批评本身的力量。也是听说，有一位作家因为被一首讽刺诗讽刺过，于是不但他本人要作检讨，要公开承认错误，而且他在别的工作岗位上的爱人也受到周围的人们的指责和不齿。这样，一个人受到批评就比犯法还要重了。"他认为"这种奇怪的不合理的现象的存在，是由于社会上有些人对于批评抱有不正确的看法的缘故。这种不正确的看法的存在，又是由于过去缺少批评的习惯的缘故"[③]。当时，缺少良好的批评习惯，确实是一个非常重要的文学问题，特别是在新中国成立初期一段时期里，文学批评往往成为一种对于文学创作以及作家身份的绝对性的"判决"。方浦在《批评家——不是法官》里指出了这一点，说："批评家在文章里说的毕竟只是他个人的意见，而不是对作品的判决：谁也没有给过他这种权利。杜布洛留勃夫说的很对，他认为批评家不是法官，而是律师。对作品的判决，权利只能属于历史。"[④] 不过，在新中国初期的特殊时期里，现实政治的逻辑封闭了独立思考的空间，文学批评却被赋予了这种"判决的权利"。

文学批评的"合理性"和"独立思考"是在一个横线上的问题。批评家应该保持着相对"独立"的思考，这就是具有"合理性"的批评的基本条件。不过，在新中国成立之后很长一段时期里，由于社会政治和思想观念方面的诸多原因，未能形成文学批评的良好条件。到 1956 年夏天，为迎接这一"百花时代"，很多作家和评论家关注"独立思考"和"批评的合理性"问题，并大胆地发出自己的意见，这些文章体现了对于 50 年代以来文学批评的恶劣文风的反思。在《人民日报》上出现这些具有尖锐批判精神和真诚反思、思考的评论文章，对于当时文学现状问题的反思也发挥了倡导的作用。这可以说是 1956 年改版后《人民日报》副刊的最大成果之一。

值得注意的是，这些作家发表评论的时候，并没有使用自己本名，都是用当时鲜为人知或者久已不用的笔名，如茅盾署名"玄珠"，叶圣陶署名"秉丞"，巴金署名"余一"，何其芳署名"桑珂"，夏衍署名"子布"等等。这可以说是 1956 年至 1957 年上半年之间的特殊现象，通过这一现象可以窥见当时不少作家还是抱着慎重的态度。对于这一时期的"齐放"和"争鸣"的召唤，大多数知识分子自然很兴奋而欢迎，然而，某种程度上的顾虑和犹豫也确实普遍存在。费孝通在 1957 年 3 月 24 日《人民日报》七版上发表的《知识分子的早春天气》一文，可以说是一个直接表达出这种"顾虑和犹豫"的代表性文章。他在这篇文章中描述了当时一部分作家在难以把握自身命运的时代里所感到的复杂的情绪：

① 桑珂：《批评和障碍》，《人民日报》1956 年 7 月 1 日。
② 李扬：《中国当代文学思潮》，上海社会科学院出版社 2005 年版，第 19 页。
③ 桑珂：《批评和可怕》，《人民日报》1956 年 7 月 11 日。
④ 方浦：《批评家——不是法官》，《人民日报》1956 年 7 月 7 日。

“百家争鸣的和风一吹，知识分子的积极因素应时而动了起来。但是对一般老知识分子来说，现在好像还是早春天气。他们的生气正在冒头，但还是有一点腼腆，自信力不那么强，顾虑似乎不少。早春天气，未免乍寒乍暖，这原是最难将息的时节。”这种表达不仅仅是这一作家个人的感受，而且形象地描绘了当时不少知识分子在社会政治潮流中所处的“夹缝”位置，以及由此产生的复杂的思虑。

在这一“最难将息的时节”里，“疑虑”是确实有的，但是《人民日报》好像还是比较相信这一早春时节所包含的新鲜的空气会给它带来新的格局，因而坚持进行改版，到1957年春天还保持着当初改版的革新宗旨。费孝通发表这篇文章之后，“早春”很快成为知识界的中心话题。1957年春天，《人民日报》在七版上还开辟了“笔谈‘百花齐放，百家争鸣’”专栏，刊登了很多著名学者的不同意见[①]。另外，1957年1月《人民日报》还刊登了陈其通、陈亚丁、马寒冰、鲁勒的文章《我们对目前文艺工作的几点意见》，这篇文章的观点就代表着党内存在的对于“双百方针”的“疑虑”，他们认为“‘双百方针’不利于发展文学艺术的战斗性，并且提出要‘压住阵脚进行斗争’”。当时在《人民日报》上出现这几位作者的文章后，自然引起了很大的反响。《人民日报》发表这篇文章之后，很长时间没有表示自己的态度，这也就是给读者一种印象，“似乎《人民日报》是赞成陈其通等四人的这种意见的，这样就增加了一些人对鸣放的疑虑”[②]。面对这种情况，毛泽东在2月27日最高国务会议上的《关于正确处理人民内部矛盾的问题》讲话中严厉批评了党内不赞成“双百方针”的人们，同时对《人民日报》发表该文之后“没有表示明确的态度”提出了严厉批评。此后，《人民日报》在3月18日副刊上发表了茅盾的《贯彻“百花齐放、百家争鸣”，反对教条主义和小资产阶级思想》一文，批评陈其通等四人的文章“没有说服力”，以及他们的批评方法是“教条主义的”。接着，4月10日《人民日报》又发表了社论《继续放手，贯彻“百花齐放、百家争鸣”的方针》。不过，《人民日报》的这些弥补措施也晚了一步，结果未能避免中央的批评。1957年4月，毛泽东对《人民日报》的编委常委提出了严厉的批评：“最近对党的政策的宣传，《人民日报》不是没有抓紧，而是没有抓。”并对邓拓批评了改版后的工作，《人民日报》的改版工作“受到了沉重的一击，在办报方针上顿时产生了严重的混乱”[③]。谁也不曾料到，刊登陈其通等人的文章变成为《人民日报》改版夭折的一个诱因。

三

提出反对“教条主义”，提倡“独立思考”和“自由讨论”，是“双百方针”

---

① 关于这一“笔谈”专栏可以参见洪自诚《1956年：百花时代》，北京大学出版社2010年版，第22页。

② 朱正：《1957年的夏季：从百家争鸣到两家争鸣》，河南人民出版社1998年版，第15页。

③ 钱江：《〈人民日报〉1956年的改版》，《新闻研究资料》1988年第3期。

提出后在文学理论方面的最大成果。文学创作方面的最大成果就是“揭示社会内部矛盾的创作”的出现。文学创作题材范围的狭窄、单调，创作风格的不够多样化，文学创作的公式化、概念化倾向是50年代初期中国文学的普遍问题。1956年“双百方针”提出后，很多作家开始探讨这些文学问题，“干预生活”成为一种克服这些问题的方案。这时期出现了一批大胆干预生活，深刻反映社会的复杂矛盾，揭露和批评官僚主义弊端的作品，如王蒙、刘宾雁、宗璞、李国文等作家的小说，以及流沙河、邵燕祥、公刘、穆旦等诗人的诗歌，文艺理论和创作相应合，充实了这一时期文学界的新气象。这些作品高扬着现实主义精神，也继承了“五四”以来新文学的批判精神和启蒙意识。

1956年7月改版后，《人民日报》副刊刊登了不少显示出这时期特殊的异质性的诗歌作品。首先要说明，《人民日报》副刊所刊出的文学作品一般局限于散文、随笔式的短文、短评以及诗歌，这是因为副刊的面积太少，只占八版的上半版（下半版是广告）。因而，编辑在副刊编辑工作中不得不首先考虑稿件长短[①]，副刊所刊登的文学创作比较侧重于散文和诗歌领域。这时期《人民日报》副刊刊出了邵燕祥的《走敦煌》、《琴》、《贾桂香》，公刘的《风啊，别敲》、《繁星在天》、《谒鲁迅墓》，冯至的《西北故事杂咏》，王统照的《游开罗纪感》，穆旦的《九十九家争鸣记》，蔡其矫的《西沙群岛散歌》等诗歌。和过去几年对比，这时期的《人民日报》中，具有政治时事性以及思想斗争性的诗歌减少了很多，颂歌和赞歌也很少出现，另有一些歌颂军队的诗歌，不过战斗性不强，也带有一定的抒情性。诗歌主题和题材也在一定程度上取得了多样化，这些都是在改版后副刊上出现的变化。一些揭示社会内部矛盾的诗歌在《人民日报》副刊上一出现就得到了人们的关注，还引起了很大的反响。其中，艾青的《画鸟的猎人》、邵燕祥的《贾桂香》、穆旦的《九十九家争鸣记》这三首诗歌可以说是代表性的作品。

邵燕祥的《贾桂香》发表于1956年12月13日，这首诗是诗人读了10月11日《黑龙江日报》报道的一个真实的悲剧事件后有感而写的。诗人在“后记”中说：“佳木斯园艺示范农场青年女工贾桂香，受不住主观主义和官僚主义的围剿，在7月27日自杀。……读之心怦怦然，因写这首诗呼吁：‘不许再有第二个贾桂香！’”[②] 这首诗确实像诗人自己说的那样，是“从诗人血管中流出的血，真诚的血”[③]，就是充满正义感的控诉，也就是真诚的郁怒和激情的喷出：

---

① 胡乔木在副刊工作中主张“报纸的文章要短些，再短些”，袁鹰说“短短一则”就成为“多年副刊的基本蓝图”。参见袁鹰《风云侧记——我在人民日报副刊的岁月》，中国档案出版社2006年版，第43页。

② 邵燕祥：《贾桂香·后记》，《人民日报》1956年12月13日。

③ 邵燕祥在《献给历史的情歌》后记中说，《贾桂香》“这首诗写得不够深刻，也还有失于天真之处，但确是从我的血管中流出的血，真诚的血”。参见邵燕祥《〈献给历史的情歌〉后记》，《读书》1980年第4期。

到底是怎样的一股逆风
扑灭了刚刚燃点的火焰？
海阔天空任飞翔的地方，
折断了刚刚展开的翅膀！
告诉我，回答我：是怎样的，
怎样的手，扼杀了贾桂香！？

可以说，这是“一首大胆触及了生活真实的诗篇，它在一片光明之中看到阴暗的角落，它敢于像歌颂光明那样理直气壮地鞭打黑暗”[①]。在50年代文学中，如此直接对现实生活或实际事件进行批评的诗歌极少，邵燕祥的《贾桂香》确实是一个具有突破性的作品。尤其是它在《人民日报》上出现，更具有“突破性”。《人民日报》自1948年创刊以来刊登过许多诗歌，那些诗歌都带有浓厚的宣传性和指导性，特别是在新中国成立初期几年中，《人民日报》所发表的诗歌基本上都属于颂歌和战歌的范畴。新中国成立初期它刊出了郭沫若的《新华颂》、田间的《新中国》、胡风的《时间开始了》、吕剑的《英雄碑》等颂歌，在朝鲜战争时期主要刊登了艾青的《前进，光荣的朝鲜人民军！》、卞之琳的《向朝鲜人民致敬》、邵燕祥的《唱吧，高唱你们的战歌！——献给英勇的朝鲜人民军》、绿原的《一分钟不能忘记》、《战斗的朝鲜》等战歌。“双百方针”提出之后，在《人民日报》副刊上出现了邵燕祥的《贾桂香》，它突破了只准“歌颂”、不准“暴露”的戒律，敢于大胆正视社会的阴暗面，反映社会生活中的矛盾。这就意味着它突破了诗歌创作的题材的局限性，还在一定程度上克服了当时诗歌创作的概念化和公式化的毛病。并且，这首诗创作的出发点是对人的生命和人格的尊重，诗人无意中启示了“人对人的关心、同情和爱护不应当成为罪过，人应当尊重人”[②]。

对人的关心、对人的心灵的关心是文学永远的主题。不过，在当时的文学观念中，“表现个人感情的作品往往被视为‘小资产阶级的’，‘不健康’的东西”[③]。因此，50年代中国诗歌逐渐失去了这一主题。然而，在1956年以后一年多的时间里，出现不少更为关注人的感情世界的作品，也是“百花文学”的一大成果。可惜，这时期《人民日报》副刊所刊出的诗歌作品中，直接表现出个人感情的诗歌依旧属于少数。其中要提到的是蔡其矫的组诗《西沙群岛散歌》。这是诗人“从一九五六年九月到一九五七年三月，生活在福建和广东的海上和陆地上时，所写的抒情诗”[④]，是由八首诗歌组成的组诗，浪漫主义色彩很深。下面是其中以《夜光》为题的一首：

① 谢冕：《浪漫星云：中国当代诗歌札记》，广东人民出版社1999年版，第171页。
② 同上。
③ 朱寨：《中国当代文学思潮史》，人民文学出版社1987年版，第249页。
④ 蔡其矫：《涛声集·后记》，新文艺出版社1957年版。

没有月亮的晚间
为什么海岛一片光明？
是云在辉耀
还是浪在返照？
我看见每一珊瑚碎片
都如珍珠般闪烁。
南海的夜
是青春年华的裸胸；
那光洁的肌肤下
一颗处女的心在跳动；
它整夜朝着北斗星
诉说着万年的爱情。

在这首诗里，诗人大胆采取了“青春年华的裸胸”、“处女的心”等诗语，生动地描写了充满感情的“夜光”。在50年代中国诗歌中，表现出这种个人感情，尤其是描写个人的“爱情”的诗歌极少。不管蔡其矫的这首诗有多少艺术成就，在当时的诗歌界出现这种充满个人情绪的抒情诗本身就具有很大的价值。这是诗人试图在这一短暂的早春天气里从思想的束缚里把个人感情解放出来的尝试，是诗人重新回到“为人生的文学”的追求。

此外，对于“独立思考”的关心在诗歌中也有体现。50年代初期，艾青在《人民日报》发表过不少诗歌，主要是颂歌和关于国际和平的诗歌①，然而，他的《画鸟的猎人》显示出了与其他诗歌完全不同的诗风。这首诗发表于《人民日报》开辟副刊不久的1956年8月9日，诗人采取散文诗体的寓言诗形式。“双百方针”提出之后，“寓言诗”形式重新得到重视，这时期艾青写了《养花人的梦》和《画鸟的猎人》。此外，流沙河的《草木篇》、公刘的组诗《乌鸦与猪》等优秀的寓言诗都是在这一时期出现的。这类诗歌不仅具有形式上的创新，还包涵着相对自由的思想。“寓言诗”本身就是一种充满智慧和思索的文学形式，善于表现出讽刺和幽默的美学追求。艾青的《画鸟的猎人》充分地体现了这种寓言诗特有的艺术特征，富有多种思考的余地。在提倡“思考的自由，辩论的自由，有创作和批判的自由”的鼓励下，这种富于思辨和批判精神的寓言诗的出现，确实是“双百时代”文学的一大成果。

穆旦的讽刺诗《九十九家争鸣记》在《人民日报》副刊上出现比上述作品稍晚，时间是1957年5月7日。

① 艾青在20世纪50年代初期《人民日报》上发表的诗歌有《人民歌颂斯大林（节录长诗“献给斯大林”）》（1949年12月18日）、《我在和平呼吁书上签名》1950年5月21日、《前进，光荣的朝鲜人民军！》（1950年7月16日）、《千千万万人朝着一个方向》（1952年9月28日）等等。

百家争鸣固然很好，
九十九家难道不行？
我这一家虽然也有话说，
现在可患着虚心的病。

我们的会议室济济一堂，
恰好是一百零一个人，
为什么偏多一个？
他呀，是主席，单等作结论。

因此，我就有点心虚，
盘算好了要见机行事；
首先是小赵发了言，
句句都表示毫无见识。

但主席却给了一番奖励；
钱、孙两人接着讲话，
虽然条理分明，
我知道那内容可是半真半假。

老李去年作过检讨，
这次他又开起大炮，
虽然火气没有以前旺盛，
可是句句都不满领导。

“怎么？这岂非人身攻击？
争鸣是为了学术问题！
应该好好研究文件，
最好不要有宗派情绪！”
……

现在看这首诗，谁也无法否认穆旦在诗中表达出来的是“所有的‘鸣放’实际上都是在权威话语所划定的范围内的行为。事先早已设定了前提和限度的争鸣，无非是对权威话语的重复与转述而已”①。在这群“应声虫”和“假进步”的九十九个争鸣家之中，另有“一家不鸣的小卒”，以沉默代替鸣放，而保持自己的信念和独立思考。

艾青的《画鸟的猎人》、邵燕祥的《贾桂香》和穆旦的《九十九家争鸣记》等诗歌试图以此正视生活的另一面中的矛盾现象，发挥了珍贵的现实主义的批判精神的力量。它们是这时期“百花文学”中的重要诗歌成果，将这时期《人民日报》副刊的百花文学精神推向深处，打破了《人民日报》副刊在文学主题方面原

① 段从学：《论穆旦50年代的诗歌创作》，《涪陵师范学院学报》2002年第2期。

有的局限性。

四

1957年春天，这一短暂的文学的“百花时代”已经面临夭折的局面。1956年的“双百方针”“由倡导‘鸣放’始而以‘反右’终”[①]，1957年下半年文艺界“反右派”斗争沉重地打击中国文艺界，让那些沉醉在早春梦幻里的知识分子深感失望。4月，中共中央决定改进党的领导作风，展开整风运动，27日下达了《关于整风运动的指示》。1957年初毛泽东对《人民日报》做了批评之后，事实上，4月初《人民日报》的改版工作已经被中断了，4月底已开始进行“整风”。6月，“反右”斗争展开了，《人民日报》自然不得不卷入到这场运动之中，6月8日刊出社论《这是为什么?》就吹响了“反右”斗争的号角。从此，《人民日报》副刊也便成为对于文艺界的“反右斗争的阵地”。

实际上，这时期文艺界的“反右派”斗争是中央的一个重要措施，当时关于文艺界“反右派”斗争的宣传也就是《人民日报》宣传工作的重点之一。这时期对于诗歌界的批判，《人民日报》所刊出的主要批判文章有《流沙河怎样把持“星星”培植毒草》（8月5日）、孙祖年的《为资产阶级叫嚎的猫头鹰——穆木天》（8月5日）、姚丹的《在“草木篇”的背后》（8月16日）、《改组编辑部扭转政治方向“星星”除去毒草开香花》（8月24日）、《丁玲的伙伴、李又然的老友、江丰的手足、吴祖光的知心　艾青长期奔走于反动集团之间》（9月4日）、《右派诗人公刘现形》（10月5日）等文，此外，副刊刊登了陈敬容的《诉李白风》（8月15日）、金真的《艾青的“逆境”》（9月6日）、徐迟的《艾青能不能为社会主义歌唱?》（9月24日）、戴伯健的《一首歪曲“百家争鸣”的诗——对“九十九家争鸣记”的批评》（12月25日）等批判文章，被批判的诗人有艾青、流沙河、李白风、穆旦、公刘、穆木天等人。《人民日报》所发表的这些批判文章，基本上都具有很高的“权威性”，有些文章甚至可以说是决定作家或作品的政治命运的“判决文”。正是由于这种“权威性”的存在，在文艺界“反右派”斗争中，《人民日报》的社论和文学批判文章往往成为了批判的“出发点”。更重要的是，《人民日报》对于诗人和诗歌的批评完全脱离了文学批评的正常轨道，远远超越了文学批评的范畴，从而导致了这场批判运动的严重扩大化。毫无疑问，这一切严重打击了作家的创作精神，很多作家在不同程度上都受到了人格和心灵的伤害。曾在提出“双百方针”初期，很多作家和评论家关注“独立思考”和“批评的合理性”问题，并大胆地发出自己的意见，就是为了改进50年代以来文学批评的恶劣文风，也就是试图建设一个健康合理的“批评机制”。当时，《人民日报》也积极参与了这些改进活动。不过，这一切尝试在“反右派”斗争中遭遇了彻底的挫折。

---

① 李扬：《中国当代文学思潮史》，上海社会科学院出版2005年版，第44页。

在文艺界“反右派”斗争中，对于诗歌界的批判相当激烈，许多诗人被卷入“反右派”批判运动的漩涡，一大批参与鸣放的诗人也被打成了“右派”。艾青在“双百”期间创作活动很活跃，创作出了《在智利的海岬上》、《南美洲的旅行》、《养花人的梦》、《黄鸟》、《画鸟的猎人》、《启明星》等诗，还出版了诗集《海岬上》。这些诗歌可以说是艾青50年代比较重要的创作成果。不过，到1957年夏天，艾青却被牵连进“丁陈反党集团”，成了“右派分子”。《人民日报》副刊刊出了徐迟的《艾青能不能为社会主义歌唱?》。在这篇文章中，艾青被批判为“对整个文艺界抱着虚无主义的态度。他一直是抗拒着党对文艺工作的领导的”，他的诗歌被批评为“对于百花齐放的政策的诽谤”，“对于当代诗歌的极度恶意的讽刺”①。这些论述不仅完全脱离了文学批评的范围，而且严重混淆了“文学和政治”两种不同性质的批评标准。这时，文学批评已变成了严重的政治批判，甚至变质为恶意的人身攻击。

《人民日报》副刊还刊出了戴伯健的《一首歪曲“百家争鸣”的诗——对“九十九家争鸣记”的批评》，批判穆旦的《九十九家争鸣记》是“对党的‘百家争鸣、百花齐放’的方针和整风运动的不信任和不满”，批评家还质问“这难道不是作者别有用心地制造出来的一幅歪曲现实的图画吗？为什么同领导人意见一致的人都是‘应声虫’呢？为什么说‘原则’话的人都是‘假前进’呢？我们还要问作者，你究竟所指的那些‘不鸣的小卒’又是什么样的人?”② 穆旦为此在《人民日报》副刊上发表了《我上了一课》一文，作了自我检讨：“我的思想水平不高，在鸣放初期，对鸣放政策体会有错误，模糊了立场，这是促成那篇坏诗的主要原因。因此，诗中对很多反面细节只有轻松的诙谐而无批判，这构成那篇诗的致命伤。就这点说，我该好好检查自己的思想。”从这种表述中可以感受到诗人的委屈心情。这种“批判和自我检讨”的全过程，对于诗人的打击，尤其是对诗人心灵的挫伤，确实是很致命的。

在文艺界反右派斗争中，诗歌不断被要求成为“政治批判的工具”。1957年7月20日，《人民日报》副刊刊出了臧克家的《让我们用火辣的诗句来发言吧》，这一文章就是反映了当时的时代对诗歌的要求：

> 诗人们，在反右派斗争中，让我们踊跃地用火辣的诗句来发言吧。
>
> 我们的新诗，是在斗争里成长壮大起来的。“五四”时代，它向封建社会的黑暗冷酷冲锋；抗日战争时期，它成为民族解放的号角；在反抗蒋介石反动政权的斗争中，讽刺诗鼓舞了广大人民的斗志。在解放后的每一次运动里，诗人们都是用诗作武器参加了战斗的。在这次反右派的斗争里，诗歌，应该用不到号召自己就会响起来的吧？政治热情是诗人的灵魂。看到美好的东西被玷污，看到丑恶的嘴脸在阴谋叫嚣，由于爱，也由于憎，你能不一跃

---

① 徐迟：《艾青能不能为社会主义歌唱?》，《人民日报》1957年9月24日。

② 戴伯健：《一首歪曲“百家争鸣”的诗——对“九十九家争鸣记”的批评》，《人民日报》1957年12月25日。

而起？闻鼙鼓而思猛将。听到斗争的声音我想起了诗人同志们。政治讽刺诗多起来了。这样的诗，像战斗的鼓点，令人振奋。斗争在猛烈的进行，鼓点敲得再响些吧。斗争在猛烈的进行，讽刺诗来得更多些，更有力些吧[①]！

臧克家的这篇文章直接号召诗人用“火辣”的讽刺诗参与“反右派”斗争。这种号召的出发点仍然是文学的“工具论”。他的论述中，“政治热情”被形容为“诗人的灵魂”，诗歌是“鼓舞广大人民斗志”的工具。在当时的特殊政治气氛里，对于诗歌的这种看法被认为是一种“正当”的要求，其结果，产生了许多“声讨性”的“反右”诗歌。这时期《人民日报》副刊也刊出了许多“火辣”的“讽刺诗”。不过，那些诗歌与“双百”时期的“讽刺诗”完全不同，那些诗歌更接近于“批判诗”或“声讨诗”。其中大多数诗歌都是以“诗传单”的形式来发表的，例如，原载北京大学诗刊“红楼”、清华大学“墙报”、北京大学“666墙报”、《江西日报》等地方报刊的“反右”诗歌，都以“诗传单”的形式被转载[②]。7月19日，《人民日报》副刊刊登了几首“反右”诗歌，并配发了一条“标语”——“这里是诗，也是传单，它是号角，也是子弹。”这条标语就代表着当时特殊的诗歌观念，诗歌就是宣传某种政治思想或方针的“传单”，诗歌就是攻击违背这种政治思想或方针的敌人的“子弹”。严格说来，这时期《人民日报》副刊所刊出的“反右”诗歌属于它在反右宣传工作中的一种“工具”，也就是纯粹的政治产物，并不能算是文学创作的结果。

有些“反右”诗歌是专门为批判“诗人”而创作的。1957年9月6日《人民日报》副刊所刊出的《有这样的诗人》是一个典型的例子。

有这样的诗人，/反党时非常机智和毒狠，/
在大众睽睽的大会上，/他装扮得可怜而又愚蠢。//
有这样的诗人，/读者已经听不见他的声音；/
因为他只在死胡同里喊叫，/暗地里把毒箭射向党和人民。//
有这样的诗人，/离开了党和革命，/
也背叛了诗歌，/他就是艾青！[③]

这是针对诗人艾青所写的批判诗，这显然是“具有诗歌形式”的“声讨文”。这场批判运动使得一个“诗人”选择这种“用诗作武器来参加战斗”[④]，“反右”诗歌就呈现出了这种诗歌界的悲剧。此外，《人民日报》副刊还刊登了沙鸥的两

---

① 臧克家：《让我们用火辣的诗句发言吧》，《人民日报》1957年7月20日。

② 比如，1957年7月19日《人民日报》副刊刊登了原载清华大学“街头诗”的《饿瘦了的恶狼下山来》等诗，7月22日刊登了原载北京大学诗刊《红楼》的“反右”诗歌《这是一场险恶的战斗》、《捉狐妖》、《反右肖像》三首诗。

③ 白桦：《有这样的诗人》，《人民日报》1957年9月6日。

④ 臧克家：《让我们用火辣的诗句发言吧》，《人民日报》1957年7月20日。

首“反右”诗歌《脸谱种种》(8月9日)和《脸谱种种续集》(9月14日)。其中,《脸谱种种续集》就是专门批判“反右”作家而写的组诗,一共有《冯雪峰》、《艾青》、《李又然》、《陈明》4首。当时,几个重要文学期刊也刊登了类似的“反右”诗歌,如《文艺报》1957年7月第17号刊出了田间《关于“白杨”的诗——驳“草木篇”》,《处女地》1957年8月号和9月号连续刊出了井岩盾《右派》、项兰田《反右派讽刺诗》、苗雨《给流沙河的“草木篇”》等诗。通过这些“反右”诗歌,我们可以看到,在这场批判运动中,诗人的诗歌创作活动已变成了一种参与政治斗争的行为,诗歌彻底沦为政治斗争的手段,诗歌艺术逐渐失去了应有的人道主义精神。这就是1957年文艺界“反右派”斗争给诗歌创作带来的严重后果。

总之,这场批判运动给诗歌创作和批评带来了极大的消极作用。首先严重挤压了诗歌批评的多样性和合理性发展,其次在政治的高压下,诗歌批评变成了控制或维护某种文艺政策的手段,其结果是深深地打击了诗人的创作精神和创作自由。在这场文艺界“反右派”斗争中,《人民日报》发出了许多具有“权威性”的社论和批判文章,给文学批评和创作带来了严重的负面影响。《人民日报》在实施“双百方针”的过程中,为提倡“独立思考”和“自由讨论”付出了很大的努力,不过这些努力都在残忍的反“右”斗争之中被淹没,它就“执行了‘引蛇出洞,聚而歼死’的错误方针”[①]。《人民日报》的这些措施是明显地违背了1956年它积极提倡的“自由讨论”、“改进文风”等改版目的和原则,这就说明《人民日报》改版彻底失败。1956年《人民日报》的改版是“一次注定失败的改革”[②],也许,这种说法也是有道理的。不过,无法否认,这时期的《人民日报》副刊为着“百花文学”的发展付出了不少努力,也发挥了一定的作用。

(作者单位:北京师范大学文学院)

① 钱江:《〈人民日报〉1956年的改版》,《新闻研究资料》1988年第3期。

② 王晓梅:《一次注定失败的新闻改革——对1956年人民日报改版夭折的探讨》,《新闻记者》2009年第10期。

浅析梁启超眼中的科学小说

□ 任冬梅

中国科幻小说诞生于晚清已经成为学界的共识。不过，晚清时候并没有“科幻小说”这一后来得到公认的称谓，只有“科学小说”这个名称。晚清“科学小说”内容驳杂，并不能完全等同于我们现在所说的“科幻小说”[①]。尽管如此，晚清“科学小说”却也毫无疑问为中国科幻小说的诞生提供了一片广阔的沃土。因此，对“科学小说”的考察可以让我们对中国科幻小说的早期发展境况有一个更为丰满而具体的认识。

最早在中文里提出“科学小说”一词的是梁启超。那时的梁启超流亡在日本，正致力于小说界革命。1902 年，梁启超发表《论小说与群治之关系》，在文中呼吁：“欲新一国之民，不可不先新一国之小说。……乃至欲新人心，欲新人格，必新小说。何以故？小说有不可思议之力支配人道故。”[②]“故今日欲改良群治，必自小说界革命始；欲新民，必自新小说始。”[③]由此，正式提出了“小说界革命”的口号，随后得到广泛的响应，从此轰轰烈烈的小说界革命运动拉开了帷幕。“小说界革命”使小说由传统的“小道”一跃而成为“文学之最上乘”。而对于如何“新”小说，梁启超等人则一致把目光投向了域外小说，因为传统的中国小说在当时被认为“大抵不出诲盗诲淫两端，陈陈相因，涂涂递附”[④]，是起不到觉世醒民的作用的。因而要“新”小说就必须将希望寄托在域外小说上，《新小说》上刊登的定一的观点在当时很具有代表性：“中国小说之不发达，犹有一因……然补救之方，必自输入政治小说、侦探小说、科学小说始。盖中国小说中，全无此三者性质，而此三者，尤为小说全体之关键也。”正是在这样的背景下，当时被认为有助于开眼界、启智识、改良社会的“科学小说”开始被大量译介进来。

---

① 关于此点，笔者曾做过详细辨析，请参阅拙文《1902—1912：“科学小说”命名及其背后的意义》，北京师范大学硕士论文未刊稿，2010 年 4 月。

② 梁启超：《论小说与群治之关系》，《新小说》1902 年第 1 号。

③ 同上。

④ 任公：《译印政治小说序》，原载《清议报》第 1 册，1898 年。引自陈平原、夏晓虹编《二十世纪中国小说理论资料》（第一卷），北京大学出版社 1997 年版，第 37 页。

一

1902年11月14日，被标为“泰西最新科学小说”的翻译作品《海底旅行》开始在梁启超主编的《新小说》创刊号上连载。从创刊号起连载至第6号，后中途停载，于第10号起继续连载至第13号，又暂停，最后连载的是第17号和第18号，共刊登二十一回，未完。自第5号第十二、十三回起，《海底旅行》被简化为“科学小说”。这就是“科学小说”一词在中文里的第一次亮相。

《海底旅行》第一回作者署为“英国肖鲁士原著，南海卢藉东译意，东越红溪生润文”。白话小说体；分回，有对仗回目；章回体制。有眉批、夹批以及译者在行文中所标注的种种解释，每回开头有“话说”，回末有“且听下回分解”等套语。这部小说的原型是法国科幻小说家儒勒·凡尔纳（Jules Verne，1828—1905）的《海底两万里》。不过，《海底旅行》依照的译本并非凡尔纳的法文原本，而是日译本。据范苓分析，《海底旅行》对照的日文译本应该是大平三次的《五大洲中海底旅行》[①]一书，而在服部诚一为其撰写的“序”中，我们可以发现这样一句话：“如硕学者著小说以诱导政治思想，泰西科学小说有以科学之力导人进步的魔力。”[②]据此可以推测，卢藉东在翻译《海底旅行》的时候很有可能就是直接根据日译本将其命名为“科学小说”的。因此，不仅“科学”[③]一词源自日本，我们可以确定“科学小说”一词同样来源于日本。

值得一提的是，日译本参照的也并非法文原本，而是英译本。所以《海底旅行》一书经历了法文→英文→日文→中文这样一个转译过程，可以说当时凡尔纳的很多小说（或其他非英语文学）传入中国的途径都是这样的。那时的英语中还没有出现Science Fiction一词，这个被后世公认的科幻的代名词是由美国当代科幻创始人雨果·根斯巴克（Hugo Gernsback，1884—1967）提出的。1926年，他在自己创办的科幻杂志《惊奇故事》第一期中使用了Scientifiction一词，后来这个词逐渐演变为我们现在广泛使用的Science Fiction。19世纪末20世纪初，凡尔纳和威尔斯等人的小说在英文中一般被称为Scientific Romance，因此日文的“科学小说”一词应该是对Scientific Romance的翻译。

在此之前，梁启超已经在《新民丛报》第十四号（1902年8月18日）上登载过一篇文章《中国唯一之文学报〈新小说〉》，将小说分为十种：历史小说、政治小说、哲理科学小说、军事小说、冒险小说、探侦小说、写情小说、语怪小说、劄记体小说、传奇体小说。其中说明“哲理科学小说”为“专借小说以发明

① 大平三次译、服部诚一校阅，明治17年（1884年）由日本四通社出版。

② 参见范苓《明治“科学小说热”与晚清翻译——〈海底旅行〉中日译本分析》，《大连海事大学学报》（社会科学版）2009年第3期。

③ 据岛尾永康研究，最早在日本使用“科学”概念的是赴荷兰留学回国的西周（1829—1897），他在1874年于《明六杂志》第22号上发表文章介绍西方文化时最先把“science”译为“科学”。大概在19世纪的最后几年中，“科学”一词从日本传入了中国。

哲学及格致学，其取材皆出于译本”，接下来举出了几种译本：《共和国》希腊大哲柏拉图著、《华严界》英国德麻摩里著、《新社会》日本矢野文雄著、《世界未来记》法国埃留著、《月世界一周》、《空中旅行》、《海底旅行》。由此可以看出，在梁启超那里，“哲理科学小说”基本上应该分为“哲理小说”和“科学小说”两类，在《新小说》的实际编排中，也的确做了这样的区分。但毕竟此时出现的还是“哲理”与“科学”并用的“哲理科学小说”一词，所以“科学小说”真正作为一个专门的名词出现，还应该是在《新小说》创刊号上刊登翻译作品《海底旅行》的时候。此后，许多杂志沿用了“科学小说”的栏目，国人自己也开始尝试创作“科学小说”，关于“科学小说”的理论论述逐渐增多。

二

《海底旅行》虚构了一场海下生活，“内支士”号体积庞大，功能完备，设有日常生活所需要的全部设施，并且拥有多种不可思议的设备，能够随时应对复杂的局面。在小说中，提到次数最多的是“内支士”遇到危险时，能够自由沉下海底或者浮上海面。主人公欧露世、高昔鲁（欧露世的仆人）、李兰操等也往往借此机会观赏美景，或者希望借浮上海面的机会逃走。行文中，大陆上的人类世界被忽略为遥远的背景，只是隐约出现在欧露世三人的梦想中。作品津津乐道于“内支士”功能强大的内部设施，虽然客观上船只的容积有限，但作者还是为它安排了宽阔的甲板、宽敞的图书室、幽深的藏宝室、密室、船长的豪华卧室和办公室、船员简陋的休息室等等。所有这些，足以构成一个相对完整的小社会，无论是公共设施还是私人住宅都毫不逊色。“内支士”的海底航行构成作品的中心，红海与地中海海峡通道的发现、深海中巨大的红珊瑚群、“内支士”遭遇的神秘攻击，以及船员的充满神秘色彩的海底葬礼、船身周围穿梭往来的鱼群、若干世纪前沉积在海底的金子、凶猛的鳄鱼群、海鸟群等等，数不胜数。作品疏远大陆生活的目的并不在于批判意识，也不在于宣扬另一种美好的制度或者追逐财富。虽然它一再夸耀“内支士”的美好与强大，但并没有上升为一种愤世嫉俗的厌世情结。船长李梦抛弃了大陆生活，乐于海上冒险，作品总是对其原因讳莫如深，按照作品的发展逻辑来看，似乎要把它作为最大的谜团，留在作品的末尾予以揭晓，遗憾的是，作品并未完成连载，以至成为悬案。

在《海底旅行》第九回的眉批中有这样几句话：“本书大宗旨，全为制造界革命，处处具见意匠。”“中国理想的小说如《西游记》、《镜花缘》之类，幻造境界，却也不少，只是没有科学的根柢，其言便无益于世，西人杰作所以不可及也。”可见译者翻译此书的目的很明确，即传播科学知识，希望能够让国人学习其中的制造技术。不过，在第七回中，译者又插入这样一段批注：“此书原是科学小说，一切根据格致学理，但非门外汉所能尽道耳。”这一段是针对李梦（“内支士”号船长）向教授详细介绍“内支士”号所用各种仪器之处。对于缺乏科学新知的译者，译介的难度可想而知，因此译者明知此处关键，还是对其做了精简处理。《海底旅行》中有关海底生物、植物、世界地理、珍禽异兽、机械动力、潜水用具等原著中重要的科技知识内容，往往被删繁就简。其结果是，读者往往仅沉醉于对科技神秘性的崇拜，却很难从中了解到大量科学知识，更难提高对西方科技的深刻认识和追求的动力。因此，虽然名为“科学小说”，但实际上《海底旅行》中的科学因素不仅是有限的，而且是外在的。之所以如此，并非译者不重视科学技术，而是译者的科学知识实在有限。然而，小说虽然不像译者宣称的那样宣传了科学知识，但作品表现出的探索未知世界的热情和无所畏惧的冒险精神，仍然能够感染读者。

三

虽然刊登在《新小说》的创刊号上，但《海底旅行》并非梁启超所译，梁启超翻译的第一部小说是日本柴四郎（1852—1922）所作的《佳人奇遇》[①]。这是一部政治小说，作品缺乏系统的情节，只是设计几个任务，以长篇对话来发表自己的政见或叙述事情的经过。比如第一回中幽兰、红莲和散士的对话，每个人一开口就是上千言，或叙述家世，或谈论国事，或谴责列强的殖民政策。1902 年，梁启超翻译了凡尔纳的小说《十五小豪杰》[②]，他并没有使用“科学小说”一词去称呼它，而更倾向于将其看作“政治小说”。正像白葭在《十五小豪杰·序》中所说：“读是书者，须知是书之旨趣何在，灵魂何存。曰：有独立之性质，有冒险之精神，而又有自制之能力也。不独立则不能生存，不冒险则不能进取，能独立进取而不能自治，则无意之举动，不规则之竞争，亦必终归于失败而已。”独立、冒险、自治，“是三者，皆中国民之缺点也”[③]。梁启超翻译此书的目的就在于“吸彼欧美之灵魂，淬中国民之心志”[④]。翻译时为了凸现“冒险”这一新题材的政治内涵，引导读者从“新民”的角度来进行阅读，梁启超还为全书增添了许多精彩的眉批和回目尾评，直接宣扬自己的政治主张和见解，如：“武杜两党抗立，借以为各国政党之影子，全书之生气活泼，实在于是。读者勿徒痛恨杜番，且看他日服从公议之处，便知文明国民尊重纪律之例；观其后来进德勇猛之处，便知血性男子克己自治之功。”[⑤] 诸如此类的文字在译文中随处可见，而作

---

① 1898 年《清议报》第 1 册开始连载，至第 35 册毕，标“政治小说”，作者署“（日）东海散士前农商部侍郎柴四郎”。1901 年商务印书馆出版时改题《佳人之奇遇》，译者署梁启超。

② 1902 年《新民丛报》第 2 号开始连载，至第 13 号毕，署“（法）焦士威尔奴原著，少年中国之少年（梁启超）重译”。《十五小豪杰》是由日本森田思轩译的《十五少年》转译的。该小说的原著为法国儒勒·凡尔纳的 *Deux Ans de Vacance*（《两年的假日》，1888）。

③ 白葭：《十五小豪杰·序》，见王运熙主编《中国文论选［近代卷］》上册，江苏文艺出版社 1996 年版，第 232 页。

④ 梁启超：《十五小豪杰第一回·后记》，见《饮冰室合集·专集之九十四》，中华书局 1989 年版，第 5 页。

⑤ 梁启超：《十五小豪杰》，《饮冰室合集·专集之九十四》，中华书局 1989 年版，第 10 页。

者的意图也昭然若揭了。梁启超自己创作的唯一一部小说作品《新中国未来记》[①]，虽有"未来"之名，但其实质也是一篇类似于《佳人奇遇》的"政治小说"，里面充满了大段的演说、论文等。由此可见，梁启超对于小说的政治功能是尤为关注的。

早在1898年，梁启超即在《清议报》[②]第一册上发表了一篇《译印政治小说序》："在昔欧洲各国变革之始，其魁儒硕学，仁人志士，往往以其身之所经历，及胸中所怀，政治之议论，一寄之于小说。……彼美、英、德、法、奥、意、日本各国政界之日进，则政治小说，为功最高焉。"[③]"政治小说"成为《清议报》的六大专栏之一。在《饮冰室自由书》中，梁启超说道："著书之人皆一时之大政论家，寄托书中之人物，以写自己之政见，固不得专以小说目之。而其浸润于国民脑质，最有效力者，则《经国美谈》[④]、《佳人奇遇》两书为最云。"[⑤]《新小说》发刊词也明示其宗旨为"专在借小说家言，以发起国民政治思想，激励其爱国精神"[⑥]。除《新中国未来记》之外，《新小说》上还刊登了玉瑟斋主人的"政治小说"《回天绮谈》[⑦]，其实《新小说》上刊载的很多未标为"政治小说"的小说，其政治意味也很明显，如《洪水祸》[⑧]叙述18世纪法国资产阶级革命，《东欧女豪杰》[⑨]则叙述俄国19世纪70年代的革命民粹派运动，《俄皇宫中之人鬼》[⑩]描写俄皇宫中"人鬼"事，影射封建君主专制政体的黑暗。通过以上论述我们不难看出，梁启超所关注的小说大都是有强烈政治意图的小说。

---

① 1902年《新小说》第1号开始连载，后载于第2、3、7号，署"饮冰室主人（梁启超）著，平等阁主人（狄葆贤）批"，标"政治小说"，共五回，未完。是书规模宏大，所成五回仅为全书序曲。

② 1898年11月在日本横滨创刊，每月出版三册。发行编辑人署英国人冯镜如，印刷人署日本人铃木鹤太郎，实际上主编为梁启超。

③ 任公：《译印政治小说序》，原载《清议报》第1册，1898年。引自陈平原、夏晓虹编《二十世纪中国小说理论资料》（第一卷），北京大学出版社1997年版，第37—38页。

④ 最早由《清议报》于1900年开始连载，从第36册始至69册毕，共有前编二十回后编十九回，标"政治小说"，作者署"（日）矢野文雄"，译者不详。

⑤ 任公：《饮冰室自由书》，原载《清议报》第26册，1899年。引自陈平原、夏晓虹编《二十世纪中国小说理论资料》（第一卷），北京大学出版社1997年版，第39页。

⑥ 新小说报社《中国唯一之文学报〈新小说〉》，原载《新民丛报》14号，1902年。引自陈平原、夏晓虹编《二十世纪中国小说理论资料》（第一卷），北京大学出版社1997年版，第59页。

⑦ 1903年《新小说》第4号开始连载，至第6号毕，标"政治小说"，共十四回。

⑧ 1902年《新小说》第1号开始连载，至次年第7号止，标"历史小说"，共五回，未完，作者署"雨尘子"。

⑨ 1902年《新小说》第1号开始连载，至次年第5号止，标"历史小说"，共五回，未完，署"岭南羽衣女士"著，"谈虎客"批。"羽衣女士"即罗普，别号"披发生"。

⑩ 载于1902年《新小说》第2号，标"语怪小说"，署"（法）前驻俄公使某君著，曼殊室主人（梁启超）译"。

四

在这样的背景下，我们再来看梁启超所使用的“科学小说”一词，并纵观其整个使用过程会发现，刚开始的时候梁启超在《中国唯一之文学报〈新小说〉》中将“科学”与“哲学”并置一处，使用所谓“哲理科学小说”一词作为小说类型的一种就并非无意为之了。

1902年，梁启超翻译了被大多数人认为是科学小说的《世界末日记》[①]，他却将其标为“哲理小说”。《世界末日记》的原作为法国天文学家 Camille Flammarion（1842—1925）于1891年发表的 *The Last Days of the Earth*。小说描写的是一番末日情景：遥远的未来，太阳与地球渐渐地失去了活力，人类拥有了极其发达的科学水平，却丧失了生殖能力，面临着自身的灭亡。巴黎、伦敦、柏林等大都市早已在十万年前埋没于冰河之底。世界文明的中心转移至非洲的中部“桑达文市”，可是即便在这片土地上，也没有女性。世界上最后的男子“阿美加”（希腊语“最后”的意思），带着人类繁殖的期望，率领健康的男子乘坐飞船，去寻找新天地与配偶者。终于，他们在“锡兰岛”上发现了世界上最后的5名女子，锡兰岛曾经是母系氏族的王国。阿美加遇见了少女爱巴，在历经了15年的飞船旅途后，阿美加等人回到了故乡。不料，那里竟然也被风雪淹没，传染病蔓延。最后残留的只有阿美加和爱巴，地球越来越寒冷，二人在大雪纷飞的埃及金字塔中相拥而死。

梁启超时常在文中插入自己的感想，并在文末附上解说，借此阐发作者的意图。此外，文中设置了很多对立概念：人生—财富、享乐—生殖、智力的发达—道德的沦丧、暴力—文明、母系社会—男子颓废、临终—归乡等。这些都包含着强烈的哲学意味，在《世界末日记》译后语中，梁启超认为其“以科学上最精确之学理，与哲学上最高尚之思想，组织以成此文，实近世一大奇著也”[②]。他将之比喻为佛说华严经，论述了精神超越物质的不灭。

由此我们不难看出，梁启超虽然提倡“科学小说”，但是在他这里的“科学小说”不单单是传播科学技术等“形而下”层面的小说，而应该包含更深层次的“形而上”的思想。

在1902年6至8月间发表的《格致学沿革考略》中，梁启超已经明确了“科学”的学科范围，将哲学、政治学、生计学、群学等归为“形而上学”，而将化学、天文学、地质学等格致[③]学归为“形而下学”，他认为“形而上学之高尚，更过于形而下学”[④]。所以梁启超一直更注重的是小说在政治、哲学层面能够达

---

① 载于1902年《新小说》第1号，标“哲理小说”，署“饮冰（梁启超）译”。

② 饮冰：《〈世界末日记〉译后语》，《新小说》1902年第1号。

③ 在《格致学沿革考略》中，“科学”和“格致”同时出现，在这一时期的梁启超那里，两个词语的含义基本上是可以互换的。

④ 梁启超：《格致学沿革考略》，《饮冰室合集·文集之十一》，中华书局1989年版，第4页。

到的效用。在其同一年发表的《论中国学术思想变迁之大势》中，梁启超说道："凡学术思想之发达，恒与格致科学相乘，远而希腊，近而当代，有明征矣。"[①]在这里，他已经看到了"形而上"的哲学与"形而下"的科学之间有密切的关联。两年之后，梁启超续写《论中国学术思想变迁之大势》的"近世之学术"部分时，便对"科学精神"做出了正面阐述："所谓科学的精神何也？善怀疑，善寻问，不肯妄徇古人之成说、一己之臆见，而必力求真是真非之所存，一也；既治一科，则原始要终，纵说横说，务尽其条理，而备其佐证，二也；其学之发达，如一有机体，善能增高继长，前人之发明者，启其端绪，虽或有未尽，而能使后人因其所启者而竟其业，三也；善用比较法，胪举多数之异说，而下正确之折衷，四也。"[②]这段论述表明梁启超的科学观念又跃上了一个新的高度，由"学科"层面上升到"精神"层面。他所理解的科学精神的内涵是"求真"、"博学"、"创新"、"启迪"。这种上升的突破意义在于：科学精神作为一种精神，并不局限于自然科学，而是涵盖包括社会科学在内的整个"学术"，由此，便从根本上打通了自然科学与社会科学，将一般人以为的形而下的"科学"与形而上的"哲学"联系了起来。这不得不说是梁启超超越前人的创见。

五

梁启超作为第一个提出"科学小说"一词，并且也是第一个在其主办的杂志上使用"科学小说"一词去为小说分类的人，他的重要性是不言而喻的。正如前文已经分析过，梁启超虽然是最早使用"科学小说"这个词的人，但是他本人的知识背景和政治兴趣决定了他眼中的"科学小说"是一种更偏重哲理性的小说，或者说他期待看到的"科学小说"应该"专借小说以发明哲学及格致学"[③]，应该拥有"科学上最精确之学理，与哲学上最高尚之思想"[④]，两者是缺一不可、相互促进的。在梁启超那里的科学小说中，"哲理性"不但不可或缺，甚至更为重要。更具体地说，梁启超眼中的"科学小说"是偏重于探求科学思想和科学精神的小说，这种小说不仅仅将"科学"局限于物质的"形而下"层面，还考虑包含于其中更深层次的"形而上"的思想。这种构想可以说发展了"科学小说"一词中"科学"更深层次的内涵，与当时大部分人以及后来者对"科学小说"的一般看法都不相同。

要翻译或者创作出这样的"科学小说"，不仅要求译者/作者本人要有丰富的科学知识，更重要的是要能够将"科学"上升到精神的层面，明白其不仅仅是一

---

① 梁启超：《论中国学术思想变迁之大势》，《饮冰室合集·文集之七》，中华书局1989年版，第34页。

② 同上，第87页。

③ 新小说报社《中国唯一之文学报〈新小说〉》，原载《新民丛报》14号，1902年。引自陈平原、夏晓虹编《二十世纪中国小说理论资料》（第一卷），北京大学出版社1997年版，第62页。

④ 饮冰：《〈世界末日记〉译后语》，《新小说》1902年第1号。

种外在的物质技术。而这对当时的中国人来说，无疑是非常困难的。在晚清时候的中国，科学主要与实用的对象联系在一起，处于“形而下”的层面。从科学观念的传播和影响看，相对于抽象的理论形态，“器”与“技”往往以更直观的形式展示了科学的价值，从而更易于为人们所认同和接受。虽然，随着西方科学书籍的大量翻译、科技期刊的大量创办以及科技教育进入各类新式学堂，“科学”一词已经在中国广泛传播开来，但是，我们不得不承认，此时的人们对“科学”的理解仍然还停留在较为浅表的层面。就科学而言，仿效其产生的科技成果容易，理解其背后的科学思想、方法和精神则需要漫长的时间。因此，梁启超所期望看到的“科学小说”在晚清基本上如凤毛麟角，只有理论倡导却缺乏实际的创作。

直到民国建立以后，随着科学传播专业化与制度化的形成，科学的全貌才逐渐为大众所知。然而值得注意的是，对于位于最高层次的科学精神，此时的科学传播运动终究也仅仅是一个启蒙而已，人们要真正理解并且具备科学精神，还需要一个非常缓慢的过程。自维新以后，唯科学主义的思想一直在中国滋长着，1923 年那场著名的“科玄论战”最后以科学派的大获全胜告终，恰恰显示出此时中国大地上大大缺乏以怀疑和批判精神为其内涵的科学精神。我们再回过头去看梁启超提出的“哲理科学小说”，会发现梁氏本人对于科学和哲学关系的理解也可能有问题。“科学加强了他们对客观的、起决定作用的宇宙的信念，这个宇宙本身是相对地不受人的意志支配的上帝般的威力的自然而然的源泉。”① 所以，他才会秉持类似于佛教的宇宙论观点。由于缺乏真正的科研经历和大量的科学实践，梁启超等人对于科学精神的理解是通过西方哲学家（如孔德）或哲人科学家（如皮尔逊）的著作间接获得的，关于科学的哲学观点并不等同于科学，因此梁启超的理解难免存在一些偏颇。除普遍缺乏科学精神之外，这也应该是“哲理科学小说”曲高和寡的原因之一。

（作者单位：北京师范大学文学院）

---

① 费正清编《剑桥中华民国史》上卷，中国社会科学出版社 1994 年版，第 380 页。

论谭正璧的历史小说

□ 沈庆利　梁　华

一、国破家亡下的卖文为生

谭正璧，字仲圭，1901 年 11 月 26 日出生于上海。自幼父母双亡，由外祖母抚养长大。他 7 岁开始识字，喜读《三国演义》、《封神榜》等，还常听外祖母讲民间传说故事，这对他后来学术研究方向是一个良好的启蒙。1919 年“五四”运动和新文学运动爆发之始，谭正璧正在上海的“江苏省立第二师范学校”读书，他积极投入到“五四”运动和新文学运动当中，并开始尝试用白话文写作。从 1923 年起，先后任教于上海神州女校、上海中学黄渡师范学校、上海美术专科学校、震旦大学、中国艺术学院等校。新中国成立后，他又曾担任山东齐鲁大学、国立山东大学中文系教授，以及华东师范大学中文系古典文学研究班小说戏曲导师。数十年来，谭正璧用全部精力从事中国文学史和中国古典戏曲文学的研究工作，著述颇丰。到 1991 年逝世，出版著作将近 150 种，字数在一千万以上，报刊上发表的还未算在内①。他在中国文学史、戏曲与语言文字等领域都有极深的造诣，以至于作为“学者”的名气掩盖了他文学创作的才华。目前，谭正璧的文学创作可见的有《正璧创作集》(共三集:《芭蕉的心》，1923 年，上海民智书局;《邂逅》，1926 年，上海光华书局;《人生的悲哀》，1927 年，上海北新书局)、四幕历史剧《梅魂不死》(1941 年，《正言文艺》杂志)、历史小说集《长恨歌》和《三都赋》(1945 年，上海杂志社)、历史小说集《琵琶弦》(1945 年，上海中国书报社)、散文集《夜珠集》(1944 年，上海太平书局)。而他在各种报纸杂志上发表的杂文、诗歌等文章，由于战事的原因，很大一部分都已散佚。

谭正璧的历史小说主要创作于上海沦陷时期。20 世纪 30 年代，上海成为中国近现代文化中心。上海沦陷后，日本殖民当局对上海实行政治与文化的高压控制，大批文化界人士或北上延安，或南下香港，或西去武汉、重庆，上海渐渐失去了全国文化中心的地位。但是留在孤岛的文化人士仍然以大无畏的气概在孤岛上海树立起了正义的旗帜，坚守了一个“不屈的孤岛”。

谭正璧因家事所累不得不滞留上海，当时的他已是颇有名气的文化名人，于是成为反动统治者极力拉拢的人物之一。但作为一名富有民族气节的学者，他坚

① 储品良:《耕犁千亩实千箱——记中国文史文献专家谭正璧先生》，《社会科学战线》1985 年第 3 期。

决不向殖民当局妥协，甘愿“潜隐”起来。他的生活日益陷入窘境，妻子因忧成疯，一个孩子因断乳而饿死，两个孩子因无力抚养而让人领养，他自己也身患多种疾病。他的妻子蒋慧频本是他的学生，两人1928年结婚，婚后夫唱妇随感情甚笃，妻子是他学术研究的得力助手；对于儿女，他痛苦已极，曾写过《哭一个无知的灵魂》、《送婴篇》等文章，在杂志上公开发表，表达自己的悲愤[①]。在不愿妥协又无以为生的困境下，卖文为生成了他唯一的生活出路。面对家亡与国破的现实处境，怀着对日本帝国主义和日伪政权的家仇与国恨，已过不惑之年的谭正璧创作了为数不少的“十多年不专门写作的文艺作品”，形式涉及散文、话剧剧本、文学评论和小说。其中以历史为题材的小说有二十余篇，均为短篇。这些历史小说自成一家，致使谭正璧成为上海沦陷区那个特殊时期历史小说的代表性人物。

值得注意的是，虽然自20世纪80年代以来，对沦陷区文学的研究取得了相对丰硕的成果，但还没有出现对谭正璧的历史小说进行专门研究的论文和专著。仅有的一些，也一般是把谭正璧的历史小说纳入整个沦陷区文学研究中作简要介绍。而在这些简要评论中，不乏对谭正璧历史小说的高度肯定。例如陈青生在他的《抗战时期的上海文学》中，把谭正璧视为上海沦陷时期历史小说的代表作家。黄万华在《史述和史论：战时中国文学研究》中提出，谭正璧的历史小说“是用古典资源，在历史的审视中，用古典、传统沟通着民间，表现了潜行于沦陷区民间的正气”。但是，都没有做深入细致的具体研究。耿德华在《被冷落的缪斯：中国沦陷区文学史：1937—1945》中评价了谭正璧散文的价值和不足，但并未提及谭正璧的历史小说创作。同样，在钱理群主编的《中国沦陷区文学大系·散文卷》中，虽然开篇就收入了谭正璧的散文《枯杨》，评论卷也有谭正璧写的评论文章，但是在小说卷中没有收录谭正璧的历史小说。在涉及谭正璧历史小说的研究中，最不能忽视的是王富仁在《中国现代历史小说论（五）》中针对谭正璧历史小说提出的观点，他认为谭正璧的历史小说是40年代产生的历史小说新类型——历史爱情小说，小说表现的是冷酷无爱的现实与历史的爱情梦幻故事形成的强烈反差：“中国新文学的第三个十年（1937－1949）是中华民族危机空前严重的历史时期，也是中国国内社会矛盾空前尖锐复杂的历史时期。……新的类型的历史小说在这时期没有出现，但有两种形态的历史小说从二十年代零星地出现，至这时渐渐趋于成熟或有了较为多的作品，那就是：人生哲理型的历史小说和历史爱情小说。”[②] 随后，王富仁充分肯定了谭正璧历史小说的文学史价值：“严格的说来，真正的历史爱情小说直到四十年代才开始正式出现。历史爱情小说的代表作家理所当然的应该是四十年代开始历史小说创作的谭正璧。”[③]

本文正是顺着这样的思路，从文本细读出发，对谭正璧的历史小说做一初步的探索。

---

① 储品良：《耕犁千亩实千箱——记中国文史文献专家谭正璧先生》。

② 王富仁：《中国现代历史小说论五》，《鲁迅研究月刊》1998年第7期。

③ 同上。

二、历史传说中的情爱传奇

谭正璧的历史小说多取材于民间，有中华民族的古老神话，有世代流传的美丽传说，也有风流不羁的文人故事。通过这些题材，谭正璧着重表现了复杂传奇的情爱关系，揭示了人物的生存境遇和命运波折，以及情感的失落和生存的困境，并隐含着作者对现实的愤懑与抗争。

在这些情爱传奇中，《奔月之后》与《女国的毁灭》两篇是以神话传说为创作素材的。《奔月之后》以嫦娥偷吃仙药奔月的传说为素材创作而成。在作者笔下，嫦娥之所以奔月是因为爱情的失意，后羿是个“不解温柔的勇士”，虽然算是个部落之长，但嫦娥“却感到精神上莫大的苦闷”，在“万分寂寞”、“难以消遣的时候，她总是在回忆那过去了的用尽世界上的黄金也买不回来的美丽的童年的梦”。而这个梦就是到“比西王母的瑶池还要美丽”的月宫做女主人，陪伴“具有着世界上一切男性所特有的美点”的吴刚。怀着对爱情的幻想，嫦娥背叛后羿，偷吃了后羿从西王母那里得到的不死药，终于到了月亮上。但是月亮上的现实却让她失望乃至绝望，她连生存都无法继续下去。后羿对此极其愤怒，怀着复仇之心想用他的神弓把月亮射下来，但最终为了他的事业、为了全世界的光明，他只能望月兴叹。《女国的毁灭》写的是穆王及其部下闯入西王母女国的神话传说，立足点是西王母与穆王之间的情爱，是人神或者人仙之间的情和爱，强调的是西王母及女国其他女子对穆王及其部下们的思念——“瑶池阿母绮窗开，黄竹歌声动地哀。八骏日行三万里，穆王何事不重来?”并且对神仙国度的消失给了一个解释——“全国里同时产生了许许多多的小孩子”，“这些本来长生不老的女子，从此便一天天的衰老。她们本来是一朵朵永远不开放的蓓蕾，所以得青春常驻，但是一开了花，一有了子，当然不能不新陈交替，把未来的世界让给后代的人，所以就全和别国的人一样，也有了生老病死了。这本来和平美丽的在西方的有名的古国，就被穆王这一次西征所完全毁灭了”。

其他作品则大多根据历史记载与文人传说演绎而成。如《坠楼记》是根据历史上绿珠与石崇之间的故事铺写而成。绿珠为一代绝世美女。据《太平广记》中记载：“昔梁氏之女有容貌。石季伦为交趾采访使。以圆珠三斛买之。”[①] 所以石崇在做交趾（今越南）采访使的时候，途经广西博白，惊慕绿珠的美貌，就用三斛明珠买了她。由此，绿珠成了石崇的宠妾。在史书中，绿珠不过是做了权利争斗的牺牲品。因为绿珠的这种坦然赴死是符合封建礼教对女性的要求的，也是让男人们满意的。“美人抱义死，千载名犹彰”，绿珠的绝伦美艳、不菲身价、以死回报、镇静从容、果敢节烈，致使历代文人骚客对其不惜笔墨。有关绿珠的诗词文章很多，其中一个极其重要的主题就是赞扬绿珠的节烈。但《坠楼记》却着重表现了绿珠爱与恨的纠葛及在爱恨中的痛苦挣扎。作者超越史书记载和历代文人

---

① （宋）李昉：《太平广记·井》卷三百九十九，中华书局 1961 年版，第 3205 页。

的笔墨，将这段历史加以改写，去除了石崇与孙秀之间的政治纠葛，突出了绿珠与石崇之间复杂的情感关系，给绿珠坠楼做了一个新的解释。在谭正璧笔下，石崇是绿珠的杀父仇人，而绿珠之所以成为石崇的妾，目的就是打听有关自己父亲下落不明、生死未卜的消息。绿珠目睹石崇的罪恶残暴及对女性的喜新厌旧，又亲身体验着众侍妾的周旋争斗，即使石崇很宠爱她，绿珠也开心不起来。当她知道石崇就是自己的杀父仇人时，仇恨和愤慨积郁在她的内心，让她更加痛苦——“他爱我的程度增加，我的苦痛也在增加”。当孙秀索要绿珠时，绿珠担心的是自己再也没有机会报仇了，于是她在最后时刻拔出了挂在墙上的剑。但是她一个毫无经验的弱女子，剑未举起就被夺下了，她遂以为事情败露，于是一吐心中仇恨，然后转身从窗口跳了下去。

小说中的绿珠深受石崇的宠爱，但石崇却是自己的杀父仇人，处在“他爱我的程度增加，我的苦痛也在增加”的挣扎中。在孙秀以抢夺绿珠为名派兵围杀石崇时，绿珠终于还是做了复仇的工具，不过是以自己的身体、青春和生命为代价。作为一名美艳的女子，绿珠是权贵们争夺的玩物，到底只不过是政治斗争的牺牲品。对于绿珠来说，坠楼也许是最好的结局。

以爱情为主题的中国传统言情小说历来钟情于才子佳人模式，谭正璧的历史小说创作也受到了相关影响，颇有一点才子佳人模式的味道。在他笔下，男主人公大都是风流倜傥的青年才俊，女主人公则貌美如花，冰雪聪明，更重要的是二人能够彼此心意相通。但与传统才子佳人小说不同的是，这几篇小说都以悲剧收场。如《金凤钿》是一个佳人思慕才子、渴望爱情、为情而死的故事。小说开首引用《牡丹亭·寻梦》中的〔懒画眉〕曲：“最撩人春色是今年。少甚么低就高来粉画垣，原来春心无处不飞悬。睡荼蘼抓住裙衩线，恰便是花似人心好处牵。”表现女主人公金凤钿对杜丽娘追求真爱的认同，并以此来点明金凤钿对爱情的渴望。金凤钿痴迷汤显祖的《牡丹亭》，越迷越深，后来就爱上了这个素未谋面的作者，终因相思而患疾。信件几经周转，到汤显祖手中已为时过晚。金凤钿相思而死，至死未见到汤显祖，而汤显祖也只能看着这美丽年轻的姑娘的遗容，“眼泪像雨点般的接连不断的零落在她的遗骸之上”。《牡丹亭》中的杜丽娘为情而死，又为情而生，金凤钿也是为情而死，但是却没有也不能为情而生。

与《金凤钿》情节主题很相似的是另一篇小说《长恨歌》。金陵才子张坚怀才不遇，有雅作而无人赏识，甚至招老师辱骂唾弃，在茫茫人世中仅有两位知己，一位是闺阁未嫁女子，一位是两江总督。前者是张坚在旅途中偶然得知，但是早已去世。后来张坚遇到了两江总督，但是这位知己也不幸亡故。张坚于是想寻访那位闺阁知己的“埋香所在”，“一谒遗冢，俾得香花供谢，差足酬平生知音于万一”。令人遗憾的是张坚并没有找到那家酒店和那个老婆婆，自然也就不知道这位知己的香冢所在了，只能空自感叹：“不料鲰生命薄，无福无缘；明知有知音于人间，而夕阳飘渺，芳迹杳然。这真是‘天长地久有时尽，此恨绵绵无绝期’了!”

这篇小说很容易使人想起历史上的汤显祖。作为才华横溢的文人，汤显祖坚持气节和高尚的操守，也因此而一生仕途不顺，命运坎坷。张坚的际遇和汤显祖类似，也是胸有才华而不得志，不愿丧失文人气节。谭正璧选择这样的人物原型来写小说，不仅仅是对才子佳人模式的一种借鉴，也足见谭正璧的自况意味和用心之良苦。

至于《清溪小姑曲》则有富家千金与落魄公子偷偷约会后花园的味道，写的是一个官宦小姐芳心萌动，不拘礼教，假扮神仙，偷偷约会外乡文人的风流韵事。这是对率性自然的人性之赞美，一切礼教约束、等级门第在此都是多余的。但最后的结局却不是大团圆，两人并没有成为眷属，“几个月后，当金陵城里都传述着赵文韶夜会清溪小姑的神话的时候……赵文韶已回到他的故乡会稽去了”。

谭正璧笔下还有对倾城倾国的真爱的细述——《落叶哀蝉》和《流水落花》。这是关于帝王的爱情，他们和凡人一样，也有对真挚爱情的追求。《落叶哀蝉》写汉武帝刘彻与李夫人的真挚感情。关于汉武帝与李夫人的故事，《拾遗记》、《汉书》等都有记载。李夫人死后，汉武帝下令以皇后级别的葬礼予以安葬。晋代王嘉的《拾遗记》中记述道：“汉武帝思怀往昔李夫人，不可复得，时始穿越昆灵之池，泛翔禽之舟。帝自造歌曲，使女伶歌之。时日已西倾，凉风激水，女伶歌声甚遒，因赋《落叶哀蝉》之曲曰：‘罗袂兮无声，玉墀兮尘生，虚房冷而寂寞，落叶依于重扃。望彼美之女兮安得，感余心之未宁！’”[①] 谭正璧在小说中叙述了这些事情，把这些传奇事件作了合情合理的解释，去掉了仙气灵异，增加了人情人味。《流水落花》写的是南唐后主李煜的爱情。后主继位后不久，南唐就是宋的属国了，懦弱的后主一步步向宋让步，内心很痛苦，于是就在与小周后的爱情中寻找慰藉。爱情成为他的唯一寄托，他们的爱情也显得愈加珍贵和美好。但可悲的是，当后主和小周后被软囚在宋都后，厄运一步步逼来——小周后被招进宋宫遭受凌辱。后主只能空将满腔悲哀悔意注入诗词之中，故国之思、身世之感、往事之悲、现实之愁尽在他的词中。如果后主只是一个普通人，那么精通才艺的他，生活将是何等惬意，谈情说爱，吟诗作词，才华风流可绝代，然而历史和命运注定了他的悲剧人生。

综上所述，情爱传奇堪称谭正璧历史小说创作的切入点。爱和情在谭正璧的笔下被演绎得多姿多彩，他既写到了男女之间的爱欲情仇，也表现了男女知音之间超越一般意义上的惺惺相惜。而他笔下的那些情与爱大都有一种幻美色彩，在他的小说世界中，有超越仙界与凡间的界限的人神之恋，有跨越阴阳之隔的人鬼之爱，神是人性化的神，鬼可以是人装扮的。谭正璧在小说中表达的不仅是一个多情男子对美好爱情的渴望与追求，而是寄托了作家对人间美好事物、美好情感和诗意生活的追求。

---

① （晋）王嘉：《拾遗记》卷五，中华书局 1981 年版，第 115、116 页。

三、“饮食男女”中的感时忧国

在沦陷区特殊的政治文化环境下，饮食男女、风花雪月可以说是最方便的精神避难所，但是在国破家亡的悲惨境遇中，风花雪月、声色犬马又不合时宜。有良知的知识分子们不可能心安理得地对祖国和民族的灾难坐视不管，但政治又是不可触摸的禁忌，因此沦陷区的作家大都面临着“言与不言”的两难处境：

一个人，应该说的话，一定要说，能够说的话，一定要说；可是应该说的话，“有时却不能够说，这其中的甘苦，决非‘无言’之士能够领略其万一”！

一个人压制别人说的话，那是恶汉；逼人说不能够说的话，那是蠢材。

所以，“言”之者，自有他“言”之道理；“不言”之者，也自有他“不言”的苦在。倘若他“言”而无何道理，“不言”而无何苦衷，这种失掉了语言的人类，就名之为“哑巴”，也不为形容过甚①。

日伪反动政府为加强自己的统治，严禁一切“激发民族意识对立”、“对时局具有逆反倾向”的作品，同时拉拢所谓的“御用文人”，创作有利于他们“建设大东亚新秩序”的作品。在这样的“蚕食”政策之下，大批的进步书籍被焚毁，进步刊物和书店被封查，爱国文人被监禁和杀害，这都给生活在沦陷区的作家带来巨大的心理压力和伤害。谭正璧只能通过创作，把目光转向遥远的历史，用他自己的话说，就是“把现实小说的性质，借历史小说的形式来表现”②。因此，虽然谭正璧在历史小说中大量表现男女爱情、情欲及对知音的感遇和渴望，但仔细分析文本，不难发现在这些风花雪月般的故事下，隐藏着对现实的深切关注。只不过由于形势所迫，他对历史小说形式的借用、对传统题材的采用，使他的“感时忧国”在某种意义上具有了潜隐的特征。

由前面的论述已知，谭正璧历史小说中的爱情往往以悲剧告终。不仅如此，“爱情”的破灭失败大多伴随着一个家庭，乃至整个国家、民族的生死存亡。作家直接呈现的是爱情的悲剧，间接表现的却是家国的生死存亡，从而与当时的社会现实形成了对应。比如前文提及的《女国的毁灭》，小说表面写西王母及女国女子爱情的丢失及对爱情的盼望，实际上是写一个神话般的女国是如何毁灭的。在遭遇和失去爱情的过程中，女国的女子再也不能青春永驻，再也不能长生不老；女国中再也不是只有女人，而是有了小孩，有了新老更替和人的繁衍，这个神圣的仙境从此就变成了一个凡俗的人间。很显然，在作家笔下，爱情只是一个

---

① 季疯：《言与不言》，钱理群主编《中国沦陷区文学大系·散文卷》，广西教育出版社 1998 年版，第 583 页。

② 谭正璧：《长恨歌·自序》，王富仁、柳凤九主编《中国现代历史小说大系》第二卷，河北人民出版社 1999 年版，第 2 页。

象征。作家更像借助爱情这个比较轻松的话题，来表达对自己的生活现实的批判，爱情成为作者表现民族意识和民族情感的突破口：当时中华民族也正经受着外族的入侵，正值民族危亡的关键时刻，对照小说与现实，读者不得不深思我们民族的生死存亡。还有，“在极东的地方，有个叫做中国的国家。在那里的人个个都孔武有力，动不动就彼此相杀，常常弄得遍地都是血腥”。这是直接对中国内部分裂及争斗的影射，是对中国的社会现实进行的批判。

谭正璧在小说中非常明显地表达了对战争的批判，以及对所谓“革命部队”的嘲讽。《舍生堂》故事的起因就是战争，战争差点毁灭了人类：“大约在十年之前，战神忽然来到了大地上，北方出了一个勇敢贪婪的酋长，他想占据整个世界，把其他一切的民族统统灭掉。于是他起兵向四方作战。他对和他对抗的异民族只有杀戮没有收降，所以到处尸横遍野，血流成河。最最残酷的，就是向他们投降的人，他们也把所有男人，无论老幼壮丁，一概杀死，仅剩寡妇孤女留着。全个世界已被他征服了一半，人类也被他灭掉了一半的一半。”而在《还乡记》中，乡亲们淳朴善良，辛勤劳作，但是在连年的征战之下，生活越来越艰难，留存下来的都是些老弱病残、寡妇孤女，还要承担着这样那样的战争供给。作者对战争发动者的虚伪自私进行揭露。《孟津渡》则直接对姬发、姜尚伐纣的目的进行了揭露：“这消息在我们文人中早已传得好久了。说什么西伯侯姬发奉了他父亲姬昌遗命，拜姜尚为师，因为今上皇帝无道，他要出来吊民伐罪。其实，他要做皇帝，尽管说要做皇帝好了，说这些冠冕的话骗谁?”同时也深刻批判了掌握武力的姬发及其“王师”对百姓的强权压制、暴力和野蛮行径：“哈！哈！你的话很对，谁有武力，谁的话就是真理!”小说中献粮的场面更是极其荒唐。在大家还没听懂“献粮”这句话时，“早见那班‘王师’们都像生龙活虎似地跳过来，把他们手里的饭箪和水壶都接了过去。有的连人也拉了过去”。等“王师”走了之后，大家才发现几十个年轻的女代表都失踪了，她们被“王师”也“接收”了去。至于《还乡记》中的刘邦及其士兵，比之姬发“王师”有过之而无不及，批判讽刺的意味就更强了，汉高祖刘邦原来就是“十几年前人人不齿，人人都诅咒他早早滚开”的“酗酒无赖的刘三”，他带来的士兵直接就在百姓家大吃大喝，酒足饭饱之后凌辱杀害寡妇孤女，而刘邦反而还在乡亲们面前假惺惺的大唱“大风起兮云飞扬”。

作家对侵略、“革命”等战争发动者们的揭露与批判，绝不意味着他赞同在侵略者与邪恶暴力面前一味忍让退缩，不敢抗争。相反，作家反复表现的是，面对异族或敌人的侵入，企图用退让妥协来保全国家，保住自己的安逸生活，绝无可能。《女国的覆灭》中，在得知穆王到来的消息后，西王母向全民下达的命令是“任他们要怎样就怎样，一切只有顺从，不能有一些的反抗”。这无疑是对国民党反动政权不抵抗政策的讽刺和批判。而在西王母的“不抵抗政策”之下，结局是一个古老国度毁灭了。至于南唐后主李煜，一味的妥协、退让终于导致国亡家破、自己被囚禁、妻子被凌辱的结局。虽然他最后终于醒悟：“早知今天，我悔不当初听陈乔的话!”然而，“可惜你懊悔的太迟了!”（《流水落花》）而秦王子婴在逢迎了刘邦的同时，无疑惹怒了项羽，于是被项羽关在阿房宫里一把火烧了三个月（《楚炬》）。与之形成对比的是《沪渎垒》中的袁嵩坚守职责，不惜生命，部下对他也有情有义，拼命杀敌，得知太守袁嵩被贼兵杀害后，仍然顽强作战，杀出重围，又奋勇杀回，将太守的尸体从贼兵那里夺回来。这种正义忠勇正是作者所礼赞的。

而谭正璧“把现实小说的性质，借历史小说的形式来表现”的特殊方式，不仅导致了他通过作品表达现实关切的“潜隐”性质，又使得他在作品中能够以艺术的态度关注生命个体，探索人的精神需求与精神生活，思考人类的生存境遇和个人国家的命运等问题，从而也使他的这些历史小说作品具有了更为丰厚多棱的文化心理内涵和艺术品位，与那些因过于功利而显得粗糙简陋的“战时宣传”作品，有了根本区别。

四、历史传承中的文人雅趣

作为一名在文学史研究及文献考证方面很有建树的学者，谭正璧对中国古典文献资料、民间文学和通俗文学都非常熟识，当他进行历史小说创作时，那些神话、传说、故事等等便很自然地成了他的故事原料，所以他的历史小说大都取自传统古典题材。在小说中，作者还常常引用一些优秀的民间歌谣作为小说文本的一部分，如《清溪小姑曲》中，赵文韶在溪边漫步时触动了乡思，于是就诵念了几首民谣“西乌夜飞”来宣泄他心中的积悒。这些民间神话、文人故事、宗教传说，在中国古代文学的相关典籍中都有记载，当它们被作为创作素材时，对于精于古典文学史研究的谭正璧来说是驾轻就熟的，他对这些题材原料的理解和利用也是颇有独到之处的。他对这些民间文学资源的利用，自然可以看做是他对中国古代传统文学题材的眷恋和回应。不过，如果考虑到当时正处于日本侵略当局的迫害与高压下，那么他选择这些我们民族本土的极具中国民族特色的源远流长的神话传说，作为自己的创作素材，正是有意识地对我国宝贵的民族文化、民族精神的固守和传扬，流露的正是作家强烈的民族意识。

在创作中，对于那些神秘超凡的神话传说，谭正璧作了合情合理的解构。他消解神话传说的神秘感，把神话、传说拉入现实中加以人化、凡俗化、合理化。如在《山海经》中，西王母等都是虎首人身豹尾的怪物，但在小说中“他们都是美貌年青的女子”，她们也有对爱情的渴望和思念；“独处无郎”的神仙清溪小姑夜会文人的故事，在谭正璧的小说中，却变成了一个小姐带着丫环模仿了清溪小姑的装扮，拿了和清溪小姑一样的乐器，在深夜偷偷与文人相会，把事情转嫁到了清溪小姑身上。

谭正璧深厚的古典文学修养在作品中也得到诸多体现。他的有些作品开首就引用古典诗词，根据一首诗词的中心思想生发出一篇小说，然后反复强调这一中心思想。比如小说《奔月之后》。小说正文之前先题李商隐的《嫦娥》：“云母屏风烛影深，长河渐落晓星沉。嫦娥应悔偷灵药，碧海青天夜夜心。”小说立意在后两句，强调嫦娥对奔月的后悔，着重生发嫦娥对美好家园的怀念、有家难回的痛苦及对自己的行为——偷灵药奔入月亮不能返回的复杂的感情。《女国的毁灭》也是正文之前先题李商隐的诗《瑶池》："瑶池阿母绮窗开，黄竹歌声动地哀。八骏日行三万里，穆王何事不重来？"虽然也写了女国的西王母及众女子们对穆王及其属下随从的思念和盼望，但是正如小说题目"女国的毁灭"所点出的，谭正璧在这篇小说中重点是写一个神秘的国家、民族的灭亡，这是借李商隐的诗词对神话传说重新作出解释。作者引用诗词，开首就定下一个饱含诗意的基调，在行文中也是不以情节取胜，而注重诗意的营造。几乎在每一篇小说中都引用至少一首诗词或民间歌曲。有些小说更是直接写文人的逸事，《华山几》、《百花亭》、《清溪小姑曲》写了文人的艳遇、偶遇，也写了文人多情痴情的性情。这些故事之所以存在并流传下来，本身就源于文人附庸风雅的情趣。另外还有些是利用古典文学中的作品改编而成，《还乡记》根据元代睢景臣的散曲《高祖还乡》戏谑而成，《琵琶记》是根据《颜氏家训》和《洛阳伽蓝记》而作，《摩登伽女》根据《楞严经》戏作，这些都可看出谭正璧在学术研究之余的闲情逸趣。

谭正璧的这些历史小说表现出来的美学风格，或平淡自然，或诙谐讽刺，或意境悠远，无一不是对中国古典美学精神的继承。古人素有推崇"自浓归淡，以淡为宗"的审美传统，平淡美被视为诗之极致境界，从老庄时代就开始推崇"淡然无极而众美从之"。唐司空图在《二十四诗品》中标举"冲淡"为其中一品。宋代时"平淡"更成为美学潮流。宋人梅尧臣明确地说"作诗无古今，唯造平淡难"(《读邵不疑学士诗卷》)。苏东坡更主张"大凡为文，当使气象峥嵘，五色绚烂，渐老渐熟，乃造平淡"(苏轼《与二郎侄》)。自然天成、大巧若拙是"平淡"的特征，它不是浅、薄，而是从深、厚中来，是厚积薄发，是深入浅出，是自浓归淡；不是"中边皆淡"的淡薄无味，而是"似淡实美"、"外枯中膏"的一种炉火纯青的美学境界。谭正璧的历史小说即是如此，不追求华丽、浓艳的画面，而中意于平淡、委婉的境语，让一切事物自然而然地发生，而不是刻意地雕琢。他运用"花自飘零水自流"般淡然舒缓的情节，让一切都如流水般缓缓而行，营造出"脱尽脂粉、洗尽铅华"的淡薄意境。在情感上也是力求节制，那淡淡的悲，哀而不伤，如潺潺流水缓缓流入，于风轻云淡、水流花落中悄无声息地抓住读者的心，让读者沉浸其中久久回味。

余论：谭正璧历史小说的文学地位

对于自己的历史小说创作，谭正璧曾有这样的夫子自道："我的历史小说写得好不好。当然用不到我自己来说。……但我却有一种自信，我的历史小说虽然所持态度有所不同，然而没有一篇不是曾经用过极大的力（这是指脑力），而没有一篇是用那轻薄油滑的笔调，像那些'只供一笑'的新西游记，新水浒传之类所常用的。"①

谭正璧自信自己的小说不是"轻薄油滑"、"只供一笑"的，他也不愿拙劣地模仿前人而留下连犬也不类的讥诮。虽然谭正璧的历史小说有这样那样的缺点和不足，但他善于从民间历史中取材，所写并不是历史上的大人物、大事件，而主要是一些民间传说中的逸闻趣事，并且多以爱情为依托，兼有浓厚的古典气息；表面看来像一个个幻美的故事，实际上却是指向社会现实，表现了作家在内忧外患、家国危亡的现实中对国家和民众的关切。他的历史小说充满浓郁的东方文化意蕴，显示着中国传统文化的博大、淡远、恬静与时代的空灵和浪漫，又有历史的悲剧和文化的反思，称不上黄钟大吕，却也别具一格。谭正璧无疑是现代历史爱情小说最有代表性的作家之一，理应得到学术界更多的关注。

（作者单位：沈庆利，北京师范大学文学院；
梁华，北京师范大学文学院）

① 谭正璧：《长恨歌·自序》，《中国现代历史小说大系》第二卷，第2页。

《暴风骤雨》的版本变迁研究

□ 程娟娟

《暴风骤雨》是周立波根据亲身参加土改斗争的经历体会而创作的，作者认为“这部小说是我遵循毛主席革命文艺路线的一次创作实践”①。作为经历过整风运动，努力向工农兵方向靠拢的知识分子，文学作品的创作不仅是作家个人艺术修养、语言能力的体现，更是衡量其思想改造、政治态度的标尺。周立波于1946年10月到松江省珠河县（后改称尚志县）元宝区元宝镇参加土改，1947年7月完成上卷初稿，感到材料不够，又带初稿去五常县周家岗继续深入生活，参加“砍挖运动”，10月回哈尔滨，完成上卷创作。其中，《暴风骤雨》第一节、第二节、第三节、第四节分别连载于1947年12月25、26、27、28日的《东北日报》，抓地主（第十六节）、欢天喜地（第十八节上、下）分别连载于1948年1月15、24、25日《东北日报》。1948年4月，《暴风骤雨》上卷由东北书店出版。

1948年7月13日开始写作下卷，8月26日写出初稿，9月4日起，对初稿进行修改。第三稿到1948年12月2日，完成下卷的创作。1949年5月，《暴风骤雨》下卷由东北书店出版。之后主要的版本包括：(1) 收入“中国人民文艺丛书”，北京新华书店1949年10月初版。(2) 人民文学出版社，1952年4月北京第一版。(3) 人民文学出版社，1956年8月北京第2版。(4) 人民文学出版社，1977年8月第19次印刷。(5) 收入《周立波文集》第一卷，上海文艺出版社，1981年10月第1版。(6) 收入“红色经典”，1997年12月北京第1次印刷②。

《暴风骤雨》在正式出版前即进行了反复的修改③。其部分章节在《东北日报》上进行连载时，有位叫霜野的读者来信对其中的某些生活细节提出意见，如

---

① 周立波：《暴风骤雨》，人民文学出版社1977年8月第19次印刷，第491页。

② 此外还有进行改编的版本：(1) 电影剧本版。林兰改编，中国电影出版社1960年3月出版。修订本由林蓝、谢铁骊改编，北京出版社1961年7月第一版。(2) 简写本。适宜具有初等汉语水平的外国读者阅读。魏怀鸾改写，盛炎翻译，北京语言学院一系改写、注释，商务印书馆1984年9月出版。(3) 改写本。周立波原著，杨廷治摘录，林易改写，外国语学院出版社1985年10月第一版，以汉英对照形式出版，主要供学习英语的人和懂英语的外国人在学习现代汉语时用作阅读材料。(4) 少年版。谢明清、宋昌琴节编，四川少年儿童出版社1987年第一版。(5) 收入《中华爱国主义文学名著文库》。童心缩写，北京燕山出版社2000年修订版。(6) 连环画。杨根相改编，施大畏绘画，上海人民美术出版社2008年3月第1版。

③ 从初稿到定稿作的修改，参见胡光凡《从手稿和版本看周立波对〈暴风骤雨〉的修改》，《社会科学战线》1987年4期。一般的版本研究只注意初版本，手稿的修改尚未引起研究者的关注。实际上，手稿的反复修改更能看出作者在坚持艺术创作追求与外在的政治归约下的矛盾下如何进行取舍。

建议将“五十石”改为“五十多石”；绵羊票子没有五十元的票版，只有百元的；伪康德五年，不是民国廿六年，是民国廿七年。对于这些建议，周立波都虚心接受了。而出版单行本之后，比较重要的修改有两次，一是从1952年的第1版到1956年的第2版，二是从1956年的第2版到1977年的版本。

一

由于初版与1952年的版本只有细微差别，因此主要以1952年的版本为主，来对照比较1952年版本与1956年版本的不同。经仔细对校，1956年版本中大约修改500余处，上卷改动较多的是十九节（40处），十二节（36处），十五节（35处），下卷改动相对较少，变动较多的是第一节（29处），第六节（21处）。

首先是关于使用东北方言。周立波曾举例说明方言的必要性：“东北话里的‘牤子’，学名叫公牛，要是你把东北一个小猪倌的叫喊：‘牤子吃庄稼哪’，写成‘公牛吃庄稼哪’，不但没有东北味，而且人家还会说你是个书呆子，称呼牛大哥也要叫它的学名。这说明了，在反映东北农村生活的文章里，有时用‘牤子’的完全的必要。”[①] 既然作者认为文本有使用方言的必要，方言的使用又对读者的理解造成障碍，为了解决这一问题，作者增加了大量的注释，在1956年版本中，作者共增加了300余处注释，上卷加的注释相对较多，共238处。

作者使用方言的本意是为了接近人民群众，让读者感到熟悉与亲切，不过，需要增加如此多的注释也证明了作者在语言的运用上矫枉过正，适得其反。“作者在吸收群众语言时，也采用了一些使别处人难以理解的不必要的方言……过多地使用这类方言，势必使读者对于作品的理解受到限制或发生误解，这是《暴风骤雨》在语言方面的一个缺点。”[②] 为了弥补这一缺陷，作者也尽力对一些不必要的方言词汇进行调整，打破方言造成的语言隔阂，“有些表现法，普通话里有，而且也生动，在叙事里就不必采用土话。有些字眼，普通话和方言都是有的，只是字同音不同，那就应该使用普通话里的字眼”[③]。因此，1956年版本就将原版本中的某些意思相同的方言词替换为普通话的词汇，如“电车道”改为“公路”（一节），“毛子壳”改为“向日葵”（四节），“猫”改为“藏”（四节），“唠嗑”改为“聊天”，“抬钱”改为“贷钱”（下卷第六节），“老儿子”改为“小儿子”（下卷的第七节）等等。另外，叙述话语和人物语言中末尾的“啦”全部换为“了”，这样就进一步减弱了小说叙述中的口语色彩。

其次，为了更好地塑造人物形象，对某些细节进行了调整。在关于郭全海的叙述中，初版提到李振江的老婆曾经主动诱惑他，遭到拒绝后情感上受到冷落，于是

① 周立波：《谈方言问题》，载华中师范院校中文系编《中国当代文学研究资料·周立波专集》，1979年版，第84页。

② 陈涌：《暴风骤雨》，李华盛、胡光凡编《周立波研究资料》，湖南人民出版社1983年版，第320页。

③ 周立波：《谈方言问题》，华中师范院校中文系编《中国当代文学研究资料·周立波专集》，1979年版，第84页。

产生报复的念头，放狗咬他，并且指桑骂槐，大吵大闹。这样的情节铺垫就会让读者觉得李氏的吵闹是一种因爱生恨的心理失落，与阶级仇恨没有多大的关联。在1956年版本中，为了进一步塑造郭全海的形象，删去了与李氏的这段纠葛，这样人物形象更加纯粹、高大，与李氏的争吵也就单纯成为霸道雇主与受苦雇工之间的冲突。

关于郭全海的形象，曾有人提出这样的质疑："作者因为使下卷工作队有再来元茂屯工作的可能，而选择了二流子张富英窃取了农会大权……从这一点就明白的显露出郭全海的无能，尽管作者在下卷如何描写郭全海的机智，有办法，但绝不能完全遮掩作者在无意中所加于郭全海的损害。"[①] 为了显示出郭全海所进行的必要抗争和无奈的屈服，作者对初版本进行了适当的调整。原文为"郭全海嘴头不行，跟人翻了脸，到急眼的时候，光红脸粗脖，说不出话来"（1952年版，下册，8页），修改为"郭全海干活是好手，但人老实，跟人翻了脸，到急眼的时候，光红脸粗脖，说不出有分量的话来"（1956年版，260页）。原文只是直白地叙述了郭全海的性格特点，老实能干，不善言辞，修改后突出了叙事者的潜在情感倾向，让读者感觉到郭全海是一个朴实的好人，不会讲话只是其性格中的小缺陷而已。

原文中的"好老百姓说：'郭主任是茶壶里煮饺子，肚里有，嘴上倒不出。'"（1952年版，下册，8页），修改为"好老百姓有的给蒙在鼓里，有的明白郭全海有理，张富英心歪，可是，看到张富英的人多，也不敢随便多嘴。屯里党员少，组织生活不健全，象花永喜这样的党员，又光忙着自己地里的活"（1956年版，260页）。经过改动之后，凸显了郭全海被赶出农会时的外在原因和客观条件，是由于一些百姓的胆小怕事和党员的自私自利造成了他在农会的孤立无援，才会这么轻而易举地被坏分子夺权。在1956年版中，增加了郭全海去找上级反映问题的细节。这样，改动后的情节安排在一定程度上缓解了郭全海被赶出农会给人造成的无能为力的印象。

关于中农刘德山的形象，增加了他在前线受教育后思想改造的细节。"接着，刘德山滔滔地谈起前方战士的英勇的故事，谈起轻伤不肯下火线的那些彩号，听的人都感动了。萧队长说：'你们这回可是受到教育了。'刘德山点头答道：'嗯哪，我算是受了锻炼了。'"（1956年版，482页）这样，在前线受到感染和教育成为刘德山思想转变的起点，作为中农，他就不再是之前摇摆不定的观望者，终于成为农会中的积极分子，成了斗争中团结的对象。

再次，1956年版本也就原版本中某些不太符合党的政策和组织原则的地方进行了调整。上卷第八节中因斗争韩老六失败，小王和刘胜产生了悲观情绪，1956年版增加了开会批评的情节，十一节中白大嫂子将豆角、黄瓜、鸡蛋送给萧队长，增加"根据工作队规矩，萧队长婉言谢绝了"（1956年版，123页），强调了工作队的严格纪律。十三节中老孙头到工作队来找萧队长，他走了之后萧队长召集队员开会，总结斗争失败的经验教训，1956年版本则改为老孙头来时萧队长正在开会，这样就成为工作队积极主动地开展工作，不是被动地由群众反映问题后才意识到问题的严重

---

① 蔡天心：《从〈暴风骤雨〉看东北农村新人物底成长》，李华盛、胡光凡编《周立波研究资料》，湖南人民出版社1983年版，第307页。

性。对于赵玉林入党时的手续进行了补充，这样在入党的组织程序上显得更加严谨正式。在赵玉林牺牲后追认为中共党员的叙述中，增加了萧队长开会讨论的细节，由领导个人的现场处理改换为经组织许可后的正式宣布。

土改中出现的打人、杀人现象是一个很敏感的问题。金人指出："打人问题，书里写到了……作为工作经验来介绍，拿到新地区去，这点也是值得考虑的。"[①] 在1947年《土地法大纲》颁布后，北方土改过程中出现了一些"左"的倾向，1948年后开始逐步纠正。毛主席在《关于目前党的政策中的几个重要问题》中指出："必须坚持少杀，严禁乱杀。主张多杀乱杀的意见是完全错误的，它只会使我党丧失同情，脱离群众，陷入孤立。"[②] 为了使作品更加符合政策的要求，作者对其中打人的细节进行了修改，原来的版本为群情激愤中大伙已经动手，而修改后则是萧队长及时制止打人行为，凸显了在群众运动中党的领导的重要作用。

文中也对花永喜在打胡子时的行为进行了必要的改动。初版中花永喜是借了旁边小战士的枪击退胡子，带有几分炫耀本事的色彩。在战斗中是不允许随便把枪借给别人的，花永喜当时只是普通群众。1956年版本中则改为花永喜是替一位受伤的战士守住岗位，这样他得到战斗机会变得合情合理。

最后，作者对有些叙述细节进行了调整。1956年版本丰富了"美人计"这一带有喜剧色彩的场景描写，增加了阅读的趣味性。在端来的吃饭用具中增加了"醋瓶"（1956年版，158页），为叙述下文的闹剧做好了铺垫。炕桌上的菜增加了"糖醋鲫鱼、红烧麆肉"（1956年版，164页），两人打翻了炕桌，沾满了菜汤汁水，原文中"真是又咸又热，又酸又辣"（1952年版，229页），修改为"真是又咸又热，又甜又酸，又香又辣"（1956年版，164页），在味觉上更加丰富，以多种混合的刺激性味道来比拟这场闹剧的诸多意味，韩故意勾引杨而当杨上钩后自己又摆出正经的样子，可谓酸中带甜，杨不知不觉迈入陷阱，偷鸡不成反蚀把米，真是先甜后苦。作者以饶有意味的丰富细节不仅给读者强烈的视觉效果，而且充分调动读者的味蕾，感受到作者描写的言外之意，味外之旨。

一些不合时宜的词语也进行了必要的改动。"老毛子"改为"苏联红军战士"，以示对苏联老大哥的尊重；"娘们"改为"妇女"，修正了原来版本对女性的漠视和鄙夷之感；歌曲《没有共产党就没有中国》改为《没有共产党就没有新中国》，以便与现实保持一致。同时也相应地删去了一些民间口语中的粗话，这些带有乡土气息的粗鄙村话不利于文本的传播与语言规范的建立，删去后语言的净化有利于农民形象的塑造。

二

周立波在"文化大革命"中遭受劫难，作品也被污蔑为毒草无法出版。1977年，

① 金人：《〈暴风骤雨〉座谈会记录摘要》，李华盛、胡光凡编《周立波研究资料》，湖南人民出版社1983年版，第294页。

② 毛泽东：《关于目前党的政策中的几个重要问题》，《毛泽东选集（第四卷）》，人民出版社1991年版，第1271页。

《暴风骤雨》终于再次出版，作者在后记中说："我只删去了几句，并在全书文字上略有改动。"① 这次版本变动上最大的特点就是进行了洁化处理，对某些涉及两性关系的段落进行了大刀阔斧地删除。第一节中老孙头谈到土匪的胡作非为"白日放哨，下晚扎古丁，叫娘们把裤子脱光，还得站起来，给他们瞅瞅，真不是人作得出的呀"(1956 年版，9 页)。在新版本中把侮辱女性的细节去掉，简化为"还糟蹋娘们，真不是人"(1977 年版，9 页)。1956 年版本中，在斗争会上韩老六嬉皮笑脸地承认自己玩弄过十几个妇女，借此机会转移斗争会中群众的注意力。1977 年的版本中，韩老六的态度由油滑轻浮变为老实认罪，更符合斗争会上严肃庄重的气氛。

第一部中韩爱贞勾引杨老疙瘩的情节，删去了一些具有挑逗意味的细节，如韩穿着水红小褂，胸脯突出，头发松散，杨见了之后"神魂动荡，手脚飘飘"等。这样，韩的极具异性吸引力的身体叙述被简化，对杨的心理冲击力也减少了。下文中因杨老疙瘩慌里慌张不慎摔坏了扇子，韩哈哈大笑起来。1956 年版本中有对此的议论："民歌里说：'多少私情笑里来。'破鞋劲的女人本能地领会这一点。这女人用笑声，用她胖手背上的梅花坑，用她从日本人森田那里练习得来的本领，来勾引老杨。"(1956 年版本，163 页）叙述者出于强烈的道德感十分鄙夷韩的无耻行为，不屑之意溢于言表，这在一定程度上损害了文本冷静客观的叙述，而且也隐含男性作者意识深处"红颜祸水"的菲勒斯中心文化想象，女性只是一具诱惑异性的躯壳。1977 年版本中，这段话被删掉。而杨老疙瘩的"心魂飘荡"以及听到韩的娇笑后"这下越发撩起了他心头的火焰"，这些人物内心的心理变化虽生动形象，但这样的细节与全书严肃的革命历史主题构成了潜在的冲突，作者在 1977 年版本中进行了删改。

第二部中删去的主要是张富英和小糜子偷情的情节、刘桂兰被公公欺负的细节。经过大幅度的改动，作品中关于性的内容基本已经删干净了，尽管在农村"性的方面也比较的有自由，农村中三角及多角关系，在贫农阶级几乎是普遍的"②。这些普遍存在的事实不适于在作品中呈现，因为革命历史小说要担负起传承革命精神、教育后来者的重大责任。较多的情爱描写固然容易引起读者的阅读趣味，但也会将读者的注意力由激烈的阶级斗争加以转移，违背作者的本意。

除此之外，随着时代的变迁，政治层面上的叙述也需要进行必要的修改。较为明显的是对于林彪、苏联叙述的改动，林彪由革命的功臣成为了反党分子，其在解放战争中的功绩不宜再提起。第一节，萧队长在路上"想起了林彪同志在哈尔滨南岗铁道俱乐部里的讲话"(1956 年版，10 页）改为"想起了松江省委的传达报告"(1977 年版，9 页)，"林彪将军率领的民主联军，遵照毛主席的战略，把蒋匪的美械军队打得大败了"(1956 年版，153 页）改为"人民军队遵照毛主席的战略，把蒋匪的美械军队打得大败了"(1977 年版，144 页)，"咱们林司令员带的兵，在前方打了大胜仗"(1956 年版，491 页）改为"毛主席的军队

① 周立波：《暴风骤雨》，人民文学出版社 1977 年 8 月第 19 次印刷，第 491 页。

② 毛泽东：《湖南农民运动考察报告》，《战士》周刊 39 期，1927 年 4 月 3 日出版，第 32 页。

在前方打了大胜仗”（1977 年版，447 页），在婚礼现场“现在贴着毛主席、朱德司令和林司令员的放大的照片”（1956 年版，511 页）改为“现在贴着毛主席和朱总司令的肖像”（1977 年版，464 页）。

苏联从早期的亲密无间的老大哥成了敌对关系，有关苏联的叙述也进行了修改。送给赵玉林衣裳的由苏联红军战士改成了八路军。“光复那年，苏联红军驻扎在他们屯子里，听说这情形，送了两套军装给他们”（1956 年版，30 页）改为“八路军三五九旅三营，来这屯子打胡子，听说这情形，送了两套灰军装给他们”（1977 年版，28 页），“不是八一五苏联红军的大炮声，咱们都进了冰窟窿了”（1956 年版，52 页）改为“不是三营来，咱们都进了冰窟窿了”（1977 年版，48 页），“往后就用拖拉机，跟咱们老大哥苏联一样（1956 年版，539 页）”改为“往后就用拖拉机”（1977 年版，489 页）。还对一些名词进行了改动，东北民主联军是东北人民解放军的前身，在 1977 年版中，对这一旧有的称呼进行了调整。另外，对纪年方式也进行了修改，将原来的中华民国纪年改为公元纪年。

为了更好地塑造人物形象，作者对有碍表现人物英雄性格的细节进行了删除。赵玉林是作者着力塑造的英雄人物，但在“文化大革命”时期，他的壮烈牺牲被诬蔑为是对农民形象的污蔑。作者为了让赵玉林的形象更高大光辉，回击之前“四人帮”对其上纲上线的政治化批评，于是对人物形象进行了提纯和放大，使他从一个人性化的先进分子形象成为了光彩照人的革命战士的高大形象。原来的版本中，赵玉林是有血有肉的普通农民形象，他会因疼痛而叫妈，要求添上一枪以结束难挨的痛苦。改动之后，赵玉林成了一心为公的革命英雄，以坚强的毅力忍住剧痛，要求大伙去撵胡子，将个人的生死置之度外。这样，人物的阶级性压倒了身体的感觉，在凸显英雄形象的同时也削弱了普遍存在的人性。

关于老孙头的形象也进行了修改，去掉了表现人物胆小怕事、摇摆不定的细节，第一节中小王拿出枪来打兔子和在赵玉林葬礼上听到礼炮时老孙头害怕的细节都去掉了，同时加强了人物坚定的革命性。当老孙头接工作队回村时，韩长脖前去打探，老孙头的反应由简单的点头变成了置之不理，立场上更为坚定。第二部第四节中老孙头撕下“主任训话处”的徽子，原版本是没有说啥，新版本改为“他说：‘姓张的这狗腿子主任，我们扔定了。’”（1977 年版，263 页）原来老孙头的行为只是对自己曾经挨踢的简单报复，经过改动之后由私仇而成为公愤，在一定程度上提升了老孙头的形象。

萧队长的塑造则更符合党性原则。萧队长找老花做思想工作，增加一句“他又寻思等老花再来农会时，要多跟他谈一谈”（1977 年版，400 页），显示了萧队长在工作上的尽职尽责。萧队长问郭全海“地主还有不坏的?”（1956 年版，248 页）改为“封建大地主都是靠剥削起家，还有不坏的?”（1977 年版，231 页）原来的反问句是将所有的地主归为坏人，改动之后，加上了地主“坏”的原因陈述，他们是靠剥削生活的，所以是坏的。尽管前面加上了地主剥削是坏的原因，表达上更为严密，但用经济原因的剥削来直接对等于道德判断上的好坏，即将贫富等同于善恶，仍然是有些牵强的。

新版本对一些词语进行了调整，将“洋火”改为“火柴”，“八个马”改为“八匹马”，“合计”改为“部署”，“说到死者的功劳”改为“赞颂死者的功劳”，“死了”改为“牺牲了”，“跟胡子豁上”改为“跟胡子肉搏”。修改后用语更加准确生动，行文更加流畅，有助于新的时代环境下读者的理解。同时对某些语言的表述也做了修改，提到老侯家男的说了算，“东风压倒了西风”，老花家是女的说了算，“西风压倒了东风”（1956年版，437页），以东风与西风的力量的消长来比拟家庭内部权力关系的变化，男的当家成了天经地义的事情，女的当家就成了牝鸡司晨，是不合情理的。在1977年版中，这一具有丰富意义指涉意味的“东风西风”论被去掉了，家庭中权力争斗的色彩淡化了。

此外，在1977年版中去掉一些容易理解的注释，第一部去掉58个注释，第二部去掉27个注释。某些词语虽是地方口语，但其他地方的读者也能大概猜到什么意思，这样就不必面面俱到地对每个方言词语进行解释。

三

总的来说，随着时代的变迁，作者在不断地修改《暴风骤雨》的版本，这除了是一种文字技术上的精益求精的艺术追求之外，更重要的是由于读者接受了时空的变化和政治语境的变迁。一方面，读者圈不仅只是东北地方的土改工作队成员，而是扩展到了全国不同年龄、职业的读者。原本作品中使用大量方言土语是作者引以为傲的向农民学习的成果，现在却对其他地区的读者的理解造成了巨大的障碍。于是，作者将其中的不必要的方言词汇改换为普通话，同时对某些必须使用的方言词语做出注释，以解除东北方言的使用造成的阅读障碍，便于不同地区读者的理解。这样，作者煞费苦心地学习群众语言，为作品增添了生动纯朴的乡野气息，结果出版作品时反而要加上诸多的注释才能让读者理解，这种过犹不及的做法使作家陷入解释的悖论中。这就说明，在学习群众的语言上，作者走到了另一个误区，即从高高在上的俯视者成为了俯首称臣的学习者。农民的口语应当有所批判地吸收，予以恰当地运用，不应该是不加审视地照盘全收，更不能炫耀式的直接塞进文章里，除了能证明作者是努力学来的地方语言之外别无用处。

另一方面，随着时代环境的变化，政治对文学的制约越来越严重，文学自身的审美性被忽视，而工具性则大大加强。作家需要按照新的创作原则修改自己的旧作，来积极呼应意识形态对文学的要求。一是去粗去俗，凡是涉及农村中不正当的两性关系的描写如逛道儿、偷情、勾引干部、扒灰，都进行简化或删除。农村散漫自由的性关系不适于在具有重大革命教育意义的作品中出现，唯有郭全海和刘桂兰因革命而产生的爱情才能在文本中保留下来。这也是在暗示只有道德败坏的反动人物才能享受性的自由，放纵自己的欲望，而正面的人物需要用革命理性来克制本能的欲望。另外，涉及性器官修辞的粗俗语言在文本中也被删去。二是人物形象的塑造上突出革命品质，深化阶级属性。郭全海的不善言辞、老孙头的胆小怕事、赵玉林受伤后的人性流露等这些人物性格缺陷在文本修改中被去掉，在削减丰富的人物个性的同时，人物的革命性得以放大，高大光辉的形象令读者不免感到几分空洞。人物形象从丰富的生活细节中高度提纯，并且呈直线式缺乏变化的发展轨迹，成为阶级性突出的"扁形人物"，而这正是《暴风骤雨》的主要艺术缺陷之一。三是历史叙述层面的修改和组织原则的加强，涉及林彪、苏联的地方进行了调整，纪年方式也做了修改，消除了历史的时代印记，在某种程度上有违于实事求是的历史精神。而有关入党、开会、工作纪律等方面的叙述更加严密完整，力求符合相应的政策制度。在生动的生活细节中贯穿着政策的正确有序的执行，这种不甚协调的情节组织方式削弱了作品的艺术魅力。

于是，"现实人生被叙述成无性的人生，人的自然属性被抽空，作品越来越洁化。同时作品也或浓或淡地意识形态化了。修改以后，作品更清晰地表达了阶级观念，更有效地服务于当时的政治路线，有的甚至更突出地将人抽象为残缺的政治主体。总之，关于性和革命或政治问题的修改最终都可以归因于新的国家意识形态对文学的影响"[①]。《暴风骤雨》的不断修改可以说有利有弊。修改后加强了语言的规范性，用语更为贴切，行文更为流畅自然、通俗易懂。同时，删去了很多与主题无关的枝蔓细节，加快了故事进程，有利于突出主题。不过，在人物形象上的过分拔高使得原本平面化的人物显得更为单薄，政治性原则的加强也破坏了文本的可读性。作品版本的不断变迁带有特定时代的烙印，其变动情况所带来的文本释义的差别需要在解读文本时细心体会，这是在研究《暴风骤雨》时不能忽略的一个重要问题。

（作者单位：南开大学文学院）

① 金宏宇：《论中国现代长篇小说的修改本》，《文学评论》2003年5期。

戴着镣铐舞蹈的“右派”

——论20世纪80年代初期小说中的知识分子形象

□刘 勤

20世纪70年代末，旧貌换新颜的神州大地在举国欢腾之余仍不免痛定思痛，往事并不如烟，大多数知识分子以一种身在今日、心在昨日的精神状态重复着动荡岁月中的梦魇，岁月沧桑，历史鳞羽，作为历史的见证者，更作为历史的受难者，历史在他们身上留下了累累伤痕，伤及他们的灵与肉。70年代末、80年代初的小说便集中地反映了受难知识分子被改造、被启蒙的炼狱经历及心路历程。

自20世纪80年代以来，知识分子往往以受难者的姿态出现，他们受难的不幸符号便在于他们共通的身份符码——右派。在小说文本中，生活在物质和精神都匮乏到极致的环境下的章永璘、索泓一、范汉儒一类作为被排除在集体和人民以外的少数，实则是因袭了一个早已经被预设和规定好的身份——“右派”。这类故事通常描述在“反右”运动中被打成右派的知识分子的命运遭际，在此过程中或明或隐地映现“反右”运动的社会背景。在右派叙事流行的20世纪80年代前期，右派故事的作者往往也是“反右”运动的亲历者，他们笔下的“反右”运动以及知识分子在“反右”运动中的生命历程成为比诸多历史教科书更为生动、细致、真实的历史说明。最为典型的是1997年四川人民出版社出版的一套名为“从头越”的名家小说精品文库系列丛书，这套丛书精选了张贤亮、高晓生、丛维熙、李国文等十位作家的代表作，这十位作家的相同点是在“反右”运动中都被打成右派，有的被劳改，有的被流放，有的甚至被关进了“大墙”。这套丛书的总序名为“常青的树，开不败的花”，序中这样写道：“跨过了‘真如铁’的雄关，‘而今迈步从头越’之后，这一批作家被积压了二十年的才华，不仅没有稍减，而且愈发锐利深沉。似乎是要对那‘虚度’的岁月加倍地补偿，他们把青春年华的美与力储备着，汇聚到这得以放释能量的复出时期，凝结出这一代作家特有的最充实而瑰丽的贵重中年。”① 借助于这些有着相同行进线索却有各自发展的辗转故事，许多作家以亲历者、受难者的姿态参与了对历史的集体回忆与重建，如王蒙的《布礼》、《蝴蝶》、《春之声》、《相见时难》，张贤亮的《绿化树》、《男人的一半是女人》，丛维熙的《雪落黄河静无声》等等。自叙的风格、写真的

① 崔道怡：《常青的树，开不败的花——“从头越”小说文库序》，张贤亮《张贤亮小说精选·序》，四川人民出版社1997年版，第3页。

色彩、以现实主义为主的艺术手法、政治上的自我正名和强烈的革命认同使右派叙述迅速定型，也使得我们对右派叙事的剖析更加深透和有章可循。

严格地讲，“右派”一词是一个外来词，一直可以追溯到18世纪的资产阶级革命。在1791年的立宪会议中，代表大资产阶级的温和保守派由于坐在主持人的右边，得名“右派”。1957年，毛泽东在发动整风运动后感到《事情正在起变化》，不久后，在《一九五七年夏季的形势》中，毛泽东界定右派和人民的矛盾是敌我矛盾，是对抗性的、不可调和的、你死我活的矛盾。

一旦知识分子被视为“右派”这样一种和人民相对立的反动面目出现之时，那等待他们的必然是重重“伤痕”。在1976年至1980年的四五年间，右派叙事应和着新时期伤痕和反思文学思潮成为一种主流的叙事类型，直到20世纪80年代中期以后才慢慢淡出人们的视野。可以这样说，右派叙事是当时文坛无法逾越的一个坎，不管它有没有达到理性之思，有没有提升到终极的人文关怀，它都纠结了太多人的爱恨情仇。“由于反右派斗争被严重地扩大化了，把一批知识分子、爱国人士和党内干部错划为‘右派分子’，造成了不幸的后果。”[①] 在广大知识分子看来，这一带有鸣冤翻案的总结更加催生了他们积郁心中不吐不快的情绪。作家们以一只脚迈入“新时期”的门槛、另一只脚却还迟迟不肯离开旧时土地的姿态返身回望“文化大革命”甚至更早以前的“反右”运动，这些沉痛的记忆是在他们脑子里想抹去却又欲罢不能的梦魇。于是，“文革记忆”包括“文革”本身就成为当代作家不可逾越的一个主题，“假如不先讲‘文革’的故事，倘若不先给文革一个‘说法’，很多中国作家（及读者）似乎还不能从文化、道德及价值观的断裂心创中真正‘生还’，他们与传统文化及‘五四’的种种精神联系都很难延续”[②]。

以“右派”为主的具有“被赋身份”的知识分子在“受难者”这样一个集体面目之下面临灾难的各异选择：有的在受难之时默然承受并通过一系列体力和精神活动将他者指认的右派身份跃升为对自我塑形中受难英雄这一崇高形象的不断暗示确证，如钟亦成、章永璘、许灵均；有的怀抱着一颗思辨沉潜之心，以一种从容的面貌走在时时变幻的人生舞台上，当他们身处特权、权势等风暴中心以外成为被隔离的流亡者时，反倒更为清醒地理解了国家和个人，并通过一系列个人行为去变相实践自身的理想与信仰，如何荆夫、曾储、曹千里、秦书田；也有的在苦难面前患上了软骨症，弯下了知识分子最坚挺的脊梁，失去了知识分子最为宝贵的操守，这种“病”中的知识分子既求助无门更无力自救，启蒙对于他们而言不仅是奢谈更是笑话，如许恒忠、奚流、苏骏等。本文着重论述的是第一类知识分子形象，因为他们最符合大众的期待与热望，也最能够寄托大众的精神理想。作为人类基本价值的维护者，知识分子早已是一个鲜亮的超越物质和阶级的理想化身份标签，它不但承载了知识分子自身修身、齐家、治国、平天下的人生理想和社会理想，也负担着民众所寄予其身的对于真理、自由、平等、道义追求的热望。

---

① 《关于建国以来党的若干历史问题的决议》，中共中央文献研究室编《关于建国以来党的若干历史问题的决议注释本》（修订本），人民出版社1985年版，第23页。

② 许子东：《为了忘却的集体记忆——解读50篇文革小说·导论》，三联书店2000年版，第2页。

比如一读到钟亦成的誓言我们就热血沸腾：

> 中国如果需要枪毙一批右派，如果需要枪毙我，我引颈受戮，绝无怨言！虽然划了右派，我仍然要活下去，我仍然能活下去，就因为我有这个坚定不移的信念，坚如盘石，重如泰山[①]！

可以这样说，钟亦成这段视死如归的独白写出了在"反右"和"文化大革命"中受难英雄的一种感情基调——对于被划为右派非但不怨恨而是"仍然"怀有"坚定不移的信念"，这里的"我"正是一大批被打为右派的知识分子的代表，他们内心默认了成为右派的事实，在和理性之思作斗争的过程中他们不断暗示和强化了对右派这一身份的接受与认同。所以有学者感叹道："知识分子几无例外地打上了资产阶级的'原罪'标志，可叹的是知识者自身也往往怀着赎罪心理努力改造自己的世界观。"[②] 当然，这种接受和认同具有潜在的前提，这个前提就是爱，对祖国人民的强烈的热爱。在学界，不同的学者把这种受难英雄的爱归纳为不同的类型，比如说屈原的忠君爱国类型、儿子对母亲的不离不弃类型。不管是哪种类型，我们都可以把它划入痛并爱着的一类。由于有这种强烈的爱作基础，导致知识分子在受难之时往往默然承受并在精神假想中自我塑形，这种自我塑形闪耀着崇高的忍辱负重的英雄主义光芒。

不管是由于家世出生被划为"资产阶级右派"从此开始了"在清水里泡三次，在血水里浴三次，在碱水里煮三次"的艰难改造历程的章永璘，还是被资产阶级父亲遗弃后因为履历表上的"资产"被流放到偏僻农场成为"资产阶级右派"的许灵钧，不管是因为四句冬小麦小诗戴上右派帽子而招来 20 多年不幸生活的钟亦成，还是同样被流放劳改 20 多年在劳改农场作鸡倌屡遭刁难而依旧以"黄河的伟大子孙"自命的范汉儒，他们无一例外的共同点有两处：一是同样的右派身份，二是在右派身份标签下的同样的精神气度，都以受难为"天将降大任于斯人"的爱国爱民试金场，并通过一系列体力和精神活动将他者指认的右派身份跃升为对自我塑形中受难英雄这一崇高形象的不断暗示确证。

基于这两处共同点，我们可以看到，压在右派身份这座五指山下的知识分子表现出了对祖国、人民和党的惊人热爱：

> 被错划为右派、经过四年劳改生活的章永璘在生理和心理上经受着双重饥馑，而幸运女神（马缨花、黄久香）的降临和护身符《资本论》的庇佑使得他终于走出生活的阴影，从动物搏食的本能到人的尊严、责任感的复苏，他意识到"一九五七年对我的批评，我抵制过，怀疑过，虽然以后全盘承认了，可是到了'低标准'时期又全部推翻。而现在，我又认为对我的评判是

① 王蒙：《布礼》，《王蒙文存》（第九卷），人民文学出版社 2003 年版，第 30 页。

② 张景兰：《"苦难与知识分子"的再解读——"新时期"初期"文革"小说文化原型的知识分子视角》，《上海师范大学学报》（哲学社会科学版）2004 年第 6 期。

对的”，他认准了他“身负着几代人的罪孽，就象酒精中毒者和梅毒病患者的后代，他要为他前辈人的罪过备受磨难。命运就在这里。我受苦受难的命运是不可摆脱的。”这是一个肯定——否定——否定之否定的过程，最终肯定的是国家和党的意识形态，所以80年代的文学界普遍认为：“章永璘的生活经历、思想经历，作为中国知识分子命运的写照，具有真实的、普遍的代表性，是当代中国知识分子历史足迹的形象记录。”①

有名无实的“资产阶级”许灵均在遭父亲遗弃后，又因为“资产阶级右派”的帽子而遭到人民的遗弃，这“使他来和牲口为伍”，当只剩下马“用湿漉漉的鼻子嗅他的头，用软乎乎的嘴唇擦他的脸”给他以安慰时，“他的心颤抖了”。尽管生活对他板起一幅冰冷的面孔，可许灵均却在解除劳教后通过劳动建立起了普通人的感情，当昔日抛弃他的父亲要带他出国享受荣华富贵时他拒绝了，多年的改造已经使他明白了“只有劳动的报酬才能使人得到愉快的享受；由剥削或依赖得来的钱财是一种耻辱”的道理。最终通过采取微言大义的春秋笔法对外宣告“他没有白白走过那么艰苦的道路”，以对人民、对劳动的衷心认同圆满结尾。

一首总共不过四句的小诗《冬小麦自述》令钟亦成戴上“右派分子”的帽子，由最初莫名其妙、诚惶诚恐获罪以致被迫接受外在不断升级、上纲上线的批判到自觉内省反思有罪。在这个过程中，不管是污秽的言语还是恶毒的皮带都从来没有动摇过他坚定的布尔什维克信念，就像作者王蒙所赋予他名字的深意一样，他对党的赤子之心实在是天地可鉴、又忠又诚。正如钟亦成最为挚爱的凌雪所说：“党是我们的亲母亲，但是亲娘也会打孩子，但孩子从来也不记恨母亲。打完了，气消了，会搂上孩子哭一场的。也许，这只是一种特殊的教育方式，为了引起你的重视，给一个大震动，然后你会更好地改造自己……”这段言语无疑具有浓重的教条意味，不仅借凌雪之口为改造之后面貌一新的钟亦成表情达意，更是作者自我表白意图的有意为之。

具有同样功能，为文中主人公阐明政治立场和价值信仰的说教也在《雪落黄河静无声》中出现过。饱受屈辱的范汉儒在劳改农场担任被视为肥缺的“鸡倌”一职时受到所有人理所当然的怀疑，在那样一个饥荒的年代，谁会不舞弊营私先填饱自己的肚子呢？在一次“黑姚期”的突击检查下，真相大白于天下，范汉儒宁肯吃老鼠，也不拿集体的一针一线。于是有了“黑姚期”给范汉儒送鸡蛋时这样一番有意激发读者共鸣的话：“我没给孩子，没给老婆，给你拿来是看你还有中国人的骨头：将来政策松动一点，你还能为老百姓办点好事。”范汉儒的形象在这一番话中被高高托起，右派身份的范汉儒无形之中向社会栋梁转向，通过这一细节为范汉儒正身扬名的作者丛维熙通过文学形象的打造同样带有自明心迹的目的。

站在接受美学的角度来看，现在的读者读这部分作品可能会有一个共通的感

① 陈学兰：《可喜的突破——读〈绿化树〉》，《朔方》1984年第7期。

觉，那就是这些知识分子怎么就能这么诚挚天真得近乎夸张呢？看不到睚眦必报的负气，却感受到热血沸腾的温度，这用我们正常的心理逻辑似乎是难以解释的。如何解释这种今天我们看来近乎夸张的热诚呢？或者进一步表述一下这个问题，这种英雄受难叙事模式的泛化是如何形成的呢？这有以下两方面的原因：

一方面是由于中国知识分子的传统。知识分子虽然是一个近代才出现的概念，但作为知识分子的前身知识阶层却是由来已久，追根溯源，中国知识分子的前生就是“士”阶层。钱穆先生曾说：“中国知识分子，并非自古迄今，一成不变，但有一共同特点：厥为其始终以人文精神为指导之核心，其知识对象集中在现实人生政治、社会、教育、文艺诸方面。”[①] 士志于道，“一方面，知识分子以‘道’自任，‘道统’高于‘政统’，以‘王师’、‘官师’自居，甚至要规范王权；另一方面，王权要维持自身的合法性，必须与‘道统’合作，但又对知识分子以道自命，以道统导引、规范政统的做派总是难以接受，甚至严厉打击，形成一部政统与道统、‘君’与‘师’之间既合作又离心的艰难磨合的政治史”[②]。总的而言，在大部分情况下，知识分子的理想抱负只有与君权相统一起来，才可能得到发挥和实现。以齐家治国平天下为个人理想的知识分子揣着社会的良心充当公众雪亮的眼睛与批判的喉舌，在漫漫而修远的人生道路上，潜移默化地造就了一种集体无意识，那就是忠君。

另一方面是由于情感价值的选择和皈依。“对于文学知识分子而言，他们的文学活动，或者是言说主体试图以其话语实践来结构某种身份，或者也是具有某种确定身份的言说主体的话语活动，这时，话语行为便成了对其缘由身份的‘固持’或‘显示’。”[③] 在“祖国”、“党”和“人民”等宏大价值理念寻求到坦诚心迹的合理资源，心甘情愿为祖国为母亲受难是他们最终的情感皈依，最终自然而自觉地暗转到对自身合法身份的认同，这种合法身份被大部分学者归纳为革命身份。“革命”作为近代以来具有强烈历史进步色彩的强势话语，意味着顺承历史，继往开来，这种革故鼎新顺应了历史与时代的发展，是必须的，也是先进的。相应地，如果获得一种与革命相联系的身份诸如“革命者”、“党员”、“无产阶级”等，不仅理所当然地与那些落后的、反动的身份指向区分开来，更显示了一种自身“革命”身份的优越性，这种优越性与国家权力、地位紧密相连。正如有评论者所深刻指出的：“有意识地重述‘文革’的历史，不再是单纯地展示伤痕，而是致力于表达老干部和知识分子在蒙受迫害中，依然对党保持忠诚，对革命事业怀有坚定不移的信念。通过这种重述，重建了新时期的历史主体（例如老干部和知识分

① 钱穆：《国史新论·中国知识分子》，三联书店2001年版，第140—143页。

② 易晖：《“我”是谁——新时期小说中知识分子的身份意识研究》，百花洲文艺出版社2004年版，第3页。

③ 许志英、丁帆主编《中国新时期小说主潮》，人民文学出版社2002年版，第74页。

子）的历史，这就使拨乱反正后重返现实的受难者有了历史的连续性。”[①]

于是我们清楚地看到，满纸满页都抒写着对党的忠心，都抒发着对国家的热忱。

大多数人和鲁彦周一样，强调“作为一个共产党员作家”的政治身份，强调“对党、对人民、对社会主义建设事业”的“责任感”[②]。在第四次文代会上，王蒙纵声高呼：“我们与党的血肉联系是割不断的！我们属于党！党的形象永远照耀着我们！即使在最痛苦的日子里，我们的心向着党。”[③]他说：“如果没有‘先天下之忧而忧，后天下之乐而乐’的志士胸怀，没有对人民、对祖国、对社会进步事业的炽烈情感，没有丰富的生活阅历与生活经验，没有思想家的独具慧眼的见地，没有广博的学问知识，没有与当代现实生活、与人民群众特别是广大青年的血肉联系，没有为人民代言、为新事物开路、为推动历史车轮出一把力的热忱，那么你写得再努力、再好，常常仍然是小打小闹小摆设……广大读者却会觉得与自己有距离、有隔膜，打不动自己的心，引不起自己的关切、共鸣、焦虑、兴奋。”[④]丛维熙则出于其“革命良心”以自己的写作行为来“千方百计医治我们国家的伤痕”[⑤]。

张贤亮虽然在当时并未入党，但这并不妨碍他对“党”与“革命”的认同。他以赞扬的口吻说：“委屈了三十多年，而只要党一旦相信了他们，承认他们是革命队伍中的战士，就毫不计较个人得失，毫不计较个人恩怨，马上忘我地在各自的岗位上劳动。……他们在这样那样的考验面前，却都作出正确抉择，始终和党、和人民站在一起”，“这和我本人以及我所接触过的知识分子的心情完全合拍”[⑥]。在给李国文的信中，他不无遗憾地说：“一个党员作家，还可以说他首先是一个党员，比如你。我呢，至今还没有修养到你这样的程度，我总不能认为自己应该首先意识到自己是个群众，然后才是一个作家吧。”[⑦]既然党员作家的身份在非党员的张贤亮这里得不到确认，作家便另辟蹊径在社会主义的改革者这个仍然与革命紧密关联的身份下找到了最终归宿。

正是在这种有意为之的用心打造下，即便知识分子被不情愿地戴上了“右派”的高帽并饱经磨难，但仍阻止不了知识分子自塑形象——悲剧英雄崇高形象

---

① 陈晓明：《表意的焦虑：历史祛魅与当代文学变革》，中央编译出版社2002年版，第10－11页。

② 鲁彦周：《鲁彦周小说散文选集·后记》，安徽人民出版社1980年版，第446页。

③ 王蒙：《我们的责任》，《王蒙文集》第6卷，华艺出版社1993年版，第752页。

④ 王蒙：《创作是一种燃烧》，人民文学出版社1985年版，第238页。

⑤ 丛维熙：《关于电影〈第十个弹孔〉——致黑龙江省青年朋友》，刘金镛、房福贤编《丛维熙研究专集》，重庆出版社、贵州人民出版社1985年版，第37页。

⑥ 张贤亮：《心灵和肉体的变化》，《张贤亮选集》第1卷，百花文艺出版社1985年版，第198页。

⑦ 张贤亮：《当代中国作家首先应该是社会主义改革者——给李国文同志的信》，《张贤亮选集》第3卷，百花文艺出版社1995年版，第656－657页。

的诞生。根据以上的分析我们可以看出，这类被打为“右派”的戴着枷锁舞蹈的受难英雄实际上经历着类似的情节，倾诉着类似的感情，他们在控诉着“文革毒害”的同时却难以抹掉他们思想意识上向主流意识形态依附的倾向，他们以儿女对母亲的忠诚和热爱重塑了自身受难英雄的形象，这种身份的自我认同实质上是对国家意识形态的适应，饱受“伤痕”之后觉醒的知识分子在为自身正名之际却在不知不觉中付出了极度危险的代价，那就是独立性的丧失。有学者尖锐地指出：“一旦他们的苦难得到解释，身份得到确认，他们在利益基础上建立起来的和苦难的虚假敌对自然也土崩瓦解，苦难的沉痛感消泯于他们重回社会政治怀抱后的无限幸福中。他们惬意地闭上眼睛，在消逝的深渊和退后的悬崖边，承领新时代的恩赐和福泽。”①

（作者单位：重庆第八中学校）

① 周保欣：《沉默的风景——后当代中国小说苦难叙述》，安徽教育出版社2004年版，第40页。

孙晶岩报告文学论[①]

□ 于宁志

孙晶岩是一位勤奋、踏实、能吃苦的作家。她关注社会热点和重大题材，心系普通百姓和弱势群体；弘扬主旋律，赞美理想主义的激情和无私忘我的奉献精神；揭露腐败，批判丑恶，体现出强烈的社会责任感。剪裁、结构和文学性方面的瑕疵并不妨碍孙晶岩成为一位令人钦佩的作家。

一、勤奋·仁慈

“晶岩”给人一种纯洁坚硬的感觉，事实也是如此，孙晶岩是一位勤奋、踏实、能吃苦的作家。她至今已创作出 11 部长篇报告文学、上百部中短篇报告文学，散文、诗歌、电视剧本等著作 500 余万字。

孙晶岩说：“优秀的报告文学作家应该是一位思想家和行走者。”[②] 报告文学和小说不同，小说家可以按照生活的体验在虚构想象的王国里自由挥洒，而报告文学讲究“非虚构性”，不允许作家虚构想象，所以报告文学作家必须到田野进行实地调查，在实地调查的基础上提炼主题，如实记录。报告文学作家必须首先是一位行走者，然后才是一位作家。军人的坚强和作家的社会责任感使得孙晶岩在接受采写任务后能够迅速地深入第一线，捕获到真实详细的第一手资料，能够写出有价值的优秀作品。

有人劝过孙晶岩：“晶岩，都像你这么写报告文学得累死。别那么傻，跑那么多苦地方，该编就编，这年头谁不编啊?”[③] 可孙晶岩的回答是：“做学问弄文学，人还是傻一点好。”[④] “有良心的作家一定要把读者当成上帝，蘸着血汗去创作。作家应该机敏善感沉静深刻，有一颗充满激情的心。只有自己被生活感动了，写出来的作品才可能去打动读者。”[⑤] 为了撰写《中国女子监狱调查手记》，孙晶岩用一年半的时间，采访了全国十几个省市的女子监狱，通过与 200 多位监

---

① 本文是国家社会科学基金项目“中国新时期军旅女作家研究”阶段性成果，项目批准号：07CZW012。

② 孙晶岩：《中国动脉》，人民文学出版社 2005 年版，第 584 页。

③ 孙晶岩：《五环旗下的中国》，人民文学出版社 2008 年版，第 356 页。

④ 同上，第 359 页。

⑤ 孙晶岩：《中国动脉》，人民文学出版社 2005 年版，第 586 页。

狱警察、女囚和家属的访谈，掌握了大量的第一手材料。为了创作《五环旗下的中国》，孙晶岩在沈阳、大连、旅顺、北京来回奔波。为了写好奥运场馆建设者，春节在鸟巢和水立方工地度过；为了写好全民健身，参加了北京国际马拉松赛并跑完全程，为了写好运动员备战，在运动队跟踪采访，累得筋疲力尽。孙晶岩共采访了400多位奥运人士，每采访一个人物之前，都要做大量的案头准备，采访完毕，读大量的与这个人物相关的专业书籍，进行知识恶补。她说由于各个部门的工作都在同步进行，她就像一艘装满了炮弹的军舰，随时驶向需要到达的港湾。经常是上午采访科技奥运，下午采访运动员备战，晚上采访场馆建设，一天之内采访的内容风马牛不相及，她只能横向穿插，边读边思考边采访边写作。为了创作《中国动脉》，孙晶岩从新疆克拉2气田一直跑到上海白鹤末站，行程两万多里，住过克拉2气田的活动板房，住过罗布泊的铁皮房，住过四面透风的沙漠小屋，整天灰头土脸，一身泥泞。为了创作《中国动脉》，她采访了400多名石油工人，记下了30本采访笔记，拍摄了1000多幅照片，录下了几十盘录音带和录像带。她说："这两万里路我不是乘飞机在天上飞来飞去，而是用汽车轮子一寸寸触摸祖国母亲的肌肤，用脚板一寸寸去丈量标段的尺度。"① 为报告文学，孙晶岩真正做到了读万卷书，行万里路。

孙晶岩有一副热心肠。从黎鳌家到西南医院烧伤大楼有一条山路，这条山路湿漉漉雾蒙蒙，司机还经常开快车，孙晶岩认为年老的黎鳌走在山路上很危险，就在离开重庆的时候对三医大政治部龚主任说："龚主任，我有一条要求！""能不能在下雨下雪的时候派车接一下黎教授上下班？"② 孙晶岩到克拉2采访四川油建的十朵金花，姑娘们向孙晶岩诉苦说很多女人用的东西在克拉2买不到，自己又没有时间去采购，很苦恼。孙晶岩很快就找到四川油建的汪经理说："这些姑娘太不容易了，请你们充分考虑女人的生理特点，在不方便的日子里多给他们一些关照。"③

心系普通百姓，同情弱势群体是孙晶岩的创作原则。读其作品，我们时时能感觉到柔情、温暖、博爱、仁慈的女性气质。在女子监狱采访女犯人，犯人说到伤心处泪流满面，孙晶岩静静地递上一张纸手帕。看到甘肃安西县极旱荒漠，国家级自然保护区"干涸的土地裂开了一道道口子，上面泛着白色的盐碱，一蓬蓬荒草孤零零地伫立在风中"，孙晶岩"眼睛里涌满了泪水"。她说："我觉得上帝对我们炎黄子孙太苛刻了，把宇宙最差劲的地貌都给了我们中国。"④ 为什么我的眼里常含泪水，因为对这土地爱得深沉。孙晶岩同情保护区里的任何一个生命，"极旱荒漠里有黄羊、北山羊、蒙古野驴和呱呱鸡，这些动物太可怜了，就连这种姥姥不亲舅舅不爱的碱水都不能敞开肚皮喝饱"，"我在这里见到了呱呱

① 孙晶岩：《中国动脉》，人民文学出版社2005年版，第584页。
② 孙晶岩：《放飞的生命——中国院士三兄弟》，解放军文艺出版社2000年版，第227页。
③ 孙晶岩：《中国动脉》，人民文学出版社2005年版，第86页。
④ 同上，第460页。

鸡，那是一种褐色的小动物，样子很丑陋，我不知道它的肾脏是否被碱水所侵蚀”[①]。看到永和县商店空荡荡的货架，孙晶岩的心“不由得一阵酸楚：永和县是国家级贫困县，这里出上乘的红枣却运不出去，老百姓每天只吃两顿饭”[②]。看到蒲县昕水河小学简陋的教室里几张破旧的课桌，孙晶岩的心“一阵酸楚：一个老师在一间屋子里教三个年级，孩子怎么听课?”[③] 在子长县阳道峁乡采访时，看到一群陕北娃，孙晶岩高兴地跑过去要给孩子们照相，孩子们却显得很惊慌，孙晶岩的心“一酸：这些孩子可能从来没有照过相”[④]。看到阳道峁小学“两孔窑洞摇摇欲坠，里面的桌椅破旧不堪，室内四壁黢黑，光线暗淡”，孙晶岩“拍摄了一些教室的照片，心里很不是滋味儿”[⑤]。阅读《中国动脉》，我们感触最深的不是其中包含的浓郁的知识性，也不是其热情歌颂的如火如荼的建设场面、高扬的时代主旋律、弘扬的铁人精神和石油工人无私奉献的精神，而是作者为祖国西部的贫穷而洒下的泪水。“文学是对着打翻的牛奶哭泣”[⑥]，有了这个哭泣，才能具有撼动人的心灵的力量。

二、理想主义·社会责任感

孙晶岩的报告文学关注社会热点和重大题材，关注大视点，紧跟时代生活。她在答《文艺报》记者问时说，在众多题材面前，“我选择的标尺就是是不是社会热点，是不是现实题材，是不是老百姓最关心的话题，是不是关系到国家命脉的大事”。军事题材、政法题材、医学题材、工业题材等重大热门话题不断出现在孙晶岩的报告文学作品中。《山脊——中国扶贫行动》、《放飞的生命——中国院士三兄弟》、《中国女子监狱调查手记》、《重绽芬芳——中国女子监狱纪实》、《边关——中国陆路边境海关纪实》、《中国金融黑洞》、《五环旗下的中国》、《中国动脉》、《震不垮的川娃子》涉及的题材就有扶贫、军医、女子监狱、海关、金融黑洞、奥运会、西气东输、汶川地震等。题材选择对于报告文学具有重要的作用，题材选择好了，报告文学就成功了一半。但如此频繁地四面出击，占领题材，对于精力有限的作家来说，不能不成为一个严峻的考验。孙晶岩凭着坚韧的毅力和钻研的精神，熟悉了一个又一个原本非常陌生的领域，创作了一部又一部报告文学，取得了令人羡慕的成绩。

孙晶岩说：“‘孙晶岩’这三个字应该是一个品牌，这个品牌应该生产优质精神食粮。”[⑦] 孙晶岩的报告文学及时关注重大的现实问题，具有知识性和资料性，

---

① 孙晶岩：《中国动脉》，人民文学出版社 2005 年版，第 461 页。
② 同上，第 232 页。
③ 同上，第 234 页。
④ 同上，第 150 页。
⑤ 同上。
⑥ 李美皆：《文学与人生的两翼——以顾城和曹雪芹为例》，《南方文坛》2005 年第 6 期。
⑦ 孙晶岩：《五环旗下的中国》，人民文学出版社 2008 年版，第 359 页。

有巨大的认识价值。孙晶岩的报告文学弘扬时代主旋律，作品基调昂扬向上，鼓舞人心，赞扬了人物的奉献精神、顽强进取精神。所以“孙晶岩”已经构成了一个品牌，这个品牌生产的是优质的精神食粮。

作为主旋律作家，孙晶岩的报告文学基本上属于讴歌性创作。《重绽芬芳——中国女子监狱纪实》着重描写了女犯在监狱人民警察的帮助下改造成新人的故事，讴歌了监狱人民警察无私奉献的精神。《中国金融黑洞》被誉为“打击经济犯罪、讴歌经侦干警的开山之作”。《放飞的生命》真实地记录了黎鳌、黎介寿和黎磊石三兄弟的生平事迹，描写了他们的独特性格和不畏艰难、勇敢攀登科学高峰的精神。《五环旗下的中国》既写了刘翔、郭晶晶、刘春红、李宁、邓亚萍、杨扬这些世界冠军，又用浓重的笔墨写了教练和陪练这些幕后英雄，还把体育记者作为主人公独立成章大加歌颂。《女作家眼中的世界》也主要是讴歌型创作。《中国动脉》歌颂了西气东输工程，真实完整地记录了石油人在艰苦环境中默默奉献的精神风貌，形象地诠释了石油精神、铁人精神。西气东输工地远离繁华都市，地处沙漠、荒山、郊区，自然条件艰苦，社会依托差，工作时间长，劳动强度大。克拉2气田工地“风像魔鬼，五分钟能把天完全吹黑，吹得人在野外不能前进只能倒退。每天早晨起床，被子上褥子上饭碗里脸盆里全是沙子，毛巾用几天就变黄了”[①]，冬天“一般气温都在零下二十度。北风吹在脸上像刀子割，脸上生疼嘴唇干裂”[②]。“工人们每天早晨七点钟起床，七点半上工地，晚上十点钟才收工，每天在工地呆十四个半钟头。”[③]“焊工要用胳膊肘撑着管子往前爬，久而久之，每个人的胳膊都是疤痕累累。”[④]石油人四海为家，上线时夫妻分居，父子、母子分离，石油人上线时一连几个月不能回家，父母生病不能回家照顾，妻子生产不能回家安慰，孩子生病不能回家照看。对石油人来说，工作累并不怕，最令人揪心的事情是想家，想妻子，想孩子。石油人不属于家庭，不属于自己，他们属于祖国。石油人奉献了自己，还要奉献家人。尽管工作条件艰苦，饱受思念之苦，石油人仍然任劳任怨，拼命工作。因为“选择了石油就选择了艰苦，选择了石油就选择了悲壮，选择了石油就选择了崇高”[⑤]。倡导理想主义和忘我的工作激情是孙晶岩创作的出发点，正如孙晶岩所说，这里时刻都能感受到生命的张扬，这里有忘我的劳动场面，有“澎湃的建设激情和浓厚的理想主义，这里人无私而忘我，这里是一座心灵净化厂”[⑥]。

讴歌和批判在理论上并无优劣之分，讴歌的目的是塑一个榜样，激发人们向善向美之心；批判的目的是揭示病苦，引起疗救的注意，使之尽善尽美。但在现实效果上，讴歌的作用要小于批判的现实意义，报告文学卷入现实的现实主义品

---

① 孙晶岩：《中国动脉》，人民文学出版社2005年版，第83页。

② 同上，第87页。

③ 同上，第89页。

④ 同上，第90页。

⑤ 同上，第88页。

⑥ 同上，第91页。

格能够实现，很大程度上是由批判完成的。孙晶岩的作品以讴歌为主，不过也不乏批判的内容。《中国金融黑洞》用大量的笔墨揭露了三亚海关关长和云浮银行行长等蛀虫的腐败罪状，被誉为是揭露金融腐败的扛鼎之作。该书在中央人民广播电台长篇联播时，收到3000多封读者来信，如果仅仅是歌颂，不可能受到那么多老百姓的欢迎。《中国女子监狱调查手记》揭露了社会转型期女犯犯罪的各种原因。从李平的贪污、张卫红的杀人、田丫的拐卖妇女、魏云的虐待儿童等案件中可以发现人性的丑恶，从王山妮的案件中却可看出女性的权利在某些地区得不到丝毫保障。王山妮受到丈夫张二喜的虐待，她提出离婚，可当地的妇联和法院不支持她。王山妮忍受不了丈夫的毒打，一次趁张二喜熟睡时用斧头将其砍死。王山妮犯罪实在令人惋惜，如果社会多给她一些关爱和帮助，她也不至于走到这一步。从郑喜春的案件中，我们看出了社会的冷漠和公安机关的不负责任。郑喜春和丈夫王伟合伙杀死了17个人，其中许多受害者的家属都没有去报案，杀人魔郑喜春良心发现去报案，警察看她是一弱女子，居然不相信，公安机关并没有重视每一次报案的内容。

《中国动脉》在歌颂石油人默默奉献精神的同时，也揭示了一些不和谐的声音，例如工人给裸果木套上的铁笼，被一些农民偷去卖废铁。工人们像爱护自己眼睛一样保护长城等文物，而许多农民却到城墙上取土，许多秦砖汉瓦成了猪圈的围墙。加拿大和美国的站场阀室无人值守，没人去偷石油，而中国的管道，打孔盗油的事屡见不鲜，长庆油田就有石油工人为了同偷油者搏斗献出了生命。西气东输管道沿线有许多警示牌，可全线被人偷走了90块警示牌，有的地方牌子的框子还在，可中间写着“严禁盗气，注意安全”字样的那块铁被人盗走卖钱了。有的农民觉得西气东输是只肥羊，不宰白不宰，“按照规定作业带里每一棵葡萄苗赔付两元五角钱，有人就花钱从其他地方买来葡萄苗雇人栽在作业带里。他们花几角钱就能买一颗葡萄苗，葡萄苗有水就能活，一场大雨下来，突击栽的葡萄苗也成活了，郭志凌去清点时分不清哪些是真的哪些是假的，只好赔付了几万元的假葡萄苗钱”①。有些人为了多获得赔偿金，就把别的地方的果树移栽到即将征地的作业带里，从安定乡到栾家坪乡，郭志凌一共发现了六百棵移栽的假树。栾家坪乡必旺养殖场以爆破的震动惊吓了兔子使兔子流产为由，敲诈西气东输，要求新疆油建赔偿兔子的精神损失费。浙江长兴县的农民抢栽了四万两千棵小树苗，无理索要青苗补偿费，阻挠破坏西气东输工程建设，殴打工人，人为设置障碍，向作业带里放水。郭志凌在于家坪乡征地时，农民“对征地想不通，捏着面人嘴里念着咒语围着他转，边转边用针扎面人”②。这个细节让我想到眉间尺报仇的路上遇到一群看客，其中干瘪脸少年抓住眉间尺的衣领，不肯放手，说压坏了贵重的丹田，闲人们即刻围上来，呆看着，谁也不开口，后来有人从旁笑骂几句，却全是附和干瘪脸少年；又让人想到墨子在完成了止楚伐宋的历史业绩后，不但被募捐救国队掳去了包袱，连到城门下避避雨，都被两个执戈的巡兵赶

① 孙晶岩：《中国动脉》，人民文学出版社2005年版，第167页。
② 同上，第168页。

开了；女娲死后，一群伶俐的人自称女娲的嫡系在死尸的肚皮上扎了寨；夏瑜死后，他的鲜血被人用馒头蘸着吃掉了。孙晶岩对农民怀着深深地同情，她认为农民和西气东输的矛盾不是“敌我矛盾”，《中国动脉》的主要目的是歌颂石油人的奉献精神，无意于制造对立面，因此她只是把一些农民的落后思想当做石油人高尚精神的衬托面来表现，但我们面对这些落后愚昧的思想在震惊之余还是要施以重重的批判。对落后愚昧思想的批判并不妨碍我们对农民的同情和理解，怒其不争和哀其不幸是一个事情的两个方面，两者是统一的。

三、理性·文学性

报告文学具有新闻性，要关注现实，扎根地上；报告文学又具有文学性，要穿越现实，升到天上。“说到报告文学的文学性问题，往往让人联想到结构的奇巧、描写的生动、文字的优美、表达的流畅，以及可能的感染力等等，实际上，诸如此类的描述仍在接近文学的途中，甚至是一种表面的概括。”①“文学性，是因为我们在阅读过程中感受到了作品的思想魅力：被它的描写所激动所启示，由局部而整体，由此岸而彼岸，甚至可以倾听到作品所要传递的言外之意、弦外之音，并在其中感悟到某些更深刻更博大的命题，如人生、命运、人的处境、人类前途等。”② 既要投入现实又要穿越现实，这是报告文学作家面临的一个难题。孙晶岩的报告文学长篇居多，资料性强，但一部分作品满足于生活的社会性关照，没有穿越现实进入更宽阔、更深层的人类思情领域，因而显得堆砌资料、就事论事而没有真正抵达文学的审美领域。从题材和创作内容上看，《中国动脉》是一篇优秀的长篇报告文学巨著，但美中不足的是作者对材料没有进行适当的剪裁，而是把采访到的材料尽量都留下来，这样就造成了一种重复啰嗦的感觉。作者基本按照空间顺序，从西到东，从“龙头”到“龙尾”，从上游的气田勘探，到中游的管道建设，再到下游的市场开发，一个标段一个标段地描写，虽然各个标段都会面对各自不同的作业环境和由此带来的各种各样的困难，但各标段之间还是有许多相同的工作程序，石油工人的工作思想状况还是有许多相同的地方，所以阅读完一个标段再阅读下一个标段时，就有一种似曾相识的感觉，前面描写了这种事情，后面又描写了，前面写了这样一种人，后面又写，只是换了个名字。如果作者能对搜集到的材料按照一定的问题和角度进行分类整理，一个章节集中表现一个问题或者刻画一种人物，这样也许能克服资料繁琐带来的阅读沉重感。西气东输是一项浩大的工程，战线长，人员多，每一位建设者都希望在这部巨著中给自己留下一笔，中央首长的决策不能删，中石油高层领导不能删，各管理处处长不能删，各项目部经理不能删，最后自然成就了这部70万字的巨著。就连作家本人也承认这本书的真正的意义在于史志性，几十年后当后代们问起西气东输是怎样建成的时，这本书能使他们找到形象的答案。

---

① 周政保：《周政保报告文学评论集》，广东人民出版社2008年版，第99页。

② 同上，第100页。

报告文学兼有小说和杂文的特点，是形象性和思辨性的统一。孙晶岩称得上是一位“行走者”，但还不能算是一位“思想家”。她激情有余而理性不足，有时她作品中的理性分析缺乏深刻性和逻辑性。孙晶岩在《中国女子监狱调查手记》中总结女性犯罪的原因包括社会环境因素和女性自身素质两个方面。社会环境因素包括三点：“第一点是我国的经济体制改革有一定的负面影响，在社会的转型期，出现了很多管理上的漏洞，给贪污、挪用公款者以可乘之机。”“随着经济体制改革的深入，大批职工下岗，女职工是首当其冲。”“一些女人就是为生活所迫在下岗以后走上诈骗、盗窃等犯罪道路的。”“第二点是社会不正之风、腐败现象的消极影响。……给共产党的高官当情人似乎是一条致富的捷径。”“第三点是双重文化的冲击。所谓双重文化是指中国封建传统文化与西方外来文化的消极影响。”[①] 女性自身素质也包括三点：“第一点是生理因素，当女人处于月经期、怀孕期、产期、哺乳期和绝经期时，会出现植物神经功能紊乱，大脑皮层控制失调，心烦易怒，情绪失控。这时候的女人心里会有一股无名火，遇到不良刺激很容易诱发犯罪。”第二点是心理因素，“女性的生活、学习、工作、日常交往局限在一个小圈子里，因此女性容易形成狭隘、猜疑、嫉妒、偏执的性格特征”。这种性格特征使她们容易犯罪。“第三是思想意识的因素，在经济大潮的冲击下，不少女人的人生观、价值观发生了扭曲。”[②]“有些女人贪图享受，用不正当手段疯狂敛财。把卖淫作为致富捷径，不以为耻，反以为荣。女性不懂法也是导致其犯罪的重要原因。”[③] 孙晶岩对女性犯罪的研究更多的是从社会学的角度解释，而较少从人性善恶的角度研究；对女性犯罪的原因，关注更多的是外在的社会原因，而对女犯自身的道德伦理观念因素关注较少。女性特殊的生理特征和心理特征并不能视为女性犯罪的真正原因。她所分析的女性自身原因和外在社会原因其实是重复的。比如女性自身原因之三“思想意识的因素”、“女性把卖淫作为致富捷径”其实和外在社会原因之三“西方外来文化的消极影响”、“西方的价值观、人生观、道德观和腐朽没落的生活方式也乘虚而入。过去中国推崇窈窕淑女，以端庄典雅为美，现在不少青年女性将贞操看得一钱不值，一些人为了追求享乐甚至去卖淫”是一个问题，没有必要分开阐释。

孙晶岩长篇报告文学的结构并不是无懈可击。《放飞的生命》按照时间顺序记叙黎氏三兄弟的成长历程，全书共分十二章。第一章“岳麓山下，湘江之滨”记叙了黎氏三兄弟的出生和童年时代。第二章“战火烽烟，流亡学校”描述了黎氏三兄弟的中学求学生活。第三章“不为良相，即为良医”叙述了黎氏三兄弟的大学生活和对医学的追求。第四章“兄弟之间，情同手足”中三兄弟相互支持，相互关爱，终成良医。第五章“医学境界，协和精神”记述建国十七年黎氏三兄弟对事业和学术的执著追求。第六章“山雨欲来，烈火真金”表现了黎氏三兄弟在“文革”期间的不幸遭遇和顽强挣扎。第七章“凤凰涅槃，心灵绝唱”主要描

---

① 孙晶岩：《中国女子监狱调查手记》，作家出版社 2002 年版，第 341 页。
② 同上，第 343 页。
③ 同上，第 344 页。

写新时期的黎鳌在学术上的追求和科研上取得的成就。第八章“无情未必真豪杰，怜子如何不丈夫”主要描写新时期的黎鳌在生活上对家人、朋友、社会的关爱。第九章“穷且益坚，不坠青云之志”的第一节和第二节写80岁的黎鳌在科研上的追求和对学生们的关怀，第三节到第七节表现黎介寿在新时期学术事业上的追求和取得的成果。第十章“锲而不舍，金石可镂”的第一节写黎氏三兄弟共同关注器官移植，第二节和第三节写黎介寿，第四节到第六节写黎磊石。第十一章“老骥伏枥，志在千里”第一到第九节写黎磊石，第十节写黎鳌庆祝烧伤研究所40岁生日。第十二章“江河同在，日月同辉”写黎鳌去世的经过以及去世以后大家对他的追悼。纵观全书，第一章到第八章时间顺序明确，条理清楚，第九章到第十一章顺序有点乱，条理不甚清楚。如果把第九章到第十一章这三章的内容合并成两章，第九章着重写新时期的黎介寿在事业学术上的追求以及生活中的性格、人品，第十章着重写新时期的黎磊石在事业学术上的追求以及生活中的性格、人品，这样全书的结构就比较合理，条理就会比较清楚。另外，作者在处理黎氏三兄弟的关系时，没有把三人之间的关系理解为并列关系，而是以黎鳌为主，以黎介寿、黎磊石为次，甚至黎介寿、黎磊石两人有作为黎鳌陪衬的嫌疑。作者对黎鳌写得多，对黎介寿、黎磊石写得相对较少。如果把黎氏三兄弟处理成平行关系，这部传记可能会更加出色一些。

孙晶岩报告文学的语言总体风格是朴实中见豪放，她喜欢用对偶、排比的手法，但有时也会给人模式化和过分夸张的感觉。黎鳌逝世后，作者写到：“噩耗传来，天悲地恸，瓢泼大雨悲痛地倾撒下来，连天公也不愿意好人黎鳌的英灵归去。雨啊，你痛痛快快地下吧！天啊，你痛痛快快地哭吧！让我们一齐安慰好人黎鳌的在天之灵吧！”① 这里感情的放多于收，效果并不好。“望着丈夫的遗体，汪素娟想了很多很多”，“望着大哥的遗体，介寿和磊石想了很多很多”，“望着爸爸的遗体，她（指海蒂——引者注）想起了一幕幕往事”，“望着父亲的遗体，黎海蓝想了很多很多”，“望着父亲的遗体，黎海涛想了很多很多”，“望着黎鳌的遗体，肖光夏想了很多很多”，“望着黎鳌的遗体，杨宗城想了很多很多”，“望着黎鳌的遗体，汪仕良想了很多很多”，“望着黎鳌的遗体，黄跃生想了很多很多”，“望着黎鳌的遗体，吴军想了很多很多”……对于黎鳌的人格，作者如下总结：“对于弟弟，黎鳌是个称职的兄长；对于妻子，黎鳌是个称职的丈夫；对于儿女，黎鳌是个称职的父亲；对于同志，黎鳌是个称职的领导；对于病人，黎鳌是个称职的医生；对于弟子，黎鳌是个称职的老师；对于烧伤研究所，黎鳌是个称职的学术带头人。”② 以上两处表述都稍显单调和失真。

以上所说结构和语言上的遗憾，仅仅是孙晶岩报告文学中微小的不足，瑕不掩瑜，这并不妨碍孙晶岩成为一位令人敬佩的、有社会责任感的作家。

（作者单位：南开大学文学院）

---

① 孙晶岩：《放飞的生命——中国院士三兄弟》，解放军文艺出版社2000年版，第356页。
② 同上，第374页。

王小波杂文的艺术三维：自由、乐趣与理性

□ 唐霖勇

在许多人眼里，王小波是一位出色的小说家，殊不知他同时还是一个极具特色的杂文写作者，虽然他自己并不看重杂文写作，但随手写来的杂感还是充盈着思想的智慧，闪耀着理想的光芒。这不仅彰显出王小波其人特立独行的个性魅力，也流溢出王小波思想之自由的艺术才情。王小波是一个自由主义者，他自诩为"一只特立独行的猪"。这一独特的思想个性，使他能始终如一地固守着自己的精神家园，恪守着自己的人文情怀，以一个自由主义文化者的身份出现在人们面前。也正因此，杂文在王小波看来或许更能承载他作为知识分子的责任与良知，更能体现他作为思想者对于世事的态度，更能实现他作为一个自由主义知识分子所期望感遇的那种理想境界——"思维的乐趣"。这或许也是王小波将生前唯一一本杂文集命名为《思维的乐趣》的重要原因。

杂文是针砭时弊、抨击社会、关切民生的一种文体。对于许多身处体制内的当代中国作家而言，由于文艺生态环境的制约，作家们很难真正获得自由表达与思维乐趣相互提升的审美感受。王小波却是一个例外，他于1992年辞去教职，成为一个自由撰稿人，卸去体制的"盔甲"使他少了几分约束，多了几分自由，思想核心中的自由主义情愫自然容易无拘无束地宣泄出来，重构精神家园、恢复人文精神的愿望也能够得以畅快地表达与淋漓的释放，从而享受精神的自在所带来的"思维的乐趣"。这也使其杂文呈现出独特的艺术特质。

一、"自由"：生命体认和思想诉求

王小波的杂文不论是形式措置的行文风格和话语表达，还是内容指向和精神内核，都贯穿着自由主义思想。正因此，他的杂文才形成了行文自如、自由洒脱的风格，以及颇具锋芒的辨析言辞，并可以真正体现对现实生活和历史事件颇有深意、独立独行的思考。

王小波的"自由"诉求深刻地影响了他的小说和散文创作，成为他文学创作的基点。当然他的杂文也概莫能外。他的小说不是在已有的理论框架内论辩，亦缺乏"科学的依据"，"也没有教条的支持"，相比之下，他的杂文是立足于自身生活体验和文化思考的，更多从琐碎的事件中展现的人生思索，凸显他自由、超

脱的特质。正如李银河所说的，有人认为我们这样的社会，只出理论家、权威理论的阐释者和意识形态专家，不出思想家，而在我看来，小波是一个例外，他是一位自由思想家。自由人文主义的立场贯穿在他的整个人格和思想之中，这种诉求首先就是站在自由主义立场上对自由思想的诉求与表达。对此，王小波自己也从不掩饰。他在《知识分子的不幸》一文中讲道："作为一个知识分子，我对信念的看法是：人活在世上，自会形成信念。对我本人来说，学习自然科学、阅读文学作品、看人文科学的书籍，乃至旅行、恋爱，无不有助于形成我的信念，构造我的价值观。一种学问、一本书，假如不对我的价值观发生作用（姑不论其大小，我要求它是有作用的），就不值得一学，不值得一看。"① 这正体现了作者对自足主义立场的坚守，对自由思想的诉求和表达，并体会着这种快乐。王小波的杂文随笔在反对人身依附、探讨民主问题上也是以呼唤个人独立意识的觉醒和倡导个人尊严的建立为特征的。在作者看来，自己就是"沉默的大多数"里的一个，自从进入学校，就开始接受了传统的话语教育，人身依附也由此开始，"人只要争得了论是非的权力，他已经不战而胜了"。从自己的生活中，他体会到"沉默的大多数"是古往今来最大的"弱势群体"。在话语的影响下，个人的主体性被消蚀，其日常表达也就成为话语体制的一种附庸，为了生存而交纳的一笔"话语捐税"罢了。

对自由思想的认识还体现在他的写作策略上。王小波的杂文很多都是置于二元结构中的，即在对中国古代文化的糟粕进行批判，以及对西方自由文化的探寻中完成。正如他自己所说的，"古代中国是面镜子"、"外国是面镜子"，作者在这二面镜子里，互为映射、观察，找到自己的立足点。以伦理文化为主导的中国古代文化对"自由"漠视，以及在中国近代非常态的社会发展中出现的啼笑皆非的现象，都是他的批判对象。他在《弗洛伊德和受虐狂》中谈道："法国人在马赛曲里唱到：不自由毋宁死；这话有人是不同意的。不信你就找本辜鸿铭的书看看里面大谈所谓良民宗教，简直就是在高唱：若自由毋宁死。《独立宣言》里说：我们认为，人人生而平等。这话是讲给英国皇上听的，表明了平民的尊严。这话孟夫子一定反对，他说过：无君无父，是禽兽也——这简直是宣布说，平民不该有自己的尊严。总而言之，个人的体面与尊严，平等、自由等概念，中国的传统文化里是没有的，有的全是些相反的东西。"② 正因为他看到了中国传统文化没有自由的因子，甚至是反对自由因子的萌芽，王小波从来不以宏大的历史使命为己任，而是从微观的辩驳中，展现他追求自由，特别是对于"人人平等"、"尊重个体价值"的追求，这也是王小波最终诉求所有。

这就是他在《沉默的大多数》中所说的："作为一个人，要负道义的责任……这就是我写杂文的动机。"坚持自由主义立场，并肩负道义的责任，成为王小波创作的起点，而这一价值追求也使王小波"思维的乐趣"的表达显得独特：

① 王小波：《知识分子的不幸》，《思维的乐趣》，重庆出版社 2009 年版，第 41 页。

② 王小波：《弗洛伊德和受虐狂》，《思维的乐趣》，重庆出版社 2009 年版，第 139 页。

以唤醒“想要设置别人生活的人”和“对被设置的生活安之若素的人”，敢于做“无视对生活的设置”的“特立独行的猪”。

二、“乐趣”：文化体验与写作策略

王小波从杂文之论证与证伪中感受到了乐趣，这种乐趣集中于对“理性思维”的感受、体验和追求。他在《怀疑三部曲》中说道：“所谓智慧，我指的是一种进行理性思维时的快乐。”他将杂文集命名为《思维的乐趣》，也是基于文化体验和理性思辨的乐趣。

“思维”含有理性特征和价值尺度，具有抽象性和思辨性。但是在王小波看来，“理性思维”是有趣的，有“乐趣”的。他曾说，有趣是一个开放的空间，一直伸向未知的领域，无趣是个封闭的空间，其中的一切我们全部耳熟能详。他的父辈，或者说其他人在思维的时候，失掉了“乐趣”。“我父亲是一位哲学教授，在五六十年代从事思维史的研究……结果他虽然热爱科学而且很努力，在一生中却没有得到思维的乐趣，只收获了无数的恐慌。”“我们这个民族总是有很多的理由封锁知识、钳制思想、灌输善良，因此有很多才智之士在其一生中丧失了学习、交流、建树的机会，没有得到思想的乐趣就死掉了。想到我父亲就是其中的一个，我就心中黯然。”[①]（《思维的乐趣》）进而，没有“乐趣”的“思维”，不但不能获得“理性”所带来的价值，反而“收获无数的恐怖”。因此，在王小波的“理性思维”的思考中，有“乐趣”的思维、“思维的乐趣”是绝对不可忽视的一个重要环节。

王小波的思维乐趣首先体现为幽默的行文风格。鲁迅的幽默出自对国民性的深刻洞察，哀其不幸，怒其不争；老舍的幽默唤醒对遭受苦难者的同情，是使人啼笑皆非的幽默，温和而敦厚；钱钟书的幽默是一种脾气，他冷然微笑，在沉闷的人生中透一口气；杨绛是语言平实浅白、性格顽皮豁达的幽默。而王小波的这种幽默方式与其他人截然不同，他大笑着讲述自己经历的荒唐事，好像他不是其中的受害者似的。他使我们认识到人们犯过同样的错误，只是碍于面子，或者怕承认自己的愚蠢而不便说出来罢了。有这么样的一个人的坦白让我们释然，原来有人也做过这么傻的事情。他是说出皇帝没有穿衣服的小孩子，让我们认识到自己没看出不蠢，说谎话蠢，同时，也因为荒诞剧的结束而心情感到放松和愉快。他的杂文，喜欢引用故事来针砭时弊，都显得机智幽默。如在《智慧与国学》中，他谈到拉封丹寓言里有一则《大山临盆》，内容如下：大山临盆，天为之崩，地为之裂，日月星辰，为之无光。房倒屋坍，烟尘滚滚，天下生灵，死伤无数……最后生下了一只耗子。他用这个故事来讽刺中国的人文学者弄点学问，就如大山临盆一样壮烈。王小波在《文明与反讽》中提到一个传教士，在传教的时候被一群食人族逮住，食人族在英文里叫“啃你饱”（Cannibal），这群“啃你饱”

---

① 王小波：《思维的乐趣》，《思维的乐趣》，重庆出版社 2009 年版，第 17 页。

就想拿传教士做烤肉。他们把传教士穿在烤炉上用文火烤着，传教士看见自己的下半部分被烤得滋滋冒泡，忍不住说："喂，伙计，下面已经烤好了，该翻翻个了。"因为依他看来，"任何一个文明都该容许反讽的存在，这是一种解毒剂，可以防止人把事情干到没滋没味的程度"。一个个幽默的故事，使得他的杂文趣味横生，也使"思维"乐趣无穷。

这种"乐趣"还体现在文字的修辞上。王小波并不认为杂文一定"应该有点典故，有点考证，有点文化气味"。他的杂文没有深奥难懂的术语，而俗字俗语随处可见，荒唐经历、笑话故事以及各种各样的调侃成为王小波杂文不可或缺的元素。王小波的杂文充满了谐趣，即在看似漫不经心的调侃中表达自己的观点，而绝少有劝诫和教育类的陈述。比如在《一只特立独行的猪》中，为了表达自己对不自由生活的反叛，讲述了"文革"时期的一头猪的趣事，对猪的形容有"猪兄"、它"跑得潇洒之极"、"猪兄跑起来像颗鱼雷，能把狗撞出一丈开外"等黑色幽默的语言运用，十分精彩。他对自己不拘小节的气概形容为"我老师学问很大，但很天真；我学问很小，但老奸巨猾"。

除此，这种"乐趣"的写作策略还体现在对故事的运用上，这也是王小波杂文十分显著的风格。王小波坦言自小喜欢读闲书，甚至在海外留学多年，各种各样的书都有涉猎。因此，他所运用的故事来自于通俗小说《水浒传》、古典文学作品如《官场现形记》、《老残游记》、《酉阳杂俎》，还有国外的作品如匈牙利小说《会说话的猪》、乔叟《坎特伯雷故事集》、萧伯纳《巴巴拉少校》，以及诸多西方影视作品。这些故事被作者以极敏锐的思维整合起来，成为一个个服务于杂文需要的材料，在文章中出现。王小波《沉默的大多数》的自序中说到自己不热衷"正史"，相反更喜欢野史，野史中有许多"有趣"的材料可供选择。

由此，王小波杂文中许多妙趣横生的故事也就不足为奇了。以故事的讲述展开讽喻性的比附，是王小波杂文的特色之一。受其经验自由主义的思想影响，这些故事有相当一部分是他亲身经历的生活故事，即王小波的"乐趣"带有深刻的个人生活体验。在杂文中最具特色的实例是他自己亲身体验过的生活。透过他的杂文，读者可以对中国现代史中的荒诞事件略见一斑。在个人体验中，融入了他对现实的批判，以及对于"自由"精神的追求。比如反映"大跃进"的"生命科学与骗术"："五八年大跃进时就发明了很多东西。其中有一样，上点岁数的都记得：一根铁管，一头拍扁后，做成单簧管的样子，用一片刀片做簧片。他们说，冷水从中通过，就可以变成热水，彻底打破热力学第二定律。这种东西叫做'超声波'，被大量制造，下在澡堂的池子里。据我所见，它除了割破洗澡者的屁股，别无功能；我还见到一个人的脚筋被割断，不知他现在怎样了。"[①] 对于"发明"展示，既有幽默、快感的体验，同时，又有着对历史的无情批判。再现自己"文革"经历的作品，有着肆意的笑与深刻的沉痛。在《欣赏经典》中，他说："'文化大革命'里，我们只能看到八个样板戏。打开收音机是这些东西，看个电影也

① 王小波：《生命的科学与骗术》，《思维的乐趣》，重庆出版社 2009 年版，第 215 页。

是这些东西。插队时，只要听到广播里音乐一响，不管轮到了沙奶奶还是李铁梅，我们张嘴就唱；不管是轮到了吴琼花还是洪常青，我们抬腿就跳。路边地头的水牛看到我们有此举动，怀疑对它有所不利，连忙扬起尾巴就逃。”不管是“文革”中的“猪”还是“牛”，都成为这一荒诞历史的见证，又是这一荒诞而充满“思维乐趣”的历史主角。此外还有文学故事，如《水浒传》里戴宗和宋江关于“行货”的对话等；或者是寓言故事和历史故事，比如为了嘲讽中国知识分子故作高深做学问，以见过的一头特立独行的猪为表现对象，讽刺被设置的生活。

三、“理性”：思维的乐趣与文化规制

王小波的杂文充满了理性论证，尽管这种理性是个人生活体验式的理性。许纪霖先生曾说：“王小波给人的最深刻的印象，是他的理性，那种清晰的、冷静的英国式的经验理性。”① 正如他所说的：“理智是伦理的第一准则……它是一切知识分子的生命线。”这种冷静、理性的风格深刻地影响了他的杂文写作，使得他的杂文充满了理趣。

王小波如此注重理性，主要出于以下几个原因：一是与他的出生有关。王小波出生于知识分子家庭，父亲是哲学教授。因受“文化大革命”的冲击，王小波兄弟姐妹中除了大哥学了“和理科相近”的哲学外，其余都从事理工类。王小波也不例外。经济贸易是他的本行。这种理科知识培养和背景，使得他日后的文学创作有了理性思辨的可能性。二是中国理性的缺乏。古代中国的文化规制并非建立在理性的基础之上的，而是以道德伦理进行国家治理和人际关系维系。所以他认为，传统文化那种凡事以礼为先，重义轻利的伦理根基，不仅是先验的，也是虚伪的。它们走到极端就形成了“文革”的非理性狂潮，使中华民族惨遭浩劫。也正是由于中国的价值观和信仰领域“不理性”的现实，他才高举“理性”旗帜。他曾说，知识分子最怕活在不理智的年代。因为，在一个正常的社会管理下，单单靠个人的信念和操守是不起作用的，而应该纳入理性的轨道。人只有坚持理性，才可能保持思想的独立与自由。王小波进而指出：“任何一种信仰，如果被滥用，都可以成为打人的棍子，迫害别人的工具。”这世上从没有一种“可以狂信而无丧失理智危险的信仰。信神、信天命、信祖宗、信圣人之言、信乌托邦，等等，没有理性的信仰，难免陷入混乱，或被利用”。

这一理性思维，表面上是人对于自然、社会知识的扩充，是发展智力，而实质是对人的尊重，对人的肯定，是对于个体价值的彰显。如《工作与人生》中，他主张把工作作为人生乐趣，作为人生主要的主题；如《个人尊严》中，他提倡把个人尊严和国家尊严一起作为对时事价值判断的标准；如《东坡与东坡肉》中，他区别了对问题本身和对与这个问题有关的名人感兴趣的兴趣。他的杂文，展示了理性思维的乐趣。由此，思维直通理性，坚守理性，人们将自然地变得有

---

① 王毅主编《不再沉默——人文学者论王小波》，光明出版社 1998 年版，第 35 页。

尊严，对待自己及工作的方式也将随之发生巨变。也就是说，他理性的思维，其实是自由主义价值的另一种表现。对于“理性思维”的追求，最终成为对于人，特别是个体价值的尊重与肯定。这既是自由主义的价值的落实，而且又成为一种“享受理性思维”的乐趣。

但值得注意的是，王小波的理性是建立在个人经验和体悟的经验主义上的。“王小波的大多数杂文后发现他特别强调经验的证实/证伪作用，而理智则在这种证实/证伪过程中起着主导作用。所以，王小波杂文的精神内核是理智经验主义。”① 从他的总体表述来看，他的理智经验主义的主要内容是：“1. 理智是人的生命线。人必须讲理智，以理智来引导自己的生存，以免再次发生类似于二次世界大战、“文化大革命”那种集体性疯狂中；2. 所有的命题、论断、原则、陈述都要经过个人的经验的证实。凡是个人的经验证实少了，就该存疑；3. 既然你和我的经验都是有限的个人经验。那么，你和我都没有权利将从有限的个人经验总结出来的准则强加到别人身上，即人是独立而自由的，而理智经验主义所最终指向的必然是以个体为本位的自由主义。”② 王小波反对瞎浪漫的狂热，追求科学精神。他指出，科学不断创造奇迹，好像很是神奇，但在实际上，它绝无分毫的神奇之处——如马林诺夫斯基所言，科学是对真正事实的实事求是——它创造的一切，都是本分得来的，其中包含的血汗、眼泪和艰辛，恐非外人所能知道。同时，呈现为对“善”的执著精神。在伦理道德领域，他详细地考虑有关证据，经过痛苦的思考，才搞清楚什么是对，什么是错。王小波的“理性思维”，呈现为对于自然界中的“科学精神”和社会道德伦理中的“善”、“正义”的追求。

所以，王小波在他的杂文中展示了他的思考方式，这就是“思维的乐趣”，并以“思维的乐趣”坚守理性、捍卫个体生命的价值。在一定程度上，王小波正是有了“思维的乐趣”这一视野，他的作品才释放出启蒙、批判等多元的自由主义价值维度，以及对于理想、真理、心灵等的不懈追求。因此，可以说，“思维的乐趣”不仅是理解王小波杂文和其他作品的一个重要维度，而且也是王小波自由主义思想脉络谱系中一条重要的线索。

（作者单位：成都七中初中学校）

① 王晓华：《王小波杂文的思想渊源、意义与局限——王小波杂文论》，《文艺理论研究》2001年第11期，第55页。

② 同上。

基督品格的萌生

——从鲁迅到巴金对中国文化人格革命的意义

□白 浩

在中国新文学、新文化史上，作为一个精神偶像，鲁迅的文化人格意义已被过度阐释以至于被“神”化。而巴金，能否够得上20世纪文学、文化史上的一个精神偶像呢？这仍是一个疑问。就文学成就来说，巴金显然要逊色于鲁迅，就人格的战斗性、坚韧性来说，也是不如鲁迅的，但《随想录》，巴金晚年的这一绝唱使他的人格意义得到质上的发展，由此对其文化人格意义的发掘也可以赋予新的维度，而这一文化史价值在笔者看来，仍未得到深刻的阐释。《随想录》的文学史地位姑且存而不论，但它却是20世纪中国人精神史上的一件大事，而且，这种意义正要与鲁迅相结合方才彰显。鲁迅与巴金，分别被称为20世纪上半期的良心和20世纪下半期的良心，巴金又被称为20世纪的良心，他们的罪感、痛苦、忏悔都在传统文化背景与20世纪语境中独树一帜，如果因为与鲁迅相联系而被赋予“神”的意义的话，那么他们作为人格“神”的意义却又迥然不同，一者以冷，一者以热，一者以憎，一者以爱，一者“一个也不宽恕”，一者“还自己的债”。从鲁迅到巴金，在忽略量的高低而论其质的异同上，分别代表了中国新文学、中国新文化人格相续相承而又迥然不同的两个阶段，构成20世纪中国人精神史上的两个“父”，两点间连接的虽非一条直线，但毕竟构成一个文化发展的箭头，它的崭新意义有可能成为新世纪文化发展的原动力之一。

一

作为20世纪精神界被“神化”的人物，鲁迅“以眼还眼，以牙还牙”、“一个也不宽恕”、疾恶如仇的战斗精神，都如旧约世界中上帝与代言人摩西一样鲜明。这从毛泽东对鲁迅的评价中可以得到证实：“鲁迅的骨头是最硬的，他没有丝毫的奴颜和媚骨，这是殖民地半殖民地人民最可宝贵的性格。”（《新民主主义论》）这个评价也以钦定的方式主导了此后长期对鲁迅精神的认识与评价方向。鲁迅的硬骨头精神在生前既是对统治者战斗的利器，同时也是与资产阶级意识形态中的自由、民主、平等、博爱等相对立的，诸如“费厄泼赖应当缓行”、“痛打落水狗”等都是例子。若论其阶级性与经济基础，这种战斗精神正是位于物资匮乏的社会、阶级矛盾难以缓和背景下的无产阶级的战斗精神，并还颇带了些流氓无产者的习气。如果说宽容、博爱等价值观是资产阶级意识形态的核心概念并由此而受到批判的话，那么，我们显然忽略了这些概念也正是全人类的永恒价值观这一事实。马克思主义将阶级斗争作为社会主义的早期核心，而将宽容、博爱等置于共产主义的理想社会中；而苏俄的列宁思想以及中国的毛泽东思想则是将其阶级学说实践并扩大化为整个的意识形态控制体系，至于宽容、博爱等远期目标则因为与近期历史任务相冲突而被后置和虚化，甚而被批判。这种文化背景决定了对鲁迅精神多面性认识的遮蔽。鲁迅精神的核心是战斗精神。“鲁迅是在文化战线上，代表全民族的大多数，向着敌人冲锋陷阵的最正确、最勇敢、最坚决、最忠实、最热忱的空前的民族英雄。鲁迅的方向，就是中华民族新文化的方向。”（毛泽东《新民主主义论》）如果将历史局限于以阶级仇恨和阶级斗争为本质的社会中，那么此言无疑是正确的，正因此，“与天斗、与地斗、与人斗”的无产阶级社会革命英雄毛泽东与无产阶级文化革命英雄鲁迅的战斗精神一拍即合。然而，当社会发展进入阶级斗争不居主要地位阶段时，这种“战斗精神”仍然是“中华民族新文化的方向”吗？蓝棣之就认为：“毛泽东的意思说，鲁迅的价值在于反帝反封建，最值得赞美的性格是没有媚骨和奴颜，鲁迅的方向乃是新民主主义文化的方向。什么是新民主主义文化的方向呢？它既别于旧民主主义革命时期的革命文化但同时区别于社会主义革命时期的文化。最重要的是，我们在此误解和误读在于：毛泽东讲鲁迅是新民主主义文化的方向，而我们却误以为毛泽东认为鲁迅是任何广泛意义上的新文化的代表，以为毛泽东称他为任何意义上的新文学的方向。我想我们大大地把毛泽东的论述扩大化了。毛泽东在任何地方都没有讲过鲁迅是社会主义文化革命的方向、主将和旗手，毛泽东的意思是赞扬鲁迅是国统区的旗手、主将，在那里不要有奴颜媚骨。”[①] 历史已经证明了这种理解错位的灾难性后果，并呼吁对新的文化精神的检讨与探索[②]。鲁迅精神往小里说是战士精神，放大说是战神精神，但由战士转化为战神，其间的负面也被放大出来。战士是个人的，尤其是位于受压迫、受奴役时的个人抗争行为，而战神则是民族的、国家的，甚至是全人类的，它可能是受压迫、受奴役者的信仰，也可能是压迫者、奴役者的信仰，因为二者有着共同的逻辑基础——彻底的暴力的斗争。“恶”在这里被用作理所当然的推动历史发展的动力，视作建设世界和维护秩序的保证，“恶”被神圣化、专制化。当被统治者的战士转变为统治者的战神时，这种火与剑的斗争逻辑就会为人类社会带来新的血与泪、不公与不义，战神之“恶”的潜在危险被现实放大。在基督教史上，这一点更为显明。在物资匮乏，阶级斗争、民族斗争尖锐的奴隶社会中，犹太教所奉的耶和华正是一位部族

---

① 蓝棣之：《症候式分析：毛泽东心中的鲁迅什么样》，何梦觉编《鲁迅档案：人与神》，中国工人出版社 2002 年版，第 213－214 页。

② 对于鲁迅研究，已不断有人发起“断裂”、“哀悼”简单仇父式的争鸣，如先后有朱文等发起的“断裂”问卷调查、葛红兵的“给 20 世纪文学的一份悼词”、王朔的“我看鲁迅”等，而学者刘小枫、谢泳也严肃地论及鲁迅的“恶”的问题。

战神[①]，他动辄灭城诛族，以血腥来维护着一神的信仰。而那位上帝的使徒摩西也正是以坚韧无比、疾恶如仇的战士精神率领受奴役的部族出埃及。在特定的历史阶段，作为受奴役者的信仰，战士精神、战神精神都有其历史使命。然而，当耶和华、摩西作为立法者而存在时，战神精神为人间带来的并非和平与关爱，而仍然是火与剑的暴力、血与泪的痛苦。战神之战乃是以憎为基础，以恶抗恶为手段，然而，无论是“恶的恶”，还是“善的恶”（这种划分本身就是狡辩），最终都仍是“恶”，所产生的破坏性历史后果也都殊途同归。“恶的恶”只要存在，“善的恶”或许事实上也就无法避免，但旧约上帝将其神圣化、合法化，而新约基督则并不鼓励如此，不同的态度将会主导不同的前景。爱神之爱并非自我麻醉，而是承认罪与恶，正视罪与恶，并承认需要同罪与恶斗争，但他认为以憎和以恶抗恶并不能解决问题，故而以爱为基础，以善度恶为手段，以恕和忏悔来化解恶。于是，基督教代犹太教而兴。为维护历史的合法性，它将犹太教的战神精神封入历史的旧约阶段，并迎接作为新约精神的耶稣爱神精神。这种转化是由民族、阶级斗争尖锐化历史阶段下的暴力观、求诸人观向民族、阶级斗争调和化历史阶段下的仁爱观、求诸己观的转化。这种转化，并非平稳过渡，犹太教视基督教为敌人，战神精神与爱神精神亦是敌对冲突的，而耶稣正是以死来化解这种冲突和矛盾，以复活而宣告新的时代的开始。随着历史的变化，社会所崇奉的战斗观也必然向和谐观转化，战神精神必然向爱神精神转化，旧约精神必然向新约精神转化，上帝、圣父意识向人子意识转化，诛罪意识向悔罪意识转化。

对鲁迅精神的认识也便面临着这样的困惑，既有受奴役者的战斗精神、硬骨头精神可贵的历史使命，同时，在社会历史阶段发生变化时又面临精神转型的困惑。战斗精神用于任何奴役者，无疑是“殖民地半殖民地人民最可宝贵的性格”，这种最可贵的“硬骨头”精神，用之于奴隶则为战士，然而用之于掌权者则可能为专制和残暴（即“毫不手软”），转化为战神的威权意识。如同其精神导师尼采可能成为希特勒法西斯主义的导师一样，鲁迅也被利用为“文革”封建大复辟中屠杀和打斗的理论“帮凶”。成为统治阶层的意识形态后，在秩序既定时，这种旧约精神、暴力威权意识是维护秩序的有力工具；当纲常秩序淆乱时，它的破坏功效远大于建设，因为它“一个也不宽恕”，所以旧约精神一方面算是一种“建设精神”，另一方面也正如鲁迅自己所说是一种“捣乱精神”[②]。“文革”中的红卫兵正是将这种暴力威权意识、捣乱精神体现得淋漓尽致。而对于鲁迅个人的悲剧来说，他奉行了上帝的哲学，然而却没有上帝的威权，尽管他摆脱了“奴”的位置，但他仍只是“人”而已，故而便会处处“碰壁”、绝望。这碰壁、绝望是

---

① 参见弗兰克《十字架的道路》中说：“旧约中的‘主，萨瓦奥弗’（耶和华的别称——译者）是一位战神——愤怒而悲伤地同反对它的恶势力进行斗争的神。”（刘小枫主编《二十世纪西方宗教哲学文选》上卷，上海三联书店1996年版，第381页。）

② 鲁迅曾说：“你的反抗，是为了希望光明的到来罢？我想，一定是如此的。但我的反抗，却不过是与黑暗捣乱。……所以我忽而爱人，忽而憎人；做事的时候，有时确为别人，有时却为自己玩玩。”（《两地书·二四》，《鲁迅全集》第11卷，人民文学出版社1981年版，第79页。）

必然的。鲁迅对自己的战斗精神并非没有反省，在他批判国民劣根性的严苛中，他自身是否也染上了某种劣根性呢？在批判“吃人”时，他所奉行的战神精神是否也正在“吃人”呢？他并不认同基督的超世性，但由“神之子”到“人之子”的自譬他是有的，而“神之子”、“人之子”被钉杀的自譬他更是显明的，由此，他竟将这段历史作为他的“复仇”动力①。耶稣在十字架上的“饶恕他们吧，他们做的他们不知道”与鲁迅的“一个也不宽恕”形成何等鲜明的对比。“复仇”是他的精神支柱之一，复仇乃是以恨为动力，所以鲁迅所建立的也正是“憎的丰碑”、“恨的哲学”；复仇是一种立足现实的战斗意志，是清醒的现实主义，而宽恕与仁爱则指向超越的普世精神；他要“我以我血荐轩辕”来行启蒙，可在以复仇和战斗对待敌人时又不免也以复仇来对待钉杀“人之子”的人民，二者间的矛盾与互否性的痛苦也是不可调和的。鲁迅“抉心自食，欲知本味”，也屡次检讨自己思想的黑暗，并质疑这战斗的结局并不能带来“黄金的世界”，而这更加重他的绝望与黑暗。鲁迅在绝望与反抗绝望中，在对自己局限性的反省中，一再感叹自己只是个中间物，寄望于未来更新精神的出现——正如旧约必然要走向新约，上帝要派圣子耶稣来做上帝与人的中介——这便是从上帝走向耶稣，从圣父走向人子，从威权走向仁爱、牺牲，从旧约精神走向新约精神，从犹太战神走向基督爱神。圣经说耶稣是圣父与人之间的中间物，然而按照历史的逻辑，按照旧约精神与新约精神诞生的逻辑看，恰恰正是上帝意志、旧约精神成为通往人子意识、新约精神的中间物，不可能先有了终极物，而后才诞生出中间物。鲁迅双足站立在旧约世界，文化巨人式的身躯成为受奴役者战斗精神的化身，然而他的头颅却已开始探入新约世界窥视，在对自己的检讨中自譬为历史的中间物，呼唤和孕育着超越自己的新的精神品格的诞生②。

鲁迅寄望的新的精神是什么呢？它出现了吗？现在，我们或许可以说，它已经诞生，若从历史的长时段看，它正在诞生，或许这并不完美，并不真如耶稣一样完美，但这不完美恰是它作为人的特色，这新约精神的萌芽，这“人子”正是巴金。正如耶稣是上帝派来人间，是圣父的圣子一样，鲁迅也正是巴金的精神之父。与圣父一旦降临人间便会引发暴戾杀戮，甚而终至绝望不同，圣子带给人间

---

① 鲁迅：《野草·复仇（其二）》，《鲁迅全集》第1卷，人民文学出版社1981年版，第174—175页。

② 从社会层面讲，由战神向爱神，由旧约精神向新约精神的进化是一种必然。然而，从哲学意义上来说，人的受奴役状态是必然的，甚至可以说是永恒的（正因此，现代哲学中才出现了“人是荒谬的”、“世界是荒谬的”、“人必担当荒谬”等命题），那么，为对抗这奴役状态、不自由状态，人必须有坚忍顽强的意志，有坚强的个人主体性，战士、战神精神于个人而言也就永远不会过时，永远有其人生指导性的价值意义。这也就是于个人而言，鲁迅精神并未过时，相反时时会令人感其精神原动力的宝贵指导意义。由此，说爱神超越战神，必然就包含着虚幻乃至欺骗性的一面。故而，本文所说从鲁迅到巴金的基督品格的诞生、战神向爱神转化等，一定意义上，可能本身就是一种假命题；何况，现实中，基督是不存在的，爱神也是不存在的，而以巴金之孱弱作为这种倾向的代表来论及更是存在无限拔高的嫌疑甚至责难，但本文仍冒此逻辑先行、逻辑大于历史、逻辑篡改历史的危险而展开，其意更多本于对一种新文化倾向的善意呼唤。

的是宽容、牺牲、忏悔。尽管他们都以对人间的博爱为基础，然而一个以火与剑，一个以爱与悔，带给人间的却迥然不同。上帝走向人间，在绝望与反抗绝望间徘徊，而耶稣走向人间，期待的是带着罪死去而复活。从鲁迅的自省到巴金的忏悔，正构成我们民族文化人格中基督品格的孕育到诞生历程。

在世纪之初，冰心“爱的哲学”风靡一时，这使在仇恨与苦难中打滚几千年的国人眼前一亮。然而，爱的宁馨儿被随之而来的凄风冷雨，甚而腥风血雨所击碎。“为什么我的眼里常含泪水，因为我对这土地爱得深沉”，爱只有与牺牲、泪血相结合时，才是真正坚强的爱，冰心之“爱”并未意味基督的降临，因为基督是需为罪而死，又死而复活的。“我们喜爱冰心，跟着她爱星星，爱大海，我这个孤寂的孩子在她的作品里找到温暖，找到失去的母爱”，“她是‘五四’文学运动最后一位元老，我却只是这运动的一个产儿”[①]。“爱的哲学”尽管只是昙花一现，但它却与幼年的母亲、轿夫一起成为巴金“爱的导师”，成为精神之母。在旧的社会中，面对罪与恶，如同鲁迅一样，憎必然同爱搏斗与交织着，这是时代的命题，也正是巴金从《灭亡》到《家》所一直焦灼着的命题。然而与鲁迅不同的是，憎的黑暗与“鬼气”免不了时时统治着鲁迅，而巴金，则始终保持着爱的热切与期望。巴金登上文坛的处女作《灭亡》大约是他最爱谈及的作品之一，初期作品革命三部曲、爱情三部曲中几乎所有母题都在这里萌芽，而其主要的几类人物也都可视为巴金多重侧面的互文性文本。杜大心如同绥惠略夫式的爱憎，李静淑、李佩珠的妃格念尔式的爱在无政府主义同志中既共生又斗争着。当杜大心遭遇爱的受挫、憎的生长时，巴金仍创造出李静淑来作为“人类爱”的化身企图来拯救这个“撒旦”，爱的热差一点融化了憎的冰。对无政府主义同志的恐怖主义行动，巴金在殉道与牺牲精神上钦佩，但行动上却并不赞同。无政府主义信仰使他对个人绝对自由充满执著，对任何限制和损害个人绝对自由的行为也保持警惕。他并未如其安那其朋友一样走向血腥，走向“恶”的“灭亡”，却同样没有背弃自己的理想，民粹派、无政府主义信仰下志于道的牺牲与反抗精神成为他的行动之父。他一生与权势保持距离，从未拿官方一文工资，办刊办报办出版社全是义务奉献，他的这些实践让几十年后的陈思和从中窥测到知识分子“岗位”的新路[②]。

如同浮士德的堕落和与魔鬼一起的游历最终成为他走向天堂的缘由一样，文革成为巴金的炼狱，这既是他受难的历程，然而又是他拯救的开始，从他一踏上官方的红地毯，放弃早年一贯秉持的无政府主义反权威信仰，随权威的魔棍而起舞时，这堕落便也开始，他的灵魂便以堕落和出卖为代价而与梅菲斯特签约，尽管这度身为奴为他带来了不短时间的风光。如同浮士德在死前一刹那所赞叹的“真美呀，请停一停”一样，他的灵魂被抢入天堂，而巴金的《随想录》同样成为自己灵魂得以救赎的最后遗言。然而又正如耶稣的殉难与复活会让使徒三次不

---

① 巴金：《再思录·〈冰心传〉序》，上海远东出版社 1995 年版，第 136、137 页。

② 陈思和从庙堂到广场、到岗位意识转化的角度解读出巴金之于新时代知识分子开端的意义。（参见陈思和《结束与开端——巴金研究的跨世纪意义》，《犬耕集》，上海远东出版社 1996 年版。）

认他，巴金的忏悔也一样陷入“孤独的巴金”（摩罗语）的境遇。成就基督的，是他的死，是他的死而复活。文革之于巴金，同样是成就他的“死”以及《随想录》的死而复活。基督为罪而生，又为罪而死，他负载着所有人的罪而死去，却又因复活为众生播下拯救和信的种子，结出果子。旧约中的罪是归之于一个替罪羊而让其代死，这太容易了，既是欺骗神又是人的自欺，罪并未由此死去，罪与恶仍存留于人心与人间，然而耶稣却亲身一次性地将己付出，为所有人的罪，为旧约所生的罪而死，他是被旧约的信者、摩西律法的信者所害，然而他的死就是他的生。鲁迅同样肩负着民族与历史的罪而生，狂人叫出“我是吃人的人的兄弟”、“有了四千年吃人履历的我”，然而世故仍令他让狂人“然已早愈，赴某地候补矣”，或者为出走的娜拉而伤逝，为殉道者的坟头添上花环，而他本人，则是“一个也不宽恕”，并要他们“现世报”。旧约的失败在于全能的上帝既作了精神的父，又作了世俗的执法者，由此从一位无限者变成了有限者，他动辄灭城杀戮，由此他的出现总随罪而现，旧约精神下的罪与杀戮令人间成为地狱。然而新约宣布“上帝的归上帝，凯撒的归凯撒”，政治经济的俗世规则与信仰的普世价值，形下与形上，各归其位，并用宽恕取代惩罚。旧约令人人都可以假上帝之名，假律法之手来审判、杀戮他人，由此产生的只是罪与杀戮，以恶抗恶产生的只是新的罪与恶。新约却是“无罪的，可以用石头打她”，“你只看见你兄弟眼中的刺，却没看见自己眼中的梁木”，让人忏悔自己的罪，让人人面对自己的上帝，由此产生爱与宽恕、忏悔。旧约是罪与罚的世界，新约则是罪与悔、罪与救的世界。“申冤在我，我必报应”，这在旧约中产生的是“以眼还眼，以牙还牙”，在新约中产生的却是“打你的右脸，把左脸也送上”，这便是报应之权握于上帝与握于基督之手而对世人的不同导向之区别。

鲁迅不是上帝，他顶多只能是带领为奴的人民出埃及的摩西，然而在他的斗争哲学指引下，毛泽东发动了“文化大革命”，而红卫兵则手持红宝书充满激越地实现了封建大复辟、文化大后退，时至世纪末，仍有自命鲁迅信徒的红小兵出来责问别人为什么不忏悔。为什么鲁迅作为反封建的坚定战士，历经20世纪百年的反封建历程后，在“文革”中却酿成了封建大复辟、文化大后退呢？更为痛心的是，这种封建大复辟为什么恰又利用鲁迅精神为旗帜呢？历史逼迫我们不得不反省鲁迅精神的旧约性质，反省其内蕴的火与剑斗争逻辑的双刃剑性质。巴金也并非真的是基督，将《随想录》、《再思录》比之为“耶稣的复活”，也只能算差强人意，或许他只是约翰，预言耶稣降生，为耶稣铺路的约翰。只是想想耶稣的死，那我们宁愿他便是耶稣，且耶稣已经死而复活，而不愿为了期待一个真正伟大的降生而再临一场罪与死。与其说从鲁迅到巴金是民族文化人格中基督品格的诞生，那么，不如说，我们不失牵强地这么称呼，这么比附，仍只是在对这种品格的呼唤之中[①]。

二

就以复仇、恨为基础的战斗观而言，鲁迅典型代表了旧约精神，而刘小枫等人对他的批判正是指此，前文所述也正是在此一意义上讲从鲁迅到巴金有超越。但基督文化、新约精神是多层面的大文化系统，而在原罪意识的审判与自省、忏悔意识等方面，鲁迅则显然已禀有了新约精神品质。

耶稣的死有人作证，因为他们要为他的复活作证，他们既要为永生作证，也便要为罪与死作证。然而中国人则是善忘的。善忘意味着逃避，意味着反省与忏悔的缺失，继而也就意味着固守乃至帮凶。而鲁迅与巴金，则是拒绝遗忘者。拒绝遗忘意味着直面，意味着对罪与死反省与忏悔品格的诞生。基督之死是为旧约世界作证，而基督复活则是对旧约世界的超越。没有对旧约世界的拒绝遗忘，没有罪感，没有忏悔，那么，新约世界又何从诞生呢？巴金呼吁为“文革”设立博物馆，无人响应。当无法面对这罪与死，不能看到罪的终结，不能看到基督的复活，只看到罪仍昨日复昨日地处处发生，又怎敢为罪作证呢，便只有遗忘。遗忘成为奴隶的哲学，拒绝遗忘则是通向主人哲学的门槛。阿Q不能遗忘，生存之重便会压迫其成为哈姆莱特而走向发疯，或者如诗人之死走向自杀。但拒绝遗忘也孕育着另一重生机，拒绝遗忘的力量正来自于如耶稣对重生的期待与拥抱，拒绝遗忘必然与原罪观、忏悔观相联系。鲁迅的“直面惨淡的人生”，巴金的“讲真话”，都是拒绝遗忘。

王富仁深刻地称鲁迅为中国文化的守夜人。在漫漫四千年吃人文化的暗夜中，在待死的铁屋子里，他保持了可贵的清醒，是一个醒着的人。清醒的鲁迅，夜行者的鲁迅，始终行走在夜里，行走在旧约中，他的呐喊和彷徨是对旧约世界的见证，他为黑暗，为黑暗中的吃人、罪作证，他是中国文化中的拒绝遗忘者。在《狂人日记》中，鲁迅以疯子之眼发现“吃人”的真相继而又以疯子之口喊出“我是吃人的人的兄弟！我自己被人吃了，可仍然是吃人的人的兄弟！”这疯子由人及己发现自己也吃过人，是“有了四千年吃人履历的我”，在拒绝遗忘中发现罪恶，发现原罪，进一步便是劝人“你们立刻改了，从真心改起！你们要晓得将

---

① 鲁迅、巴金各自有其思想武库，他们反对宗教文化，包括基督教，这会对本文所谓“基督品格的诞生”造成障碍。但澄清后这并不真正妨碍本文的展开。本文显然并非指严格宗教意义上的基督教诞生，而是就历史文化进程意义上和哲学意义上的东西方文化发展中相近文化品质的类比与借用。这是需要特别澄清的。即便鲁、巴二人，反对的是作为宗教的基督教，但也并非没有对相关的有益的文化品质的赞同与接收。比如鲁迅，在《野草·复仇（其二）》（《鲁迅全集》第1卷，人民文学出版社1981年版，第174—175页）中就不乏对“人之子”及“人之子”被钉杀的自譬，在《集外集·渡河与引路》（《鲁迅全集》第7卷，人民文学出版社1981年版，第365页）中对“耶稣说，见车翻了，扶他一下”表示“我自然是赞成耶稣的话”的终极目标赞同，只是因为现实实效性的原因，才改行尼采的“推他一下”之道。而巴金也在《田惠世》中对基督教文化精神化身田惠世的表现表示了欣赏。

来是容不得吃人的人……"[1] 对人的启蒙，对己的原罪的忏悔以及现世罪的忏悔才能真正"救救孩子"。鲁迅是一个守夜人，一个清醒者、夜行者，然而他却并非一个黎明的宣告者。王富仁也承认："按理说，夜行者不会是一个好的行者。……丈量来丈量去，发现他并没有走出多远的路，实际上，他确实也没有走了多远的路。……老是在原地打转子，怎么称得上是一个竞走冠军呢？"[2] 鲁迅之所以为黑暗作证，之所以在黑暗中绝望而又反抗绝望，是因为他相信自己是个"中间物"，他愿意期待新的事物的出现，尽管黑暗中他并不知道将要来临的是什么。鲁迅的绝望在于他意识到四千年历史的黑暗以及自己的黑暗，这绝望既是对这四千年黑暗文化的宣判，同时也是对自己作为黑暗之子的宣判，既是对旧约世界的宣判，同时也是对新的神之子、人之子、光明之子的期盼。要翻这样的地，"必须使用挖得很深的铁犁"（屠格涅夫《处女地》）。鲁迅的死是被旧约世界的黑暗压迫而死。尽管他是一个清醒者，但他同时却又是这黑暗的优秀继承者。他发出猫头鹰的怪叫，却很快构成这黑暗的一部分。他是这黑暗的受迫害者，最杰出的可能者和集大成者，他甚至由此被盗用为"文革"黑暗的旗帜。

鲁迅的思想可以成为旗帜，然而鲁迅这个个体的遭遇则又是另一回事。鲁迅大旗下戕杀的可能正是"鲁迅"们自己，鲁迅大旗下新的罪与死、新的"吃人"的承受者可能正是"鲁迅"们自己。后来者们要拒绝遗忘的恰恰正是这些新的"罪与死"，要检讨的正是反封建中的新封建，反封建者们本身血液中的封建，包括鲁迅精神这杆大旗本身。对"假如鲁迅还活着"话题的探讨实际上成为对鲁迅之死的探讨，即对鲁迅的文化生命之死的探讨。毛泽东说："我看鲁迅在世还会写杂文，小说恐怕写不动了，大概是文联主席，开会的时候讲一讲。"[3] 又据说"以我的估计，要么是关在牢里还是要写，要么他识大体不做声"[4]。这几种鲁迅因生理生命之早逝而未经的可能，恰恰都为巴金所一一历练。这正是旧约逻辑的必然。鲁迅的战神精神中作为受奴役者的战斗精神一面，将受到其中作为统治者的威权意识一面的虐杀，这正是"鲁迅之死"话题的意义——旧约精神中火与剑逻辑的自我虐杀。"文革"中"鲁迅之死"的触目惊心正是对旧约精神的自作自受、罪感的自我植入之揭示与印证。巴金在"文革"中的"死"只是鲁迅之死的继续，而他的复活则是鲁迅并未复活的未竟之业。就这个意义而言，中国文化中从基督的诞生到死，到复活，长达百年，用鲁迅、巴金两代人方完成的。巴金这个"五四"之子，终于在世纪末复活，从旧约走向新约。

与鲁迅一样，巴金也正是一个中国文化的守夜人。"讲真话"不一定是真理，但正是真情、真心、真相。"讲真话"的含义有两层。一是要发掘真相，这就要破除"执""妄"的遮蔽，这执妄一方面是受外界的压迫而致，一方面也是自我

---

① 鲁迅：《狂人日记》，《鲁迅全集》第1卷，人民文学出版社1981年版，第431页。

② 王富仁：《中国文化的守夜人——鲁迅·自序》，人民文学出版社2002年版，第3－4页。

③ 毛泽东：《同文艺界代表的谈话》，《毛泽东文集》第七卷，人民出版社1999年版，第253－254页。

④ 周海婴：《鲁迅与我七十年》，南海出版公司2001年版，第371页。

的蒙昧而致。如若不能发现真相，那么便只能做“奴在心者”，做歌德派。然而发现真相并不等于说真话，这又需第二重境界：说出来。这便需要真正的战士的勇与无畏了，要有趟地雷的决心。巴金的说真话并非要求人忏悔的道德姿态，而是决绝而又复归淡泊下的深思熟虑。他的“文革博物馆”正是要为中国文化的黑暗、罪、恶作一个见证，保持清醒。当世俗中的“文革博物馆”不能建立时，他便用《随想录》、《再思录》建立起了灵魂的“文革博物馆”。这个过程艰难而又漫长。禅宗的顿悟成佛成为罪恶方便的开脱，由此打开国人道德审判方便的逃遁地道，而巴金复活的却正是“时时勤拂拭”意义上的严酷渐修。黑暗中的守夜人总是最痛苦的，他既要承担所有黑暗的压榨与恐怖，又要承担为所有昏睡者的担忧，要为是否呐喊扰人梦境而彷徨，又要为呐喊无人理解响应而彷徨自伤。鲁迅被称为“二十世纪最忧患的灵魂”（孙郁），而他也自称是最黑暗的灵魂，因为他心中注满了所有黑暗的墨汁，要为所有的黑暗承担罪责。同样，巴金也是一个最痛苦的灵魂。“您对李辉说叫巴金不要那样忧郁，那样痛苦（大意），难道您不知道正是因为我发现自己讲了假话，想不到还债的办法，而感到苦恼!?”[①] 巴金的痛苦不只为自己犯的罪，也为整个民族的罪而承担责任，而忏悔。“是啊，在当代的俄国，正直的人的唯一适当的去处，就是监狱。”[②] 巴金为自己面对罪与恶未能挺身而出而忏悔，这是为每一个人，为文化的忏悔。鲁迅、巴金都如基督一样承载着整个民族的罪而痛苦，而忏悔，他们“抉心自食，欲知本味”，“盗了天火，却为煮自己的肉”，他们开创了中国现代文化中“审我”文化的先河，他们勇敢地肩着黑暗的闸门，为的是让人通过。然而旧约世界与旧约精神下的鲁迅终其一生只是个黑暗的控诉者与忏悔者，一个光明的呼叫者，而巴金则有幸接过这闸门后成为复活者、光芒的宣告者。也正因这区别，鲁迅灵魂黑暗且悲观、绝望，所见只是“坟”，而巴金则“我痛苦，但是我并不悲观”[③]。对于“有病的灵魂”来说，“您精神上的这种病痛正是您所需要的，它能使您变得比别人高尚；您应当珍惜这种病痛，并把这种病痛作为您高于别人的独到之处”[④]。这种痛苦正是来自于罪感文化下的忏悔之痛，它是借外界的强大压力引发内在的质变，达到新质，这忏悔是自我批判与自我升华。就传统“真人”的逍遥自足意义而言，鲁迅、巴金都是传统文化的异数，都是对于中国文化人格在20世纪的革命，因为他们的痛苦与忏悔都指向罪感及其下救赎的期盼。

中国传统的耻感文化将身受的挫折指向社会批判，而乐感文化更指向自我宽解、自我解脱的心理平衡，乐感文化下的自省不过是借消解外界压力而恢复内在的原质，达成超稳定的人格结构。儒家自省只是要克己复礼，“礼”正是世俗定

---

① 巴金：《致冰心，1991.12.5》，《巴金全集》第22卷，人民文学出版社1993年版，第420—421页。

② 托尔斯泰：《复活》，人民文学出版社1979年版，第416页。

③ 巴金：《致冰心，1991.12.5》，《巴金全集》第22卷，人民文学出版社1993年版，第421页。

④ 高尔基：《忏悔》，《高尔基文集》第12卷，人民文学出版社1984年版，第447页。

义的人间秩序，即便最富自省意味，下开思孟学派的曾参之“三省”圣言（“吾日三省吾身，为人谋而不忠乎？与朋友交而不信乎？传不习乎?”)，也没有一点超验意义的追求。所以无论耻感文化委过他人的社会批判，还是“三省”的自问，所指向的都只是对超稳定人间秩序“礼”的回归与道德自足人格的回归。一旦兼善不成，走向独善时，道家即用天人合一、顺应大化、无为逍遥的自然自足来取代道德自足，而人格与文化同样是如昔的超稳定。佛家作为一种宗教文化，本来极富忏悔意识，《坛经》中即专设“忏悔品第六”一章：“忏者，忏其前愆。……悔者，悔其后过。……凡夫愚迷，只知忏其前愆，不知悔其后过。以不悔故，前罪不灭，后过又生。前罪既不灭，后过复又生，何名忏悔?”佛家的宗教忏悔观本可为打破儒道互补超稳定文化人格结构提供最大的契机，然而它很快被禅宗化，并被改良为中华超稳定文化的又一支柱。这种绑架一方面是色即空观，一方面是顿悟的立地成佛观。“色即空”被用来为人生追求的失败和尴尬开脱，不是为追求的失败探究原因，相反却用追求本身即空来对追求本身加以怀疑、消解，这样的思维模式不但未推动魏晋狷狂之士愤激的文化变数，反而消除现世的积极反抗意义，转化为消解追求、反抗的消极遁世心态，客观上也成为既有社会势力格局的维护因素。“放下屠刀，立地成佛”更是为种种恶行设置了最方便的抹煞血痕的纵容和放任，一个即时作恶而又即时心安的慰安体制由此滋生。佛教的引入确实强化了宋明理学的悔过观，然而结出的果子却是指向万年王道秩序的“存天理，灭人欲”悔过与“知行合一”下仍指向于世俗道德的“致良知”。总之，传统文化中的反躬自省、求诸己，没有成为推动人格个体探索和升华的动力，反而成为后退的温室、摇篮，儒道释间的转化培养出的少有“志于道”的牺牲与执著，反而多是“进退裕如”的无原则、滑头。而西方基督教文化的出发点则为神意志下的正义法则，其最高准则是超验化的“义”，而非儒家伦理化的“仁”，当个体各自偏离其最高准则时，忏悔直指神意的灵魂救赎。忏悔源于灵魂的需求，源于罪感，是对先验法则——无限者、神意的回归，这带来救赎和回家的狂喜感，并由此构成制度性的约束。而东方内省则仅为现世行为的调节方式之一，排除现世处世的需求意义外，要突破超稳定人格与文化结构都会带来灵魂出走的风险，所以能走出多远纯靠个人偶然。忏悔对于罪感文化而言是一种对神意和爱感文化家园的回家与必然，对于指向社会批判的耻感文化与逍遥自足的乐感文化而言却是一种出走和偶然的异数。陈思和提出现代文学中“忏悔的人”与“人的忏悔”的区别，剥除修辞外壳，实质即指“个人的忏悔”与“人性的忏悔”之别①，中国文化下只有扭曲个人的忏悔，而基督文化下则是一种人性的忏悔，甚至可以说新约就是一种忏悔的文化。

正如基督教脱胎于犹太教，然而又脱离甚而对立于犹太教，从鲁迅到巴金，所超越的是旧约上帝、父文化时代，开端的是新约基督、人子文化时代，是从控

① 陈思和：《中国新文学发展中的忏悔意识》，《陈思和自选集》，广西师范大学出版社 1997 年版。

诉意识向忏悔意识，从求诸人向求诸己，从以恶抗恶、以牙还牙向爱人如己、摘掉自己眼中梁木时代的转化。从此意义讲，巴金绝非“不是已经扑到眼前的新时代的代表者”，不能如但丁一样成为“中世纪的最后一个诗人，同时又是近代最初一个诗人”①，而《随想录》、《再思录》恰恰正是开新时代的第一个诗人。从鲁迅到巴金，我们不能忽略他们间类似于从旧约精神的“父”文化到新约精神的“子”文化的区别，从战神观到爱神观的区别与发展，但他们就原罪观、忏悔观而言可以说共同完成了一个中国文化的基督诞生的历程。

三

基督徒面向上帝与人的“约”——“义”而忏悔，那么，鲁迅、巴金他们又向谁忏悔，以什么为标尺来忏悔呢？这涉及整个20世纪中国的精神进程之实质，以至21世纪的方向——这即是“人”的神圣性之确立。“是故将生存两间，角逐列国事务，其首在立人，人立而后凡事举”②，“立人”成为鲁迅始终的主张，正是以“人”为标尺，他奉行人道主义③、启蒙主义④来与神、鬼斗，来启“奴”之蒙，同时也以之来审己，忏悔“我是吃人的人的兄弟”，“有了四千年吃人履历的我”。而到世纪末，巴金仍以“没有神，也就没有兽。大家都是人”⑤来作为标尺，他亦曾概括“我作品的基本思想是人道主义、爱国主义，或者两者的融合”⑥，“我有我的‘主’，那就是人民，那就是人类”⑦。“人”在鲁迅、巴金身上既让人看到其连续性，同时又让人不得不慨叹历史的重复，这重复中带着种种荒诞与残酷的注脚。

既然“立人”成为20世纪追求的终极目标，那么，究竟何为“人”？“人”的价值标准是什么呢？首先是在对历史的评判与反思中看到种种“非人”，包括奴、主、神、兽，从而产生对这些“非人”的批判，批判中发现“非人”的极致便是“吃人”，这批判的同时也即意味着对“人”价值的呼唤与确立。概言之，“人”的基本准则在于人个体的主体性、人群体间的博爱两方面。个体主体性要

① 汪应果、孙焰艳：《巴金——一个伟大时代的结束》，巴金与二十世纪学术研讨会编《世纪的良心》，上海文艺出版社1996年版，第38—46页。

② 鲁迅：《坟·文化偏至论》，《鲁迅全集》第1卷，人民文学出版社1981年版，第57页。

③ 鲁迅曾总结自己的思想“或者是人道主义与个人主义这两种思想的消长与起伏罢”。（《两地书·二四》，《鲁迅全集》第11卷，人民文学出版社1981年版，第79页。）

④ “说到‘为什么’做小说罢，我仍抱着十多年前的‘启蒙主义’，以为必须是‘为人生’，而且要改良这人生。”（《南腔北调集·我怎么做起小说来》，《鲁迅全集》第4卷，人民文学出版社1981年版，第512页。）

⑤ 巴金：《再思录·没有神》，上海远东出版社1995年版，第44页。

⑥ 巴金：《巴金全集》第19卷，人民文学出版社1993年版，第608页。他又曾说：“我过去一生的作品是无政府主义、人道主义和爱国主义的结合。”（《和周策纵的对谈》，《巴金全集》第19卷，人民文学出版社1993年版，第590页。）

⑦ 巴金：《再思录·致许粤华女士》，上海远东出版社1995年版，第29页。

指向群体的博爱，而群体的博爱也建立于单个个体主体性基础上并指向尊重和维护单个个体主体性的目标，二者是双向一体的。从兽到人，从“天”到“父”到“子”，在这人类文化关注对象的转移中，“人”完成自我主体从无到有、从萌芽到大树的生长历程。“人的主体性”既意味着自我意识的确立、自我独立权利的占有，同时又意味着对于作为个体对社会文化责任的担当。二者是共生、互动的，又是互相界定的。主体责任意味着对主体权利的维护和捍卫，同时也意味着对主体意识的升华。主体权利也正是在种种主体责任的担当中得以体现和确立。主体权利的标准决定主体责任的层级标准，而主体责任的层级标准也同样决定着主体权利的内涵标准。在人的主体性确立历程中，单纯将身受灾难的责任推之于客体，那么所得只能是对神的敬畏与迷信，犹如原始人类将对自然界风云雷电的解释归于天公的呼吸声息一样，由此得到的结论是人在不可知外力下的无力感、迷惘感和自然而然的俯伏崇拜。这是面对灾难的原始意识。然而随着发展，人类又开始将主客体相联系。开始的联系是将自然外力的无意志灾难归为“天”、“神”对人类行为的有意志反应，所谓天谴固然仍是对客体外力神圣性的承认，但人已开始企图从自身行为来引导乃至操控自然外力的行为，人神交流、主客对话中“人”的地位、人的自我确认一步步发展起来，并甚而逐步开始挑战“神”的地位，这种挑战正是以主体责任来挑战客体责任。人在为自己争得权利的同时，也意味着要承担起“担当荒诞”的责任。“上帝死了”的同时，意味着空缺由“超人的诞生”来填补。而当一个人完全从主体责任角度来解释世界，来担当世界，既担当自由也担当荒诞、虚无时，这样的人才是一个真正现代的主体，大写的人，有超人性质的人。这样的人的忏悔才是真正意义上的“苟日新，日日新，又日新”。巴金“没有神，也就没有兽。大家都是人”这朴素的表述正是在此意义上表明了“人”认识境界的进化，成为现代文化进步的标志。担当“兽”的责任时所承认的是神的权力，担当“奴”的责任时所承认的是主人的权力，而担当“人”的责任时也同时意味着人的权利的至上性。无力担当“人”的责任时，人的权利也就难以捍卫，“人”的独立形象也就难以完整，仅当人为自己的责任而痛苦和挺身担当时，“人”意识的另一半才得以完整实现，权利与责任的合一才构成“人”灵魂的统一与自足。

如果说主体权利是求诸人又求诸己的，那么主体责任也是既求诸己又求诸人的，单有求诸人、求诸客体，主体性是难以确立的，只有求诸己、求诸主体自身时，主体性才得以完全确立。如果说控诉意识更多体现为求诸人、求诸客体方面，那么忏悔意识则更多体现为求诸己、求诸主体自身方面的主体性。中国文化中往往控诉意识强，而忏悔意识弱，这也致使人的主体性难以真正确立和捍卫。每当一场社会灾难过后，中国总会出现一大批指向社会批判的控诉，委过于外界“他”者，追究“他”者的责任，而少有矛头指向自己的自我批判，一旦控诉无效，追究不了客体责任时，便转向道家的自我主体消解，“归于大化”。自我解剖、自我批判是将神的责任、“他者”的责任交由自己担负，将“父”的责任交由“子”来担当，忏悔意识取代控诉意识正是在此意义上实现了人的意识的大跨越。传统人格的只有控诉，没有忏悔正体现出人格的童稚状态，巴金的忏悔也正是在此意义上实现了民族人格的大跨越，在“伤痕”、“反思”乃至“寻根”的指向他者外，独树一支标杆。这种文化的异质意味也正实现了对于传统文化的“审父”批判与“审我”批判的结合，这种结合意味着对于“父”文化的全盘承担，在对父文化“非人”、“吃人”原罪的泰坦巨人式担当中，才能超越，才能发展，真正建立起泰坦式人格主体性，实现对于整个文化潜在规则、逻辑的反省与重构。

弗洛伊德用“敬畏父”与“弑父”的俄狄浦斯情结来剖析摩西及耶稣宗教的关系：“上帝的儿子已经承担了这种罪恶，成了上帝父亲身旁的另一尊神，并且实际上取代了父亲的地位。起源于一种父亲宗教的基督教成为了一种儿子宗教，他无法逃避必须废黜父亲的那种命运。”[①] 鲁迅“没吃过人的孩子可还有”的回答从文化上说应该是没有，倘要真正没吃过人的孩子那便必须出现文化的断裂，必须经历审父、弑父而至于代父的人格几大历程。鲁迅、巴金都有这样文化意义上的历程。而新的“人”正是从这审父、审我，原罪、忏悔，弑父、死亡、复活的断裂中得以建立起来。

“原罪和通过牺牲生命来拯救世人的教义构成了保罗所建立的新宗教的基础。”[②] 同样，原罪和自我牺牲也是鲁迅、巴金哲学的基础。作为文化父亲的儿子，总要承载父文化的遗产，然而在审父中，发现自己继承的是父文化的原罪。鲁迅正是由审父发现“吃人”真相，由审我发现自己也是“吃人的人”之原罪，他这“二审”之发现已近于弑父，而“救救孩子”的反抗更是地道的文化弑父。而巴金，《家》、《春》、《秋》中的原罪是与鲁迅同一意义上的四千年父文化原罪，但他又经历了“文革”，这为新的超越提供了契机。“文革”是一个放大器，将文化中的恶、罪一面进行了再度放大，将每一个作为文化传承体的个体中的恶、罪、怯懦都进行了放大，而鲁迅这弑父者也成为新的父文化之一部分而被放大。这种放大让每个人都因文化原罪与现实的罪、父辈的罪与自己的罪而被推上审判台，隐匿与漠视已难可能，因为不悔罪就是对罪与罪之逻辑的容忍和默认。故而忏悔问题一再被提出来，尽管它因为灵魂深入下去的困难而一再被搁置和含混其词地徘徊，但仍又一再重新提出，成为知识界不得不面对的话题。“奥斯威辛之后，写诗是野蛮的。”那么对于我们，“文革”呢？德国人之于“奥斯威辛”的深刻反省成为历史进步的推动力，日本人之于“南京大屠杀”的推诿掩饰则成为人格与国格升华的负担，这区别的深刻原因之一正是东西方文化间有无忏悔文化基因的差异。然而同处于东方耻感文化“场”，中国人之于“文革”“让历史负责”的推诿和“拒绝忏悔”的红卫兵情结，则往往忽略了其严酷性。这也正凸现

---

① 弗洛伊德：《摩西与一神教》，三联书店 1992 年版，第 125 页。
② 同上，第 124 页。

出鲁迅、巴金忏悔品质的文化超越意义①。旧约是父与子二元对立、对抗，新约则以忏悔和自我牺牲完成了圣父、圣子、圣灵三位一体的和谐与超越。巴金的控诉与忏悔正是在新起点上对父文化的审视，对原罪乃至手犯的罪的正视，进而也在弑父的意义上开始新的“子”文化的建设。

同是“真的勇士敢于直面惨淡的人生”，面对健忘与“从不后悔”的民族，面对旧约世界的黑暗，鲁迅不得不以狂人——一个疯子的面具来审父，“疯子带着瞎子走路，本来是这时代的一般病态”（莎士比亚《李尔王》）。而巴金则承续着鲁迅之死，从哑巴与瞎子中苏醒，接过鲁迅的“冰火”，继而在世纪末复活。由是，从鲁迅到巴金，从旧约世界向新约世界，从战神向爱神的超越中，他们共同审父、审我，既承担着原罪与忏悔，既弑父，又通过死亡与复活，从而基督品格得以诞生，“人”从外延到内涵都得以更新，民族文化人格的超越得以实现。

（作者单位：四川师范大学文学院）

① 值得注意的是，在日本战后对鲁迅、巴金的接受中，关注焦点之一就是他们的忏悔、自省品质，如对鲁迅从竹内好“罪的文学”、“赎罪的文学”观到伊藤虎丸的终末论（伊藤虎丸：《鲁迅的“生命”与“鬼”——鲁迅之生命论与终末论》，《文学评论》2000年第1期；《再论“鲁迅与终末论”——“竹内鲁迅”与日本1930年代思想的现实意义》，《鲁迅研究月刊》2003年第2期）。又如日本作家木下通二在与巴金的谈话中亦曾谈到对“文革”以及日本人、德国人对二战战争责任问题的反省以及原罪思想（《巴金全集》第19卷，人民文学出版社1993年版，第644－650页）。池田大作高度评价并感佩巴金的忏悔精神：“在这里，巴金先生看准了的是自我的‘内恶’，自我的‘四人帮’……有外在的‘恶’，同时也有内在的‘恶’——若不看到这一点，一切改造世弊的革命，是不能脱离单纯的权力斗争、政权更迭的范围的。”（《探求一个灿烂的世纪：金庸/池田大作对话录》，北京大学出版社1998年版，第254—255页。）而有意思的是，巴金在《随想录·访日归来》中也曾谈到他忏悔的动力之一即来自于日本友人的“债是赖不掉的”。（《巴金全集》第16卷，人民文学出版社，1991年，第584页。）由此可见中日间忏悔精神的互动以及忏悔精神的现实与世界意义。

论鲁迅翻译策略与汉语欧化

□ 彭建华　邢莉君

鲁迅的翻译分期依然是可争议的①。鲁迅的翻译包括文言翻译和白话翻译，1903 至 1917 年主要是文言翻译，由于受到梁启超翻译的影响，鲁迅翻译的科学小说《月界旅行》、《地底旅行》和《北极探险记》却部分采用了俗语（旧白话）。1918 至 1936 年主要是白话翻译，然而鲁迅译尼采《察拉图斯忒拉这样说》（1918 年手稿），又是采用文言翻译的。

鲁迅的翻译包括改写、意译和逐句翻译（直译）。1903 至 1904 年，鲁迅翻译了《哀尘》、《斯巴达之魂》、《月界旅行》、《地底旅行》，而陈梦熊、戈宝权认为《哀尘》是逐句的直译。1907 至 1909 年写作的《人之历史》、《科学史教篇》、《摩罗诗力说》等，是从日语译本改写的，却往往被视为创作。1904 至 1906 年，鲁迅从日语转译《造人术》，开始转向文言的逐句翻译。1907 至 1908 年，鲁迅采用文言诗体（如格律诗体、骚体、歌行体等）翻译了哈葛德、安度阑《红星佚史》、籁息（E. Reich）《裴彖飞诗论》、《艺文余话》中的诗歌，主要是诗行对等的翻译。在《域外小说集》中，鲁迅翻译了俄国作家迦尔洵和安特来夫的 3 篇小说，采用文言逐句迻译，直质朴讷，清楚流利，代表了鲁迅文言译作中的最高成就。

从鲁迅的思想发展历程看，晚清时期（1903－1911）主要是追随流行的时尚思潮，在翻译上较多接受了严复、林纾、梁启超的影响，然而，《域外小说集》开始表现出新的转变，“词致朴讷，不足方近世名人译本”，“使有士卓特，不为常俗所囿，必将犁然有当于心”，“人地名悉如原音，不加省节者，缘音译本以代殊域之言，留其同响；任情删易，即为不诚。故宁拂戾时人，徙具足耳”。民国初期（1912－1918），鲁迅的翻译作品较少，一如过去。此后，鲁迅发生了两次巨大的思想变化。其一，1918 至 1927 年积极参与新文学运动，投身于现代文明

① 袁锦翔《名家翻译研究与赏析》（1990）划分为第一期（1903－1919）翻译科幻小说和被压迫民族文学，第二期（1919－1927）翻译东欧和北欧文学，第三期（1927－1936）为了战斗的翻译。谢天振、查明建《中国现代翻译文学史》（2004）划分为早期阶段（1903－1918）多方面的译介，第二阶段（1919－1927）重点翻译俄国、日本等反映人们疾苦和社会黑暗的文学作品，后期（1927－1936）侧重于译介苏联革命文学和无产阶级文学理论。吴钧《鲁迅翻译文学研究》（2009）划分为早期（1903－1908）科学救国梦的追求，中期（1909－1926）从“意译”向“直译”的转化，晚期（1927－1936）苏俄文学与文学理论的探索。王登文、孙小丹《从意译到直译：鲁迅翻译策略变因探析》（2007：84－86）写道：“鲁迅的文学活动，始于翻译又终于翻译。其翻译创作以 1909 年为界分为截然不同的两个阶段。”

的建设运动之中，往往卷入各种论争。其二，1928 至 1936 年倾向于俄苏无产者文学，并加入左联，大量翻译介绍俄苏文学及其文艺评论。鲁迅有极其丰富的翻译经验，并在错综复杂的翻译论争中，较深入地思考了文学翻译，甚至提出了较深入的翻译观点。

一、翻译策略与可阅读度

鲁迅的文学翻译作品，可阅读的难易程度是不同的，虽然阅读是极为主观的经验（例如梁实秋认为《文艺政策》是晦涩难解的，袁锦翔却认为是难易程度中等的），却也与译者（鲁迅）的翻译策略和方法有关。一般而言，翻译的外国文艺评论比儿童作品要更难读一些，鲁迅认为儿童作品的翻译应该是流畅的。袁锦翔（1990：118—134）认为《苦闷的象征》（1924.10，1925.3）、《壁下译丛》（1924—1928，1929.4）、《近代美术史潮论》（1929.1）和《艺术论》（1929.6）是鲁迅译作中阅读难度最大的作品，而《地底旅行》（1904）、《桃色的云》（1922.5，1923.7）、《现代日本小说集》（1923.6）、《思想·山水·人物》（1925—1928，1928.5）、《小彼得》（1929.11）和《表》（1935.7）是最易阅读的作品，《地底旅行》是早期改写的译作，别的译作几乎都是 1922 至 1935 年逐句直译而成的[①]。

以下逐录鲁迅翻译的尼采《察拉图斯忒拉的序言》，1920 年翻译的白话译文是较为流利的，是最易阅读的作品，基本上拘泥于原句法，甚至不改变语句的前后次序；而 1918 年翻译的文言译文（手稿本）一般是逐句翻译，依然近于生涩，多有生僻字汇，并有汉语改写和删略。例如 ich bedarf der Hände，die sich ausstrecken. 1918 年文言译文删略，1920 年白话译文误译，原句大抵为“我愿双手还有余裕，可以伸出再接受它”。又如 bis die Weisen unter den Menschen wieder einmal ihrer Thorheit und die Armen einmal ihres Reichthums froh geworden sind. 1918 年文言译文删略，1920 年白话译文误译，原句大抵为“直到哲思的智者在其如愚的朴讷中而欢乐，穷人因其富裕而感到幸福”。

Also sprach Zarathustra	察罗堵斯德罗绪言（1—3）	察拉图斯忒拉的序言(1—10)
Friedrich Nietzsche	鲁迅译稿（1918）	鲁迅译（1920）
Zehn Jahre kamst du hier herauf zu meiner Höhle：du würdest deines Lichtes und dieses Weges satt geworden sein，ohne mich，meinen Adler und meine Schlange.	汝作面临吾穴者十年。载使无我与吾鹰与吾蛇。则汝之光曜道途。其亦勌矣。	十年来你总到我的石窟：你的光和你的路，早会倦了，倘没有我，我的魔和我的蛇。

① 袁锦翔：《鲁迅译笔新探》，《名家翻译研究与赏析》，湖北教育出版社 1990 年版，第 118—134 页。

Aber wir warteten deiner an jedem Morgen, nahmen dir deinen überfluss ab und segneten dich dafür.	顾吾侪必期汝于晨。取汝之余。而用是祝汝。	但我们每早晨等候你，取下你的盈溢而且为此祝福你。
Siehe! Ich bin meiner Weisheit überdrüssig, wie die Biene, die des Honigs zu viel gesammelt hat, ich bedarf der Hände, die sich ausstrecken.	嘻。吾厌夫吾知矣。如彼莽蠭。屯蜜有盈。	喂！我餍足了我的智慧，有如蜜蜂，聚蜜过多的似的，我等候伸出来的手了。
Ich möchte verschenken und austheilen, bis die Weisen unter den Menschen wieder einmal ihrer Thorheit und die Armen einmal ihres Reichthums froh geworden sind.	吾能俱贶焉。能判分焉。	我要赠，我要分了，直到人间的贤人又欣喜他的愚和穷人又欣喜他的富。
Dazu muss ich in die Tiefe steigen: wie du des Abends thust, wenn du hinter das Meer gehst und noch der Unterwelt Licht bringst, du überreiches Gestirn!	是故吾必入于深渊。如汝夕降。至于海下。而尚授晖光于下界。猗汝太富之星。	所以我应该升到深处去了；像你晚间做的，倘你到了海后面还将光辉与下界一样，你这太富的星！
Ich muss, gleich dir, — untergehen —, wie die Menschen es nennen, zu denen ich hinab will.	吾必如汝沦降矣。犹人之所名而之名之者。	我该，像你，下去了，就如这些人所称的，我要下到这些里去。
So segne mich denn, du ruhiges Auge, das ohne Neid auch ein allzugrosses Glück sehen kann!	今其祝我。汝静眸子。能见至大福而无羡者。	然则祝福我，你这静眼睛，能看着最大幸福而不妒的！
Segne den Becher, welche überfliessen will, dass das Wasser golden aus ihm fliesse und überallhin den Abglanz deiner Wonne trage!	其祝是卮。彼之充实。至洋溢黄金色水。而所至胥有汝大驩虞之曜艳者。	祝福这杯子，那要盈溢的；水会金闪闪的从他涌出，而且处处都带着你欢喜的反照！

Siehe! Dieser Becher will wieder leer werden, und Zarathustra will wieder Mensch werden.	嘻。是卮欲再虚矣。而察罗堵斯德罗亦再人矣。	喂！这杯子又要空了，察拉图斯忒拉又要做人了！

O. 毗哈《海纳与革命》是直接从德语译出的，鲁迅从德语转译的作品包括果戈理《死魂灵》、法捷耶夫《毁灭》和契诃夫的八个短篇小说，其中《奇闻三篇》是从 Alexander Eliasberg 的德译本 *Der Persische Orden und andere Grotesken*（Welt－Verlag，Berlin，1922）译出来的，以及阿尔志跋绥夫《工人绥惠略夫》、卢那卡尔斯基《解放了的堂吉诃德》、望·蔼罩《小约翰》、班台莱耶夫《表》等等。另外，鲁迅翻译伊凡诺夫《铁甲列车 Nr. 14－69》、波特莱尔《窗户》，参照了德语译本。鲁迅译文的艰涩更多源于他的翻译策略，而不是白话的缺点。他在《〈小约翰〉引言》（1928.1）中写道："务欲直译，文句也反成蹇涩；欧文清晰，我的力量实不足以达之。《小约翰》虽如波勒兑蒙德说，所用的是'近于儿童的简单的语言'，但翻译起来，却已够感困难，而仍得不如意的结果。例如末尾的紧要而有力的一句：'Und mit seinem Begleiter ginger den frostigen Nachtwinde entgegen，den schweren Weg nach der grossen，finstern Stadt，wo die Menschheit war und ihr Weh.'那下半，被我译成这样拙劣的'上了走向那大而黑暗的都市即人性和他们的悲痛之所在的艰难的路'了，冗长而且费解，但我别无更好的译法，因为倘一解散，精神和力量就很不同。然而原译是极清楚的：上了艰难的路，这路是走向大而黑暗的都市去的，而这都市是人性和他们的悲痛之所在。"其《现代日本小说集》之"附录：关于作者的说明"中写道："第八个姑娘拿出一个冷的熔岩颜色的小杯，也来舀水。七个人见了很讶怪，由侮蔑而转为怜悯，有一个人说道，'将我的借给伊罢？'第八个姑娘的闭着的嘴唇，这时候才开口了。'Mon verre n'est pas grand，mais je bois dans mon verre.'这是消沉的但是锐利的声音。这是说，我的杯并不大，但我还是用我的杯去喝。"[①] 此句（法语）当是从日语转译。

以下逐录波特莱尔《窗户》，这首诗收录在厨川白村《苦闷的象征》（1924.9）之"自己发见的欢喜"中，书中有波特莱尔的法语原作，并有厨川的日语大意翻译。鲁迅的《〈自己发见的欢喜〉译者附记》（1924. 10. 26）写道："波特莱尔的散文诗，在原书上本有日文译；但我用 Max Bruno 德文译一比较，却颇有几处不同。现在姑且参酌两本，译成中文。"译文一般是逐句的直译，只有一个从德语转译的语句晦涩难懂，Et je me couche，fier d'avoir vécu et souffert dans d'autres que moi－même. 原句大抵为"我便入睡了，为我的生活而骄傲，在我近旁他人的故事中，体验悲痛"。

① 鲁迅：《译文序跋集》，《鲁迅全集》（第 10 卷），人民文学出版社 2005 年版，第 239 页。

XXXV Les fenêtres		
Charles Baudelaire	厨川白村译	鲁迅译
Celui qui regarde du dehors à travers une fenêtre ouverte, ne voit jamais autant de choses que celui qui regarde une fenêtre fermée. Il n'est pas d'objet plus profond, plus mystérieux, plus fécond, plus ténébreux, plus éblouissant qu'une fenêtre éclairée d'une chandelle. Ce qu'on peut voir au soleil est toujours moins intéressant que ce qui se passe derrière une vitre. Dans ce trou noir ou lumineux vit la vie, rêve la vie, souffre la vie.	開けた窓の内部を外から見てゐる人は、閉ぢた窓を見てゐる人ほど多くのものを見るてとは出来ない。蠟燭で明るくなつてゐる窓、それにも增して深みがあり、神秘的であり夢幻的であり、陰暗であり眩惑的であるものがまたとあらうか。皎皎たる白日のもとに見られ得るものは、窓硝子の後に在るものよりは、いつも興味の少いものである。あの黑くて明るい穴のなかに、生は生き、生は夢み、生は惱んでゐるのだ。	从一个开着的窗户外面看进去的人，决不如那看一个关着的窗户的见得事情多。再没有东西更深邃，更神秘，更丰富，更阴晦，更眩惑，胜于一支蜡烛所照的窗户了。日光底下所能看见的总是比玻璃窗户后面所映出的趣味少。在这黑暗或光明的隙孔里，生命活着，生命梦着，生命苦着。
Par—delà des vagues de toits, j'aperçois une femme mûre, ridée déjà, pauvre, toujours penchée sur quelque chose, et qui ne sort jamais. Avec son visage, avec son vêtement, avec son geste, avec presque rien, j'ai refait l'histoire de cette femme, ou plutôt sa légende, et quelquefois je me la raconte à moi—même en pleurant.	波うてる屋根の彼方に中年の女が一人ゐる。もう皺が寄つて貧乏で、いつも俯向いて何かしてゐる。そとへも出ては行かない。その顔つき、着物、身振から、また何といふ事はなしに、私はあの女の身の上、その来歴を想像して居た。そして時時それを自分で繰返して見ては泣くのである。	在波浪似的房顶那边，我望见一个已有皱纹的，穷苦的，中年的妇人，常常低头做些什么，并且永不出门。从她的面貌，从她的服装，从她的动作，从几乎无一，我纂出这个妇人的历史，或者说是她的故事，还有时我哭着给自己诉说它。
Si c'eût été un pauvre vieux homme, j'aurais refait la sienne tout aussi aisément.	あれが若し女でなく貧乏な老男であつても、私は矢张りその男の来歴を容易く想象したであらう。	倘若这是个穷苦的老头子，我也能一样容易地纂出他的故事来。

Et je me couche, fier d' avoir vécu et souffert dans d' autres que moi —même.	そして私は寝に就く、自己以外の他人に於て私は生きもし、悩みもしたてとを得意に思つて。	于是我躺下，满足于我自己已经在旁人的生命里活过了，苦过了。
Peut—être me direz—vous:《Es — tu sûr que cette légende soit la vraie?》Qu' importe ce que peut être la réalité placée hors de moi, si elle m' a aidé à vivre, à sentir que je suis et ce que je suis?	君は恐らく言ふだらう、『そんな来歴が眞であると君は信じてゐるのか』と。わたくし以外の現實が何うあらうと構ひはしない。ただ私はこれによつて生き、自分が存在すると云ふこと、自分が如何なるものであるかと云ふこと、それを感じさへすれば可い。（《厨川白村全集》第二卷，东京：改造社，1929：187—189）	恐怕你要对我说："你确信这个故事是真的么?"在我以外的事实，无论如何又有什么关系呢，只要它帮助了我生活，感到我存在和我是怎样?（《鲁迅译文集》第三卷，北京：人民文学出版社，1958：48—49）

似乎存在一个普遍的误解，正如王友贵（2003：74—77）认为鲁迅采用了特殊的翻译策略，形成了独特的翻译模式即"弱国模式"，而俄罗斯和印度是特殊的大的弱国①。但是，鲁迅最初选择俄罗斯文学显然不是同情弱小民族，《我怎么做起小说来》(1933.6）写道："因为所求的作品是叫喊和反抗，势必至于倾向了东欧，因此所看的俄国，波兰以及巴尔干诸小国作家的东西就特别多。也曾热心的搜求印度，埃及的作品，但是得不到。记得当时最爱看的作者，是俄国的果戈理（N. V. Gogol)和波兰的显克微支（H. A. Sienkiewicz)。日本的，是夏目漱石和森鸥外。"②

在日本留学时期，鲁迅较多接受了革命思想（如无政府主义），最初鲁迅因为日俄战争和俄国侵华而倾向俄国（露西亚）文学的，而后俄罗斯（包括沙俄对波兰占领地区）的无政府主义者引起了鲁迅的同情，再后是俄国的苏维埃革命所产生的社会理想主义对人们（包括鲁迅）发生了普遍的诱惑力。鲁迅《祝中俄文字之交》(1932.12.15）写道："那时较为革命的青年，谁不知道俄国青年是革命的，暗杀的好手？尤其忘不掉的是苏菲亚，虽然大半也因为她是一位漂亮的姑娘。""那时就知道了俄国文学是我们的导师和朋友。因为从那里面，看见了被压迫者的善良的灵魂，的酸辛，的挣扎；还和四十年代的作品一同烧起希望，和六十年代的作品一同感到悲哀。我们岂不知道那时的大俄罗斯帝国也正在侵略中

① 王友贵：《鲁迅的翻译模式与翻译政治》，《山东外语教学》2003年第2期，第74—77页。

② 鲁迅：《南腔北调集》，《鲁迅全集》（第4卷），人民文学出版社2005年版，第525页。

国，然而从文学里明白了一件大事，是世界上有两种人：压迫者和被压迫者！”[①]鲁迅《〈现代新兴文学的诸问题〉小引》写道：“作者（片上伸 かたがみーのぶる）在日本，是以研究北欧文学，负有盛名的人，而在这一类学者群中，主张也最为热烈。”[②]《〈北欧文学的原理〉译者附记》（二）写道：“今年他（片上伸）去世之后，有一本《露西亚文学研究》出版，内有这一篇，便于三闲时译出，编入《壁下译丛》里。”[③]《域外小说集·略例》写道：“又以近世文潮，北欧最盛，故采译自有偏至。惟累卷既多，则以次及南欧暨泰东诸邦，使符域外一言之实。”[④]从此可知，鲁迅误译ロシア文學（Russian literature）为北欧文学。显然，鲁迅把俄罗斯称为露西亚是一种策略。

二、“中间物”和“扬弃”

严复翻译的《天演论》向现代中国输入了进化论。晚清民国时期，进化论成为一种流布甚广的思想。鲁迅《人之历史》（1907.12）主要介绍了欧洲进化论，在接受马克思主义之前，鲁迅是信仰进化论的，由此提出了“中间物”的观念。其《写在〈坟〉后面》（1926.12.4）写道：“大半也因为懒惰罢，往往自己宽解，以为一切事物，在转变中，是总有多少中间物的。动植之间，无脊椎和脊椎动物之间，都有中间物；或者简直可以说，在进化的链子上，一切都是中间物。当开首改革文章的时候，有几个不三不四的作者，是当然的，只能这样，也需要这样。他的任务，是在有些警觉之后，喊出一种新声；又因为从旧垒中来，情形看得较为分明，反戈一击，易制强敌的死命。但仍应该和光阴偕逝，逐渐消亡，至多不过是桥梁中的一木一石，并非什么前途的目标，范本。”[⑤]鲁迅《中国语文的新生》（1934.10.13）和《名人和名言》（1935.7.20）最后两次提及进化论。总而言之，鲁迅终其一生都没有最终放弃进化论，恰如鲁迅接受尼采学说，而巧妙地回避了尼采反对进化论。鲁迅《论重译》（1934.6.27）写道：“最要紧的是要看译文的佳良与否，直接译或间接译，是不必置重的；是否投机，也不必推问的。深通原译文的趋时者的重译本，有时会比不甚懂原文的忠实者的直接译本好，日本改造社译的《高尔基全集》，曾被有一些革命者斥责为投机，但革命者的译本出，却反而显出前一本的优良了。”“待到将来各种名作有了直接译本，则重译本便是应该淘汰的时候，然而必须那译本比旧译本好，不能但以‘直接翻

---

① 鲁迅：《南腔北调集》，《鲁迅全集》（第4卷），人民文学出版社2005年版，第472—473页。
② 鲁迅：《译文序跋集》，《鲁迅全集》（第10卷），人民文学出版社2005年版，第321页。
③ 同上，第316页。
④ 同上，第170页。
⑤ 鲁迅：《坟》，《鲁迅全集》（第1卷），人民文学出版社2005年版，第301—302页。金春峰《彷徨时期鲁迅思想新论——兼评“中间物”意识论》（1996：117—32）较早提出了鲁迅的“中间物”意识；汪辉《反抗绝望——鲁迅及其文学世界》（2000：106—107）响应了“中间物”观念；崔峰《翻译家鲁迅的“中间物”意识——以鲁迅早期翻译方式的变换为例》（2007：14—18）进而提出了鲁迅翻译思想的“中间物”意识；吴钧《鲁迅翻译文学研究》（2009）重申了鲁迅“中间物”的翻译哲学。

译’当作护身的挡牌。”[①]《非有复译不可》（1935.4）写道：“而且复译还不止是击退乱译而已，即使已有好译本，复译也还是必要的。曾有文言译本的，现在当改译白话，不必说了。即使先出的白话译本已很可观，但倘使后来的译者自己觉得可以译得更好，就不妨再来译一遍，无须客气，更不必管那些无聊的唠叨。取旧译的长处，再加上自己的新心得，这才会成功一种近于完全的定本。但因言语跟着时代的变化，将来还可以有新的复译本的，七八次何足为奇。”[②] 对于文学翻译的转译（重译、复译或间接翻译），鲁迅极少称之为翻译活动中的“中间物”，从现实看，鲁迅总是较积极地肯定转译的价值。

一般认为，鲁迅接受马克思主义（例如唯物史观、阶级和阶级斗争学说）始于1927年，《谈“激烈”》（1927.10.8）和《怎么写——夜记之一》（1917.10.10）是鲁迅最早论及马克思主义阶级斗争的散文，而后的《文学和出汗》（1928.1.14）、《“醉眼”中的朦胧》（1928.3.12）等也谈到了马克思主义。《三闲集》之“序言”（1932.4.24）写道：“我有一件事要感谢创造社的，是他们‘挤’我看了几种科学底文艺论，明白了先前的文学史家们说了一大堆，还是纠缠不清的疑问。并且因此译了一本蒲力汗诺夫的《艺术论》，以救正我——还因我而及于别人——的只信进化论的偏颇。”[③] 事实上，在鲁迅这里，马克思主义学说并没有取代进化论，而是更新了进化论的方法体系。鲁迅极少运用黑格尔式的“扬弃”观念，《玩笑只当它玩笑》（上）提及现在的白话将被“扬弃”或“唾弃”，以下论述隐约也近似于“扬弃”的观念。《“硬译”与“文学的阶级性”》（1930.3）写道：“自然，世间总会有较好的翻译者，能够译成既不曲，也不‘硬’或‘死’的文章的，那时我的译本当然就被淘汰，我就只要来填这从‘无有’到‘较好’的空间罢了。”[④]《论翻译——答J. K. 论翻译》（1932.6）写道：“但这情形也当然不是永远的，其中的一部分，将从‘不顺’而成为‘顺’，有一部分，则因为到底‘不顺’而被淘汰，被踢开。这最要紧的是我们自己的批判。如来信所举的译例，我都可以承认比我译得更‘达’，也可推定并且更‘信’，对于译者和读者，都有很大的益处。”[⑤]《〈俄罗斯的童话〉小引》（1935.8.8）写道：“我很不满于自己这回的重译，只因别无译本，所以姑且在空地里称雄。倘有人从原文译起来，一定会好得远远，那时我就欣然消灭。这并非客气话，是真心希望着的。”[⑥]

20世纪20至30年代，对进化论的批评是较为复杂的，虽然进化观念已经被现代中国普遍接受，却也遭遇了自身的危机。鲁迅的“中间物”意识诚然不可夸大了说，似乎鲁迅在后来的时间里放弃了这一观念。

---

① 鲁迅：《花边文学》，《鲁迅全集》（第5卷），人民文学出版社2005年版，第532页。

② 鲁迅：《且介亭杂文二集》，《鲁迅全集》（第6卷），人民文学出版社2005年版，第284页。

③ 鲁迅：《三闲集》，《鲁迅全集》（第4卷），人民文学出版社2005年版，第6页。

④ 鲁迅：《二心集》，《鲁迅全集》（第4卷），人民文学出版社2005年版，第215页。后来，鲁迅《〈文艺政策〉后记》（1930年6月）引述了此节。

⑤ 同上，第392页。

⑥ 鲁迅：《译文序跋集》，《鲁迅全集》（第10卷），人民文学出版社2005年版，第442页。

三、白话的缺点和欧化日语

鲁迅的翻译策略直接与白话文的建设相关。建设新白话是一个长期而复杂的汉语变革运动，鲁迅同情并倾向于汉语拉丁化[①]，甚至有《二十四孝图》中的激烈观点。鲁迅《古书与白话》（1926.2.2）写道："古文已经死掉了；白话文还是改革道上的桥梁，因为人类还在进化。便是文章，也未必独有万古不磨的典则。"[②]《无声的中国》（1927.3.23）申言："我们要说现代的，自己的话；用活着的白话，将自己的思想，感情直白地说出来。"[③] 虽然鲁迅在翻译的科学小说《月界旅行》、《地底旅行》和《北极探险记》中已经采用了俗语（旧白话），但旧白话究竟与新文学运动所倡导的新白话（国语或语体文）不同。

鲁迅鲜明地主张，汉语白话语法上有加些欧化的必要。在翻译论争中，鲁迅表达了"有缺点的汉语白话"和利用"欧化文"来建设现代汉语的观点。《"硬译"与"文学的阶级性"》（1930.3）写道："现在的白话文又不同于《史》《汉》；有添造，例如唐译佛经，元译上谕，当时很有些'文法句法词法'是生造的，一经习用，便不必伸出手指，就懂得了。现在又来了'外国文'，许多句子，即也须新造，——说得坏点，就是硬造。据我的经验，这样译来，较之化为几句，更能保存原来的精悍的语气，但因为有待于新造，所以原先的中国文是有缺点的。"[④]《论翻译——答J. K. 论翻译》（1932.6）写道："为什么不完全中国化，给读者省些力气呢？这样费解，怎样还可以称为翻译呢？我的答案是：这也是译本。这样的译本，不但在输入新的内容，也在输入新的表现法。中国的文或话，法子实在太不精密了。"[⑤]《玩笑只当它玩笑（上）》（1934.7.25）写道："欧化文法的侵入中国白话中的大原因，并非因为好奇，乃是为了必要。国粹学家痛恨鬼子气，但他住在租界里，便会写些'霞飞路'，'麦特赫司脱路'那样的怪地名；评论者何尝要好奇，但他要说得精密，固有的白话不够用，便只得采些外国的句法。比较的难懂，不像茶淘饭似的可以一口吞下去是真的，但补这缺点的是精密。"[⑥]《答曹聚仁先生信》（1934.8）写道："竭力将白话做得浅豁，使能懂的人增多，但精密的所谓'欧化'语文，仍应支持，因为讲话倘要精密，中国原有的语法是不够的，而中国的大众语文，也决不会永久含胡下去。譬如罢，反对欧化者所说的欧化，就不是中国固有字，有些新字眼，新语法，是会有非用不可的时候的。"[⑦]

---

① 鲁迅《中国语文的新生》（1934年10月13日）写道："和提倡文言文的开倒车相反，是目前的大众语文的提倡，但也还没有碰到根本的问题：中国等于并没有文字。待到拉丁化的提议出现，这才抓住了解决问题的紧要关键。"

② 鲁迅：《华盖集续编》，《鲁迅全集》（第3卷），人民文学出版社2005年版，第228页。

③ 鲁迅：《三闲集》，《鲁迅全集》（第4卷），人民文学出版社2005年版，第15页

④ 鲁迅：《二心集》，《鲁迅全集》（第4卷），人民文学出版社2005年版，第204页。

⑤ 同上，第391页。

⑥ 鲁迅：《花边文学》，《鲁迅全集》（第5卷），人民文学出版社2005年版，第548页。

⑦ 鲁迅：《且介亭杂文》，《鲁迅全集》（第6卷），人民文学出版社2005年版，第79页。

鲁迅的翻译策略中的（直译）“欧文化”是一个不争的事实。在根本上，鲁迅一直相信建设中的、不完善的白话文，而面临左翼的大众语运动，对白话的反思加强了他的动摇，“仍要支持欧化文法，当作一种后备”，虽然鲁迅批评了大众语的激进方向。鲁迅《“题未定”草》（二）提出归化与洋气，对他的翻译策略作出明确的说明。可以补充一点，鲁迅似乎更倾向于认为归化与洋气是可以调和的，甚至是相通的。《从孩子的照相说起》（1934.8.20）写道：“所谓‘洋气’之中，有不少是优点，也是中国人性质中所本有的，但因了历朝的压抑，已经萎缩了下去，现在就连自己也莫名其妙，统统送给洋人了。这是必须拿它回来——恢复过来的——自然还得加一番慎重的选择。”[①]

除开从日语翻译厨川白村的文艺理论，鲁迅还从日语翻译了较多日本现代文学作品，即收入《现代日本小说集》中的11篇，森鸥外《游戏》和《沉默之塔》，夏目漱石《挂幅》和《克莱喀先生》，有岛武郎《与幼小者》和《阿末的死》，江口涣《峡谷的夜》，菊池宽《三浦右卫门的最后》和《复仇的话》，芥川龙之介《鼻子》和《罗生门》等，另外还有武者小路实笃《一个青年的梦》（戏剧）和鹤见佑辅《思想·山水·人物》（随笔）。恰如竹内好所说，鲁迅对于日本文学是具有相当严肃的批判的眼光的，日本现代作家的名声和影响是重要的选择动因。

大抵汉语白话与日语更为近似，翻译和转译日语作品更容易倾向于逐字逐句的直译。鲁迅《〈苦闷的象征〉引言》（1924.11.22）写道：“文句大概是直译的，也极愿意一并保存原文的口吻。但我于国语文法是外行，想必很有不合规范的句子在里面。”[②] 另一方面，鲁迅认为，在日语中，欧化的语法是极平常的，欧化的日语正可以作为汉语白话（国语）的模范。《将译〈桃色的云〉以前的几句话》（1922.5.13）和《〈桃色的云〉序》（1923.7）都宣称日语有较强的传达力：“由我看来，日本语实在比中国语更优婉。而著者又能捉住他的美点和特长，所以使我很觉得失了传达的能力。”[③] 以下迻录一节芥川龙之介《罗生门》。《罗生门》译文连载于1921年6月14至17日《晨报》副刊。一般而言，鲁迅是逐句逐字翻译，甚至没有改变原来语句的前后次序，而且鲁迅的词语、句式和语法是风格化的、个性化的，混杂了少量的方言，例如，地动、旋风、都中、鸱吻、夕照、一匹乌鸦等等。

羅生門（らしょうもん）	
Ryūnosuke Akutagawa	鲁迅译
何故かと云うと、この二三年、京都には、地震とか辻風（つじかぜ）とか火事とか饑饉とか云う災（わざわい）がつづいて起った。そこで洛中（らくちゅう）のさびれ方は一通りではない。	要说这缘故，就因为这二三年来，京都是接连的起了地动，旋风，大火，饥馑等等的灾变，所以都中便格外的荒凉了。

① 鲁迅：《且介亭杂文》，《鲁迅全集》（第6卷），人民文学出版社2005年版，第84页。
② 鲁迅：《译文序跋集》，《鲁迅全集》（第10卷），人民文学出版社2005年版，第257页。
③ 同上，第229页。

旧記によると、仏像や仏具を打砕いて、その丹（に）がついたり、金銀の箔（はく）がついたりした木を、路ばたにつみ重ねて、薪（たきぎ）の料（しろ）に売っていたと云う事である。洛中がその始末であるから、羅生門の修理などは、元より誰も捨てて顧る者がなかった。	据旧记说，还将佛像和佛具打碎了，那些带着丹漆，带着金银箔的木块，都堆在路旁当柴卖。都中既是这情形，修理罗生门之类的事，自然再没有人过问了。
するとその荒れ果てたのをよい事にして、狐狸（こり）が棲（す）む。盗人（ぬすびと）が棲む。とうとうしまいには、引取り手のない死人を、この門へ持って来て、棄てて行くと云う習慣さえ出来た。そこで、日の目が見えなくなると、誰でも気味を悪るがって、この門の近所へは足ぶみをしない事になってしまったのである。	于是趁了这荒凉的好机会，狐狸来住，强盗来住；到后来，且至于生出将无主的死尸弃在这门上的习惯来。于是太阳一落，人们便都觉得阴气，谁也不再在这门的左近走。
その代りまた鴉（からす）がどこからか、たくさん集って来た。昼間見ると、その鴉が何羽となく輪を描いて、高い鴟尾（しび）のまわりを啼きながら、飛びまわっている。	反而许多乌鸦，不知从那里都聚向这地方。白昼一望，这鸦是不知多少匹的转着圆圈，绕了最高的鸱吻，啼着飞舞。
ことに門の上の空が、夕焼けであかくなる時には、それが胡麻（ごま）をまいたようにはっきり見えた。鴉は、勿論、門の上にある死人の肉を、啄（ついば）みに来るのである。——もっとも今日は、刻限（こくげん）が遅いせいか、一羽も見えない。	一到这门上的天空被夕照映得通红的时候，这便仿佛撒着胡麻似的，尤其看得分明。不消说，这些乌鸦是因为要啄食那门上的死人的肉而来的了。——但在今日，或者因为时刻太晚了罢，却一匹也没有见。
ただ、所々、崩れかかった、そうしてその崩れ目に長い草のはえた石段の上に、鴉の糞（ふん）が、点々と白くこびりついているのが見える。	只见处处将要崩裂的，那裂缝中生出长的野草的石阶上面，老鸦粪粘得点点的发白。
下人は七段ある石段の一番上の段に、洗いざらした紺の襖（あお）の尻を据えて、右の頬に出来た、大きな面皰（にきび）を気にしながら、ぼんやり、雨のふるのを眺めていた。	家将将那洗旧的红青袄子的臀部，坐在七级阶的最上级，恼着那右颊上发出来的一颗大的面皰，惘惘然的看看雨下。

四、简短的结语

明治以来，日本确乎是走上了通向成功的欧化道路，鲁迅多处称美日语的传达力和日本现代文学的繁荣，这是源于一种身处其间的切近观察。20世纪初至30年代，不完善的、建设中的白话是现代中国的一个话语（文化）主题，与胡适、刘半农等不同，鲁迅更倾向于模仿欧化日语的汉语白话建设路线，欧化文的观念较深刻地影响了鲁迅的翻译策略，尤其是从日语转译，往往突出了汉语白话（国语）的含混和尴尬。《康伯度答文公直》（1934.7.25）写道："我主张中国语法上有加些欧化的必要。这主张，是由事实而来的。中国人'话总是会说的'，一点不错，但要前进，全照老样却不够。"[①]

（作者单位：彭建华，福建师范大学文学院；
邢莉君，福建江夏学院人文系）

① 鲁迅：《花边文学》，《鲁迅全集》（第5卷），人民文学出版社2005年版，第550页。

对儿童的失望与对教育的怀疑

——试析1923至1927年鲁迅教育思想的转变[①]

□ 姜彩燕

对儿童教育问题的关注与思考是鲁迅思想体系中相当重要的部分，从《狂人日记》发出的“救救孩子”，到去世前的《立此存照（七）》再次提出的“真的要救救孩子”，其间无论思想上经历过怎样的彷徨、苦闷和变革，对儿童生存处境、精神状态以及对儿童教育历史与现状的关注，始终萦绕在鲁迅的脑海中，成为他一生中孜孜以求的重要问题之一。在1923至1927年间，鲁迅的儿童观曾发生过不小的变化，这不仅导致了进化论思想的动摇，而且引发了他对教育意义的怀疑。

一、创伤性体验与儿童形象的逆转

自从告别了童年之后，鲁迅对儿童的了解主要来自对社会以及身边儿童的观察和与儿童有关的书本。当鲁迅喊出“救救孩子”的口号，为儿童教育问题大声疾呼，畅谈“我们现在怎样做父亲”的时候，其实从来没有亲身做父亲的经验，等到真的作了父亲，是在10年之后。不过，在兄弟失和之前的一段时间里，使鲁迅有过类似父亲体验的应该是他的侄儿侄女了。鲁迅对侄儿侄女是充满爱心的。在日记上对于二弟三弟孩子的出生都有记载，并且常给他们买玩具。1913年回乡省亲，同二弟、三弟逛街买书之余，也不忘给二弟的孩子买玩具。1915年，给二弟寄东西时还有“陕西玩具十余事”[②]。1916年12月省亲途中，在上海买书籍、食物之外，还购玩具5种，也应该是给侄儿侄女们的。在周氏兄弟同住八道湾的日子里，侄儿侄女们是鲁迅“以幼者为本位”的教育思想的直接受惠者。据许寿裳回忆，鲁迅购买八道湾那所大宅子时，主要原因是“取其空地很宽大，宜于儿童的游玩”[③]。这里的“儿童”当然也是指侄儿侄女，因为那时他自己并没有孩子。1921年岁末，作为大伯的鲁迅，“下午买玩具十余事分与诸儿”[④]。1922年，买泥制小动物40个，分与诸儿[⑤]。侄儿过生日，鲁迅把家里

---

① 本文基金项目：陕西省教育厅科学研究计划“鲁迅儿童教育思想研究”（2010JK289）。

② 鲁迅：《鲁迅全集》第15卷，人民文学出版社2005年版，第194页。

③ 许寿裳：《亡友鲁迅印象记》，鲁迅博物馆选编《鲁迅回忆录专著》（上），北京出版社1999年版，第259页。

④ 鲁迅：《鲁迅全集》第15卷，人民文学出版社2005年版，第451页。

⑤ 鲁迅：《鲁迅全集》第16卷，人民文学出版社2005年版，第636—637页。

"食面饮酒"为之庆祝的事也记录在日记里[1]。尤其是当侄儿侄女生病住院，做大伯的不仅要延医取药，而且常去医院看望或陪护[2]。为了给侄儿凑医药费，有时还要预支薪水，或向朋友借钱。可以说，从 1919 年搬到八道湾一家人同住，一直到 1923 年兄弟失和，鲁迅对侄儿侄女视如己出。在他的小说《兔和猫》、《鸭的喜剧》里出现的喜欢养兔以及给爱罗先珂报告"没有了，虾蟆的儿子"的可爱孩子，应该就是以他的侄儿侄女们为原型的。周作人的女儿周静子《回忆伯父鲁迅》中的相关材料也可从侧面证实这一点[3]。凡此种种，即可表明鲁迅对他们的慈爱甚深。然而，从 1923 年开始，一直到去上海之前，鲁迅日记中再无关于侄儿侄女的记载。这中间最大的原因当然是由于兄弟失和，鲁迅搬出八道湾另住，使他和孩子们也无从往来。但另有可能的是，在关于孩子的问题上，有对鲁迅刺激甚深的事件发生，酿成了鲁迅的创伤性经验，这不仅对他自身的情感造成伤害，也由此产生了对其儿童观的冲击。

据增田涉回忆，鲁迅在北京时给周作人的小孩买糖果，羽太信子常常让丢弃掉，这使鲁迅感慨："好像穷人买来的东西也是脏的。"[4] 周建人在《鲁迅和周作人》中谈及此事时，除了引用增田涉的话，还说道："鲁迅对我说的是，他偶然听到对于孩子有这样的呵责：'你们不要到大爹的房里去，让他冷清煞！'"[5] 类似的说法在俞芳的回忆里也有[6]。想必这件事对鲁迅刺激很深，到 30 年代他在《从孩子的照相说起》中还说："因为长久没有小孩子，曾有人说，这是我做人不好的报应，要绝种的。房东太太讨厌我的时候，就不准她的孩子们到我这里玩，叫作'给他冷清冷清，冷清得他要死！'"[7] 这里的"房东太太"应该就是指羽太信子。可见，由于大人间的纠葛和怨愤，也殃及了鲁迅与侄儿侄女之间的交往。不过，在鲁迅的叙述和增田涉的转述中，大人的"教唆"清晰可见，而孩子的反应却付之阙如。周建人在回忆这件事时说："孩子是天真的，不明白什么叫'让他冷清煞'，不免仍要到大爹的房里去。"[8] 这种说法不排除有猜想的成分，因为其时周建人已离京赴上海工作，详细的情形他未必了解。孩子们在羽太信子的"教导"下，究竟做出何等反应，我们不得而知。然而，在鲁迅此后的作品中，却得以窥见蛛丝马迹。

在上述的"儿童事件"发生后的一段时间里，鲁迅创作的《彷徨》、《野草》与

---

[1] 鲁迅：《鲁迅全集》第 15 卷，人民文学出版社 2005 年版，第 402 页。

[2] 同上，第 402—406 页。

[3] 周静子：《回忆伯父鲁迅》，鲁迅博物馆选编《鲁迅回忆录》专著（中），北京出版社 1999 年版，第 868—870 页。

[4] 增田涉：《鲁迅的印象》，鲁迅博物馆选编《鲁迅回忆录》专著（下），北京出版社 1999 年版，第 1385 页。

[5] 周建人：《鲁迅与周作人》，鲁迅博物馆选编《鲁迅回忆录》散篇（上），北京出版社 1999 年版，第 443 页。

[6] 俞芳：《周建人是怎样离开八道湾的》，《鲁迅研究月刊》1987 年第 8 期，第 17—18 页。

[7] 鲁迅：《从孩子的照相说起》，《鲁迅全集》第 6 卷，人民文学出版社 2005 年版，第 82 页。

[8] 周建人：《鲁迅与周作人》，鲁迅博物馆选编《鲁迅回忆录》散篇（上），北京出版社 1999 年版，第 443 页。

杂文中，给人突出的印象是此前在《呐喊》中所赞美的少年闰土、阿发等少年英雄形象不见了，而被吃与吃人的影像开始凸显。在《颓败线的颤动》中，鲁迅描写了一位母亲为了养育女儿而忍辱负重，然而当女儿长大成人，过上不错的生活之后，不仅没有对她感激和孝顺，反而施与她"冷骂与毒笑"。她同她的丈夫孩子一起"怨恨鄙夷地对着"这个衰老的妇女，认为是这个老母亲带累了她们和孩子，使他们没脸见人。尤其是最小的一个也大声说"杀"的时候，老妇人由发抖、痉挛而"登时一怔"，接着是平静。可以说，这刹时的平静，正是出自于最深的惊异和绝望。当老妇人赤身露体地走向深夜的荒野，脑中照见过往的一切——"眷念与决绝，爱抚与复仇，养育与歼除，祝福与咒诅"，"于是举两手尽量向天，口唇间漏出人与兽的，非人间所有，所以无词的言语"。虽然我们无从知晓鲁迅身边的孩子在大人的熏染和教唆下是否真有过类似"杀"这样的动作，从而使鲁迅深深受伤。但在兄弟失和之后的鲁迅作品中，孩子举芦叶说"杀"这个情节出现过三次：

> 在街上看见一个很小的小孩，拿了一片芦叶指着我道：杀！他还不很能走路。
>
> ——《孤独者》
>
> 一个赤膊的孩子，将苇子向后一指，从喘吁吁的樱桃似的小嘴唇里吐出清脆的一声道："杀！"
>
> ——《长明灯》
>
> 最小的一个正玩着一片干芦叶，这时便向空中一挥，仿佛一柄钢刀，大声说道："杀！"
>
> ——《颓败线的颤动》

相似的场景在作品中反复呈现，说明对鲁迅所产生的震撼之深。面对自己曾经投入过爱心的孩子所发出的残忍举动，心底将会产生多么大的情绪震撼！这种震惊、恐怖、委屈，以及由此而生的绝望与痛苦的心理感受，使鲁迅几乎无法用语言来形容。当年的"狂人"看到孩子们流露出如赵贵翁一样的眼色时，感到"纳罕而且伤心"。但那时他几乎确信：孩子们的如此表现，是他们"娘老子教的"，是教育的结果。而现在，这个确信开始动摇了。

二、对儿童的失望与进化论思想的动摇

上述的这种创伤性体验，到底对鲁迅的儿童观产生怎样的影响，我们从《孤独者》的描写中约略可以窥见鲁迅在这一问题上的心路历程。

《孤独者》中的魏连殳虽然性格孤僻倨傲，但他特别喜欢孩子。只要一看到房东的孩子们来，他的"眼睛里即刻发出欢喜的光来了，连忙站起，向客厅间壁的房里走"。他给他们买口琴，而且一人一个，决不偏倚。虽然孩子们常常吵闹，打翻碗碟，硬讨点心，乱得人头昏，但连殳一见他们，却再不像平时那样冷冷的了。当三良发了红斑痧，他非常着急。他把这些孩子看得比自己的性命还宝贵。在这些描写中不难看出鲁迅自我体验的痕迹。而作品中的魏连殳之所以如此喜欢

孩子，并非出于血缘关系或伦理责任，而是把孩子当作虚伪世界当中唯一存在的“天真”，冷酷世界当中仅有的“希望”来看的。这正反映了鲁迅此前基于进化论与“白心论”所形成的儿童观，即“后起的生命更有价值，更可宝贵”。然而不同的是，作品当中出现了相异的声音。当魏连殳认为“孩子总是好的。他们全是天真”时，作品中的“我”提出了反对意见，于是出现了如下对话：

> 那也不尽然。
>
> 不。大人的坏脾气，在孩子们是没有的。后来的坏，如你平日所攻击的坏，那是环境教坏的。原来却并不坏，天真……我以为中国的可以希望，只在这一点。
>
> 不。如果孩子中没有坏根苗，大起来怎么会有坏花果？譬如一粒种子，正因为内中本含有枝叶花果的胚，长大时才能够发出这些东西来。何尝是无端……①

这段有关孩子的“坏”是“环境教坏”还是“根苗”就“坏”的辩论，反映了鲁迅内心两种思想的交战。这段几乎可以说是触及鲁迅灵魂深处的对话，体现出鲁迅儿童观中出现的新因素。在《狂人日记》中毫不怀疑地认为孩子的“吃人”是“娘老子教的”这种判断，遭到了怀疑。此前深信的人性本真，“后来的坏，是环境教坏的”的信念开始动摇。这使他对于“白心”的渴望与追寻的信心也大打折扣。当魏连殳被校长辞退失业后，孩子们也完全抛弃了魏连殳，连他的东西也不要吃了。这使他对孩子的看法由怀疑发展到绝望。于是，当他做了杜师长的顾问，重新发迹以后，开始报复周围的人，包括孩子。如果他们要他买东西就得装狗叫或者磕响头。可以说，对孩子的绝望是他对人类最根本的绝望。对孩子的报复，也是他对这个世界最彻底的报复。

虽然魏连殳的思想并不能等同于鲁迅，但这些描写却从侧面透露出鲁迅思想中的新因素。应该说，当魏连殳做出“儿子正如老子一般”，“都不像人”② 的判断时，或许还可以解释为家庭教育的结果。但是，当他看到“还不很能走路的”孩子，“最小的”“赤膊”的孩子，就已经有“杀”这样骇人的举动，恐怕用“环境教坏”这样的话已经不足以缓释他内心的创痛与怀疑。是人性中固有的坏的根苗，才使他们在如此幼小的时候即已显现出凶残与暴力。这样的发现，对于曾深信“孩子总是好的。他们全是天真”的魏连殳，以及深信“后起的生命更近完全，更有价值，前者应该牺牲于他”，并坚持“以幼者为本位”教育立场的鲁迅来说，是怎样一种悲哀？“救救孩子”的热情呼喊，在这里受到多么大的嘲弄！正是由于这样的情绪体验与思想认识，使得鲁迅此时期的创作中出现了与《呐喊》阶段迥然不同的孩子。尤其是与“杀”有关的孩童“吃人”者场景集中出现在这一时期。这种对于人性本真的怀疑，直接影响到他的儿童观，也在某种程度上使他产生了对教育意义的怀疑。

---

① 鲁迅：《孤独者》，《鲁迅全集》第2卷，人民文学出版社2005年版，第93页。

② 同上，第94页。

三、对教育的怀疑与“弃教从文”

在1925至1927年间，鲁迅对于教育问题曾有过深刻的悲观和质疑。当然，这种悲观一方面是来自对教育界本身的失望，也有对启蒙效力的怀疑，同时也跟进化论思想的动摇有一定关联。实际上，鲁迅的进化论思想并非像他自己所描述的那样，是在1927年的广州，因亲眼目睹了青年分作两个阵营之后才突然“轰毁”的，而是从1923年以来对于儿童信心的逐渐失落中，已开始受到威胁和动摇了。

E·希尔斯在《论传统》中说：“教育是传统从一代人到另一代人的媒介，是一个移植传统的过程。”[①] 而鲁迅所理解的新教育的本质却不再是固有文化的传承，而是勾销旧账，开辟新路。可以说，《狂人日记》中那历史书上歪歪斜斜的“吃人”二字，正是通过旧式教育这种普遍性的方式一代又一代传承下来的，而当鲁迅将目光投向“或许还有”的“没有吃过人的孩子”身上时，实际上就是希望从改革教育开始，捐住黑暗的闸门，斩断吃人的罗网，解放儿童，“救救孩子”。正如他自己陈述的那样：“我至今为止，时时有一种乐观，以为压迫，杀戮青年的，大概是老人。这种老人渐渐死去，中国总可比较地有生气。”[②] 然而随着对儿童与青年的失望，他对未来的信心也大打折扣。对自己的呼吁到底能产生多大效力也深表怀疑，认为自己的言论不过如一箭射入大海罢了。因此，当青年希望鲁迅为了救救孩子而再次出马时，他说：“现在倘再发那些四平八稳的‘救救孩子’似的议论，连我自己听去，也觉得空空洞洞了。”[③]

这种不断累积的失望情绪逐渐发展为带有普遍性的认识和感受：“世事大概差不多，地的繁华和荒僻，人的多少，都没有多大关系。”[④] 而且他认为“人的气质不大容易改变，进几年大学是无甚效力的”[⑤]。由于对黑暗社会的深刻绝望，使他疑心自己所谓的启蒙、教育不过是“做醉虾的帮手”[⑥]，弄敏了老实而不幸青年的脑子，使得他们更加痛苦而已。因此，当他需要重新选择自己的生活道路时，到底是教书还是写作成了一个人生的十字路口。在给友人的信中，他这样说：“我也不想回浙，但未定到那里去，教界这东西，我实在有点怕了，并不比政界干净。”[⑦] 决定去上海以后，他说：“我先到上海，无非想寻一点饭，但政，教两界，我想不涉足，因为实在外行，莫名其妙。”[⑧] 初到上海，他还去一些学校演讲过几次，后来终于决定彻底离开教育界：“我近半年来，教书的趣味，全

---

① E·希尔斯：《论传统》，傅铿、吕乐译，上海人民出版社1991年版，第327页。

② 鲁迅：《答有恒先生》，《鲁迅全集》第3卷，人民文学出版社2005年版，第473页。

③ 同上，第476—477页。

④ 鲁迅：《两地书》，《鲁迅全集》第11卷，人民文学出版社2005年版，第173页。

⑤ 同上，第14页。

⑥ 鲁迅：《答有恒先生》，《鲁迅全集》第3卷，人民文学出版社2005年版，第474页。

⑦ 鲁迅：《鲁迅全集》第12卷，人民文学出版社2005年版，第33页。

⑧ 同上，第67页。

没有了，所以对于一切学校的聘请，全都推却。”[①] 鲁迅对教育界的失望，使他终于彻底“弃教从文”。

虽然如此，我们必须承认，这些动摇不过增加了鲁迅思考问题的复杂性，使他感觉到了教育的艰难性，但并没有使他走向类似于叔本华式的否定教育意义的绝路上去。对于孩子本能的爱与希望，对于“白心”的渴望与追寻，对于幼弱者一贯的同情仍然作为他思想的底色，时不时地流露出来。只不过，由于有了上述的情绪体验与思想认识，使得鲁迅此时期作品中的孩子显示出更为驳杂的特征。这其中，既有《祝福》中像无声的野草一样默默被吃的阿毛，有在《雪》里“呵着冻得通红，像紫芽姜一般的小手，七八个一齐来塑雪罗汉”的孩子们，在《过客》中看到“许多许多野百合，野蔷薇”的好奇、纯真的小女孩，《风筝》中“多病，瘦得不堪，然而最喜欢风筝”的小兄弟，也有举着芦叶喊“杀”的孩子。在《二十四孝图》中，鲁迅仍然为孩子的纯真辩护，说小孩子不喜欢“诈”，听故事也不喜欢是谣言。总而言之，儿童这个群体在鲁迅笔下呈现出更为多元的特征。

四、余　论

根据弗洛伊德的观点，“目前的强烈经验，唤起了创作家对早先经验的回忆(通常是孩提时代的经验)”[②]。在对儿童教育问题产生强烈焦虑的过程中，童年经验自然而然地出现在鲁迅的创作空间中，尤其是十几年的传统教育所累积起来的丰富体验，为《朝花夕拾》的创作提供了丰盈不竭的素材来源。我相信对于鲁迅来说，童年经验的回顾与反思，不仅是一种生命活力的再现与保有，同时也是心灵创痛的抚慰与疗救。经过了《小约翰》的翻译与《朝花夕拾》的写作后，鲁迅仍然保持着对于儿童问题的浓厚兴趣。他通过追寻自我来反思儿童教育问题，就比前一时期偏重于新观念的引进多了更为切实的体验性。经过了对儿童的失望与教育的怀疑的鲁迅，仍然怀着“反抗绝望”的精神，担负起作为生命桥梁的历史责任。从 1929 年开始，他不断翻译童话，撰写关于儿童教育的杂文，猛烈地抨击各种形形色色的错误的儿童教育倾向，一直到 1936 年去世之前，他又一次喊出了“救救孩子”的口号，并认为这与我们民族的前途关系极大。这些都说明，虽然鲁迅对“救救孩子”的信心和效力曾有过怀疑和动摇，但是，对幼弱者的同情和对民族未来的忧虑使他终其一生都没有放弃对孩子的关注。“救救孩子”的确是鲁迅一生的“狮子吼”[③]。

（作者单位：西北大学文学院）

① 鲁迅：《鲁迅全集》第 12 卷，人民文学出版社 2005 年版，第 89 页。

② 弗洛伊德：《创作家与白日梦》，《弗洛伊德心理学与西方文学》，包华富、陈昭全译，湖南文艺出版社 1986 年版，第 142 页。

③ 许寿裳：《亡友鲁迅印象记》，鲁迅博物馆选编《鲁迅回忆录》专著（上），北京出版社 1999 年版，第 284 页。

《斯巴达之魂》：通往鲁迅的重要驿站

——兼论青年鲁迅的思想起点

□ 杜光霞

一

鲁迅是怎样成为如此独特的“这一个”的？他是完全异质于中国思想文化传统的一块突然空降的、神秘不可解的“飞地”吗？正如早有学者提出的那样，他是“全面抨击中国的过去”，“号召完全摒弃中国传统”的“全盘性反传统主义”吗？是根除了故国传统，又无法从西方“发现”可供信仰、坚守之意义，最后“走向虚无主义”[①] 了吗？笔者认为，对于鲁迅这样一个毋庸置疑产生并献身于中国的复杂精神存在，如果脱离中国特定时代场域和他特殊的生命历程，轻易将其复杂深刻的思想归因于天然的获得、遽然的植入或突然的改变，无疑是极具危险性的。事实上，鲁迅是从中国本土，从其社会时代环境土壤中一步一步生发出来的一个虽极具异质性，同时也极具“根性”，且完全合乎逻辑理路的特殊“现象”。

很长时间以来，绝大多数研究者对青年鲁迅的关注和分析都聚焦于1907至1908年所写的五篇论文，而对1903至1906年创作、改作或翻译的作品一笔带过甚至直接忽略；即便是为数不多的一些专门研究鲁迅“弃医从文”之前思想的文章，也大都主要围绕《中国地质略论》来强调鲁迅对自然科学的重视，侧重于突出其“结合大群起而兴业”、把科学知识的普及和实业的发展当成是拯救国家民族的基本途径的主张，而几乎没有涉及鲁迅在这一时期关于社会思想、精神文明等人文方面的思考。如此一来，终生投入于文艺事业和精神抗争的鲁迅在此就似乎出现了某种中断或空白。笔者认为，这是由于长期以来学界对鲁迅在《斯巴达之魂》中所体现的思想痕迹不够重视，即使有所研究也大都停留在译作与创作之争、创作背景、写作缘起等较为粗糙的外部研究上，以至于淡化了其思想发展阶段中“弘文学院”这一并非空白的重要环节，模糊了青年鲁迅由怀抱中国传统文化的一些正统思想到因大量涉猎各种西方思想文化资源而逐渐“取今复古、别

---

① 林毓生：《中国意识的危机》（增订再版本），穆善培译，贵州人民出版社1988年版，第193—263页。

立新宗”（《文化偏至论》）的过程。事实上，即使敏感、早熟如鲁迅，也不可能一开始就具备了1907至1908年那样较为成熟、复杂、深刻，以至于直到“五四”时期仍无重大或根本变化的思想。要想考察他如何从地道的“中国鲁迅”成为“世界鲁迅”的过程，探究其文学及思想的起点，《斯巴达之魂》中所遗留下来的珍贵证据实在不应当被忽略。

二

南京求学之前的周樟寿是由当时广泛施行的普通私塾教育模式培养出来的一个深受正统思想文化浸染的少年，这种特质一直贯穿了南京求学时期，并留下了一系列的显著表征。那时的周树人有三个刻着别号的图章，分别是“戎马书生”、“文章误我”和“戛剑生”，又曾与周作人合称“汉真将军后裔”，其思想志趣表现无遗：国家社稷危难之际，热血男儿往往“宁为百夫长，胜作一书生”，想要闻鸡起舞，精忠报国。他这段时期署名“戛剑生”的诗文也进一步凸显了其传统气质。《戛剑生杂记》中的“日暮客愁集，烟深人语喧”依然未脱千百年来乡愁文学的思路和格调，且“柔肠欲断，涕不可仰”等语句也颇有几分为赋新词强说愁的俗套和夸张；时时牵挂“老亲弱弟”，慨叹“有弟偏叫各别离”（《别诸弟》）、“执手销魂，兄弟竟居异地”（《和仲弟送别原韵并跋》）的深情，则体现出传统“孝悌”文化中最温暖美好的伦理建构成果；而《祭书神文》一面批判“钱神醉兮钱奴忙”，一面“绝交阿堵”，“把酒大呼”，邀请书神光临的举动，正如鲁迅晚年时期的自嘲——“……这时候，我正在封建社会里做少爷。看不起钱，也是那时的所谓‘读书人家子弟’的通性”[①]，这正是中国文人安贫乐道的清高传统的集中体现。如果我们对《斯巴达之魂》进行一番详细的考察，就不难发现少年鲁迅身上所承载的这种中国传统甚至有些正统的思想文化质素实际上一直延续到了留日初期，然后“转入地下”，成为鲁迅生命中一种因隐藏得极深而极难发现的精神底色和思想起点。

1902年，二十出头的鲁迅被公派赴日留学，于弘文学院补习日语及科普知识的两年期间，在矿路学堂的知识基础上广泛接触了大量的西方自然科学及文史哲学。那时的鲁迅虽早已有了“走异路，逃异地，去寻求别样的人们”（《呐喊·自序》）及“绝望于孔夫子及他的之徒”（《在现代中国的孔夫子》）的端倪，骨子里实际上却依然是一个深深浸染着中国传统思想文化的热血青年。正如他晚年的自省：“我那时初学日文，文法并未了然，就急于看书，看书并不很懂，就急于翻译……”（《集外集·序言》）这种种的“急”正显示了青年鲁迅“血荐轩辕”的爱国忧国热情，同时也促成了他最早的一次较大的“喷发”：创作、改作或翻译了《斯巴达之魂》、《说鈤》、《中国地质略论》、《月界旅行》等大量文章。在这批文章里，除了《斯巴达之魂》以外，其余文章都显示出浓郁的科技救国和科

① 《350824致萧军》，见《鲁迅全集》第十三卷，人民文学出版社2005年版，第528页。

学启蒙倾向。其具体途径，一如他在《〈月界旅行〉辨言》中所说的，既有“胪陈科学”的直接介绍，更多的则是“假小说之能力，被优孟之衣冠……使读者触目会心，不劳思索，则必能于不知不觉间，获一斑之智识，破遗传之迷信，改良思想，补助文明……”可见，即使是在一生之中自然科学色彩最为浓烈的这段时期，在一边大量扩充各类相关专业知识，一边积极准备主攻医学的显性行状之下，鲁迅其实一直保持着根深蒂固、难以掩藏的思想文化经络和文艺志趣。而在1903年应刚刚接编《浙江潮》的许寿裳之邀而改写的《斯巴达之魂》里，鲁迅这方面的思考就得到了更多、更集中的展露。

从创作的时代背景来看，《斯巴达之魂》是应运而生，完全符合当时中国局势所需的。1840年以来，封闭、腐朽的中国在一系列反侵略战争中节节败退，尽管经历了艰难的努力和挣扎，仍一步步陷入了危亡的境地。尤其是1894至1895年的甲午中日战争中，自古以来一直远比中国弱小的日本竟大败中国，全歼洋务运动的重要成果之一——北洋水师，获取了巨额赔款及远东地区的一系列权益。中日两个民族对彼此的看法及心理也由此发生翻天覆地的变化。在这一过程中，日本自明治维新以来所奉行的军国主义政策与其“义勇奉公”的武士道传统结合起来，显然对其国民精神、民族凝聚力发挥了难以估量的作用——而且是一种影响深远的“无用之用”。到19世纪末鲁迅等人东渡留学时，日本在这方面所呈现出的“软件设施”已经蔚为壮观，对晚清那一代忧国伤时、五内俱焚的流亡者、留学生产生了极为强烈的刺激，留下了难以磨灭的第一印象。实际上，在鲁迅之前，日本这种“武士道民族主义”所带来的民族凝聚力和团结、崇高的国民精神早就引起了梁启超的狂热推崇。1902年，梁启超在《新民说》第十七节《论尚武》中鼓吹“尚武者国民之元气，国家所恃以成立，而文明所赖以维持者也”的观点，并列举了斯巴达、德意志、俄罗斯等国因为尚武而霸强的榜样，满怀艳羡地突出了当时日本“入队之旗，乞其战死，从军之什，祝勿生还，好武雄风，举国一致”的现状，最后辛酸回顾了中国屡屡挫败于异族武力的窘屈历史[①]。如此彻底的梳理之后，梁氏仍不满足，又在《新民丛报》“历史”栏目连载了《斯巴达小志》，对斯巴达城邦这一世界上最早的军国主义典型进行了更为详细的正面介绍，分析了其立国起源、立法、政体、民族之阶级、国民教育等情况，特别突出了其“纳一国国民于法之中……秩然不可乱，凛然不可犯”的“有法之专制”特征及斯巴达妇女爱国教育的成功。

《斯巴达之魂》在一定程度上的确受到了梁文的直接影响[②]，但二者的根本区别在于，梁文是完全忠于历史的说明和议论，认为斯巴达的“尚武”精神来源并取决于“法治”的基本国策，所以他开篇并不直接从“尚武”的问题入手，而是从东西方性质大异的专制制度谈起，完全忽视斯巴达城邦等级森严、专制苛暴，对内法令残酷、毫无人性，对外则极富侵略性、攻击性的一面而对其推崇备至；

---

① （清）梁启超：《梁启超全集》，北京出版社1999年版，第709—710页。

② 参见陈漱渝《〈斯巴达之魂〉与梁启超》，《鲁迅研究月刊》1993年第10期。

而鲁迅所侧重的既不是“史”，更不是“法”，他是在“读史”之余“掇其逸事”而进行历史小说创作，目的是凸显并褒扬斯巴达人舍生取义、为国捐躯的“武德”和“国魂”，专取其民族精神而极力回避了其等级性、专制性、侵略性等致命问题。这也在一定程度上决定了二者意识形态及表达方式的不同：梁启超的观点是鲜明、直露的，鲁迅的思想则是复杂的、隐藏的。而隐藏在《斯巴达之魂》文字背后的“鲁迅”，表面上看是非常“日本化”的，深受日本当时“军国主义＋武士道”结合而形成的“武士道民族主义”熏染；但实际上，与此时热切主张移植西方及日本军国主义经验，极口赞颂侵略扩张的“天演物竞之公例”的梁启超不同，鲁迅在文中对斯巴达立国起源、立法、政体、民族之阶级、军国主义教育机制等内容的刻意模糊或回避，事实上已经构成了一种与狂热情绪格格不入的保留、质疑状态。正是在最容易冲动、狂热的人生阶段难能可贵地埋下了这一点“存疑”的种子，短短的三四年之后，鲁迅才有可能萌发出那样完备的一套极富个人独特色彩的救国立国思想。而无论是《科学史教篇》中必须防止只强调“至显之实利”、“至肤之方术”而“精神渐失”的警示，《文化偏至论》中对唯西方论、“竞言武事”鼓吹侵略、“制造商估立宪国会”等“偏至”新学的批判和修正，还是《破恶声论》中批驳“灭裂个性”的“破迷信”、“崇侵略”等时髦主张，呼吁“苏古掇新”，既要广泛采掇西方文化中的新思潮、新精神，更要保护中华民族传统文化之“本根”和“神气”的理念，我们都可以在《斯巴达之魂》中所回避和保留的地方寻找到其生发的可能。由此可见，从时代环境到个人遭际都处于中西文化剧烈碰撞、新旧思想纠缠格斗状态的青年鲁迅其实并非如我们想象中那样前后分裂；在“弃医从文”这样一个重大而显著的转变现象背后，他其实一直都在尝试进行特殊的“取今复古”，只不过对西方自然科学及文史哲学等外来资源的“取今”过程较为清晰明显，而对其童年及少年时期所接受的中国传统思想文化资源的“复古”过程则较为复杂、隐性。

三

《斯巴达之魂》是鲁迅创作（而非翻译）的第一篇小说，相关讨论始于 20 世纪 80 年代，至 21 世纪初已基本得以澄清[①]，悬而未决的问题重心也就进一步转移到相关的价值评判上来。与鲁迅援为框架、背景的历史原材料（主要为古希腊历史学家希罗多德所著的《历史》）相比，《斯巴达之魂》进行了规模较大的增删调整和独特创造。据李昌玉的整理，主要体现为以下几个方面：

> （一）在叙述角度上，《历史》对波希双方作平行的客观的记叙，小说是单方面描写希腊人抗击侵略的行动和精神。（二）在立意方向，《历史》中的

① 相关论争主要见李昌玉《鲁迅创作的第一篇小说应是〈斯巴达之魂〉》、吴作桥《鲁迅的第一篇小说应是〈斯巴达之魂〉》、蒋荷贞《〈斯巴达之魂〉是鲁迅创作的第一篇小说》、樽本照雄著，岳新译《关于鲁迅的〈斯巴达之魂〉》，及吴作桥、周晓莉《再论〈斯巴达之魂〉是创作小说》等文。

希腊人是因畏惧法律而战、被逼到死地而不得不战，小说则升华为自觉地义无反顾地“为国民”而战。（三）在人物塑造方面，小说中只有斯巴达王黎河尼佗和将军柏撤纽在《历史》中有原型，其他预言者息每卡是“合二为一”，二王戚是“一分为二”，二目疾患者作了大幅度扩充，此外还创造了一个忠于祖国、刚烈无比、光彩照人的妇女形象涘烈娜和一个对推动情节发展起了重要作用而又完成了灵魂自我净化的人物克力士泰。（四）小说有着完整的充满了传奇性的故事情节和严谨的结构，这是从《历史》中绝对抄摘拼凑不出的。（五）小说中大量形象的描写、浓郁的抒情、激昂的议论文字是《历史》中没有的[①]。

如何看待鲁迅的这一番调整和创造？他的这种努力是否如樽本照雄所说的“使赫罗德托斯（著作）所具有的简洁性和历史的重要性遭到破坏”，是“没用的”，“水平相当低下，只能说是负面的价值”，甚至“索性只进行翻译，不知要好多少倍”[②]？笔者以为，如果单纯地从小说的情节安排及人物塑造是否符合希波战争的史实及当时斯巴达的国策民情来看，樽本照雄先生所得出的结论是无可厚非的；然而以历史著作的标准来要求文学创作，却无异于缘木求鱼，犯了一个致命的错误。历史与文学、翻译与创作都自有其各自的内在要求和存在价值，尤其是作为虚构艺术的小说，其所描述的“逸事”往往都会“逸出”于“正史”的话语叙述之外，更何况是一些幽微隐曲、只能源于想象的细节。除了批评《斯巴达之魂》“情节的不合情理”之外，关于人物设置，樽本照雄先生还提出了一个看法，即“赛雷娜与克尔达斯（即涘烈娜和克力士泰——笔者注）二人，是穿着斯巴达衣裳的中国人”，这无疑是跳出了斯巴达及中国思维定势的“他者”才会具有的独到眼光，一针见血地道破了《斯巴达之魂》浓郁的希腊、日本表层色彩之下“中国传统”和“中国问题”的实际旨归。

从小说情节人物的设置来看，首先，鲁迅抛开波希战争的纷繁头绪和复杂背景，单取希腊方面不畏强暴、反抗侵略的壮烈精神，这既符合那场战役的史实，又显示出鲁迅坚守正义、相信进化论的同时反对弱肉强食的社会达尔文主义的一贯思想；相比之下，“客观叙述”的《历史》则带有一种不问是非的暧昧态度，而梁启超在《斯巴达小志》中的相关叙述就更是“喋喋誉白人肉攫之心”[③]，公然鼓吹弱肉强食、侵略有理了。其次，鲁迅弱化了斯巴达人“一履战地，不胜则死”的国法，强化了其民重义轻生、为国而死的崇高精神。这样的处理实际上已经使人物、情理和艺术真实性开始由斯巴达向中国转移了，因为一来中国人在战场上的舍生忘死正好主要依靠个体道德精神的崇高，而不像斯巴达那样靠“国法”的完备；再者，在斯巴达剧烈的阶层冲突之下，想代替“斯巴忒亚泰”主人参战并战死的仆人（奴隶）是绝不可能出现的，而中国则恰恰数千年来一直都有

---

① 李昌玉：《鲁迅创作的第一篇小说应是〈斯巴达之魂〉》，《东岳论丛》1987年第6期。

② 樽本照雄著，岳新译《关于鲁迅的〈斯巴达之魂〉》，《鲁迅研究月刊》2001年第6期。

③ 《坟·文化偏至论》，人民文学出版社2006年版，第44页。

"天下兴亡匹夫有责"的传统，并且一直不断地塑造、歌颂和鼓励着彻底牺牲自己利益甚至不惜代主人死的"忠仆"或"义仆"形象。而小说的后半部分则几乎完全是裹着斯巴达外衣的中国情节和人物了：柝声，犬吠，少妇，老妪，孤灯……在典型的传统中国村野情境中，丈夫归而叩门，妻子以为又是自己的爱慕者克力泰士来了，便"请以明日至"，以便让彼此的关系限于白天光明正大的来往（这是典型的中国式拒绝。事实上成年斯巴达武士白天必须待在军营，不会有普通的日常生活）；得知是丈夫于温泉门战士全部战死的情形下生还，怀孕临产的妻子涘烈娜竟为了"国法"、"荣光"、"武德"和丈夫的耻辱而伏剑自刎，以死谏夫（其实斯巴达实行包括妇女儿童在内的财产公有制，没有通常意义上的家庭，女性的荣誉在于多生健壮的孩子，并不与丈夫直接挂钩；而只有中国女性的绝对从属、依附地位才会时常导致这种为丈夫而赴死的"烈妇"出现）；最后，将军柏撒纽因为克力泰士以自曝其短为代价所披露的"死谏"隐情而决定专门为涘烈娜竖立纪念碑（根据斯巴达的法律，只有死于战争的男子和死于产褥的女人才能将名字记在墓碑上，涘烈娜以临产之身自戕，非但不可能被立碑嘉奖，反而很可能招致唾弃；而中国则自古以来就有"表彰节烈"的社会传统）。可见，如果以处于危亡关头的近代中国历史背景为参照，从满腔爱国热忱、毅然将国家民族的命运负于肩头的思想先驱们对中国政治、社会问题及其出路所作的种种思考、探索出发，《斯巴达之魂》中看似不合情理的一番创造便有着"非如此不可"的必然性和合理性了，对中国近现代思想史也具有很大的参考价值。

四

在1907年前后的几篇长文里，不管是宏观上的国家民族出路，还是具体方法策略，以及关于生死、牺牲、"国"与"人"的冲突、"群"与"个"之关系等一系列问题，鲁迅已然形成了一个粗具规模的思想体系，与作为观念速写的《斯巴达之魂》中零散而不经意的表露自然不可同日而语。不仅如此，《文化偏至论》开篇就批判"新国林起于西"之后"辁才小慧之徒，于是竞言武事"的浮浅野蛮，揭露"缘救国是图，不惜以个人为贡献"的主张不过是"假是空名，遂其私欲"，乍一看，这实在令人惊疑：他自己的《斯巴达之魂》不正是在鼓吹"尚武"和"为国民死"么？但仔细一点，深入一点，我们就不难在"剧变"的表象之下发现诸多更为坚固的"不变"成分。首先，鲁迅1903年塑造的"斯巴达"骨髓里其实是反侵略、爱和平，有舍生取义之崇高精神而无军国主义之苛政形式的变了形的"中国"；他所"尚"的也从来就不是"钩爪锯牙"的"力角"之武，而是"强项敢死"[①]，宁肯殉国卫民而死也不沦为"杀国人媚异族之奴隶国"的高尚精神。而1907年，无论是主张打破中西藩篱，"将已立准则，慎施去取，指善美而行诸中国"，还是批判"言非同西方之理弗道，事非合西方之术弗行"，抨击

① 《玟·摩罗诗力说》，人民文学出版社2006年版，第70页。

一切中国传统旧物"唯恐不力"的全盘西化论者"近不知中国之情，远复不察欧美之实"(《文化偏至论》)，其实都体现出他沿着1903年的思想根系不断开掘、不断完善的线索和路径。

当然，由于青年鲁迅惯有"用功很猛，别人赶不上"(许寿裳语)的阅读思考状态，其思想的广度和深度自然也有突飞猛进的一面，使留日期间的这两个阶段也呈现出一些鲜明的差异。首先，1903年的鲁迅是热血冲动、年少气盛的，导致他出现两种相互加剧的思想倾向，一是极端轻生死，二是过分重荣誉。我们可以很容易地从小说中找出许多以反复为修辞手法来渲染斯巴达武士视死如归精神的句子：

> 噫嘻，今日血战哉！血战哉！
> 今唯决死！今唯决死战！
> "不待言：战死！战死！"
> 而国民乃大呼曰："为国民死！为国民死！"

整篇小说中"死"、"死战"、"战死"等词语出现的频率之高是非常罕见的，而且"死"成了唯一光明美好的选择，任何其他形式的为国效力(如送信)或者以血战争取而来的幸存都被全部否定；"生"成了负面的、耻辱的标志。更为严重的是，即将临产的涘烈娜竟然完全不考虑很快就能出世的孩子而立刻自刎谏夫，既抹杀了人的求生本能，又违背了同样具有伟大力量的母性。那么，令死亡变得如此诱人、如此闪光的是什么呢？除了序文里所暗示的反侵略，"王不死则国亡"的神谕，以及仅出现了一处的"为国民死"，小说中大量出现的理由便是荣誉——"若夫为国民死，名誉何若！荣光何若！""目疾乃更重于斯巴达武士之荣光乎？""君诚爱妾，曷不誉妾以战死者之妻"……而自1907年起，鲁迅对待生死、荣誉和牺牲的看法显然与此判然不同。或许是因为被光复会派去暗杀，稍加考虑后事便被取消行动的经历，或者是思想随年龄的增加而更为成熟清醒，鲁迅开始对"革命者"的命令"要问，要估量这事的价值"(许广平《民元前的鲁迅先生》)，很快就觉察到各种打着美名和荣誉的旗号牺牲他人、谋取私利的卑鄙手法，而在《文化偏至论》中较为集中地予以了揭露：有的既"图富强之名，博志士之誉"，又"广有金资……善自退藏"；有的"缘救国是图，不惜以个人为供献"，实际不过是为了排除异己，"借众以凌寡……压制乃尤烈于暴君"；更多的则"假是空名，遂其私欲"，"掩自利之恶名，以福群之令誉"。这种渗透中国社会骨髓，大至国策政令，小至个人言行的"诈伪无耻"是鲁迅在弘文学院时期便与许寿裳等友人思考总结出来的中国民族病根，是他终其一生都在不断批判针砭的重大命题之一。

总之，《斯巴达之魂》在鲁迅所留下的文字中的确是显得比较"古怪"的，我们甚至只需把它最基本的梗概和立意拿来与1918年的《我之节烈观》比较一下，对照一下二者关于妇女、道德、意义的观念反差，也就很容易理解鲁迅何以在编录《坟》的时候“故意删掉”了这篇文章，还强调尤其是这一篇“现在看起来，自己也不免耳朵发热”（《集外集·序言》）。但是，也正如鲁迅所说的，“我惭愧我的少年之作，却并不后悔，甚而至于还有些爱”，《斯巴达之魂》在天真和狂热之外所蕴藏的中国传统思想文化并不是一无是处的，它是由中西方思想文化的各种质素相互交融、牵引、背离而汇成的一个复杂剖面，而非一个笼统而模糊的“整体”。所谓鲁迅对中国传统思想文化进行了“完全摒弃”或“全盘抨击”，也就更谈不上了。从鲁迅源自青少年时期的思想起点来看，事实恰恰相反：正是在这种数千年来具有强大生命力的“中国底色”与世界各种优秀文明、文化成果所构成的深刻交锋和巨大张力之间，至为独异、悖论的鲁迅才得以诞生。

（作者单位：四川大学文学与新闻学院）

“桌子们开始跳舞”
——郭沫若与创造社的方向转换

□蔡 震

1928年5月的一天，匿名避居在日本东京乡下的郭沫若，与前往德国途中来看望他的成仿吾一起，接受了两位日本左翼作家藤枝丈夫、山田清三郎的采访。藤枝丈夫和山田清三郎是为《战旗》杂志采访成、郭二人的，目的是了解中国的无产阶级文艺运动。《战旗》是全日本无产者艺术联盟，即“纳普”所办的刊物。

不久后，在《战旗》上发表了两位日本作家所写的访问记，其中有这样一段话：“据说现在中国的无产阶级作家们，正在争相阅读刊登在《战旗》、《文艺战线》，以及其他刊物上的我国无产阶级文学作品。而我坚定不移地相信，在××（原文如此，应系“革命”——笔者注）的炮火中诞生的中国无产阶级文学也必将对我国的无产阶级文学作品产生不少的影响。”① 这样一个历史细节，实际上反映的是当时中日两国无产阶级文学运动之间的联系。

从文学革命开始，到革命文学、左翼文学运动的发展阶段，中国新文学只走了短短十年路程。这一变化和过程的发生，在很大程度上始于创造社的方向转换，而创造社转向的一个重要原因应该是受日本无产阶级文艺运动的启发和影响，虽然山田清三郎们那时并不清楚这一点。

大革命失败后重又聚集到上海的创造社作家，曾准备联合鲁迅与其他进步作家，“共同办一个刊物，提倡新的文学运动”，并就先行复刊《创造周报》，由鲁迅、郭沫若、蒋光慈等一起列名为撰稿人刊登了广告及“复刊词”②。但是彭康、李初梨、冯乃超等一批刚从日本回来的创造社新锐们搅了局，在创造社展开的文化批判中，鲁迅、茅盾反而成了被批判的对象。新文学阵营内进行了一场关于无产阶级革命文学的论争。

郭沫若在1928年1月写了一篇带有宣言意味的文章。文中宣称：

> 文坛上的斗争渐渐到了一个第二阶段了。从前的斗争只是封建式的斗争，是以人或地理上的关系为背境。

---

① 山田清三郎《访中国的两位作家》，日本《战旗》1928年7月号。

② 见“《创造周报》复刊启事”，载1927年12月3日上海《时事新报》；《创造周报复活了》，《创造月刊》1928年1月第1卷第8期。

目前的斗争是更进了一步，我们是以思想、行动及一切阶级的背境为背境[①]。

这篇文章原来拟定的篇题作《天才病治疗》，在撰写的过程中，郭沫若与成仿吾一起讨论到《资本论》日译本中一条脚注的翻译有误，应该作“其余的世界都好象静止着的时候，中国和桌子们开始跳舞起来——想去鼓舞别人”。于是，他索性把篇题改为《桌子的跳舞》。他说：

我这篇东跳西跳的文章，目的就在鼓舞静止着的别人。

最妙的是我们中国老早就在跳舞了。

我这桌子跟着我们中国一齐跳舞。

郭沫若和创造社同人这些“桌子们”确实铿锵起舞了，而且想鼓动文坛一起跳无产阶级革命文学之舞。不过他们舞动的最初发端，并非自1927年底1928年初那一批创造新锐加入才开始，应该更早一些，始自创造社1925年前后倡导的革命文学运动。

创造社提出“革命文学运动”的观念，进而倡导无产阶级革命文学，是包含了自我批判与自我否定的过程的，因为他们在登上“五四”文坛的时候，高张个性主义，崇尚表现自我，追求“为艺术的艺术”。若从新文学发展的历史进程来说，由这样一个被视为“艺术派”的文学社团首先倡导以阶级革命的理论观念支撑的文学运动，似乎有点匪夷所思。但是若以创造社作家留学生涯的日本背景而言，以创造社作为“五四”文坛一股主要力量，在其文学活动中所带给新文学的日本近代文学（尤其是在文学观念、文学思潮流派方面）的影响而言，这恰是一个合乎逻辑的发展。它表明这场开始于观念意识的无产阶级革命文学运动的发生，在很大程度上直接受到日本无产阶级文学运动的启发和影响。

其实，从无产阶级文学发展的世界背景看，无论中国还是日本的无产阶级文学运动，其直接的思想来源都是“十月革命”以后苏联兴起的无产阶级文学，但当时的苏联文学与中国“五四”新文学之间缺少较为直接的联系，于是，构成了半个新文坛的一群留日文学青年，又恰逢其时地担当起这样一个角色：把“五四”新文学的发展走向与已经开始发展的日本无产阶级文学运动联系起来。郭沫若无疑是一个代表性人物，我们可以通过他看到这一点。

日本无产阶级文学运动的兴起是从1921年《播种人》的创刊开始的。在“十月革命”和社会主义思想影响下，小牧近江、平林初之等举起反对资本主义的文学旗帜。1923年关东发生大地震，日本当局借机弹压，《播种人》被迫停刊。1924年，作家山田清三郎组织创办了一个新的刊物《文艺战线》，文艺评论家青野季吉发表了一系列论文阐述关于无产阶级文艺的问题。围绕在《文艺战

① 《桌子的跳舞》，上海《创造月刊》1928年5月第1卷第11期，署名麦克昂。

线》周围，还有一批具有“左”倾倾向的刊物。1925年末，以《文艺战线》为中心建立了日本无产阶级文艺联盟（简称“普罗艺”），这是由文学、戏剧、音乐、美术等方面的艺术家组成的一个推进无产阶级文艺运动的统一组织。此后，随着日本社会思潮的演变、日本共产党内思想路线的矛盾斗争以及共产国际对日共山川均“右”倾机会主义和福本和夫“左”倾机会主义错误的批评，普罗艺分裂，里村欣三、青野季吉、藤森成吉、藏原惟人、山田清三郎等又先后成立了工农艺术家联盟（简称“劳艺”）、前卫艺术家联盟（简称“前艺”）。日本无产阶级文艺运动形成了三足鼎立的局面。1928年，“普罗艺”和“前艺”合并，加上其他八个左翼文艺团体组成全日本无产者艺术联盟，即“纳普”，创办了《战旗》杂志。“纳普”的成立，标志着日本无产阶级文艺运动形成了高潮，《战旗》成为当时最有影响的文艺刊物。

郭沫若差不多在日本无产阶级文学运动开始的阶段就注意到了文坛的这一动向，而且心为之动。“当时日本的新思潮已非常浓厚，“左”倾杂志（如当时的《播种人》《改造》等）已经抬头。在我个人，自然也很受了影响，表现在作品上的，如《匪徒颂》、《巨炮之教训》及《棠棣之花》里的一部分……”[①] 他在诗中向一切政治革命、社会革命、思想革命、文艺革命的“匪徒们”山呼万岁；借列宁之口高喊“为阶级消灭而战哟！/为民族解放而战哟！/为社会改造而战哟！/至高的理想只在农劳！/最终的胜利总在吾曹！”只是他这时还没有把这样的思想倾向表达在文学主张中。但很快，在1923年5月撰写的那篇《我们的文学新运动》中，郭沫若明确提出了新文学需要一次运动来“爆发出无产阶级的精神”。他写道：

> 我们反抗资本主义的毒龙。
> 我们反抗不以个性为根底的既成道德。
> 我们反抗否定人生的一切既成宗教。
> 我们反抗藩篱人生的一切不合理的畛域。
> 我们反抗由以上种种所产生出的文学上的情趣。
> 我们反抗盛容那种情趣的奴隶根性的文学。
> 我们的运动要在文学之中爆发出无产阶级的精神，精赤裸裸的人性[②]。

这篇后来被郭沫若称为“似是而非的普罗列塔利特的文艺论”，是应日本大阪《每日新闻》驻沪记者的约稿写成的。郭沫若在文后的“附白”中写道：“日本的大阪每日新闻在本月二十五日要出一次英文的‘支那介绍专号’，该报驻沪记者村田氏日前来访，要我做一篇关于我国新文学的趋向的文章。我得了仿吾的帮助做了一篇《Our New Movement in Literature》的短论寄去。……我想凡为我们社内的同志必能赞成我们这种主张，便是社外的友人我们也望能多来参加我们

---

① 《郭沫若诗作谈》，《现世界》1936年8月创刊号。

② 《我们的文学新运动》，《郭沫若全集·文学编》第16卷。

的运动。”这段文字有两点值得注意。其一，郭沫若在文章中提出的“文艺新运动”，不是随意写出一句口号，而是关于“五四”新文学发展趋向的一种期待，以及将付诸行动的努力。其二，文章是写给日本有影响的一家大报，以英文发表的，它传达了这样一个意思：郭沫若提出的“文艺新运动”，是建立在与日本无产阶级文艺运动和世界范围内的无产阶级文艺运动相互联系的背景之上的。

郭沫若在这篇文章中所呼唤的新文学的基本特征实际上只在于两点：其一，它应该是反抗的；其二，它应该“爆发出无产阶级的精神”。这与中野秀人在《第四阶级文学》(1920 年)中提出的观点如出一辙。中野秀人的所谓“第四阶级”即工人阶级。他主张“第四阶级的文学不是同情和悲悯的文学，而是反抗斗争的文学”。工人阶级的解放，“是文学的实质”。在《播种人》创办前后，日本文坛曾就本间久雄提出的“民众艺术论”展开热烈的讨论，在讨论中提出了新兴阶级的问题，是中野秀人首先把民众的概念发展为工人阶级（第四阶级）的概念。郭沫若应该是注意到了这一点，他在表达新的文学主张时也首先使用了第四阶级文学的概念，后来又将“第四阶级”与无产阶级并用。尽管如此，郭沫若此时尚未明确“无产阶级文学”的完整涵义，他只是要求在新文学中“爆发出无产阶级的精神”，所以他与成仿吾、郁达夫提出的“革命文学”的概念，所力图表达的主要是关于文学是有阶级性的，新文学应该表现新兴阶级意识的观点。这大体上也就是日本文坛在“第四阶级文学论”阶段所达到的一些认识。但郭沫若对于新文学阶级性和大众化原则的确认，表明他的文学观念发生了一个根本变化。

日本无产阶级文学理论的确立是在从《文艺战线》到《战旗》期间，即1924 至 1928 年前后。青野季吉与藏原惟人的理论活动是具有代表性的。青野季吉在否定传统文学观念、批评近代私小说的表现方法时提出了“目的意识论”。他认为，无产阶级文学的生长必须首先具有自觉的目的意识，也就是“开始自觉到无产阶级的斗争目的，这才成为为阶级的艺术，即由社会主义思想指导，这才成为为阶级的艺术”[①]。林房雄根据青野季吉的“目的意识论”进一步明确指出，无产阶级文学的首要问题就是把握无产阶级的世界观。“社会主义艺术运动，是在作家把握真正的社会主义的认识、无产阶级的政治意识之时开始的”，“只有开始自觉的无产阶级的斗争目的，才成为阶级的艺术”。他还强调“社会主义文学公开声言文学的社会效果和‘宣传的’、‘机动的’作用”[②]。

在郭沫若提出的无产阶级革命文学主张中，我们可以看到相同的着眼点和着重点。他认为，在“宣传的时期”，文学就应该是“宣传的利器”。创作无产阶级文学，就要“当一个留声机器”，即要获得“辩证的唯物论”。他告诫文艺青年必须经由这样一个“战斗过程”：“他先要接近工农群众去获得无产阶级的精神”，“他要克服自己旧有的资产阶级的意识形态”，“他要把新的意识形态在实际上表示出来，并且再生产地增长巩固这新的意识形态”[③]。所以，在倡导无产阶级革

① 《日本无产阶级文学大系》第 2 卷，诚进堂 1954 年。

② 同上。

③ 《留声机器的回音》，《郭沫若全集·文学编》第 16 卷。

命文学之前，郭沫若自己首先宣称："我现在成了个无产阶级了。"

藏原惟人的理论活动主要是提倡"无产阶级现实主义论"。他沿用了苏联的无产阶级现实主义概念，认为无产阶级对现实的态度必须始终是客观的，必须脱离一切主观的结构来观察和描写现实。但同时他又强调，这种客观性"决不是对现实——生活无差别对待的冷淡的态度，也不是超阶级的态度"。这是针对日本文学中的自然主义倾向而言的。他把这一理论概括为两点："第一，必须用'前卫的眼'来观察这个世界；第二，以严正的描写主义态度来描写这个世界，这就是无产阶级现实主义的态度。"[①]"无产阶级现实主义论"明确了无产阶级文学本质的阶级特性，在创作方法上确认了无产阶级现实主义原则和典型论。但在涉及文学上现实主义与浪漫主义关系的问题上，藏原惟人对浪漫主义采取了完全否定的态度。他认为，在文学发展到无产阶级现实主义阶段，浪漫主义倾向"已经成为反动的了"。

郭沫若在倡导无产阶级革命文学的主张中，除了确认无产阶级文学的阶级特性之外，也确认了它的现实主义原则，这是他对于自己和创造社"五四"时期文学主张的另一个重大修正。"我们现在所需要的文艺是站在第四阶级说话的文艺，这种文艺在形式上是现实主义的，在内容上是社会主义的。"[②]郭沫若此时关于无产阶级革命文学的定义显然来自藏原惟人的"无产阶级现实主义论"，至少是受到这一理论的启发。他强调的现实主义形式也不是对于现实"无差别对待的冷淡的"、"超阶级的"自然主义态度，而是"主观的内容和客观的现实完全一致了的一种判断"，是具有无产阶级精神的"求真理"的判断。他还强调无产阶级文学的前瞻性，认为它应该是"在时代前头跑"的，甚至是"应该领着时代走的"。至于他宣称"浪漫主义的文学早已成为反革命的文学"，更是直接接过了藏原惟人的看法。

在藏原惟人提出"无产阶级现实主义"理论之后，日本无产阶级文学运动曾就"艺术大众化"问题进行了一场论争，这又直接波及中国的无产阶级革命文学运动，郭沫若和创造社最先做出了反应。1928 年 1 月，藏原惟人发表了《无产阶级艺术运动的新阶段》，根据列宁关于艺术是属于民众的，艺术必须扎根于民众中间，与他们的感情、思想、意志结合，为大众所理解、热爱的观点，提出了无产阶级文学大众化的要求，日本文坛就此展开了讨论。林伯修在 1929 年 3 月即撰写了《一九二九年急待解决的几个关于文艺的问题》一文，同样是根据列宁的上述观点，指出大众化是"普罗文学底实践性底必然的要求"。郭沫若接着发表了《新兴大众文艺的认识》、《普罗文艺的大众化》，冯乃超发表了《大众化的问题》，郑伯奇发表了《关于文学大众化的问题》。郭沫若在文章中宣称："我现在提出这个极寻常的口号，叫着：无产文艺的大众化！"他还特别提及自己已经注意到在日本文坛的新动向。"日本的大众文艺（这是指日本通俗文艺中使用着

---

① 《藏原惟人评论集》第 1 卷，新日本出版社 1966 年版。

② 《文艺家的觉悟》，《郭沫若全集·文学编》第 16 卷。郭沫若在这里所说的"在形式上是现实主义的，在内容上是社会主义的"，并不是"社会主义现实主义"的概念，"社会主义现实主义"理论在苏联是 1932 年才提出的。

的概念——笔者注）近来和改良马种一样又大大的改换了新的气象了。有一派无产文艺的作家进展到大众文艺的舞台上来，在不知不觉之间正在表演着‘改梁换柱’‘金蝉脱壳’的一套把戏。这不是大众文艺的进展，这是无产文艺的进展。换句话说，就是无产文艺的通俗化。”[①] 藏原惟人的“无产阶级现实主义”理论，在创造社倡导无产阶级革命文学的过程中多有介绍和援用。

日本的无产阶级文学运动是当时除苏联之外世界无产阶级文学运动最活跃的一部分，1928 至 1932 年间发展到它的全盛时期，这也正是郭沫若和创造社、太阳社在新文坛倡导无产阶级革命文学运动的时期。日本的无产阶级文学运动在直接受到苏联无产阶级文学影响的同时，也受到苏联“拉普”对于国际无产阶级文学运动的消极影响。“拉普”提出的“文学的布尔什维克化”、“辩证唯物论的创作方法”的口号在日本文坛都有响应，这也影响到中国的无产阶级革命文学运动，在郭沫若、创造社以及其他倡导这一文学运动者的主张中都可以发现这样的内容。

1932 年 5 月，联共（布）通过《改组文学艺术团体》的决议，决定取消“拉普”，成立全苏联作家协会，提出了“社会主义现实主义”的理论。“社会主义现实主义，作为苏联文学与苏联文学批评的基本方法，要求艺术家从现实的革命发展中真实地、历史具体地去描写现实。同时，艺术描写的真实性和历史具体性必须与用社会主义精神从思想上改造和教育劳动人民的任务结合起来。”[②] 这一理论很快被引入中国左翼文艺运动。郭沫若在 30 年代前期的文学主张，就是围绕着“社会主义现实主义”理论进行思考的。

郭沫若和创造社首先倡导的无产阶级革命文学运动尽管有不少偏颇之处，但对于 30 年代左翼文艺运动发生了很大影响。事实上，中国共产党对于左翼文艺的关注和领导，是自无产阶级革命文学论争之后才真正开始的[③]。毛泽东于 40 年代《在延安文艺座谈会上的讲话》中提出并解决的文艺为工农兵的方向、作家与艺术家的无产阶级世界观、文艺与政治的关系等问题，在无产阶级革命文学运动中实际上也都已经被提出，在郭沫若的文学主张中就都有所涉及，只是尚未能解决，毕竟这只是中国无产阶级文学运动的开始期。

1929 年 2 月，创造社被国民党当局以“印发共产党反动刊物”的罪名查封。郭沫若总结创造社近十年的历史，说：“它以有产文艺的运动而产生，以无产文艺的运动而封闭。它的封闭刚好是说无产文艺的发展，有产文艺的告终。”[④] 而在创造社近十年的运行轨迹中，一直包含有日本和日本文学因素这一点，也是值得文学史记取的。

（作者单位：中国郭沫若学会）

① 《新兴大众文艺的认识》，《大众文艺》1930 年 3 月第 2 卷第 3 期。

② 《苏联文学艺术问题》，人民文学出版社 1953 年版。

③ 参见郑超麟在其回忆录中记述 1928 年春，他以中共中央宣传部秘书的身份被分派去“指导创造社工作”的情况。《郑超麟回忆录》，东方出版社 2004 年版。

④ 《文学革命之回顾》，《郭沫若全集·文学编》第 16 卷。

“文学革命”呼声中的戏剧新、旧之争及其影响

□ 李祥林

中华文学有诗、文、词、曲等类型划分。百年回眸，作为“曲”的本土戏曲，其升降沉浮跟现代中国史上的社会转型和文学演变相关联。受制于某种思维定势和话语惯性，话剧的中心化和戏曲的边缘化成为一枚硬币的两面，如此态势在当今著作中不难见到。究其缘由，除了跟学术领域中学科之间分界越来越细致、越来越刻板的现实有关，也跟20世纪初以来“文学革命”呼声中戏剧“新”、“旧”之争及其影响有深层联系。下面，拟就此谈谈个人管见，以供学界朋友参考。

一

一般认为，“文学革命开始于1917年。它是晚清文学改良运动在新的历史条件下的发展，是适应以思想革命为主要内容的新文化运动而发生的。是新文化运动的一个组成部分，对封建制度的批判必然的转向对封建主义文学的攻击，反对文言，提倡白话，反对旧文学，提倡新文学成了一场文学革命运动。在中国文学史上竖起一个鲜明的界碑，标示着古典文学的结束，现代文学的起始”[①]。

百年前的中国，风起云涌，社会裂变，面对西方文化涌入，国人文化反省自觉，以“反对旧道德，提倡新道德，反对旧文学，提倡新文学”为宗旨的“五四”新文化运动，狂飙突进地蓬勃开展起来，波及中国社会的方方面面。领受新风的仁人志士们努力以“世界的眼光”检讨本土的传统，在他们看来，文学革命之于思想启蒙和政治革新至关重要。“所谓宇宙，所谓人生，所谓社会，举非其构思所及，此三种文学共同之缺点也。此种文学，盖与吾阿谀、夸张、虚伪、迂阔之国民性互为因果。今欲革新政治，势不得不革新盘踞于运用此政治者精神界之文学。”[②] 这是高擎文学革命旗帜、正式喊出“文学革命”口号的陈独秀的宣言。1917年2月，他在《文学革命论》中提出三大主义：推倒雕琢的、阿谀的贵族文学，建设平易的、抒情的国民文学；推倒陈腐的、铺张的古典文学，建设

---

① 《文学革命》，据 http：//baike. baidu. com/view/619501. htm。

② 陈独秀：《文学革命论》，《新青年》1917年第2卷第6号。

新鲜的、立诚的写实文学；推倒迂晦的、艰涩的山林文学，建设明了的、通俗的社会文学。在那个风云激荡的年代，在文学进化观的引导下，“新”、“旧”话语的冲突异常尖锐，文艺观念的论争十分激烈，尤其以戏剧界和诗歌界最为突出。丝毫也不用怀疑，作为中国现代史上首次猛烈冲击封建堡垒的思想解放运动，为中国文化开创了新纪元的“五四”运动的确功不可没，对之我们务必给予充分的肯定和到位的评价。但与此同时，对于当年激进的先驱者们在批判本土传统文化时常常流露出将孩子同洗澡水一块儿泼掉的念头和态度，今天我们应再作反思，也不必讳言。

由于不纯粹是文学上的原因，自从20世纪初这场文化“新”、“旧”论争在中华大地上开展起来，话剧和戏曲就成为激进者眼中判别先进与落后、开放与保守、创新与守旧的分野标志。当时，舶来的话剧在引进之初即被冠以“新剧”的称号，以区别于本土固有的传统的“旧剧”。如《中国大百科全书·戏剧》有关条目所言，“新剧”乃是指“中国早期话剧，因有别于中国传统戏曲，当时叫新剧，又称文明戏”。1914年5月创刊、由夏秋风主编的《新剧杂志》，以“昌明新剧”为办刊宗旨，即是中国早期话剧的第一种专业刊物。中国话剧是以春柳社在日本东京首演《黑奴吁天奴》为诞生标志。彼时，《春柳社演艺部专章》作为该社登场亮相的开场白，便直截了当宣称“本社以研究新派为主，以旧派为附属科”，并且指出：“演艺大别有二：曰新派演艺（以言语动作感人为主，即今欧美所流行者），曰旧派演艺（如吾国之昆曲、二黄、秦腔、杂调皆是）。”[①] 在那个变革呼声日益高涨的时代，当视野开拓和观念更新使人们意识到“新文化运动的根本意义是承认中国旧文化不适宜于现代的环境，而提倡充分接受世界的新文明”[②] 时，推翻旧戏曲，创造新戏剧，追逐世界戏剧潮流便理所当然地成为那个时代中国文化界最强烈的呼声。既然“新剧”代表时代新风，是文明的标志，理应提倡，那么，自然而然，以京剧、昆曲等为代表的“旧剧”便成了其对立面，当遭唾弃。

在此大背景下，锋芒直指传统戏曲艺术的“旧剧评议”帷幕，便由“五四”新文化运动中引领潮流的《新青年》杂志拉开了。在那个热血沸腾的时代，从1917年3月到1919年3月，《新青年》几乎每期都刊有文章讨论戏剧问题，成为当时社会及舆论的焦点。新文化运动的主将们纷纷挺身而出，举起“戏剧改良”的大纛，发起了对“旧剧”的猛烈抨击。戏剧改良的中心思想，即是抨击中国的“旧剧”，提倡西洋的“新剧”。一方面，先驱者们对本土的传统的戏曲，特别是京剧、昆曲等展开了言辞激烈的检讨和批判；一方面，他们又对欧美戏剧，尤其是近代以来的话剧思潮流派、作家作品进行积极的翻译和介绍，以建立符合时代潮流和社会需求的新型戏剧。1918年6月和10月，《新青年》先后出版的“易卜生专号”和“戏剧改良专号”（这也是该刊在文艺方面仅辟的两个专号），

① 焦尚志：《中国现代戏剧美学思想发展史》，上海东方出版社1995年版，第15页。
② 胡适：《新文化运动与国民党》，《新月》1930年第2卷第10期。

便对应着当时戏剧改良思想的这两个方面。在那个“重新估定一切价值”的时代，人们将目光聚焦在戏剧上，“重新估定旧戏在今日文学上的价值”，正为的是“再造文明”[①]。

单看术语，“新剧”、“旧剧”这对概念在《闲情偶寄》中已见，身为文学家和戏剧家的李渔曾屡屡对举使用二者：“演新剧如看时文，妙在闻所未闻，见所未见；演旧剧如看古董，妙在身生后世，眼对前朝，然而古董之可爱者，以其体质愈陈愈古，色相愈变愈奇。”尽管他主要是从戏剧文本而非戏剧种类层面论述的，但是并不影响我们对此问题的理解。在这位清初大文人看来，“当日有当日之情态，今日有今日之情态”，因此对“新剧”和“旧剧”在价值评判上不可轻率地作褒贬[②]。然而，一个明显的事实是，在上述戏剧改良运动之后，“旧剧”在人们心目中基本上已从中性词沦为贬义词了，甚至到今天仍惯性如此。

二

1918年10月15日，在《新青年》推出的第5卷4期即“戏剧改良专号”上，发表了胡适的《文学进化观念与戏剧改良》、傅斯年的《戏剧改良各面观》等文。作为新文化运动的领袖人物之一，胡适在其文章中运用进化观念透视文学艺术，从形式角度指出中国旧戏始终未能脱离乐曲的束缚，阻碍了它的进化。在他看来，诸如乐曲、脸谱、台步、把子、锣鼓之类都不过是前朝的“遗形物”，相对于已达到“自由发展的进化”的西洋戏剧，中国戏剧务必“扫除旧日的种种‘遗形物’，采用西洋最近百年来继续发达的新观念，新方法，新形式，如此方才可使中国戏剧有改良进步的希望”，并且断言“现在的中国文学已经到了暮气攻心，奄奄断气的时候！赶紧灌下西方的‘少年血性汤’，还恐怕已经太迟了”。在他看来，传统戏曲舞台上，“跳过桌子便是跳墙；站在桌上便是登山；四个跑龙套便是一千人马；转两个弯便是行了几十里路”，诸如此类，都是“粗笨愚蠢，不真不实，自欺欺人的做法”，看了“使人作呕”[③]。传统戏曲以写意见长的聪明之处，经过其有色眼镜的折射，全都成了致命的缺点。傅斯年也指责传统戏曲“全以不近人情为贵”，无非是“百衲体的把戏”，因此，“中国戏剧的观念，是和现代生活根本矛盾的，可以受中国戏剧感化的中国社会，也是和现代生活根本矛盾的”。他这样比较话剧和戏曲：“演事实和演把戏，根本上不能融化；一个重摹仿，一个重自出，一个要像，一个无的可像”，彼此之间“简直是完全矛盾”。既然如此，“说旧戏改良，变成新剧，是句不通的话，我们只能说创造新剧”，而要“使得中国人民有贯彻的觉悟，总要借重戏剧的力量，所以旧戏不能不推翻，新戏不能不创造”[④]。此外，连痛感国事衰微、国民孱弱的鲁迅也高声呐喊中国戏

---

① 胡适：《“新思潮”的意义》，《新青年》1919年第7卷1期。

② ［清］李渔：《闲情偶寄·词曲部·变调第二》。

③ 胡适：《文学进化观念与戏剧改良》，《新青年》1918年第5卷4期。

④ 傅斯年：《戏剧改良各面观》，《新青年》1918年第5卷4期。

剧的出路在于“要建设西洋式的新剧，要高扬戏剧到真的文学底地位，要以白话来兴散文剧”[①]。尽管《新青年》杂志也曾约请张厚载等撰写了《我的中国旧戏观》等替传统戏曲辩护的文章，但毕竟呼声有限，在话语强度上难以抗衡当时风头正健的胡适、傅斯年等人的激烈批判。这种不免带有“西方中心”色彩的戏剧改造观，其偏颇性今天冷静地看来是无法讳言的，但在彼时却顺应时代潮流，有广泛的社会共鸣。

且把目光投向近百年前，去看看“五四”前后那段历史。作为文学革命论的倡导者，胡适对传统戏曲中“三五步行遍天下，六八人百万雄兵”的写意手法深不以为然，并且在西洋话剧思维的导航下，认为“今后之戏剧或将全废唱本而归于说白，亦未可知”[②]。本来，“以歌舞演故事”是中国戏曲不同于西洋话剧的特色所在，戏曲与音乐有不可分割的联系，可是到了以西化思维看待戏曲的改良者眼中也成了大问题。傅斯年提出：“戏剧是一件事，音乐又是一件事，戏剧和音乐，原不是相依为命的。……正因为中国戏里重音乐，所以中国戏被了音乐的累，再不能到个新境界……戏剧让音乐拘束的极不自由，音乐让戏剧拘束的极不自由。”因此，“非把戏剧、音乐拆开不可。不然，便互相牵制，不能自由发展了”[③]。钱玄同认为传统旧戏“理想既无，文章又极恶劣不通”，加上演员脸谱离奇、舞台布景幼稚，皆脱离了演剧之本义，可谓是“扮不像人的人，说不像话的话”[④]。他宣告：“如其要中国有真戏，这自然是西洋派的戏，决不是那脸谱派的戏，要不把那扮不像人的人，说不像话的话全数扫除，尽情推翻，真戏怎么能推行呢？”[⑤] 刘半农出语尖刻地把中国的文戏、武戏编制概括为“一人独唱，二人对唱，二人对打，多人乱打”，并且抨击“报名”、“唱引”、“绕场上下”、“摆队相迎”、“兵卒绕场”、“大小起霸”等戏曲程序为“恶腔死套”，认为“均当一扫而空”[⑥]。为了证明“中国旧戏没有存在的价值”，即“旧戏应废”，周作人提出了两条理由：第一是“从世界戏曲发达上看来，不能不说中国戏是野蛮”；第二是“有害于‘世道人心’”。关于理由二，周作人解释说：“我因为不懂旧戏，举不出详细的例，但约略计算，内中有害分子，可分作下列四类：淫，杀，皇帝，鬼神。（这四种，可称作儒道二派的思想的结晶。用别一名称，发现在现今社会上的，就是：一‘房中术’，二‘武力’，三‘复辟’，四‘灵学’。）”他言辞激烈地断言“多含原始的宗教的分子”的“中国旧戏没有存在的价值”，主张大力排斥之，认为“建设一面，也只有兴行欧洲式的新戏一法”[⑦] ……

当年“文学革命”背景下戏剧“新”、“旧”之争中，“旧剧”主要针对的是

---

① 鲁迅：《〈奔流〉编校后记［三］》，《奔流》1928年第3期。

② 胡适：《历史的文学观念论》，《新青年》1917年第3卷第3期。

③ 傅斯年：《再论戏剧改良》，《新青年》1918年第5卷第4期。

④ 钱玄同：《寄陈独秀》，《新青年》1917年第3卷第1号。

⑤ 钱玄同：《随感录［十八］》，《新青年》1918年第5卷第1期。

⑥ 刘半农：《我之文学改良观》，《新青年》1917年第3卷第3号。

⑦ 周作人：《论中国旧戏之应废》、《人的文学》，《新青年》1918年第5卷第5、6期。

以昆曲、京剧为代表的本土传统戏曲。对“旧剧”的这种激烈情绪，熏染了当时文化界诸多人士，连后来对京剧艺术卓有贡献的齐如山也未能免。涉足戏剧初期，有如当时诸多热血人士，齐如山也是一个意在革新的“激进派”。他 19 岁人清朝政府总理各国事务衙门所属同文馆学习德文和法文，后来三次去欧洲游历，曾留心欧美各国的戏剧活动和剧场组织，“看各国的戏颇多”[①]。在异邦文化的影响下，当他以欧洲戏剧作为普世标准来衡量中国传统戏曲时，便以挑剔的眼光审视和批评当时的京剧演出，极力主张改进之。1912 年，中国戏曲界总会精忠庙改组为“正乐育化会”，召开首次周年大会，齐如山应邀到会，他作了近三个小时的讲演，大讲欧美戏剧状况，呼吁改进中国戏曲，其内容“大致说的都是反对国剧的话，先说的是国剧一切太简单，又把西洋戏的服装、布景、灯光、化装术都说了”，言辞之激烈，连“伶界大王”谭鑫培亦说“听您这些话，我们都应该愧死”。一年后，齐如山在这次讲演的基础上撰写了第一部戏曲论著《说戏》，结合曲词、音乐、戏园建设、角色服装、演员道德等方面，一方面论述了欧洲演剧的情况，一方面再次批评了本土戏曲舞台上的种种不合理之处。彼时的他，正如其后来在回忆录中所言：“在欧洲各国看剧甚多，并且也曾研究过话剧，脑筋有点西洋化，回来再一看国剧，乃大不满意……以为它诸处不合道理。”后来，随着对本土戏曲的研究步步深入，齐如山逐渐认识到自己早年过度批评戏曲的片面性，他写道：“岂知研究了几年之后，才知道国剧处处有它的道理，我当时所说的那些话，可以说是完全要不得的，是外行而又外行!”[②] 对“洋化”脑筋的自我检讨，对“国剧”优长的认识日深，齐如山是诚心诚意的。如今，尽管他依然主张改进戏曲中的不合理处，却是以尊重其优秀传统为前提的。于是，便有了他跟梅兰芳的诚挚合作，有了《国剧概论》、《京剧之变迁》、《中国剧之研究》、《剧词谚语录》、《戏剧脚色名词考》等著作从他笔下产生。

然而，冷静地反思毕竟是后来才有的，真正能够像齐如山那样在两极之间完成立场转换并从此被本民族戏曲深深吸引的人，毕竟是凤毛麟角。在彼时“文学革命”浪潮中，构成社会上戏剧观之主旋律的，还是以“新”换“旧”或弃“旧”图“新”的激烈呼喊。在此呼声中，舶来的话剧作为“新剧”便雄赳赳地走向中心位置，成为引领潮流的先进文化的代表；本土的戏曲作为“旧剧”，只有灰溜溜地退居边缘地带，充当锋芒毕露的文学革命的对象。古老的、传统的、民族的戏曲作为被“改”、被“革命”对象的思维定势由此奠定，在近百年文化史上烙下了深深的印痕，并且于不知不觉中支配着今天人们的价值观念和文化选择，犹如一只无形的手。

三

作为一种文化预设，如此“新”、“旧”划分意念迄今仍有难以忽视的影响。

---

① 《齐如山回忆录》，中国戏剧出版社 1989 年版，第 73 页。

② 同上，第 86—90 页。

不妨看看相关出版物。1995年，东方出版社出版了《中国现代戏剧美学思想发展史》，全书除了"绪论"、"结束语"外，共4章30余万字，如其"后记"所言，该书原本是国家社科资助项目"中国话剧美学思想发展史"的最终成果，书中也有章节提到了京剧艺术家程砚秋，却重点介绍的是"他对话剧导演理论的关注和研究"。显然，传统戏曲被视为跟中华戏剧史的"现代"书写无缘。此前，有列入国家重点科研项目的权威著作、号称1949年新中国建立后"第一部"《中国现代戏剧史稿》（中国戏剧出版社，1989），通读全书，亦不难发现其基本上可谓是一部从"五四"新文化运动到1949年的中国话剧史。该书介绍对此言之甚明："全书从19世纪末中国现代话剧产生写起，一直到新中国成立，系统阐述我国现代戏剧（主要是话剧）的产生及其沿革，从多方面总结了中国现代戏剧（特别是话剧文学）发展的历史规律。"尽管书中也曾局部性地提及戏曲（如论述田汉、欧阳予倩的戏剧创作时），但分量毕竟有限，这丝毫无改于以"中国现代话剧史"顶替"中国现代戏剧史"之嫌。诸如此类例子，当然不仅仅限于这些涉及戏剧史论的著作，但存在的问题是显而易见的。就在这种将话剧中心化甚至以之取代整个戏剧概念的"现代史"书写中，天生跟"中国戏剧"最有瓜葛的本土戏曲偏偏成了缺少席位的"另类"。造成如此书写取向的，单单说是作者或行文的疏忽是不够的，因为这实系某种社会观念的投影①。

以话剧史代替戏剧史，并循此观念将戏曲从史论书写中"淡化"乃至"遮蔽"出去，这的确是多年来的惯性，其影响从多方面折射出来。比如，作为今人"重写文学史"的成果，1999年北京大学出版社出版的《中国当代文学史》是口碑甚佳之作，并且作为大学教材在使用。既然是谈论当代中国的文学史，包含戏曲、话剧等在内的当代戏剧文学就理应在书中占有位置。该书分上、下两编，上编为"50—70年代的文学"，包括15章；下编为"80年代以来的文学"，包括10章。上编中，第十二章是涉及戏剧的专章而题目是"话剧"，没有与之对应的"戏曲"专章；第十四章"重新构造'经典'"，因论述特定年代的"样板"打造而不得不触及戏曲，但本章内容则以"革命样板戏"和"浩然等的创作"平分秋色。下编为新时期以来的新诗、小说、散文乃至"女作家的创作"等立有专章，但基本上可谓是跟戏曲"绝缘"的，当代戏曲的代表作家及作品在书中亦不被提及。第二十五章"90年代的文学状况"没有提到戏曲，第十七章"80年代文学概况"中有"戏剧，特别是话剧也大多是与'文革'有关的'社会问题剧'"之语，并且指出："戏剧存在的种种问题，引发了戏剧界不断的'戏剧危机'的讨论。涉及的问题主要是两个方面，一是对戏剧'功能'的再认识，以期望改变那种戏剧是回答社会问题，对观者进行宣传教育最好工具的观念，克服创作上抢题材、赶任务和说教等弊端。另一是'戏剧观'和艺术方法的多样化，改变当代创

---

① 平心而论，这些著作的行文中对本土戏曲价值以及当年剧坛论争是有客观认识的，如有作者在反思当年剧坛争论时指出："在这场'戏剧改良'的大讨论中，胡适、陈独秀等人对旧剧的批判"，尽管有其符合时代需要而值得肯定之处，但也"存在着明显的简单化、绝对化的偏颇，而且说了许多外行话"。（《中国现代戏剧美学思想发展史》，东方出版社1995年版，第44—45页。）

作上‘易卜生模式’，演剧体系上‘斯坦尼斯拉夫斯基模式’的一统地位，对另外的戏剧观和戏剧模式持开放、接纳的态度。即不仅肯定‘写实的’（创造生活幻觉）的戏剧，而且也承认‘写意的’、‘象征的’（排除幻觉）的戏剧，承认布莱希特、梅特林克的经验，和中国传统戏曲的经验。”① 但仅此而已，非惟代表戏剧的话剧在书中处于弱势叙述的地位，实际在场于当代的本土戏曲更是始终没有成为这部以“重写”为要旨的当代文学史中跟诗歌、小说、散文甚至话剧享受同等待遇的对象，这在篇章安排和文字分配上即一目了然。在此，谈不上著书者有什么偏见，我们看见的仍是那只“无形的手”在起作用。

鉴于性别批评、女性主义文学等在当今中国的影响（尤其是’95第四届世界妇女大会在北京召开之后），以上书中特辟专章介绍“女作家的创作”并讨论“女性文学”，列举出杨绛、韦君宜、宗璞、茹志鹃、郑敏、陈敬容、黄宗英、张洁、谌容、戴厚英、戴晴、程乃珊、航鹰、叶文玲、凌力、霍达、王安忆、竹林、乔雪竹、陆星儿、舒婷、张抗抗、张辛欣、铁凝、翟永明、唐敏、黄蓓佳、徐小斌、方方、池莉、张欣、毕淑敏、迟子建、陈染、林白、海男、徐坤、须兰等长长一串名单。但是，众所周知，这些作家的身份归属并不在戏曲或戏曲文学界。那么，半个世纪的中国文艺领域，真的就没有值得提及的戏曲女作家么？事实并非如此。1995年中国社会科学出版社出版的《中国当代戏曲文学史》，以新中国成立后的戏曲文学为对象，就曾立专章为剧作家行列中的女性群体作了描述。书中将新时期的中年、青年戏曲女作家划分为三代：第一代核心人物有改编、创作越剧《追鱼》、《情探》、《海石花》和《扬八姐盗刀》的安娥，还有金素秋（京剧《黛诺》、《白毛女》）、周正行（越剧《凤凰剑》、沪剧《万紫千红》）、宗华（沪剧《罗汉钱》、《星星之火》）等。第二代以四川的徐棻和上海的吴兆芬为代表，她们受过大学文科的系统教育而具备扎实的人文知识基础，后者改编创作的越剧《孟丽君》、《不准出生的人》和《岭南风云录》等在编剧技法、文学品位上皆令人称道，有很高的上座率；前者从60年代的《燕燕》到80年代的《田姐与庄周》再到90年代的《死水微澜》均有不凡的出手，是至今犹活跃的剧坛名家。第三代以孙月霞、王秀霞、李莉为中坚力量，她们都是50年代出生、成长在红旗下的一辈，分别出自其手的《画龙点睛》、《一夜皇妃》和《深宫怨》广泛赢得同仁好评，均夺得全国剧本大奖。今天，各地区、各剧种从事戏曲创作的女性不限于此，但由此已可窥豹。然而，今天的批评家谈到女性或女性主义文学在当代中国的表现时，动辄就以热火朝天的女性诗文、女性小说为例而鲜有举证女性戏曲者，这不能不让人感到遗憾②。

“遗产”一词是当今时代民族文化保护话题中的热点，华夏戏曲作为本土非物质文化遗产的身份已为共识。上述《中国当代文学史》的第二章也曾涉及“遗产”问题（该书2007年修订版还特意将本章第一节标题改为“‘遗产’的审定与

---

① 洪子诚：《中国当代文学史》，北京大学出版社1999年版，第241、248—249页。

② 对此问题，笔者在《性别文化学视野中的东方戏曲》（香港天马图书有限公司2001年版）第二章第一节“性别与创作”中有所论述，可供读者参考。

重评”），主要论述的是1950年以来当代文学如何对待中外文化遗产。那么，其中是否涉及传统戏曲呢？（须知，在当时新政府政务院“五五”指示引导下，戏曲领域改人、改戏、改制的“三改”运动正与此相关。）且看上述书中所言：“对待中外文化‘遗产’、尤其是外国文学的态度，在当代文学的这一时期，是敏感而重要的问题。”① 接下来便谈的是英国的萧伯纳、法国的罗曼·罗兰、美国的德莱塞、智利的聂鲁达、日本的小林多喜二，以及俄国的普希金、果戈理、屠格涅夫、托尔斯泰和苏联的高尔基、叶塞宁、帕斯捷尔纳克、阿赫玛托娃、索尔仁尼琴等等，显然，该书关于彼时“‘遗产’的审定与重评”的行文中，作为本土文化遗产的戏曲并不是重心所在。

四

百年回视，当时新文化运动中“文学革命”背景下的这场讨论，尽管对于促进新的戏剧观念在中国确立和推动新兴的话剧在中国发展具有积极作用，但不能不承认，其中也流露出不无偏激色彩的对待本土戏曲文化遗产的虚无主义倾向（而且，依据舶来的以“写实”为主的观念去衡量本土的以“写意”见长的艺术，也未免南辕北辙）。诚然，成熟于古代社会土壤中的华夏戏曲艺术，从意识形态角度看，确实因为长期受旧意识和旧文化熏陶而理应在“改”中剔除糟粕（正如当年欧阳予倩在《予之戏剧改良观》中所言：“中国旧剧，非不可存。惟恶习惯太多，非汰洗净尽不可。”），但是，如果由此无视其艺术创造上的精华而将它无条件地全部扫地出门，把孩子连同洗澡水统统泼掉，则未免过于意气用事，太简单化了。许多年来虽然人们在理论上承认这点，虽然人们也意识到文化偏激论的不可取，但是在史论书写和实际研究中，又往往不自觉地将此问题忽视，最终还是让本土戏曲成为“戏剧史”上被免去席位的“他者”（the other）。

既然如此，本土戏曲在现当代戏剧研究的主流视野中也就不可避免地被边缘化了。再来看看新时期戏剧研究吧。在当今中国戏剧界，谈起风风火火的先锋浪潮，人们首先想到的就是话剧，至于戏曲这“老”字号艺术则似乎距离太遥远了。2008年是中国改革开放第30个年头，检索20世纪末“先锋”或“前卫”话题下研讨新时期及后新时期戏剧前卫性探索的种种文献，不难发现，人们每说起话剧就兴致勃勃，滔滔不绝，一触及戏曲则往往轻描淡写，惜墨若金，可谓对比鲜明。多年以来，笔者屡屡从报刊上读到题为《当代中国的先锋戏剧》、《中国先锋戏剧的演变流程》之类题目的论文，其行文中往往自始至终都说的是话剧而只字不提戏曲。在世人的感觉中，戏曲好像顶多不过是充当了这场先锋革命的旁观者，一个凑热闹看稀奇的观众而已。久而久之，在人们的意识中，作为当代中国戏剧革命标志的“先锋戏剧”（“前卫戏剧”）桂冠也就理所当然地戴在了话剧的头上。结果，犹如当年“新剧”和“旧剧”在世人心目中的位置差异，一方面

① 洪子诚：《中国当代文学史》，北京大学出版社1999年版，第20页。

是话剧成为“先锋戏剧”浪潮的代表，一方面是戏曲在“先锋戏剧”概念中缺席。也就是说，犹如神魔小说中孙悟空头上的紧箍咒，不思进取的“旧”帽子在本土戏曲头上似乎永难摘除。

令人匪夷所思的是，对此现象人们似乎已司空见惯，多年来戏剧批评界和理论界也往往视若无睹。然而，问题终归是问题，历史作为既成事实绝不会因为研究者的“无视”或“盲视”就不存在，文化反思必将随时代进步而自觉。正如先前我在一篇文章中所指出，把当代中国戏剧先锋探索史上原本实际在场的本土戏曲悬搁起来是不行的，因为，你主观上尽可以一厢情愿地判它缺席，客观上却无法抹杀它的实际在场，“一个事实谁也否认不了，正如舶来的话剧和土产的戏曲共同支撑起当代中国戏剧大厦一样，研究中国戏剧先锋革命若只推重话剧而忽视戏曲，不管你立论多高妙阐述多精深，都不可能不跛足”[①]。戏曲和话剧，在当今和未来中国，即使不应东风压倒西风，至少也该平起平坐。诚然，回顾20世纪80年代改革开放以来中国戏剧史上这场声势不算小的“先锋”或“前卫”展演，其舞台实践过程中的种种成败得失和经验教训，有待研究者以学术理性加以认真检讨。但是，不管怎么说，对于那种囿于惯性思维，总是视戏曲艺术为时代潮流中落伍者的流行观点或者说“刻板印象”，我们还是不能不指出其偏颇及根源所在。

“文学革命”作为历史已经过去，但其身后拖下的长长身影，至今仍不容我们忽视。世纪转换，历史车轮行驶在新千年的道路上，在理性日趋发达而研究不断深入的当今时代，携带往日烙印及文化偏见的上述观念必然遭到质疑，并且会在学界冷静的反思中得到积极的修正。对此，我们期待着。

（作者单位：四川大学文学与新闻学院）

① 李祥林：《缺席和在场——先锋话题中的当代戏曲》，《戏曲研究》第56辑，中国戏剧出版社2001年版。

汉语文学的海内与海外

□ 郝明工

如果说汉语文学在从古至今的发展过程中，在中华一统的大前提下，早已经从民族文学转向国别文学的古代发展，那么，进入 20 世纪以来的汉语文学，已经从国别文学向着语种文学演变，即呈现出汉语文学的现代趋向。在这里，并不否认汉语文学在古代中国也曾出现过向着语种文学发展的某种端倪，主要出现在所谓汉字文化圈的诸国之内。然而，只有当汉语文学的书面语言体系从文言文向着白话文进行现代转换，并且出现汉语文学的国际传播，才有可能真正促成汉语文学趋向语种文学，从而适应了人类社会从 19 世纪的欧美现代化到 20 世纪的全球现代化这一文化转型背景下世界文学发展的大趋势。

依据歌德在 19 世纪初期最先提出的关于世界文学的构想，世界文学应该是各个民族文学、国别文学进行文化交流的产物，也就是来自不同民族、国家的文学在互相交流之中成为人类共同的精神财富。在这里，仅仅从歌德的构想再往前迈进一步，也就是说，从语言表达的角度来进行考察，就会看到 20 世纪的世界文学会由诸多语种文学的现实构成，因而世界文学不仅仅是人类进行文化交流的产物，而且也将是人类进行语言创造的产物。由此可见，在人类社会的文学现实中，既有着不同民族或不同国别这样的文学之分，也有着不同语种这样的文学之分。所有这一切，将会直接影响到与汉语文学相关的学术思考。

从文学书面写作的角度来看，从最初的诗发展为全面的文学，随着个人文学书写能力的不断提升，不仅个人语言表达的文学对象越来越纷繁复杂，而且对于文学对象进行个人表达的语言本身也越来越丰富多彩，因而文学的发展也就在这两者的相辅相成之中展示为从历史到现实的具体过程。所以，语言与文学自始至终难以分离，也就在于语言可以承载文学的不同文化内涵，而文学的文化内涵也可以运用不同语言来进行表达。这就意味着具体的文学与具体的语言之间，既有着文学的文化内涵与语言表达之间的固定关系，于是便出现以特定文化为内涵规定的文学，从民族文学到国别文学；也有着文学的文化内涵与语言表达之间的选择关系，于是便产生了以特定语言为表达手段的语种文学，从汉语文学到其他的语种文学。于是，就汉语文学的现代发展而言，似乎就出现了汉语文学的海内与海外之分。显然，海内的汉语文学就是作为国别文学主要构成的中国汉语文学，而海外的汉语文学既可视为语种文学的各国汉语文学，与此同时，在其国内又能成为国别文学的构成之一，诸如东南亚、欧美各国的汉语文学。

一

海内汉语文学之说实际上源于海外汉语文学的现实命名，而海外汉语文学事实上便具有这样的实际命名——从海外华人文学到海外华文文学。不过，无论是海外华人文学，还是海外华文文学，都与作家个人的汉语写作直接相关。首先是，从侨居海外的华侨，到移民海外的华裔，运用汉语写作的文学作品都是华人文学，尽管并不排除华人用其他语言写作的文学作品；其次是，无论是华侨还是华裔，运用汉语写作的文学作品都是华文文学，尽管并不排除华人之外的其他作家用汉语写作的文学作品。要言之，作家是否运用汉语写作这一方式来进行个人的文学创作是最关键而又最根本的。这既是从海外华人文学到海外华文文学如此命名更替的安身立命之处，又是海外汉语作家与海内汉语作家之间进行文学互动的至关紧要之处。

显而易见的是，仅就 Chinese Literature 这一英语译名而言，与之相对应的汉语译名中，“中国文学”是具有某种泛指性的，而“华人文学”或“华文文学”则是各具某种特指性的，虽然都可以在约定俗成的前提之下进行一般性的运用，然而，就名实相符的语言运用来说，“汉语文学”无疑具有最为明晰的外延与内涵，因而也就应该有可能成为概念性的学科命名。这并非是出于理论上的一种臆断，事实上更有着来自语言运用上的证明——“中国大陆的世界华文文学研究，从 1979 年开始酝酿（以《花城》创刊号所发表的曾敏之《港澳与东南亚汉语文学一瞥》为标志）。”这无疑表明，汉语文学这一命名实际上是最早出现的一个命名。然而，随后又出现了对于汉语文学这一命名的抛弃。这是为什么呢？

根据抛弃汉语文学这一命名之后出现的种种命名，也就是从华人文学到华文文学的一再重新命名，特别是华文文学，尽管命名的前提仍然是已经成为某种一致性的语用意识——“华文文学，是一个比中国文学内涵丰富得多的概念”，因而据说可与语种文学的英语文学、西班牙语文学并列，但是，实际上的华文文学，与语种文学的汉语文学相比，还是有着内涵的不同——“华文文学除了中国文学之外，还包括海外华文文学。”这就在于，至少汉语文学与中国文学在根本上就是两个难以完全重合的概念，更不用说海外华文文学这一说法是否具有合理性。与此同时，又对所谓华文文学的概念外延进行了这样的界定：“凡是用华文作为表达工具而创作的作品，都可以称为华文文学。”[①] 事实上，这不过是将汉语改写成华文之后，又重新承认了汉语文学的全部内涵与外延。

问题在于，在从台湾、香港、澳门到大陆的中国之内，不仅汉语成为一个统一的语用命名，而且也成为一致对外的语用命名，因而无论是中国大陆各个高等院校设置的有关对外汉语教学这样的专业系科，还是类似在中国北京出版的《世界汉语教学》这样的专门刊物，都在证实着汉语这一命名的合法性。更为重要的是，按照国际惯例，汉语这一命名不仅在联合国得到了作为五大工作语言之一的

---

① 古远清：《中国 15 年来世界华文文学研究的走向》，《南方文坛》1999 年第 6 期。

承认，而且在世界各国都得到了公认，因而在各种语言之中都有着与之相对应的专有译名。可是，为什么偏偏有人要将汉语文学改称为华文文学呢？

也许，只能从以中文来取代汉语的语用习惯来加以辨析，在承认汉民族文学能够代表中国文学的前提下，人们已经习惯于用中国文学来指称汉民族文学。然而，汉语文学无疑是一个比汉民族文学的外延与内涵更为广大而明确的概念，不仅能够体现出汉语文学超越单一民族的普泛性质，而且还能够体现出汉语文学超越单一国别的普泛性质，因而才有海内与海外、中国与世界的文学之分。更为重要的是，汉语文学已经体现出超越单一文化的普泛性质，正是在这一点上，由于过于强调文学的华夏文化之根，才出现了将汉语文学称为华文文学之举，因而特别看重汉语文学的中国文化渊源，而忽略了世界各国本土文化对于各国汉语文学的制约，犹如华侨、华裔之于中国人一样，在强调本民族、种族的文化同一性的同时，而忽略了不同民族、种族之间的文化交融性。

正如汉语不能称为中文一样，汉语也不能称为华文，这就在于汉语写作这一文学创作的个人语言表达，主要是进行文学的语言表达，而在众多作家的汉语写作基础上形成的汉语文学，所表达的文化内涵无疑具有多元性，汉语文学的文化内涵与语言表达之间存在着多与一的现实关系，并且体现为汉语文学的超民族性、超国别性、超文化性，而这一切已经为汉语文学既能够包容中国的汉民族文学，又能够包容中国其他民族的汉语写作，更能够包容世界各国的汉语文学或者汉语写作，这样的文学现存事实所证实。因此，根据名实相符与约定俗成的双重语用原则，汉语文学无疑要比华文文学更具有学科命名的科学性与可行性，因而也就具有了合理性。这就在于，至少从语种与语种文学的角度来看，就是如此——当今世界上既然已经存在着汉语、英语、西班牙语、法语、俄语、德语等等语种之分，又存在着英语文学、西班牙语文学、法语文学、俄语文学、德语文学等等语种文学之分，那么，由汉语而汉语文学也是顺理成章之事。如果仍然坚持将汉语写作的文学命名为华文文学，无异于对学术研究的规范化与国际化人为地进行障碍设置，自然是有百弊而无一利的。

当然，这并不是要否认汉语文学有一个从民族文学到语种文学的发展过程。事实上，现在世界上一切语种文学都同样具有一个民族文学之始基，也就是说，任何语种文学都是在民族文学的基础上逐渐成长起来的，并且往往要经过国别文学的发展阶段，而最终发展到语种文学。从这样的意义上来看，语种文学的出现应该是人类文明发展到较高社会阶段而出现的文学现象。因此，语种文学不仅是民族文化发展已经达到较高水平的历史标志，而且更是民族文化能够进行互相交流的现实产物。如果说，从古代文学到当代文学，已经显现出语种文学由民族文学成长而来的历史轨迹，语种文学的民族文化之根的确源远流长，那么，从传统文学到现代文学，同样也显现出语种文学自身发展的现实动向，语种文学的多元民族文化内涵的确在进行着融合，特别是在人类社会的现代化进程由局部而转向全球的20世纪，语种文学的发展更加突出了世界性的文化融合这一趋向。

这就是说，汉语作为文学的语言表达，只能在汉民族文学的生成与发展过程中得以完成，再由民族语言逐渐成为由各民族运用的共同语言来突破语言的民族限制，进而成为中国文学的主要语言之一，进行文学表达，从而最终实现超越国界的汉语写作，向着汉语文学这一语种文学发展。

这就在于，从汉语文学的超民族性到超国别性，不过是表明了汉语进行文学表达的文化内涵，已经从不同民族之间的文化差异转变为不同国家之间的文化差距，并且将在多元文化基础上的文化融合过程中来加以消弭，具体地说，也就是世界各国的汉语文学及汉语写作，无论是通过移居他国而创建了国别文学构成之一的汉语文学，如东南亚各国已经形成的汉语文学，在进行文化融合的漫长过程中缩小了中外之间的文化差距；还是尚处于移居他国而促成国别文学中的一种汉语写作现象，如欧美各国的正在兴起的汉语写作，也在进行程度不等的当下文化融合以缩短中外之间的文化差距。如果不能认识到这一点，将会产生对于所谓华人文学或华文文学的种种误认。

华人实际上可以视为对于移居在中国以外世界各国的中国人的统称，可以分为侨居的华侨与移民的华裔，并且通常情况下，是在先侨居而后移民的过程中，由华侨转为华裔的，与此同时，这一过程更是一个文化融入过程，往往需要至少几代人的时间。因此，无论是华侨还是华裔，第一代移居者的文化之根与中国文化是难以分离的。随着世世代代的移居，华人的文化之根已经吸取了越来越多的移居国的本土文化，而与本土文化难以分离，因此，所谓华人文学或华文文学的文化内涵已经从以中国文化为主转向以本土文化为主，而汉语则成为文学表达的语言，而世界各国作家的汉语写作也将有可能成为各国文学的有机构成，也就是成为国别文学的重要组成部分。

这就表明，先有中国文学中的汉语文学，而后有世界各国文学中的汉语文学，因而汉语文学的超国别性也只能在中国汉民族文学形成的前提下得以实现。从世界各个语种文学的发展来看，都同样经历了从民族文学到语种文学的发展过程，而世界各国文学都可能同时包容若干语种文学的成分，特别是在一些通过移民而形成的国家，不同的语种文学通常都会成为这些国家的国别文学中不可或缺的组成部分。当然，语种文学能否成为国别文学的组成部分，与这一语种文学的个人写作是否能够对本土文化进行表达直接有关，也就是说，汉语文学必须表达出各国本土文化的内涵，才有可能成为国别文学的一部分，否则，将始终游离于国别文学之外。

能不能达到这一点，将取决于各国进行汉语写作的作家，特别是华人作家。华人作家的文化之根必须得到转化，既然已经移居，尤其是移民其他国家，就应该以移居国家或移民国家的社会成员之一，乃至民族成员之一的创作姿态，通过汉语写作来促使汉语文学成为国别文学的语种文学构成，甚至民族文学构成。仅就新加坡文学而言，就具有多语种文学与多民族文学的双重构成①，而在其他东南亚国家也存在着类似的文学构成趋向。这是因为在东南亚国家中华人移居的历史已达数个世纪之久，不仅人数众多，而且已经融入移居国的社会与文化。比较

---

① “新加坡文学”，《中国大百科全书·外国文学卷》，中国大百科全书出版社1982年版，第1139页。

而言，移居欧美各国的华人，不仅主要集中在20世纪这一个世纪内，而且人数较少，尚未真正融入移居国的社会与文化，因而在汉语写作上刚刚呈现出朝着国别文学构成的未来方向发展，而能否完成这一向着国别文学构成的发展，还需要经过长时间的全面努力。

正是因为如此，从超民族性到超国别性，都程度不等地显现出了文化融合过程之中汉语文学超越汉民族文化、超越中国文化的超文化性来。这就意味着汉语文学的文化之根拥有了多元文化这一现实，而这一多元化的文化之根，正是在世界性的文化交流之中形成的。正如马克思和恩格斯在歌德之后，于1848年在《共产党宣言》中指出的那样："由于开拓了世界市场，使一切国家的生产和消费都成为世界性的了"，"过去那种地方的和民族的自给自足和闭关自守状态，被各民族的各方面的互相往来和各方面的互相依赖所代替了。物质的生产是如此，精神的生产也是如此。各民族的精神产品成了公共的财产。民族的片面性和局限性日益成为不可能，于是由许多种民族的和地方的文学形成了一种世界的文学"[①]。在这里，不仅"世界的文学"发展趋向对歌德所提出的"世界文学"进行了多元文化的扩充，而且关于文化交流的"世界性"预言也正在成为全球化之中多元文化交融的现实，因而汉语文学的超文化性不过是人类社会现代化进程中文化交流的具体体现之一。

只有在这样的认识前提下，才可以真正把握住汉语文学何以会具有超民族性、超国别性、超文化性这样的语种文学特征。可以说，从语种文学的角度来看，所有那些已经出现而存在着的世界各国的汉语文学或汉语写作，实际上也就是人们通常所说的海外华人文学或海外华文文学，即海外汉语文学，实际上应该是世界性的汉语文学现象。因此，在中国北京出版的《世界华文文学》既然已经将"海外"改写成"世界"，也就应该更进一步，重新命名为《世界汉语文学》，来与《世界汉语教学》相呼应，以实现世界性的文化交流，从而展示出汉语文学这一语种文学发展的大趋势。

二

随着汉语文学学术研究的日益发展，关于海内汉语文学的文学史书写也不断进行，诸如《中国现代汉语文学史》、《汉语新文学通史》的先后出版。不过，无论是《中国现代汉语文学史》注重汉语文学的海内构成[②]，还是《汉语新文学通史》在海内文学史中加入海外文学因素[③]，都呈现出汉语文学史个人书写过于强化汉语文学的某一特征，忽略了海内汉语文学以及海外汉语文学的三重特征，失落了海内汉语文学史书写的丰富性与完整性。所以，应该从对汉语文学这一概念进行学术正名出发，对已有的那些关于汉语文学的种种命名进行学术性的区分，然后从文学发展的角度进行文学史料与文学现象的梳理，进行从文学史价值到文

① 《马克思恩格斯选集》，人民出版社1972年版，第1卷，第255、254页。

② 曹万生：《中国现代汉语文学史》，中国人民大学出版社2007年版。

③ 朱寿桐：《汉语新文学通史》，广东人民出版社2010年版。

学价值的双重判断，以区分具有代表性的作家与作品在汉语文学现代发展中所发挥的从阶段性到总体性的影响与作用。

在这样的认识前提下，可以说海内汉语文学的研究与海外汉语文学研究应该是具有不同侧重点的：较之海外汉语文学具有语种文学、民族文学、国别文学这样的三重特征，海内的汉语文学则具有国别文学、民族文学、语种文学这样的三重特征。这就是说，海外汉语文学更加突出的是语种文学这一特征；而海内汉语文学更加突出的是国别文学这一特征。显然，无论是海外汉语文学，还是海内汉语文学，在三重特征之中，正是以民族文学特征作为中介维系着语种文学特征与国别文学特征，进而在三位一体之中最终体现为海外汉语文学与海内汉语文学之间的文学书写差异。

正是在两者之间存在着文学书写差异这一点上，可以看出海内汉语文学与海外汉语文学之间具有根本上的文化之别：前者是在同一个中华文化之根的基础上，通过汉语写作来表达出民族文化的特色；而后者是在超越单一的中华文化影响之后，通过汉语写作来表达出本土文化的独特内涵，具有多元的民族文化性质。正是在这样的意义上，汉语文学的超文化性可以是，也只能是相对于海外的汉语文学而言的，如同汉语文学的超民族性是相对汉民族文学而言一样，也如同汉语文学的超国别性是相对中国文学而言一样。所以，对于海内汉语文学来说，由于不能同时具备超民族性、超国别性、超文化性的三重特点，从而与可以同时具有这三重特点的海外的汉语文学相对举，实际上是不能构成海外与海内这样的对应关系的。

所以，在消解这一海外与海内的虚拟对应之后，海外汉语文学与海内汉语文学，在事实上也就共同构成了世界性的语种文学的汉语文学。因此，与中国汉语文学相对应的，正是其他的各国汉语文学，即可命名为世界汉语文学，以便形成世界汉语文学与中国汉语文学相对应的语言表达，而这将是符合名实相符与约定俗成的语用原则的。如果能够达成这样的学术共识，也就可以放弃海外华文文学这样的说法，更不用提出海内汉语文学的新说法，而是将汉语文学研究置于汉语与文学的基点之上，其研究对象既可以是中国汉语文学，也可以是世界汉语文学，更可以是汉语文学，从而使世界汉语文学与中国汉语文学之间形成对应关系，两者共同构成汉语文学，以不断拓展汉语文学的研究视野。

从汉语文学研究的现状来看，人们较为注重的正是关于世界汉语文学与中国汉语文学之间对应关系的研究。在这一对应性的文学关系的研究之中，不仅世界汉语文学具体化为从东南亚到欧美的各国汉语文学，而且中国汉语文学也具体化为大陆汉语文学、台湾汉语文学、港澳汉语文学，由此而展开彼此之间从文学比较到比较文学的诸多研究。这就表明，就汉语文学之内的文学比较研究而言，其对象应该是世界汉语文学与中国汉语文学。由于汉语文学的一致性基础是汉语写作，显而易见的是，进行汉语文学之内的文学比较研究，主要是就汉语文学自身的形态发展而言的，包括从汉语文学的文体、手法到汉语文学的言语、修辞诸方面在内。因此，汉语文学之内的文学比较研究，仅仅是一种基于文学层面的对于汉语写作进行的比较研究，这对于汉语文学的学术研究来说，显然是远远不够完整的，这就需要进行具有整体性的从文学到文化的文学比较研究，因而比较文学研究就大量引入汉语文学之中。

这其中的原因就在于，强调世界汉语文学与中国汉语文学的对应关系，进行汉语国别文学之间的比较文学研究，也将显得较为重要。这是因为，无论是从影响研究来看还是从平行研究来看，实质上都具有从文学到文化的两大层面，具体而言，无非是文学语言所能表达的文化，与表现文化所能选择的文学语言。所以，对于汉语文学之间的比较文学研究来说，将从汉语文学语言所能书写出来的民族文化与书写民族文化所选择的汉语文学语言来具体进行，一方面要比较各国汉语文学所展现的民族文化内涵与文化传统，一方面要比较各国汉语文学的语言表达与语言艺术，由此而构成进行汉语文学的比较文学研究的两极，从而提供较为广阔的汉语文学研究的学术空间。

当然，就目前汉语文学的比较文学研究而言，可能主要将是进行影响研究。这是因为世界汉语文学在各国发展得并不平衡，能够进入国别文学构成，特别是作为国别文学之中的民族文学构成的，实际上并不多，因而也就更多地表现出世界汉语文学与中国汉语文学之间比较明显的从文学到文化的历史渊源。这恐怕就是一些人赞同将世界汉语文学称为海外华文文学的一个内在原因。但是，随着世界汉语文学的发展，汉语文学的多元文化根基的形成，汉语文学之间的平行研究也会出现，即使就作为表达文化的文学语言的汉语来说，也会因为文化的多元化而出现国别性的发展，而出现汉语自身发展的多样化，从而形成汉语文学从文化到语言的多姿多彩的文学格局。这一点正是所有语种文学发展的趋势，譬如说，英语在世界各大洲出现的国别性发展，西班牙语在拉丁美洲出现的国别性发展，而与之相伴的正是英语文学与西班牙语文学的迅速发展，并且分别可以由现代主义和魔幻现实主义这样产生了全球性影响的文学现象来予以展示。由此可见，语种文学的比较文学研究，从影响研究到平行研究，是直接与语种文学的发展水平相联系的，至于跨文化研究这一比较文学研究范式，更是针对文化的多元化与语言的多样化的世界文学现实而提出来的。所以，就汉语文学的发展而言，与英语文学、西班牙语文学等语种文学的发展相比，应该承认是有着一定距离的。

不过，对于中国汉语文学来说，无论是在文学发展方面，还是在文学研究方面，这样的距离是不存在的。这是因为，较之世界汉语文学的国别之分，中国汉语文学只有区域之分。从汉语文学发展的中国现状来看，也就是大陆汉语文学、台湾汉语文学与港澳汉语文学的三足鼎立。这三大区域汉语文学尽管都同样是以中华文化为文化之根，但是存在着较大的区域文化差别：首先主要是具有现实决定性的意识形态方面的差别，简单地说，即所谓制度性的政治一社会差别；其次才是具有历史稳定性的人文地理方面的差别，简单地说，也就是所谓地方性的社会一自然差别。正是由于大陆汉语文学、台湾汉语文学、港澳汉语文学三者之间存在着从制度性到地方性的区域文化差别，从而产生了中国汉语文学的区域文学差异。对于这样的区域文学差异，其研究范围显然不能归入比较文学研究，而应该纳入区域文学研究之中来进行文学比较研究，无疑才会合乎文学研究的学科需要和学术规范，以有利于学术交流。与此同时，这也就意味着更不能将所谓的海外华文文学与台港文学并置在一起，来与大陆汉语文学进行比较文学研究。

从中国汉语文学区域分布的现状出发，可以追溯中国汉语文学区域分化的渊源。在汉语文学的中国现代发展过程之中，文学区域分化的最初动因是侵略战争，无论是台湾汉语文学，还是港澳汉语文学，都曾经受到殖民地化的制度性压迫，而这一点在台湾汉语文学发展过程之中特别明显，虽然日本殖民统治者所推行的“皇民化”导致其一度被腰斩，但是在政治高压之下的台湾汉语文学仍然坚持“台湾话文”的书写，保持了与中国汉语文学发展的一致性，凸显出台湾汉语文学的地方性色彩。与此相对应的是，抗日战争时期中国汉语文学再度面临沦陷区与抗战区这样的区域分化，沦陷区汉语文学所承受的政治高压与台湾汉语文学相似，只不过由于殖民地化尚待时日，因而依然能保持住汉语文学发展的连续性。较之前两者，抗战区汉语文学虽然存在着政治宣传与艺术创造之间的两难选择，但文学自由得到了最大的战时保障，再加上对战时生活的全面书写，从而促使抗战区汉语文学成为这一时期中国汉语文学发展的主流，主导着中国汉语文学现代发展的战时方向。

这就表明中国汉语文学在区域文学分化之初就难以避免制度性的政治挤压，甚至促成文学政治化这样的区域文学特征，这就影响到和平时期中国汉语文学在区域分化之中的文学走向。这一点，在20世纪50年代到70年代的大陆汉语文学与台湾汉语文学之中显得十分突出——无论是渲染革命的大陆汉语文学，还是鼓吹战斗的台湾汉语文学，不仅政治倾向性形成党派意识形态之间的激烈对抗，而且具体呈现为红色经典与白色经典之间的区域文学反差。不过，如果说大陆汉语文学的政治立场在此时仍旧固化，那么，台湾汉语文学的政治姿态则有所放松，为文学开放了市场之门，促使台湾汉语文学书写得以获取相对的个人自由，在文学的战斗之外还可以去满足形形色色的文学需要，从而在这一阶段成为中国汉语文学发展的先导，这一区域文学风向引领着港澳汉语文学，进而扩展到80年代的大陆汉语文学。

这就表明，在中国汉语文学区域分化的历史和现实中，通过区域文学差异的文学比较，不仅可以看到区域文化的制度性与地方性差别，更可以看到文学发展之中汉语书写的走向，尤其是可以看到区域文学之间的互动关系。所有这一切，也证明在文学研究之中不能生搬硬套某一研究方法，特定的研究理论只能适用于特定的研究对象，否则，只能使文学研究在削足适履之中难以前行。

汉语文学的海内与海外之分，实际上不过是对中国汉语文学与世界汉语文学的虚拟命名。因此，所谓海外华文文学或海外华人文学这样的命名，一方面既显现出在汉语文学如何表达文化中对文化多元化的认识不足，又揭示了多元文化在如何文学书写中对汉语多样化的认识不足，以至于出现了对于汉语文学现代发展的长期误认，并且影响到汉语文学研究的开拓性与持续性。这就有必要从为汉语文学正名出发，建构合乎学科需要与学术规范的方法与规则，以有助于拓展汉语文学的研究视野与领域。

（作者单位：重庆师范大学文学院）

给"标准青年"看的小说

——《青年进步》初期小说之分析

□（中国台湾）李宜涯

一、前　言

基督教青年会是民国初年最受欢迎的团体之一，它所标榜的宗旨，就是形塑一个符合"德智体群"的现代青年。而早期基督教青年会为了达到目标、推广理念，利用新知演讲、体育活动、平民教育与出版刊物等方式来吸引的年轻人。其中，广为宣传又影响深远的方式，即是透过出版杂志，向广大的中国人推展他们的理念。而又以1917年发行的《青年进步》影响最深，亦最广受欢迎。此刊物不仅是基督教界发行最广的刊物，更历时悠久。从1917年创刊以来，至1932年停刊为止，前后共发行150期，对当时中国的青年有相当大的影响。

1917年创刊的《青年进步》，实系中华基督教青年会将已发行有年之《青年》与《进步》两杂志合并，更名为《青年进步》①。《青年进步》采取"新颖公正之言论，讨论现代各项问题"②，并用浅显易懂的文字，向读者介绍欧美新知识、社会情况等，不但自创刊以来就获得社会的好评，更曾一度被传教士中的主要论坛《教务杂志》（*Chinese Recorder*）选为学生最爱读之杂志。其发行量广及各地，从国内的京师图书馆以及各地学校之阅报室，以至于南洋一带、美国纽约公立图书馆等，均可发现该杂志的踪影，可见该杂志的普及性以及受欢迎的程度③。

《青年进步》除了向读者传递新知识外，每一期都或多或少地刊载些文艺作品，而尤以小说为甚。此时期的小说，是在新文化运动刚开始下的产物，有些是半文言，也有些是白话文的写作，是新旧交替下的标准产物。虽然形式各异，但都隐含着健康人生的内涵。文以载道的做法，在《青年进步》中的小说中也隐隐

① 根据赵晓阳的研究，当时的《青年》与《进步》两杂志的发行已相当广泛，尤其是《青年》这份杂志，更是远销至日本、美国等地，其发行量自1910年以来，均保持56,000册以上，成果丰硕。赵晓阳，《基督教青年会在中国：本土和现代的探索》（社会科学文献出版社2008年版），第219—220页。

②《中华基督教青年会第十一届全国大会全国协会报告书》，第40页。此处转引自赵晓阳《基督教青年会在中国：本土和现代的探索》，第221页。

③ 赵晓阳：《基督教青年会在中国：本土和现代的探索》，第222页。

呈现。虽然近年对于基督教青年会在中国发展的的研究已经不少，惟过去尚未有对《青年进步》进行专门研究的专论，更从未有探讨其中文艺作品的著作[①]。本文即分析《青年进步》创刊第一年的小说作品。欲借此了解这份广受欢迎的刊物，自1917年开始所推出与创作的小说为何？其系一份教会机构所发行的刊物，如何保有自己的立场、风格又响应变动的时代？在整体的时代氛围与新文学初始发轫的过程中，又扮演着何种角色？希望藉由这个研究可以一窥当代基督教文学的特色。

---

① 过去学界与教会界已经注意到青年会在中国近代历史的重要，还有不少论著。通论性的有：陈秀萍《沉浮录：中国青运与基督教男女青年会》，同济大学出版社1989年版；王成勉《中华基督教青年会初期发展之研究》，1996年；赵晓阳《基督教青年会在中国：本土和现代的探索》。而由于青年会的宗旨就是“德智体群”的提倡，故在这方面的专著比较多。在智育方面，过去的作品有：王成勉《余日章与公民教育运动》，收录于林治平主编《全人教育国际学术研讨会论文集》，台湾财团法人基督教宇宙光传播中心出版社，1996年，第239－260页；Charles Andrew Keller，“Making Model Citizens：The Chinese YMCA，Social Activism，and Internationalism in Republican China，1919－1937”，Unpublished Ph. D. Dissertation，University of Kansas，1996。体育方面的著作有：蔡政杰《基督教青年会与中国近代体育之发展（1895－1928）》，“国立”台湾师范大学体育研究所硕士论文，1992年；李镇华《基督教青年会在华传播竞技运动（Sport）的本土化历程（1885－1928）》，“国立”台湾师范大学体育学系硕士论文，2004年；Kimberly Ann Risedorph，“Reformers，Athletes and Students：The YMCA in China，1895－1935”，Unpublished Ph. D. Dissertation，Washington University，1994；Andrew D. Morris，*Marrow of the Nation*：*A History of Sport and Physical Culture in Republican China*，Berkeley：University of California Press，2004. 在文化交流与社会改革方面，直接相关的著作有：刘远城《中美文化交流的激荡：基督教青年会对晚清社会的适应与交融，一八九五——一九一一》，淡江大学美国研究所博士论文，1999年；左芙蓉《社会福音·社会服务与社会改造：北京基督教青年会历史研究1906－1949》，宗教文化出版社2005年版；Xing Wenjun，“Social gospel，Social Economics and the YMCA：Sidney Gamble and Princeton－in－Peking”，Unpublished Ph. D. Dissertation，University of Massachusetts，1992；Xing Jun，*Baptized in the Fire of Revolution*：*The American Social Gospel and the YMCA in China*，1919－1937，Bethlehem，Pa.：Lehigh University Press，1996. 在青年会的人物研究上，一些著名的青年会干事也被立传和研究，例如有梁小初《未完成的自传》，香港基督教文艺出版社，1969年；袁访赉《余日章传》，香港基督教文艺出版社再版，1970年；吴相湘编著《晏阳初传：为全球乡村改造奋斗六十年》，台湾时报社，1981年；宋恩荣主编《教育与社会发展：晏阳初思想国际学术研讨会论文集》，湖南教育出版社，1991年；王成勉《余日章传》，收入《国史拟传》，台湾“国史馆”，1995年，第五册，第15－22页；何庆昌《1950－1960年代离散中华人基督徒身份的建构——以谢扶雅（1892－1991）为个案研究》，香港中文大学文化及宗教研究系博士论文，2006年；邢福增《范子美：传统与现代之间》，收录于李可柔、毕乐思编《光与盐：探讨近代中国改革的十位历史人物》，中国档案出版社，2009年，第65－82页；王成勉《清人写青史——谢洪赉〈中国耶稣教会小史〉之探讨》，《十字架前的思索——文本解读与经典诠释》，台湾黎明出版公司，2010年，第397－426页。Charles W. Hayford，*To the People*：*James Yen and Village China*，NY：Columbia University Press，1990. 虽然有关青年会的研究与著作已经不少，但是就青年会在《青年进步》与文艺创作上的作为，却从未有任何著作加以论述。

二、中华基督教青年会的成立及其宗旨

基督教青年会（Young Men's Christian Association，简称 Y. M. C. A.）起源于英国，发轫于美国。19 世纪末，随着宣教事业在华的扩张以及传教士的延引与邀请，北美基督教青年会派出干事来华推动基督教青年会的组织和理想，遂造成青年会快速在中国开展①。

从基督教青年会的最高精神"非以役人，乃役于人"即可以看出，该会为一强调牺牲与服务的宗教性团体。至于其宗旨，纽约青年会总干事麦般霓在 1866 年将原先的"德、智、体"（spiritual，intellectual and sports）的三育理念加以扩充，增加了"群"（social work），而成为四育理念。自此，青年会的全人理念广为宣扬及贯彻，成为基督教青年会发展与努力的目标。

王正廷（1882—1961）在 1912 年接任中华基督教青年会全国协会总干事，也是第一位担任全国协会总干事之职的国人。他于《青年进步》的第一期中，再次阐发基督教青年会的理念，并对其发展有高度之赞许与期许。他说：

> 而青年会为其前导，注重德育、智育、体育三者，各占三角形之一边，绝无偏颇之弊。而其重心则系乎博爱，一以牺牲为人，服务社会为主旨。其进行不托诸理想，而专尚实践责效；不骛于高远，而务求近易；其立基不狗于流俗，而悉本宗教；其手腕甚灵敏；其方针极镇定；其宗旨最纯正，实从人人良心中推阐而来，故得受社会之欢迎，而为巩固社会，维系人心之第一机关，非私言也②。

早期基督教青年会在华的发展，主要分为学校青年会与城市青年会两种形式。自 1895 年美国籍传教士来会理（David Willard Lyon，1870—1949）接受基督教青年会北美协会国际委员会（International Committee of Y. M. C. A. 's of North America,简称北美协会）的指令来华，并在天津创办第一所学校青年会起，基督教青年会的种子遂播种于中国境内，并快速在中国的城市与学校中推展，尤其在 20 世纪的前 20 年，普遍受到欢迎，成为中国发展最快速的团体。

1896 年，世界基督教学生同盟（World's Student Christian Federation）总干事穆德（JohnR. Mott，1865—1955）访华。在来会理的陪同下，他前往中国南北各大城市，并造访了当时许多中国的高等教育机构。穆德访华期间，不仅促成了 22 所新校会的成立，更间接促成中国各地基督教青年会派遣代表，在上海召开第一次全国大会。会议后，各地代表决议组成"中国学塾基督幼徒会"（Col-

① 王成勉：《中华基督教青年会初期发展之研究》，第 243 页。赵晓阳：《基督教青年会在中国：本土和现代的探索》，第 10 页。

② 王正廷：《论吾国人士有辅助青年会之必要》，《青年进步》第 3 册，1917 年 5 月，第 12 页。

lege Y. M. C. A. of China and Hong Kong)，此机构即为中华基督教青年会全国协会之前身[①]。

20世纪之初，随着格林（Robert Reed Gailey）、路思义（Robert Ellsworth Lewis）、巴乐满（Fletcher Sims Brockman）与苏森（WalterJ. Southam）等北美协会的干事来华，基督教青年会在中国的发展逐渐扩大，“本色化”的情况也有明显的进步[②]。除此之外，海外各地留学生亦陆续组织海外留学生青年会，如留日青年会（1905年）、留英青年会（1910年）等。

1912年，中华基督教青年会总委办向中华民国内务部呈请立案，旋即获得批准。后历经中华基督教青年会总委办、中华基督教青年会组合等改名过程，最终在1915年第七次全国大会上，决议以中华基督教青年会全国协会（Young Men's Christian Association of China）作为代表名称。虽然基督教青年会在中国发展过程中有过不同的名称，“而宗旨也、任务也、机关也则一而已，绝无前后之差池也”[③]。

中华基督教全国协会成立后，其任务主要有四，即（一）在未创立城市、学校青年会之各地方行提倡任务；（二）对筹备中或已成立之城市、青年会行辅助任务；（三）行统一中国各地之青年会之任务；（四）行代表中国参加万国青年会之任务[④]。全国协会主要“居极端之顾问咨询地位，尽提倡、辅助、统一、代表之义务，绝无指挥监督之职权”[⑤]。至此，中华基督教青年会全国协会这一名称，沿用至今。

三、《青年进步》的创刊以及编辑政策

中国由于地理广大、人口分散，形成了直接宣教的困难。传教士入华后一直在宣教方法上做各种摸索与尝试。到了20世纪，逐渐发展出教育、医疗与文字出版三个主要协助宣教的方式。青年会虽然来华较晚，但是由于北美协会自己就有自己的书局，所以来会理抵华之后，也期盼能有自己的出版部，来推动青年会的理想。然而起初不易觅得专才，只得先发行英文的期刊[⑥]。到1903年邀请谢洪赉参与规划编辑部（后称书报部），然因其仍在中西书院专职，所以仅获其在课余之暇协助。

---

① 王成勉：《中华基督教青年会初期发展之研究》，第244—245页。赵晓阳：《基督教青年会在中国：本土和现代的探索》，第11—12页。其中，王成勉认为，来会理所组织的天津基督教青年会，性质上为学校青年会；而赵晓阳则认为，此基督教青年会应为城市基督教青年会。

② 赵晓阳：《基督教青年会在中国：本土和现代的探索》，第13页。

③ 余日章：《说明中华基督教青年会全国协会之任务》，《青年进步》第1册，1917年3月，第14页。

④ 余日章：《说明中华基督教青年会全国协会之任务》，第14—15页。

⑤ 同上，第16页。

⑥ 何凯立：《基督教在华出版事业1912—1949》，陈建明、王再兴译，四川大学出版社2004年版，第98—99页。

基督教青年会真正扩展中文的文字工作，是1906年争取到擅长文字工作的谢洪赉到青年会专职，主掌青年会文字的工作之后才开始。经过谢洪赉的全力投入，青年会出版鼎盛，广受欢迎，成为“当时中国基督教报纸之销路最广者”①。如谢洪赉所接掌之《青年》杂志，1908年销售3,700份，到1912年时，即达64,086份，可见其贡献之大②。虽然后来谢洪赉在1916年过世，但是青年会文字工作随之有范子美（范皕诲）的接棒，能够兴旺地继续发展。

也因为谢洪赉的过世，中华基督教青年会全国协会将出版工作进行整并。原有的《进步》（1911－1917）与《青年》（1897－1917，前身为《学塾月报》，1902年改名为《青年会报》，1906年又改名为《青年》）两份杂志在1917年合并成《青年进步》。

至于《青年进步》发刊之原因，范子美在第一期即先加以解释。因为传统中国的封闭与专制，人民没有现代自由之意识，导致社会无由形成良好的会、社团体，来开启人民的思想及社会风俗，促成潜移默化的效用。然而现今“民国肇造，政治革新。共和国之主权，操诸人民。人民程度之优劣，操诸于社会教育。则青年会者，将为今日至重要一种会、社，入社会而执其中枢。斯亦事实之彰者，而不可诬者也”③。于是有了《青年进步》的发刊，希望用它作为全国青年会的言论机关刊物，并达到提倡和引发、启导的责任。

范子美在主持《青年进步》的编务后，即开宗明义地将这份杂志加以定位，一方面表示目的是为了要塑造出全人青年，另一方面则认为这样的青年才能对于国家与社会有所贡献。他说：

> 《青年进步》当然就是要使青年人进步。那么青年人如何才能取得进步呢？这就必须通过四种美德的培养，只有在品德、知识、身体和协作精神四方取得进步，青年人才能对家庭、社会和国家有所作为④。

到底这份杂志与基督教的关系为何？又与青年会的宗旨有什么样的关系？范子美对此特别做出澄清，即《青年进步》虽由教会机构发行，但强调的是四育并重：

> 我们的目标是从基督教的立场出发，在青年人追求进步的过程中为他们提供鼓励和指导。我们并不打算给他们提供激进的或是时髦的忠告，而是要向青年人提供一些没有偏见的、客观的建议……尽管我们始终如一的关心宗

---

① 关于谢洪赉的简介，可参考王成勉《清人写青史——谢洪赉〈中国耶稣教会小史〉之探讨》，《十字架前的思索——文本解读与经典诠释》，台湾黎明出版公司2010年版，第397－426页。

② 赵晓阳：《基督徒与期华人出版事业——以谢洪赉与商务印书馆早期出版为中心》，第82页。

③ 皕诲：《〈青年进步〉发刊辞》，《青年进步》第1册，1917年3月，第1－4页。

④ 何凯立：《基督教在华出版事业1912－1949》，第231页。

教问题，但不准备将这份刊物办成一份宗教性的刊物；尽管我们始终如一的关心科学问题，但不准备将这份刊物办成一份科学方面的刊物；尽管我们始终如一的关心体育活动，但不准备将这份刊物办成一份体育杂志……我们希望培养在四个美德方面全面发展的青年[①]。

《青年进步》发行至1932年停刊，共出150期。此杂志自发行起，内容可分十项：一德育，二智育，三体育，四社会服务，五会务，六经课，七通讯，八记载，九杂俎，十附录。最终“综是诸门，虽不必求备于一册。要之或撰或译，或征取名人言论，务求有益青年，而无愧进步，则本杂志发行之微旨也”[②]。每期都有120个左右的中文页面，印刷精美，有汉、英双语索引和广告。广告内容涵盖很广。创刊后9个月的发行总量为46975册，接下来的1918年全年发行量增长为52416册。学生和各地青年会组织是该刊物的主要订户，后者用该刊物来培训会员和骨干分子[③]。

对于《青年进步》这份杂志的编辑方式与期望，范皕诲的解释如下：

今者更以二十年资格之《青年杂志》，纳入同一范围之内，而为《青年进步》之合并，乃俾皕诲以编辑之役，盖以《进步杂志》之高掌远跖，似偏于成人方面，俾城市青年，适用此精神，以出于胜利 Effciency 之途，而不可不以《青年杂志》之绳墨准则，规法基督，立其基于学校青年中之学生时代，以深造于健全 Sound 之域。物理学之公例，两异性相交接，则其结果必加良焉[④]。

由此可见，《青年进步》同时保有《进步》与《青年》的传统。而其刊物主要对象是城市与学校中的青年，编者希望藉此份刊物，对青年达到教化的作用，此成为《青年进步》的重要特色。基督教青年会希望通过创办杂志的方式，在“广大的群众中作一种启蒙的工作，慢慢地灌输知识，养成习惯”[⑤]。

四、《青年进步》小说分析之一：新青年的塑造

《青年进步》自1917年3月创刊以来至当年12月为止，除了8、9月没有出刊外，全年总共出刊8期，而每期均有一篇小说。这些小说又可分成翻译类型的

---

① 何凯立：《基督教在华出版事业1912—1949》，第231页。

② 皕诲：《〈青年进步〉发刊辞》，《青年进步》第1册，1917年3月，第3页。

③ 何凯立：《基督教在华出版事业1912—1949》，第231页。

④ 皕诲：《〈青年进步〉发刊辞》，《青年进步》第1册，1917年3月，第3—4页。

⑤ 吴耀宗：《青年会的新纪元》，中华基督教青年会全国干事联合会《基层建设与青年会干事：第九届中华基督教青年会全国干事大会报告》，1947年，第35页。此引文转引自赵晓阳《基督教青年会在中国：本土和现代的探索》，第18页。

小说以及自行创作类型的小说两类。其中翻译的小说篇幅较多，且大多是介绍新知识，或探讨战争的情况；而自行创作之类型的小说，则多在抨击中国旧社会所作，并对照新时代之青年。值得注意的是，这些小说的内容中完全没有宣教的用语或观念，此与《青年进步》的编旨相符。

《青年进步》一至八期的小说依序有《豆花记》、《守塔记》、《一串珠》、《战壕》、《水手》、《侠女救夫记》、《油碧车》、《书呆制造记》等八篇。小说中都暗含新意，包含新人生、新知识，或是对战争的新观点。每篇故事长短不一，在6页到13页之间，字数则为3千多字到7千字。而内容多为以西方人、事为主体之故事。现在分新青年的塑造、新女性的塑造、战争与人性的刻画三个角度来讨论。

这类小说有公达所写的四个故事——《豆花记》[①]、《守塔记》[②]、《油碧车》[③]与《书呆制造记》[④]。若光看这些篇名，可能不会知道作者成文的主旨为何。然而阅读之后就可以发现，作者均是用对比的手法，呈现两个极端的人物，一个陈腐、守旧、粗俗、放纵与愚昧，另一个进步、新知、守礼、节制与聪达。其中《油碧车》一文比较简单，作者先是述说地方上有两个力士（劳罗与白轮芙），因为争名之故，劳罗屡屡挑衅白轮芙，希望一斗以逞其强。然白轮芙因为劳罗在幼年时曾搭救过他，所以一再忍让。最后终于化解心结，并赢得美人归。作者藉此显示好勇斗狠与粗俗蛮横之不足取，亦告诫读者勿作无谓的争执。

在第二册的小说《守塔记》中，则以土著与具现代知识的青年来对比。这篇小说应是引用外国的新闻或故事再加以改写，叙述加拿大之北方有一个西维琴小岛，因该地多暗礁乱石，故时常发生船难。英国政府遂于此地建立一座灯塔，并派一名叫排鲁司的老人值守。但由于该地方的土著大多无知识，认为建造灯塔后会影响他们的生计，因此土著们多方设法要破坏灯塔。然而有个名叫福丁的人，反对土著的做法，认为灯塔是一种进步的表现。福丁答应排鲁司在他返国后，接替他担任守护灯塔的工作。有一天，福丁发现照明灯的某些零件被土著破坏。为了解决这个问题，福丁决定招集他的妻女，使用人力的方式来操作照明灯，维持照明，支撑到英国派船来岛修理[⑤]。这篇小说所传达的主旨是，灯塔被视为进步的象征，而土著则代表传统势力，抗拒新知识、新器物的传入；福丁守护灯塔的表现，就可视为捍卫新知识的代表。

同样的对比手法，在《豆花记》与《书呆制造记》两文中就刻画得比较复杂和深入。《豆花记》主要描写一位富商沈仲甘在差旅中意外捡到一位婴孩，由于沈氏夫妇当时膝下无子，遂将该婴孩收为养子，取名为天锡。不出几年后，沈仲

① 公达：《豆花记》，《青年进步》第1册，1917年3月，第10—16页。
② 公达：《守塔记》，《青年进步》第2册，1917年4月，第9—14页。
③ 公达：《油碧车》，《青年进步》第7册，1917年11月，第97—105页。
④ 公达：《书呆制造记》，《青年进步》第8册，1917年12月，第90—99页。
⑤ 公达：《守塔记》，《青年进步》第2册，1917年4月，第9—14页。

甘夫妇产下一子，取名为天赉。对于天锡与天赉两兄弟的个性差异，作者如此写道：

岁月悠悠，天锡年长矣。天锡明敏富识，力助父亲经商，所营无弗如志，仲甘夫妇益爱之。而锡事父母亦将顺备至，罔有所忤[①]。

天赉之读，读十余年矣，而识字乃弗多，常日外出，交佻□友，饮食博弈，靡一不精，而身为富家郎，谄之者众，乃倨傲甚[②]。

个性南辕北辙的兄弟生活在同一屋檐下，难免会产生冲突。而整个冲突的最高点，就在于仲甘妻子往生后，其族人以"不可异姓乱宗"的陈腐观念来介入沈家的事务：

族长微笑，已复厉声曰："是非可以汝志行也。汝意固爱天锡，顾沈氏之宗，吾沈氏全族与其责，汝欲以异姓乱宗，吾侪皆得以干涉汝，汝须知异姓乱宗，极大之罪也，族中无论何人，咸可反对，汝弗信，可询汝诸弟，汝诸弟读书人，明律例，当不汝欺也。"即顾向众人曰："是否？"于是嗷然应曰："然，然必不可，必不可异姓乱宗，是干法禁者。"[③]

在族人强大的压力下，沈仲甘只能妥协，忍痛将天锡逐出。族人的激烈反应与沈仲甘的无奈，充分展现出当时中国社会宗族的压力，以及往往只重血缘而不问能力的传统思维。当然此文之结局仍不会超出读者想象，必以沈天赉散尽家财，沦落街头，而沈天锡最终给予帮助，使其知所悔改，最后两兄弟携手共同经营商业，为社会贡献一己之力。然其中作者对于当时中国社会无知、偏颇、狭猛、不公不义之面的描写与无奈，值得读者深思。

而《书呆制造记》一文，更是可见作者公达对旧式教育的不满与讽刺。在公达的笔下，传统教育的愚昧与守旧一览无遗。作者先塑造两个完全不同的家长，一个是以传统方式教育小孩要闭户读书的沈瑞庵，另一个是注意小孩均衡发展，以新教育待小孩的赵君璧。

作者藉由馨儿的父亲，传神地描写出传统中国父母的形象：

老人笑曰："诚然。任命儿子戏游无度，即新教育之原理也。"又重叹息曰："自新学盛行，一般少年燥妄者，相与迷信之，新教育家之误人子弟不少。如君璧者，即其代表。"又曰："森儿颇聪颖，然聪颖而不知善用之，将来亦入歧途。吾家馨儿质亦非愚，惟此我愈不敢放任之，试看他日结果，则

---

① 公达：《豆花记》，第 12 页。

② 同上。

③ 同上，第 14 页。

当知放任之害，噬脐无及。”[①]

面对父亲的严厉训导及管制，馨儿则“痛苦莫胜”[②]。甚至当馨儿因蚊伤而生重病之际，旁人多劝馨儿的父亲使其儿服金鸡纳霜，助其恢复，他仍曰：“不可，西药猛烈，闭暑热其中而不清，纵即愈，是留后患也。”[③] 其守旧思想，毕露无遗。

反观受新教育的森儿，不仅“活泼英武之气，扑人眉宇”[④]，是为体育健将。且森儿又会藉由观察大自然的变化，自制雪灯，使得理科教员对其刮目相看。另外，森儿在其提倡新式教育之父亲影响下，也积极阅报识字，自我学习，并热心参与社会服务事业，服务人群。相较于馨儿来说，森儿可以说是《青年进步》中所提倡的德、智、体、群之最佳代表。

而受传统教育的馨儿长大后，“虽在壮年，而颓唐之态，萧瑟之气，令见者为之兴索，且以悲观者既多，语言每失次，对于新世界之潮流，恒大声呵斥，或叹息痛恨，于是人咸畏而避之，曰：“书呆沈子馨。”书呆之名既出，国文教员之一席，亦因一日为学生所揶揄，诉诸校长，校长不直子馨，而右学生，遂愤而辞职矣”[⑤]。

受新式教育成长的森儿则“随父入京，以由中学大学而专门毕业，其所习者为化学制造，人既勤能，复善交际，数年间，名誉大着，而振新公司遂聘之为总经理”[⑥]。

文末，作者如此写道：

> 不数日，振新公司总经理之室隅案旁，坐有项垂小辫，目戴近视镜，寒酸之状可掬，默然据案，端然执笔，书写八行红格，月俸十大圆者一人[⑦]。

两人之际遇竟如此天壤之别，读来不免令人唏嘘不已，而作者也成功地向读者传达了他写这篇文章的动机，即在于彰显“旧教育之佳果，新时代之疆石”[⑧]。从连续几篇故事中，可以清楚看出《青年进步》的主编与作者是如何在努力地塑造新青年。

---

① 公达：《书呆制造记》，第 91 页。
② 同上，第 92 页。
③ 同上。
④ 同上，第 93 页。
⑤ 同上，第 99 页。
⑥ 同上。
⑦ 同上。
⑧ 同上，第 90 页。

五、《青年进步》小说分析之二：新女性的塑造

《青年进步》的编者，一直很关心女子的就业问题及其在社会上的地位。在杂志中的“社会事务”一类，就可看到《青年进步》作家们曾针对女子社会地位的问题展开讨论。如从《青年进步》创刊号在“社会事务”部分之首篇文章，就是佩我所翻译的《美国大学女子在社会之职业》[①]。该文主要介绍北美女子大学生毕业后，举凡事务所的记录员、社会服务志工、会计员、经理、工程师、报社主任、医生及律师等项工作内容，女子皆可胜任。虽然这篇文章是介绍美国的情况，但却提供给《青年进步》之读者（尤其是女性读者）一个新的思路。

除此之外，恽代英在第六册发表的《女子生活问题》[②]，也点出男女平等的重要性。恽氏自言作此文的动机就在于“故男女在生活方面不能平等者，男子之谬妄居其半，女子之无能力居其半，此篇欲矫正男子之谬妄，且辅助女子生活之能力”。另外，蜇庵选译的《人类浪费之修复》一文[③]，更是表达出对女性身体的尊重。此文认为战争对社会所带来的最大破坏，就是世界人口数的减少，尤其是青年与幼儿的人口数的减少占最大比例。因此有人提出强征女子生产，或者承认多妻主义，以增人口。对于这种说法，此文是给予批评且不以为然，并提出自己的见解，认为男女之间要有真爱才能结合。虽然此文系选译文章，且所谈多半为战后人口复兴之议题，但其文所表达的尊重女性身体的看法，已是昭昭然，可能也是蜇庵认为“有研究价值之一大问题”。

《青年进步》的小说似乎也与“社会事务”部分相呼应。如公达所译的《一串珠》[④]，内容是以苏格兰一个贫困又遭逢丧父的女孩（墨林）作为主角，描述该女孩是如何运用机智摆脱坏人的纠缠，取回父亲留给她的珍珠项链，并遵照父亲遗命去找寻其往日好友，求其协助。而取回项链后的墨林，最终在其父亲好友的帮助下，获得接受教育的机会，成为英国日后著名的女医生。虽然这是一篇读起来平凡无奇的文章，但该文透露出《青年进步》对于女性的看法。由于中国传统的观念中，通常认为女子“无才便是德”，多反对女子接受高等教育。传统观念亦认为女子应深居高苑之中，不得随便抛头露面，只要专心学习琴棋书画与刺绣，为将来婚嫁作准备。但公达这篇文章，表达出女子也应该享有受教育的权利。而女子接受高等教育后，将来也可以成为对社会有贡献的“女青年”。

另外，蜇庵的《侠女救夫计》[⑤] 中的梅梨夫人，也充分体现出女子的才智与勇气。此文故事背景设定在伊大利与布勒戛利亚两国战争期间，一名伊大利陆军

---

① 佩我：《美国大学女子在社会上之职业》（译北美女青年报），《青年进步》第1册，1917年3月，第115页。

② 恽代英：《女子生活问题》，《青年进步》第6册，1917年10月，第14—19页。

③ 蜇庵：《人类浪费之修复》，《青年进步》第6册，1917年10月，第19—23页。

④ 公达：《一串珠》，《青年进步》第3册，1917年5月，第4—10页。

⑤ 蜇庵：《侠女救夫计》，《青年进步》第6册，1917年10月，第10—19页。

中将史蒂芬因为被朋友普伦赫德窃盗走其所保管的国家文件，而被判刑入狱。该名陆军中将的妻子梅梨夫人，为了营救其丈夫脱险，不仅与忠实的仆人通力合作，乔装打扮深入布国国境，并用计谋诱使普伦郝德的未婚妻达的雅说出文件下落。其中，最令人拍案叫绝之处，就在于梅梨夫人与普伦赫德的对峙场景：

梅梨既入室，普伦赫德急让之坐，并自白曰："仆一一遵君命，所有仆役悉遣之出，专候大驾之降临也久矣，顾不知何以教我?"梅梨曰："甚善，若能不为吾命，孺子信可教也。"言讫，不即坐，转身阖其扇，反谓普伦赫德曰："若何未视吾面，今当视君矣。"言甫毕，突去其幕，而面目初启，右手一手枪亦同时并出，枪管直指普之面，普伦赫德见梅梨面，不禁惊呼曰："吁，若非史蒂芬之妻乎?"梅梨曰："若既识余，当之余来意笑，速将文件出，否则余手枪无情也。"普伦赫德曰："吁，难矣，文件已交出。"奈何梅梨厉声曰："咄咄，安得妄言，已由达的雅告余，文件仍经汝保管，速将出，十秒钟后，余枪之子弹，贯汝脑后矣。"言讫举手中枪略高，作欲击状，口中且呼曰一、二、三……普伦赫德为梅梨所挟，知不敌，念不如姑与之，再思夺还之法，否则枉送性命，殊无益也。意既决，亟曰："勿击！勿击！余将还汝文件可尔。"遂趣至一保险箱前，出钥启其扉，取文件出交梅梨①。

梅梨夫人的勇气，以及这种不输男子气概的巾帼风范，应该可以视为才、智、勇兼备的女子代表，这点在作者的笔下可以说是一展无疑。虽然此次行动最后还是失败，但梅梨夫人与仆人却意外获得布国给普伦赫德的函件，证明伊国的文件就是普伦赫德所窃，进而洗刷史蒂芬的冤情。

从公达与蜇庵的笔下可以看出，女性已不再是"无才便是德"。如作者公达藉由墨林的例子，暗示女性也应有受教育的权利，而女性受教育后，亦可投身为人群服务。而蜇庵笔下的梅梨夫人更是以一女流之身深入虎穴，并大胆持枪与敌人对峙，所展现出的就是一种不输男子气概的巾帼风范，更可以视为才、智、勇兼备的女子代表。这些作者对于女性的高度肯定，都是在推介新女性之形象，增加女性之自觉，必能更多地参与社会。

六、《青年进步》小说分析之三：战争与人性的刻画

《青年进步》创刊于 1917 年。当时在第一次世界大战的背景下，一方面，中国大批华工前往欧洲战场，从事战地工作；另一方面，中华基督教青年会也响应

① 蜇庵：《侠女救夫计》，《青年进步》第 6 册，1917 年 10 月，第 16—17 页。

北美协会的号召进行动员，鼓励干事与留学生前去协助欧战华工，照料生活[①]。所以，《青年进步》也对欧战特别关切，不但有欧洲大事与华工的相关报导，连战争小说也在1917年出现了两篇。

宗教刊物本来极少讨论战争，在西方，基督教已经养成政教分离的传统。但是，由于受到第一次世界大战的影响，以及中国在1917年8月参战，《青年进步》的编者觉得有义务向读者介绍欧洲战事的情况，特别在"社会事务"一项中刊载相关报导。文章有钱泰基的《英伦海峡通车计划》一文[②]、秋水从 *The Pathfinder* 杂志翻译《日耳曼建国略史》[③]。钱泰基与素心亦分别在第七册与第八册中，藉由翻译美国杂志文章的方式，向读者介绍潜水艇的构造，以及协约国防御潜水艇的方法[④]。

而《青年进步》的小说家也翻译了两篇小说，向读者介绍欧洲战场的情况。如蜇庵翻译了《战壕》(*Notes in the Trenches*)[⑤]一文。此文不仅描绘欧洲战场之"壕沟战"情景，更是透过原文作者与一名少尉的问答，深刻地反映出战火的残酷与无情：

> 余始应征，当未赴战场以前，心恒惴惴状，虽勇而心实怯，既抵战场，目击全之伤兵，耳闻痛楚呻吟之呼声，心又恻然，为之悲感，靡已然。迄今日，觉世间无论何事既罔足以慑余胆，亦靡克以动余心，所谓恐怖之念、恻隐之心均荡焉无存。爰知兵士之放浪形骸，甚至以劫掠杀戮为快者，其来有渐矣。

这段话显示出人类与战争互动关系的三个境界。第一个场景，是当这位少尉正要前赴战场，勇敢为国固是当然，但慷慨之际，心中又掺杂着一份害怕与担心。但他到了战地之后，就进入了第二个场景，耳闻目睹处处伤兵与呻吟的景况，心中悲悯与哀伤不断。第三个阶段，则是他在久经战争之后，感觉已经麻木，既不存恐怖之感，亦毫无恻隐之心，以至于可以了解到为何战争下的士兵，

---

① 关于基督教青年会与第一次世界大战，请参考：李宜涯《圣坛前的创作：20年代基督教文学研究》(台北秀威信息科技，2010年)第六章"文学的社会服务——《华工周报》个案研究"；Peter Chen-main Wang, "Caring Beyond National Borders: The YMCA and Chinese Laborers in World War I Europe," *Church History: Studies in Christianity and Culture*, vol. 78, No. 2 (June 2009), pp. 327-349.

② 钱泰基：《英伦海峡通车之计划》(译图画世界 *The Illustrated World*)，《青年进步》第5册，1917年7月，第13-15页。

③ 秋水：《日耳曼建国略史》(译 *The Pathfinder* 杂志)，《青年进步》第8册，1917年12月，第28-36页。

④ 钱泰基：《潜水艇之防御谭》(撮译 *The Illustrated World*, *The Pathfinder* 杂志)，《青年进步》第7册，1917年11月，第35-40页；素心《理想中之运货大潜艇》(译美国图画世界)，《青年进步》，第8册，1917年12月，第36-40页。

⑤ 蜇庵《战壕》，《青年进步》第4册，1917年6月，第5-13页。

会放纵于劫掠杀戮。这三个阶段，反映出人心的麻木与人性的崩溃。

更进一步来看，如果我们细细地品读这短短的五行字，可以发现其描述不但符合人类心理的变化，更有叹世间无情，让人心逐渐变得冷漠，同时会更了解战争何以会造成悲惨的代价。就在这短短的几行字中，蕴含了深厚的意义，叹息人性在战争中逐渐被消磨。其实这篇文章隐然有拉回人性、谴责战争的涵义，可以说是描写战争与人性关系的上乘之作。

另外，或许是因为中国参与第一次世界大战的缘故，《青年进步》的撰稿者也开始强调爱国心的重要。因此，天风与天我同译《水手》（*The Patriotic Sailor*）一文[①]，即是向读者强调爱国心的观念与重要性。此文描绘第一次世界大战期间，英国劳纳号之船长与其好友发明了新式机关炮，此炮“稍变其式，遂能移陆地所用者，用之海上，则作用之优且远过之，体坚而质轻，机关单筒，弹发如连珠，每弹重一磅半，每分钟可二十五发，极合于鱼雷艇、潜行艇及小型辅助巡洋舰之用，世界诸国之以海军名者，其前固未尝有此利器”[②]。但是拥有此利器制作图的船长，却不得英国海军部之重用，这给了德国间谍亨利以重利诱使船长反间的机会。但最终因为船长的高度爱国心，导致亨利的反间计划失败，并被船长反将一军。而文末有意大肆描述间谍亨利的狼狈下场，让读者看到完结时才知真相，颇有大快人心的趣味与效果：

> 劳纳号鼓轮逾数星期，始抵凡尔泼来索，天向晓矣，下碇后，即有人匆匆缘船舷，登短艇，渡至岸上。其人依法兰绒汗衫，犊鼻裤短不能掩胫，秽若经年未尝浣洗，帽已破，顶发尽露，由外状观之，俨然一水手。面瘠若削瓜，黄须蓬松，右颊上有一乍愈之创痕，弥增其丑。既登岸，返身面劳纳号，戟指而詈，音杂英德，从空气而飘至劳纳号之舵楼，舵楼之上，则立一长身黑须之人，望岸而笑，是即德谍亨利之终局[③]。

七、结 论

《青年进步》的小说，以其发行的第一年的整体表现来看，乍看之下不忍卒睹。其故事笔调老旧，拘泥在文言与半文言之中。同时，小说的内容既无惊悚怪诞的引人之处，也无科幻传奇的眩人耳目，既不重鸳鸯蝴蝶派的儿女之情，更缺少如鲁迅那般深刻的批判文笔。而其结尾莫不是忠孝节义、侠女救夫、善有善报的俗套。不禁让人担心他们主要诉求的读者何在？

但是就精神与内涵来看，《青年进步》的小说却展现了一股完全不同的风貌。它所代表的是十足的“进步”，掌握了时代的脉动。它与同时期批判文学最大的差异是，“五四”小说家写出问题，凸显问题，批判问题，却无思索、解决问题

---

① 天风、天我同译，《水手》第5册，1917年7月，第18—30页。
② 同上，第20页。
③ 同上，第30页。

的方法[①]。然而《青年进步》的小说却是破坏与建设并行，虽如同时下的小说对旧社会、旧生活、旧习性提出了批判，但隐含了建立典范的方式。如公达在《书呆制造记》一文中，就不仅仅是批判中国旧社会之弊端，也藉对比的方式提出建立标准青年的方法，即通过阅读新式报纸、参与体育活动、观察大自然的变化、参与社会服务活动等方式，可以塑造出一个德智体群兼具的新青年。同样，一个时代的“新女性”，也应该接受教育，服务人群，也可以像才、智、勇均备的“梅梨夫人”一样受到推崇。

从当代中国小说的研究，亦可以显示《青年进步》中小说的意义。如李欧梵所指出，近代中国“流行”出版业的大量传播，在展望或是制造中国的“现代性”过程中，都扮演极为重要的角色。李氏亦指出，这些作家们均试图界定一个新的读者群，并将他们所建构的新中国景观传达给读者。而这些新兴杂志通常都被当作学校的读物，或是补助教材，普遍流传于民间[②]。另外，徐国琦也指出，20世纪初中国新式报纸杂志的兴起，不仅建立起一批新的“阅读公众”、“知识公众”，更使知识分子开始关心起国家大事，另一方面，新式报刊也不知不觉地成为创建民族国家的推手[③]。以这样的观点，《青年进步》的小说家扮演了建构“现代性”的重要推手。他们最大的信念就是使古老的中国重获新生，进而改善社会上的弊端。因此，他们就在文本中大量介绍新的知识与观念。这些新知识与观念包括新科技、新教育以及具有“德智体群”的新品格，而这些正是标准青年该具备的修养。

最后要重申的是，《青年进步》中的小说只是这份杂志中的一小部分。就这第一年发行的八期来说，每一期只有一篇小说，所以可知小说在这份杂志中扮演着一个辅助的角色。它一方面衬托杂志的主旨，另一方面也是换一种软性诉求的方式来吸引读者，并传达主题。所以，它用不着为文学而文学（为小说而小说），而是以一种文以载道的观念，传达小说背后的现代青年的理念。就这个观点而论，《青年进步》中的小说尽到了它的责任。

（作者单位：台湾中原大学）

---

① “五四”时期的小说家通常只对中国社会弊端提出批判，但却没有提出建立一个标准典范的方法。例如鲁迅，他写尽当时中国社会的愚昧、落后与凉薄，小说中有新式和旧式的知识分子作为对比，但作为结论时，小说的叙述者“我”则有“彷徨迷惘、欲振乏力之慨，都不是有为者、强者的形象。无论新旧，这些知识分子难免让读者感到可哀”。黄维梁《中国现代文学导读》，台湾扬智文化事业有限公司2004年版，第91页。

② 李欧梵：《现代性的建构：流行出版业的作用与意义》，《现代性中国》，第339页。

③ 徐国琦：《中国与大战：寻求新的国家认同与国际化》，马建标译，上海三联书店2008年版，第51—55页。

两条救赎的河水

——张资平《约檀河之水》与北村《施洗的河》比较研究

□（中国台湾）曾阳晴

一、前　言

张资平在1920年写下他第一篇著名的短篇小说《约檀河之水》，描写情欲之罪与忏悔，来年7月就与郭沫若、郁达夫成立了创造社。相隔70余年的1993年，中国当代先锋派作家北村运用了相同的象征，创作了长篇小说《施洗的河》，写主角刘浪的一生，一个在罪恶与情欲中打滚的浪子，最终归入基督名下的悔罪过程。同样是约旦河，同样是认罪悔改的创作，虽然过了70年，这一条河的水的宗教味道在对照之下相当值得玩味。

二、罪的书写

两篇小说的主题虽然是忏悔，但都花了大部分的篇幅书写罪恶。

《约檀河之水》的主角韦先生是一位留日的中国学生，就像郁达夫在《南迁》那篇小说里叙述留日男主角伊人受到情欲的困扰一样，或者更像郭沫若在《落叶》小说中写留日男主角与护士女友菊子之间的爱欲挣扎。不过三篇小说中，以张氏此作最早发表。韦先生与寄宿家庭中他称为芳妹的女子恋爱，后因为实习必须离开两个月，芳妹却发现自己怀孕，于是和姨妈前往东京度假并转往乡下待产，由一位女医师照顾。由于女医师是一位基督徒，让芳妹听了讲道，看了《圣经》，芳妹在写给韦生的信里说她了解到“自己是一个犯了罪的女子”。因为芳妹的觉醒与提示（透过《圣经》经文的定位），韦生也明白自己一直以来的行为就是自己所犯的罪恶（不再归咎给社会），于是走进教堂。换句话说，对韦生而言，这乃是算清楚自己的罪的一本账，是定位罪恶归属的过程（process of imputation）。就神学来看，拉丁文 imputare 原意是“结账”、“归入某人的账项”。韦生在冲突挣扎之后，终于明白自己的罪，这正是一个归罪的过程。

张资平1906年进入广东梅县美国传教士创办的免费就读的广益中西学堂，写了不少有关基督教文化的小说，基本上采取的叙述策略都是批判教会居多，然而其处女作《约檀河之水》却是非常正面地面对基督教义对于人的罪恶的控诉，韦生与芳妹二人愿意忏悔，获得救赎。

然而这一篇小说花了大量的篇幅书写韦生对于罪恶的认识过程，换句话说，这是一篇韦生的内在罪恶感（Sense of guilty）从无知模糊到清晰明确的认识论书写（Epistemological writing），可是认识止于忏悔的当下，在认识罪恶、愿意悔改之后，书写结束了。当然，小说家有创作的自由意志，有其艺术考虑，当然有权利止于他认为所当止之处，不过我们只能够读到两位角色认罪、悔改、得蒙救赎，之后的生命历程，亦即得救之后生命的改变的书写则付之阙如。换言之，由错到对的过程，我们仅可看见“止错”，却看不见生命进行新的、正确方向的工程建造。

在基督教的神学观念当中，“罪”的定义一般来说都与神的准则是有关的，三个希腊字可以说明其内涵：hamartia 的意思是“不中的、偏离公义的道路”；parabasis 的意思是“逾越、违犯”神的律法；anomia 则是“违抗神”，既是指行为，也是一种心态，“没有律法、没有限制”的生命形态。在《约檀河之水》里，主角韦生与女友原先是约略知悉他们之间的行为是不对的，不过那也仅止于两人之间的婚前性行为与怀孕违反了社会规范或者一般人的道德倾向，亦即只是人间的错误行为，但是并未与上帝所规定的律法有关系，就是还没有进入信仰、宗教的领域与神学的理解。这种因为人的错误选择所犯下的错误，一般的理解就是可以用人的努力来补救与导正，然而，男主角似乎已经多多少少体会到这种人要自己救拔自己的努力的局限性。小说一开始，韦生在哀伤恋情与悼念丧父之间挣扎，认为自己没有回国奔丧是极大的不孝，备受良心责备，两年没一晚睡得安稳，可是思念女子的时间毕竟多些，于是他说了一句耐人寻味的话：“但没有神的良心总靠不住。”

人的良知作为道德判准，其有效性是值得怀疑的。

然而就在女主角遇到为她接生的女基督徒医师之后，她从另一个角度看到自己的所作所为实际上已经冒犯了上帝，亦即违犯了神的律法，她特别引述使徒保罗的书信《罗马书》7：3：

> 所以丈夫活着，他若归于别人，便叫淫妇；丈夫若死了，他就脱离了丈夫的律法，虽然归于别人，也不是淫妇。

最有趣的是张资平让女主角引述的这一段经文，使得读者容易产生困惑，也就是从文本来看，女主角并不像已婚妇女，可是所引的《圣经》经文却明明指涉的是女子婚姻出轨所犯的罪。我们先来看看韦生刚认识芳妹的情形：

> 他们两个既然接触得这样亲密，他们中间的恋爱自由花，没半年工夫，也就由萌芽时代到成熟时代了。

之前，韦生以一个外国留学生寄住她们家，初来乍到，照顾他的任务全落在芳妹身上，两人因此近水楼台地恋爱了。一直到他们分开，都没有提到婚姻出轨的问题，且在韦生赴外地实习、姨妈将芳妹带到东京散心时，姨妈看芳妹寂寞，于是“姨妈介绍一位住在她旅馆里的大学生和我来往”，显然芳妹是单身的。所以，张资平透过芳妹引述《罗马书》7：3，意涵不明。我们将引文放回《圣经》的文本，通过前后文来解读，发现《罗马书》1～7节所说的主旨乃是律法显明了我们肉体的罪恶，唯有将肉体的罪性与耶稣同钉十字架，才能脱出“律法/罪”这样必死的肉体运作结构的束缚，而进入基督圣灵的释放自由生命。因此，芳妹引述的《罗马书》7：3我们只能放宽来诠释，亦即在婚姻之外与之前的性关系，通通是犯了奸淫的罪了，得罪了以后他要嫁的丈夫与神。

很有意思的是，姨妈介绍东京的大学生给芳妹认识，两人去帝国剧场看了一出戏剧——托尔斯泰的“复活”，之后没多久她就到乡下女医师那里处理腹中婴儿的问题，也因此接触到耶稣上帝而有了信仰。“复活”二字非常象征性地说明了芳妹的信仰历程，之前活在罪里的生命像是死亡，认识耶稣之后，因着十字架的救赎，已死的生命复活了。

只不过这样复活的生命，在韦生认罪忏悔之后，戛然而止，已经不是他叙事的重点了。至于另一个故事《施洗的河》，在所谓“复活”的生命方面，则有新的开展，我们稍后将论及，先看看北村的罪恶书写。

先说男主角的名字“刘浪”。我相信对于小说作者而言，命名是重要的，他像父母、像上帝赐给角色名字，赋予了丰富的意义，并充满联想。“刘浪”这个名字太难不让人联想到“流浪”，再与《圣经》联结，浪子回头的故事立即跃出。当然，这里的浪子回的头并不是转向肉身的父亲残忍、疯狂的刘成业，而是那位赦罪、接纳我们的天父。

刘浪生于霍童，是爸爸强暴佃农的女儿陈氏所生的孩子，从小有一种灵性的敏感，在强悍的暴发户父亲眼中是一个懦弱的孩子，后来就读于父亲发迹所在的樟坂的医学院，毕业后没有行医，而是到了樟坂继承父业，且变本加厉，摇身一变成为一个更加残暴、性情怪异的黑道商人。在杀人无数、作恶多端之外，与对手马大抗争一辈子，两人的事业也几乎同时衰败。走投无路之时，用仅有的钱买了艘小船从樟坂顺流而下，来到霍童与樟坂之间的一个小荒原杜村，遇上了一群基督徒，因此信主。

作者北村叙述刘浪的罪恶，除了情欲的放荡，几乎是全面描述各类冒犯神的恶行。谋杀、贪婪、诡诈、忌妒、谎言、猜疑等等，几乎是人类本性中原罪之繁茂的开花结果——流浪于伊甸园之外的人类的代表之作。当然，和张资平叙述的韦生与芳妹之间的情欲挣扎比起来，北村的罪恶书写不仅更加丰富、复杂，而且具多面性。当然《施洗的河》是一本长篇小说，就篇幅来说本当如此深广，但是更引人入胜的是北村描写主角在罪中打滚，其辩证性与深度非《约檀河之水》可比拟。最具震撼性的是刘成业没病没痛却为自己预备棺材，而他的儿子刘浪依样画葫芦，也在事业有成后为自己修坟，甚至还住进墓穴。他在墓穴中手淫，孤独哭泣，领悟到自己已在滑向衰老，终将寂灭与死亡；刘浪成为一个穴居人，完全孤独地在一个封闭的空间中面对死亡；然而这样的纯粹孤独，却是复制、遗传自他那位暴虐、疯狂且被自己瞧不起的父亲刘成业。罪恶与死亡紧紧联结，成为人类的 DNA。在所有需要救赎的人类血液里，无论是张资平或北村的小说文本里，原罪的主题紧紧钉在其基督宗教之神学书写中。

北村的罪恶书写里重要的悔改主题，并非以积极正面的“认错”作为书写的主轴，而是以消极负面的模式进行，亦即生命的罪恶之路已经没有任何意义可以认定，这是一种存在的意义危机，表现形式是“缺乏意义”，一种生命之中完全没有存在意义与价值的危机，结果就是无法忍受生命，一般的解决方案是“逃避生命”，通俗的说法是自杀。北村写道：

> 死是不容易的。
>
> 医生的眼泪已经悄悄的挂在脸上。死到临头他才知道，人是多么不堪。在死面前束手无策……刘浪觉得自己浑身的骨头正在一根一根断掉，他听到了这种喀擦喀擦的声音，随着骨骼的坍塌，肉萎谢下来。他垮了。

连死也无法解决问题，存有的答案还是必须在存在中寻找。于是北村笔下的刘浪选择乘上小船往一个不知何方的下游流放自己，其中他自问：“天啊！如果真有一个神灵，我要问你为什么你要把我带到这样一个地步……？”然后他对着他还不认识的神发出一连串的疑问，仿佛旧约《圣经》中的乔布、屈原《楚辞》里的“天问”，存有中终极的问题爆发出来，透过杜村的传道人，神接手了。

救赎之后的生命开展，北村比张资平更往前推进一步。《约檀河之水》里的“复活”主题并未发展，然而刘浪结束其罪恶的流浪之旅，回到上帝的家里，接受传道人的施洗。生命的改变过程是祷告、接受相信、再次怀疑、再次坚信，之后向老对头马大传福音。我们看到的是一种动态的改变过程，像一条活水的江河——施洗的约旦河源源不绝地流动着。

这里有两点值得注意：一是祷告词；二是向马大传福音。

刘浪的祷告词是他与传道人争执之后，认罪悔改、泪流满面的结果。如果我们仔细分析其祷词，会发现他引用了许多《圣经》的话语来祷告：

> 主啊！我相信祢！……如此亏缺了你的荣耀……我是迷羊，走在自己的路上，不想回家，可是你宁可抛下那九十九只羊，来寻找我这一只，主啊！……你把我领到可安歇的水边，主啊！人算甚么？你竟顾念我，主啊……从前我风闻有你，今天我亲眼见你，你显明在我心里，叫我无可推诿！主啊！

北村让刘浪运用大量《圣经》文本祷告，拆解之后再重新联结，用了“新、旧约”《罗马书》第一章（“显明在我心里，叫我无可推诿”）、第三章（“亏缺了你的荣耀”）、《马太福音》十八章（“你宁可抛下那九十九只羊，来寻找我这一只”），《乔布记》四十二章（“从前我风闻有你，今天我亲眼见你”），重新调度经文成为个人的祷告，基本上是一个有历史的基督徒、熟稔《圣经》者才办得到。北村透过刘浪的口流利地说出这一大串祷词，其实是一种虚构的信仰表现，让《圣经》文本成为刘浪的生命文本。

很有意思的是，北村用的是和合本《圣经》的译文，显然在1992年受洗的北村已经熟悉至少某一些段落的《圣经》文本。回过头来，我们看看在1920年写出《约檀河之水》的张资平，当时人仍在日本东京，是否有机会接触刚刚在1919年4月22日出印刷厂的《圣经》国语和合本初版？我认为没有。原因很简单，张资平的篇名用《约檀河之水》，而“约檀河”这三个字，找遍目前可以看到的中文《圣经》译本，包括天主教、基督新教、东正教等等，从马礼逊译本至今，施洗约翰为众人与耶稣施洗的那一条河没有译为“约檀河”的，一般来说都是译为“约旦河”。我认为张资平之所以会有“约檀河”这样的翻译，原因应该是他所据的文本乃是日文《圣经》之故，就连惯称使徒保罗寄给罗马教会的信《罗马书》，张资平也称之为“圣徒保罗寄罗马教会书”。

至于刘浪向马大传福音，相当具有象征性意义。旧约《圣经》说：“要以命偿命，以眼还眼，以牙还牙，以手还手，以脚还脚。”（《申命记》19：21）然而耶稣在《马太福音》里的教训是“只是我告诉你们，要爱你们的仇敌，为那逼迫你们的祷告。”（5：44）显然刘浪正在改变自己的生命，按着新约《圣经》耶稣的教导，他要与死对头马大和好之外，还要介绍救赎之主耶稣给他。

回到樟坂，见到马大已经成为一个赌徒。三天相聚，马大不断地赌，赌掉了所有财产，而刘浪则持续为他祷告。然而刘浪在改变的过程中，肉体仍旧与他的灵命拉扯：

> ……不跟你废话了，我要走了。他（马大）用脚踢开木门，走了。
>
> 刘浪在心里诅咒，他觉得他的心已经裂成两半，一半在自己这里，另一半在这个出走的男人身上。他的血气要他冲出屋去，揪住这个家伙痛骂一顿，但里面有一个声音告诉他：为什么要你来替我抗辩？难道你不相信我做的事已经成了吗？

经过这样的辩证过程，刘浪才明白，救赎的工作是属于耶稣基督的，没有人可以救任何人，所有的救赎都是透过耶稣完成的，刘浪只不过是媒介，然而他也在这个荣耀的工作里有分。于是刘浪可以不再倚靠自己的肉体，肉体死了，灵命活了。张资平小说里的芳妹看到的戏剧里的“复活”，在刘浪身上彰显了，而这样的转变，看在马大的眼里（本来马大在赌桌上玩类似“俄罗斯左轮”赌命），忽然造成马大愿意接受救恩。

事后刘浪问马大为什么突然放下手枪时，马大说：我发现你脸上有安慰。

马大看到的刘浪不一样了，不再是那个凶残疯狂的刘浪，也许可以这么说：刘浪脸上有神性的荣光，给人安慰镇定的力量，他在基督里复活了。

三、约旦河：动态的生命象征

张资平与北村不约而同地采用约旦河作为救赎的象征。约旦河在基督宗教的信仰中拥有特殊的地位，它不同于世界上任何一条河，因为它不只是先知施洗约翰在此为人施洗之处，更重要的是耶稣自己也是在此接受了约翰的洗礼。从三位一体的神学来看，耶稣的身份不仅是神的儿子，也是神自己，因此这一条河不仅仅是替神的儿子施洗的河，也是替神施洗的河；从以色列的历史来看，它是以色列民族要进入神所应许之地（the land of promise），也就是那流奶与蜜之地，必须先越过的约旦河。

事实上，一般来说对于旧约《圣经》中的约旦河，比较容易解读出“争战”的意义，然而以色列民族第一次大规模渡过约旦河的经历，其实就是“争战”、“受浸”的结合仪式。古代近东，一种常用来得到神祇司法判决的方法，就是逼被告接受水的严格试验，通常的方法是将被告抛入河水中，看他溺毙与否决定其有罪或无罪。这一次他们的领袖乔舒亚带以色列人在泛滥期渡过约旦河，其实是耶和华率先踏进约旦河，等到所有以色列人都过河，耶和华神的约柜才上岸：这是神的宣告，他们之所以能渡过约旦河，“受浸”之后去服事耶和华，是因为神与他们同行，他们是神的军队，因此过约旦河不只是受浸，更是成为耶和华的军队，也是争战的开始。《申命记说》11∶31：

你们要过约旦河，进去得耶和华——你们神所赐你们为业之地，在那地居住。

渡过约旦河，并不是就进入流奶与蜜之地，而是争战的开始，他们面对耶利哥高大的城墙，打了漂亮的第一战，然而之后就是一连串的战争，有赢有败，占领的土地越来越广，于是以色列人拥有了流奶与蜜之地，换句话说，流奶与蜜之地并不是耶和华神白白赐给以色列人，而是神与他们同在，与他们一起争战夺来的：象征信徒的人生在经过各样的磨难之后生命更加成熟，进入更美丽的境界。

因此，约旦河的施洗，乃是一个开始，而不是终点；是新生命的开始，要在许多的属灵争战中不断得胜，进入成熟，夺得流奶与蜜之地。

于是，我们看到对于韦生而言，约檀河是一条施洗的河，却不是一条争战得胜之河。在张资平的书写中，约檀河出现在一首诗歌中：

救……主……离加利利，
到……约……檀河。
不……远……路长百里，
其……志……为何？
……
信……赖……救主慈爱，
卸……却罪恶重荷！

这就好比张资平的宗教想象，在耶稣身上，只看到一个上十字架的耶稣，却看不见那一个三天后复活的救主。于是，小说结尾韦生接收到来自父亲、芳妹的饶恕，也要求他饶恕芳妹，最后一句结语："只要我们能悔罪，能改过！"韦生还停留在罪咎感的觉醒与悔改的努力之中，并没有机会过一个得胜的生命，他好像一个才刚从谷底要往上走的人，却停了下来……张资平给了一个开放性的结束，停留在认识论书写的关键点与里程碑。但是韦生和约檀河发生关系时间太短暂，我们不知道之后他会如何发展，他会往前走，或是走回头路？他也可能一直徘徊，像出了埃及的以色列人民，那一代 20 岁以上的成人，在旷野绕路 40 年，然后倒毙，终无法跨过约旦河，进入流奶与蜜之地。张氏给了我们一个暧昧（ambiguity)，充满各种可能性。

北村的《施洗的河》里，刘浪离家闯荡、建立事业，从头到尾都与流经霍童与樟坂的那一条河结下不解之缘，他上樟坂的河岸时：

> 他从肮脏的水藻和泡沫中爬上长满苔藓的青石板时，刺骨的凉风几乎把他吹倒了。……啐掉嘴里的脏水，茫然四顾，这就是樟坂？

生涯的开始，他全身泡在肮脏的河水里，茫然加上失望。不过就在这样的肮脏环境里，刘浪开展了他的事业，成为一方之霸。后来在杜村向传道人述说他生命的历程时，他说："就像一条肮脏的河，里面飘满了死兔子和垃圾，混浊的泡沫在上面浮游，他就陷在这条河里，在水中徒然地挣扎。"

然而我们知道河水是流动的，一个流动的生命是变化不居的，应该有改变的可能性，北村绝对意识到这一点，他写刘浪信主后，重新再看他来回多次的那条河：

> 刘浪看着河水……田野的布局和普通的树木以及司空见惯的流水，都在眼中改变了模样，体现了一种早已存在的和谐。

河水已经变清澈了，其实樟坂离杜村看来并不是太远，这里的河水之所以净化了，更可能是刘浪用另一双眼睛观看的缘故。那是一双透过上帝之眼观看的眼睛，只有盛装上帝的生命才有新的眼光。北村在小说后半段，大量书写神学。此处他透过传道人，用了一个简单的比喻，说明人的生命唯有拥有上帝可以获得真正的满足：

> 人有一个缺陷，不认识神……手套是按手的形象造的，目的是为了盛装手，人是按着神的形象造的，目的是为了盛装神……他要进到人的灵里，作人的内容，成为人的满足。

更耐人寻味的是刘浪为了传福音给马大，再度来到樟坂，旧地重游，必然有着似曾相识的感觉（déjà vu)，可是信主前后感受大大不同，他已经不是之前的存有状态，他的生命已经进入基督里面，换句话说，神进入他里面，他也进入神里面：相互拥有，相互进入，相互融摄，人与神的生命合一。于是，之前那个看来肮脏却充满新奇与机会的场景，此时却成为一个死亡的场景，从码头到云骧阁，再到市区都笼罩在死亡、恐惧、腐烂、尸臭之中，因为一个重生复活的生命，透过神的眼光看，一切都宛如死去，以往的价值从此成为粪土。于是，就在马大也归主之后，两人再到霍童的船上，在阳光之下，刘浪眼里的河水有了全新的面貌：

阳光是一种里面深藏着的眼睛，只有在这双眼睛注视的时候，万物才得以清晰地呈现，变得可靠和真实。……刘浪第一次发现河水是如此清晰，他透澈的如同人本来有的面貌，让光进入水里，呈现出河里洁白的鹅卵石。

阳光，在此既可以是真实的阳光，而更是唤起“里面深藏着的眼睛”的象征；阳光当然是外在的，特别以“里面深藏着的眼睛”形容，表面上看似乎存在着矛盾，然而其中是有着一种内在的论证，北村的神学是神创造阳光、雨水，万物吸收阳光雨水生长，一切都在光中进行；人里面的那一双眼睛，也必须活在神的光中，才能看见万事万物的真实面。于是，刘浪不再用外在的肉眼观看，而是里面深藏的眼睛，在神的光中观看，代表人是可以透过神的光照、甚至提升到像神一样的位置，用神的角度观看世间万事万物，就看到了事物本来的面貌，这是多少哲人、思想家、宗教家梦想的境界：观照到事物之本质，换句话说，人拥有了上帝之眼！

刘浪生命的角度改变了，似乎经过了一个“神性化”的过程。北村写道：

刘浪仿佛活在另一个世界里，从那个世界可以清楚地看到这里的树木和河流，以及觅食的牛和羔羊，从那里他可以把一切交托，因为万事都已预备。站在那个地方，他要看见病牛回生，哑巴开口，荒野生长，枯草歌唱。

显然，病牛回生，荒野生长，甚至哑巴可以开口，枯草可以歌唱，那里没有病痛，没有荒瘠，充满生机、健康、喜乐、欢唱、敬拜与神迹，宛然刘浪已经置身天堂。没错，当刘浪的生命容器盛装神，让神进到他的灵里，作为他生命的内容，他就经历了救赎、称义、成圣的过程。成圣在某个层面来说，就是神性化的过程，将肉体取死的罪身交给神，得着新的生命，是盛装神的生命，拥有神的眼光、能力，成为神性的参与者，与神同活在天堂，最终他变得像神。故事到了最后，马大跟着刘浪上溯到霍童，准备受洗，在船上，马大一直睡，刘浪责备他：“你怎么总是睡觉呢？不能醒一会儿吗？”耶稣在最后晚餐之后，与彼得、雅各布、约翰在客西马尼园迫切祷告，几次责备门徒总是睡觉：“怎么样？你们不能同我警醒片时吗？”北村是有意让刘浪使用与耶稣一般的口气，来凸显他那种转变为基督的样式，或“变得像神”的生命状态吧。这整个的过程正如 1953 年苏联时代的东正教作家洛斯基（V. Lossky）在《救赎和神性化》中写的：

> 神人基督的降下，使人能够在圣灵里上升……基督的救赎之功……与受造物的终极目标直接相关：能够与神结合。根据圣彼得的说法（彼后一 4），成为“神性的参与者”。

不过，小说最后，刘浪正读着旧约《以西结书》33 章，似乎以那一个被耶和华神指定为以色列民族守望警戒的先知自诩，其实更像施洗约翰，于是故事又转回到约旦河。

对于张资平来说，他笔下的“约檀河”之水，在小说内容里只出现在诗歌的词里，整篇小说基本上都环绕着“罪”这一主题在打转，犯罪、认罪、赦罪、悔罪，然后改过，歌词里的约檀河水只作为洗礼、除罪的一个固定象征，亦即看不到作为河流的流动意指，其意义基本上是凝结的、单向度的（one dimensional）。就命名上来看，张资平直接称“约檀河之水”，特别指涉的是某一部分历史上的、传统意涵上的约旦河（受洗上的意义，而缺乏争战得胜上的意义）；而北村的“施洗”的河，不直接称呼约旦河，点出约旦河最重要的意义非其地理学上的，而是神学上的、存在意义上的。

因此在《施洗的河》里，北村给了这一条河丰富且复杂的意义。北村透过刘浪与樟坂、霍童间的这一条河水绑在一起的关系，建立起一个“救赎的流体力学”。首先我们知道施洗的河在新约《圣经》里，指的就是约旦河，在那里，施洗约翰在耶稣之前为众人施洗，后来甚至为耶稣施洗，洗礼既代表洗去过去的一切，也代表新的开始，耶稣传道的事业基本上就是从此展开的。刘浪的生命也一样，并没有在洗礼之后停下来，而是继续往前发展、改变，这一个人的面貌在转换——从他所做的事可以窥见，其生命的改变是进行式。

洗礼少不了水，水在河里是流动的，可以带走肮脏的事物，洗净一切不洁净，于是生命可以重新开始，这是一种动态的生命观。刘浪因此可以抛下一切爱恨情仇与个人尊严，重回樟坂，与死对头马大和好，甚至在多次被羞辱后，还带他信主。北村这么描述刘浪与信主后的马大同船，所看见的河水：

> 万物都在阳光中显出它们本来的面貌。河水在光斑中流动，这是一种不间歇的流动，当黑夜暂时覆盖它时，仍能听到河水清晰的流声。

生命就像河水一样，没有办法停下来，是一种不间歇的流动。这一条无名的河，原本肮脏无比，本来只会变得更脏，然而北村运用了一种纯粹语意上的扭转，让河水在阳光之下，变成洁净生命的施洗的河水，就像刘浪的生命，在生命的大光之中，在基督耶稣里，不断地洁净、改变、得胜。

四、结　语

在《约檀河之水》里，韦生和芳妹是恋人，但在认识神之后，生命好像重新开始计算，相爱的恋人的身份被取消了，取而代之的是罪人的身份；从这个分水岭往回看，原本的爱情要重新评估，其无上的价值被搁置了，另一个问题被放置在最高的优先级，亦即“成为基督徒”或“得救与否”才是最迫切的议题，所以芳妹的信除了告知腹中婴儿但生三日即行夭折之外，也只劝他信从救主，至于那一段带着罪的爱情是否能够继续（事实是不可能继续）已经不是重点。跨过救赎的里程碑，生命中的一切被重新安排，价值观的坐标因着基督的十字架，挪移转换成为一个新的坐标系，带着救赎恩典的眼镜审视生命中的每一件事物。

70年后，另一个作品《施洗的河》里，主题不再放于掺杂在罪里的爱情，而是更复杂的生命情境：争夺的是女人、金钱、权力、地盘；展现人性的是贪婪、诡诈、黑暗、杀戮、忧郁、永远的空虚。刘浪与马大两个人的生命，在遇见上帝之前，是死对头，是竞争对手，他们相互之间的得胜与失败，都是相互定义的；他们找不着、也看不到自己生命的终极意义，自己的存在价值是由对方建立的，各自成为对方的参考体，对方也成为自己的参考体，他们的生命绑在一起，相互属于对方：他们是名副其实的罪恶之生命共同体。因此，在刘浪信主之后，当耶稣基督救了刘浪之后，一定得连马大一起救，这样对于刘浪与马大才完成了救赎之功，如果只救其中一人，似乎都是一种缺憾，这也就是刘浪在信主之后，一定得回头拉马大一把，马大必须与他一起得蒙救赎，这成为生命中的具有紧迫性的任务。

刘浪和马大之前是敌人，一对分享罪恶血液的连体婴；之后是弟兄，一对分享救赎恩典的双胞胎。

基督宗教的小说创作中，约旦河流淌着，从《约檀河之水》到《施洗的河》，流过了70年的距离，人性与罪恶的描述更加复杂细腻，救赎的工作不仅看到了耶稣的十字架的宝血洗净罪恶，更在北村的书写中发现了复活的生命注入了相信者的灵魂之中。

（作者单位：台湾中原大学）

移孝作忠与儒学复兴

——以抗战时期郭沫若和马一浮讲“孝”为个案[①]

□陈 俐 王海涛

抗日战争爆发后，中华民族一直在进行两条战线的斗争，一是军事抗战，一是文化抗战。如果说军事抗战的主战场在中原大地，那么文化抗战的主要阵地则在大西南。随着国民政府迁都重庆，国家文化机关及重要高校、文化名流等也大量迁往内地。1938年4月，武汉大学西迁四川乐山；1939年9月，著名大儒马一浮先生经过与政府及各方多次磋商，在著名寺刹乐山乌尤寺正式创办“复性书院”。各路群贤毕集，讲学论道。再加之故宫国宝中一部分南迁至乐山县安谷乡和峨眉县，乐山一时成为抗战时期民族文化振兴和传播的名城。其实，在复性书院创办之前，乐山就有悠久的书院教育历史，如乐山的东岩书院、高标书院、九龙书院，特别是明代即始的九峰书院，延办至近代，著名的经学大师、今文经学的代表人物廖平先生曾任主讲（书院院长）。他的关门弟子黄经华、帅平钧等先生后来成为郭沫若的中小学老师。深厚的国学传统通过师生的传承，自觉或不自觉地浸润滋养了一代文豪郭沫若。

四川一直是国学重镇，以尊经书院为据点发展而来的四川教育对于传统文化的研究和维护，并没有因“五四”时期短暂的反孔运动而衰退。通过私塾及书院教育而传承的儒学，在四川有着深厚的根基和土壤。主张文化保种，认为中国文化可以同化西方文化的呼声在四川从来没有中断过。因此，抗战时期复性书院落脚乐山乌尤寺，成为儒学复兴的重要据点，就显示出历史的必然性。马一浮先生正是本着“唯学术不亡，然后民族乃不可得而亡”的文化保种理念，不遗余力地将复性书院办成研究国学“六艺”的纯粹书院。因此他在复性书院的示讲，成为正统儒学教育在乐山，也是在整个民族历史上的最后一抹余晖。正是在这样的文化背景下，在乐山发生的与儒家文化复兴有关的三个重要事件就显得非常意味深长。

一

1939年，抗战进入白热化阶段，时为国民政府军事委员会政治部第三厅厅

① 本文是四川省科学研究基金项目“郭沫若思想研究史论”的阶段性成果（项目批准号SC10E019）。

长郭沫若的父亲膏如老先生于7月5日病故。郭沫若得电星夜返家，为父治丧，这是一次影响巨大的“荣哀”，上至国家领袖、党、政、军要人、知识精英，社会贤达，下至基层政权、亲朋好友、街坊邻居，社会各界人士的题词、像赞、唁电、挽联，如雪片飞来[①]。这一场丧葬祭奠活动持续四月之久，郭氏家族严格按照先儒古礼，聘请德高望重的先生为死者举行隆重礼仪。先是做完七七四十九天的“道场”，然后举行隆重的安葬仪式。仪式程序非常繁复。首先是遴选德高望重的耆宿负责书神、点主仪式。郭家特别聘请了著名理学大师、复性书院主讲（院长）马一浮先生主持“书神、点主”仪式。马一浮先生本是谢绝一切俗务的清流名士，哪怕是高官要人，马先生也绝不俯就应酬，能同意担任葬礼的“点主官”，算是给了郭沫若很大的“面子”。郭氏家族对马一浮先生的接待规格完全按照古礼：动用旗锣鼓伞，四人大轿前往迎接，点主官的乘轿临近孝家时，孝子要趋步向前，面对轿门跪请点主官下轿，迎进室内休息，然后举行“书神、点主”仪式。祭奠开始，鸣炮三响，然后鸣磬，击鼓，奏大乐、细乐。郭沫若的兄弟、兄嫂弟媳、侄儿侄女、孙辈头戴孝冠，身着孝服，脚穿孝履，披麻执杖，由司仪徐徐引入，洁身净体，背负亡灵牌至书主、点主台虔诚叩拜……

接下来，丧葬仪式又举行了“三献”盛典，设置了“歌诗、读礼、讲书……”等十二道程序，其中“歌诗、读礼、讲书”都是由有名望的先生吟唱讲解四书五经中关于孝之诗句，如“哀哀父母，生我劬劳……”子辈在父灵前跪听儒家经典的熏陶教诲。其中，由郭沫若的小学老师帅平均先生作“点书官”。帅先生曾就读于乐山九峰书院，是经学大师廖季平先生的高足，后又留学日本，由于常将“吾师廖井研”挂在口上，曾经被郭沫若在其自传《我的童年》中幽过一默，为此帅先生曾耿耿于怀。郭沫若回乡，专门前往帅先生处磕头道歉，师生方言归于好。在此祭典上，帅先生专讲“孝”道，从“孝”的字形考证，然后引申《易经》之义到“孝”之现实意义，口若悬河，专为昔日之“造孽徒”，今日之郭厅长讲解一小时之久。郭沫若等亲属“匍匐台前，感泣而极”[②]。这位以白话新诗而闻名于世的叛逆新诗人，这次却以最纯正的传统祭奠形式，以最正统的宗法伦理道德为准绳，回溯自己一生的行状，其间充满着对自己有悖于家庭伦理而反省、自责、忏悔的告白。

二

这场从内容到形式都充满浓郁儒教礼仪色彩的盛典，由“千年国粹，一代儒宗”

---

① 国共两党高层人物及社会各界人士追悼郭父膏如的题词、像赞、唁电、对联、彩幛等收录在郭沫若（开贞）与胞兄郭开文、郭开佐，胞弟郭开运合编的纪念册《德音录》中，于1939年在重庆铅印出版。

② 文中涉及郭沫若父丧仪式的介绍，见魏华云《荣哀——郭沫若为父奔丧纪实》（《沙湾文史》第七期，沙湾区政协文史资料委员会编，1992年）。其中的丧葬细节，还参考了帅海翔《旧时丧俗》（《乐山市中区文史资料选辑》第五辑，1992年）。

马一浮先生主持，经学大师廖平先生的传人帅平均先生讲“孝”，呼应着乐山另一个讲“孝”的话语事件，即马一浮先生在乐山复性书院开示讲学。马一浮先生在讲学中，以儒学六艺总摄一切学术，将六艺总为德教，而“孝”则为德之本，首讲《论语》之后，紧接着就是对《孝经大义》的讲解。在《答张立民》书中，马先生引用《孝经辨义》语申明讲“孝”的重要性，特别强调“……非孝无教，非性无道……孝以导和，为帝王致治渊源”①。其基本观点是将“孝”看作对“德”的践行。先生以西方文化为参照系，从批判现代文化弊端入手，指出如果“以万事万物为爱恶攻取之现象，而昧其当然之则，一切知解但依私欲，习气展转增上，溺于虚亡穿凿，蕴之为邪见，发之为暴行，私其身以私天下，于是人生悉成过患矣”②。马一浮认为，要治私欲，必欲反其本，学习六艺之道，不过洞察表明善的本性而已，而返躬求诸心性的途径则是求之于《孝经》，因为它“使其体认亲切，当下可以用力。践行尽性之道即在于是，故知六艺之要归，即自心之大用，不离当处，人人可证，人人能行，证之于心为德，行出来便是道，天下自然化之则谓之教”③。马一浮反复阐明德是性，孝是行，通过对孝的体认和践行，才可以达到“其教不肃而成，其政不严而治”的效果。因此，六艺之旨约在《孝经》。

实际上郭沫若父丧奠礼中，国家党、政、军及社会各界要人的挽联、题词、函电的话语形式，正是这种理论的通俗表达。几乎都是上联颂郭老太爷之美德，下联对郭沫若的当代功绩进行高度评价，并勉励郭沫若移孝作忠，为国尽忠，再创辉煌。函电中绝大部分用了“为国珍重”之词，特别传达出郭沫若身为“国家之人”的政治身份和历史定位。国家权力意志对个人的要求和约束得以集中表现。

民间仪式就其本质而言，是通过一种程序化、象征性的表演活动，表达同一族群或社群的文化认同，通过文化崇拜完成社会控制功能，增强族群的内聚力和文化认同感。在军事抗战、文化保种的大环境下，这场仪式不仅仅在于彰显郭氏家族的荣耀，而且以父丧祭奠的仪式活动为话语载体，强化作为华夏民族文化根基的儒家礼仪，将国家权力话语与民间情感诉求汇聚融合，“孝”与“忠”打通，家与国一体，其实质是弘扬民族精神、凝聚人心、共赴国难的动员大会；是以民间仪式对底层老百姓进行民族意识启蒙的宣传大会。民间文化和国家意识形态话语因“孝道”而沟通、融合，显示出上下一心、众志成城、抗御外侮的民族意志。

因此这一本属家庭个人性质的事件实际上成为民族意识形态话语集体表演，鲜明地表现出对民族文化意识和道德规范的皈依遵从。这场仪式，是郭沫若将个人自由放在民族的祭坛上，献祭于列祖列宗的牺牲仪式。郭沫若深知这场仪式对于上至国家，下至故土的示范意义。早在20世纪初日本留学期间，他就意识到“吾家为乡中望族，一举一动影响全乡”④。而今，郭沫若作为抗战时期国共两方共同树立的文化领袖，这场个人之父的祭奠仪式也就转化成为效忠于国族的宣誓

① 马一浮：《尔雅台问答》，江苏教育出版社2005年版，第6页。

② 马一浮：《复性书院讲录》，江苏教育出版社2005年版，第99页。

③ 同上，第107页。

④ 唐明中、黄高斌编注《郭沫若樱花书简》，四川人民出版社1981年版，第113页。

仪式。郭沫若在现场宣读的《家祭文》中之最后陈辞，俨然就是一篇抗战之形势与我们的任务的演讲。

三

这场盛大的父丧祭奠仪式之后，郭沫若与“孝”有关的话题并没有终止。无独有偶，回到陪都重庆后，又遇乐山同乡和属下胡仁宇先生的老母去世，因种种原因，胡先生未能回家奔丧。胡母的周年祭时，胡仁宇先生心潮难平，便撰写了一篇长文表达思念之情，谁知原稿居然被盗。凭着对母亲的一腔深情，他又重写祭文。祭文结尾，正如郭沫若之家祭文，胡先生将祭母与“抗战建国”联系起来申发其意义：

人类社会之得绵延不绝，民族生命之得系荣滋长，与世共存者，不但赖有无量数之“贤父”，实亦有无量数尽母职之良母，先总理昭示之“忠孝仁爱信义和平”八德，尤以孝道为爱国齐家之本，总裁“报国与思亲”之感言，其能如晨钟之发人深省，使我中华民族立于健强之境，独力抵抗敌寇五年，屹立东亚，宏扬世界①。

集子编成后，胡仁宇遍请重庆文化名流题词，并题名《恩海集》出版②。这部集子留下了郭沫若的题诗和小跋：

中年哀感废蓼莪，罔极亲恩似海波，读罢述阡三叹息，遍地棘荆多龃麑。
抚摩颊臂明肥瘠，贤母伤心目已盲，最是弥留思子语，裂人肝肺荡心肠。
茫茫浩劫实空前，满地胡尘已五年，欲得报恩归不得，由来忠孝两难全。
君子吃亏方可做，小人毒恶猛于蛇，且将心力酬国家，秉母遗言莫惹他。

读罢寰九所述胡母宋太夫人行状，率成四绝，以专哀感，兼以劝慰寰九，古人云：君子要常常吃亏方才做得，方今国难当前，节哀节变，尤应有以自广，私人仇怨，可暂时付诸东流水也。

民纪三十一年十月十五日
郭沫若　呈稿

---

① 胡仁宇：《恩海集》（自编），1945年印。

② 关于胡仁宇编述《恩海集》的发现以及《恩海集》中郭沫若等众多名流的题词之介绍，见龚明德先生撰写的《〈恩海集〉中的作家佚文》（《昨日书香》，东南大学出版社2002年版）。该书由柳亚子题写书名，于1945年出版。据龚明德先生考证，胡仁宇先生是郭沫若的同乡，应郭沫若邀请，在国民政府军事委员会政治部中任秘书之职。胡仁宇的母亲于1941年7月3日在乐山罗汉乡去世，罗汉乡与郭沫若的故乡沙湾镇仅隔30里左右。

画家吕霞光送来《思亲图》作为丧礼。在画面空白处，郭沫若又题词：

> 爱是生命的源泉，作画之得以存续，赖有母爱，一切物汇之得以生存，亦赖有母爱，故纪念母爱必须自爱其生，自爱其生，非贪生怕死之谓，乃当使此生赋有充实崇高之意义，不虚其生也。故遇必要而杀生成仁实亦爱生之极。

这部集子还收录了郭沫若为《莲台》之画所作题词，在胡仁宇悼念亡母的留言簿上的题词。郭沫若为何在《恩海集》中留下如此多的题词，反复表达“孝”之主题？墨迹是心迹的反映，其中有郭沫若自身亡母之痛的深切体验。郭沫若远在日本以传记回顾童年时代时，深情地描述了母亲在人格、诗教方面对他的教育和影响。而自己一别多年，从未归家，“生不能侍晨昏，病不能奉汤药，死不能视含殓”。在他撰写的《先考膏如府君行述》、《家祭文》等祭奠文中，反复提及母亲最终死于思子病，他出走20年不曾归家，郭沫若母亲“倚闾之泪，迄未尝干”。郭沫若对母亲最揪心的愧疚之情久久不能平复。因此，同乡之谊，亡母之哀，引发他的情感共鸣，故上述所题序跋及诗词乃发自内心感怀。

在抗战这一特定的时期，郭沫若回归传统，践行“孝”道，有政治的诉求，也有个人的情感体验为基础。马一浮在复性书院讲“孝”，是同样道理。在孝道方面，给予马一浮榜样的，是他的二姐明珪，鲁迅描绘的《二十四孝图》中种种触目惊心的行状，不难在马一浮的二姐身上找到原型。明珪从小受《烈女传》的影响，以曹娥为榜样，立誓侍奉父母，终身不嫁。母亲因患肝癌，明珪竟剜下臂上肉做药引；为确证母亲病状，明珪多次尝母粪便；母亲昏厥之时，竟引帛自勒，愿陪母受苦甚至殉葬；母逝后，因哀伤过度，很快香消玉殒。二姐对“孝”的践行发挥到极致，给马一浮以相当深的刺激。他曾写《哭二姐》长诗，其中便描述了二姐剜臂和药的情景[①]。父母及二姐的早逝，哀痛之情再加之青年丧妻，几年后岳父再议以妻妹嫁与马一浮时，其妻妹又以病亡。几分榜样，几分宿命，马一浮终身不再娶，为继往世之绝学而奉献了自己的全部心血。因此，马一浮把“孝”看作儒学文化体系推演的公理性前提，是以切肤之情感体认为基础的。

但郭沫若在纪念册上留下的墨迹亦不能完全看做私人话语。除了郭沫若，在《恩海集》中还有当时云集重庆的重要人物50人左右的题词，作家有夏衍、茅盾、胡风、老舍、田汉、洪深、冯乃超、郑伯奇、白薇、姚蓬子、臧克家、王亚平、姚雪垠等。亡母之祭的话题经这些民族文化的代言人发挥汇集后，这部《恩海集》也就和郭沫若的祭父仪式具有同样的性质，即具有抗战时期国家意识形态话语展示的重大意义。如胡风题词：“以乳以血以爱哺养后代，即乳以血以爱奉仕国家。为后代争光明，即为先人尽孝思之至道。”因此，众多文化人在这本纪念册上的题词活动，实际上也是在文化领袖郭沫若引领下，将母教、母爱发扬光大为“以孝民族，以忠国家”（茅盾题词）的一次宣誓活动。它具有对民族文化的核心价值观进行文化认同和确证的重要意义。

---

① 关于马一浮先生的二姐明珪生平事迹的介绍及马一浮先生《哭二姐》诗，见马镜泉、赵士华《马一浮评传》（百花洲文艺出版社1993年版）。

而马一浮对“孝”的阐释，也并不重在血亲关系的强调。他认为人是由天地诸元素化合而生，由此推论：自我之身因由天地孕育，因此就是为天下而生，而属于天下，“谓此身受之父母者，不敢毁伤，则身非汝有。不可得而私也。以此身即父母之身，亦即天地之身也”[1]。以这样的推论，马一浮先生将自我之身与天下合为一体，天下为公，君子为天下，为公而行，就是尽孝。马一浮先生以“孝”为儒学基石，打通“孝”与“忠”、“仁”、“礼”、“义”的联系，将此合而为一，“移孝作忠”就是顺理成章的事。这些看似玄虚的理论，实际上为唤起民众、献身国家的行动找到了精神信仰的支撑，在道德和文化的层面奠定了坚实的根基。

四

抗战时期关于“孝”道及儒学义理的倡导，是官方的政治需要。战时国民政府将儒学作为正统的民族文化，通过儒学复兴来弘扬民族文化。而“孝”作为儒学的重要范畴，被纳入国家意识形态重要组成部分而大肆张扬，以政府行为大力推广。正是有蒋介石、陈立夫、陈布雷等最高政要的倡议，有国家财政的大力支持，才有马一浮先生复性书院这种传统教育方式的可能，但在炸弹遍野的民族危亡时刻，坐而论道，将修身养性、反诸求已作为纯粹的讲学目标，却显得很不合时宜。马一浮认为，从长远看，书院此举是延续民族文化之命脉的大计，殊不知在现实的运作中却遭受了来自各方面的尴尬，一是国民党政权的控制和干预，二是来自文化界本身的疑虑和批评，三是青年学生求学目的与复性书院办学目标的错位。关于第一点和第二点，已有多篇文章论及，本文不再重复。但是第三点还没有引起学界的注意。在《复性书院日记》中，详细记载了书院办学以来与各方的冲突。如1940年所记：

> 九月十日　星期二　晴
>
> 主讲函刘百闵先生，催询陈部长复书并八、九月补助费
>
> 注：教育部于六月十八日发来代电，要书院报讲学人员履历及所用教材，这违反了陈立夫当初“对书院始终以宾礼相待，一切听凭自主”的诺言，故主讲愤而于七月六日致书陈，提出辞主讲，要陈“别延名德主持讲事”，信系寄刘转交的，月余未得复，故催问。（引文中“注”为编者丁敬涵所撰，下同）[2]

书院从1939年9月开讲以来，刚好一年的时间，马一浮先生就感书院难以为继，从1940年9月开始，就与教育部和董事会展开了拉锯般的讨价还价。9月提出辞职后，12月陈立夫专门来乐山拜访马一浮，说明公文系误发，并一再挽留，马先生同意再延续半年，此后又不断提出辞职。如1941年《复性书院日记》又记：

---

① 马一浮：《复性书院讲录》，江苏教育出版社2005年版，第110页。

② 王培德遗著、丁敬涵点注：《复性书院日记》，收入陆宝千编《马一浮先生遗稿续编》，台湾广文书局1998年版，第97页。

七月四日　星期五　晴 警报

张立民、刘公纯两先生与培德联名函寿毅成先生，告以主讲坚辞之故。

注：求去之主因是政府在各方面对书院加以干涉、限制，不能真正做到"一切听凭自主"；次因是两年的讲学实践仍不能让学生做到"著重躬行，不尚口说"，还是"泛泛寻求者多，真实体究者少"，甚至存"人我之见、胜负之心"，对"答问"中、课卷评语上有贬词，就意不能平，觉得教学效果不大。但从董事会来电看，对这两点均未能察觉，只简单地认为是经费不足，故去信告之①。

因此，马一浮先生坚持辞职的原因，除政府的干预外，对学生的失望是重要原因。在与书院内外好些青年的书信往来中也可以看出，当时学生的价值取向与马一浮先生所持尺度的差异相当大，而先生在坚持办学理念方面又绝不妥协。他在与青年的信中反复申述："书院所讲，一秉先儒遗规，原本经术，冀有以发明自心之义理而已。非如佛氏之高言弘法度生，亦不如时贤动以改造社会为标榜，以救国为口号也。期于暗然自修，求之在己。"② 只要青年在求学动机上与此培养目标有异，先生即取劝阻入学的坚决态度，因此书院最终的结果便可想而知。正是因为上述原因，马先生的办学目标及理念在文化界中产生较大争议。即便是性情温和、宽容大度的叶圣陶先生也在与友人的信中委婉表达了不同看法，认为：

今日之世是否需要儒家，大是疑问。故弟以此种书院固不妨设立一所，以备一格，而欲以易天下，恐难成也。且择师择学生两皆非易。国中与马先生同其见解者有几？大纲相近而细节或又有异，安能共同开此风气？至于学生，读过《五经》者即不易得，又必须抱终其身无所为而为之精神，而今之世固不应无所为而为也③。

所以，马一浮先生以自我体认的方式，将儒学六艺作为一种公理性知识来信仰且践行。这种执著的态度使他对上，因政府控制与自由讲学的理念产生冲突，且在学界同行中无法找到志同道合者；在下，找不到打造为通儒的栋梁之材。书院开讲不到半年，马一浮即与好友熊十力分道扬镳，与政府讨价还价，又遇书院经费严重不足、学生资质不尽如人意等困难。复性书院勉强支撑到 1946 年东迁回杭州，最终于 1947 年被废置，马一浮为之倾尽心血的文化乌托邦终是昙花一现。

（作者单位：陈俐，乐山师范学院文学与新闻学院；

王海涛，乐山师范学院文学与新闻学院）

① 马一浮：《尔雅台答问》，江苏教育出版社 2005 年版，第 43 页。

② 王培德遗著、丁敬涵点注《复性书院日记》，收入陆宝千编《马一浮先生遗稿续编》，台湾广文书局 1998 年版，第 97 页。

③ 马一浮：《尔雅台答问》，江苏教育出版社 2005 年版，第 43 页。

抱朴守真，蜀山巍峨

——冯建吴先生诗词作品散论

□ 张叹凤

冯建吴先生（1910—1989），四川仁寿人，字大虞，别号字游，斋名蔗境堂、小徘徊楼，我国著名的书画家，也是20世纪川渝地区中国画的奠基者与代表人物。他曾师从王一亭、王个簃、潘天寿、诸乐三等名师，1932年在成都创办东方美术专科学校（新中国建立后并入四川美院），1956年出任四川美术学院教授，一生桃李满天下，载誉神州。迄今，人民大会堂四川厅悬壁的“峨眉天下秀”风光壮美巨图，乃是他的丹青墨泽，同样作品系列也见布置于联合国中国厅等，成为国家荣誉。冯建吴先生的画作、篆刻，述评者已多，但对他的文学创作及文学观念，论述者尚鲜见。笔者此文主要依据近期由李晟、黄勇著，四川出版集团巴蜀书社2009年出版的《诗心画魂——冯建吴传》中所涉作品作感受评述。

从传记中知道，冯建吴先生一生有着十分坎坷的经历，他在故乡度过了不乏艰难的岁月（有6年生活来源全靠亲自务农养活一家）。至今乡间老者仍记得冯老师白天肩担手耕，吃苦耐劳，而工余下来一灯如豆，村舍一隅，阅读与作画到深夜以至黎明。建吴先生的画作，或锦绣华丽，或野趣盎然，山川草木，稼豆果实，无不可入画，大小篇幅皆见气势磅礴或姿媚细腻，洋溢着浓郁的生活气息。冯建吴先生左手丹青，右手文学，甚至诗名与画图并驾齐驱、相映生辉。这也是他的古代同乡苏轼、文与可等人共同的特征。

其诗作抒发生活理想怀抱，借诗言志，喻理传情，表达审美心得。因为多系题画、配画的缘故，他运用的主要文学形式是旧体诗词，但这并不等于他思想保守，相反，他的诗歌清新活泼，还能走在时代前列。他的诗歌创作编定总称《抱一庐诗稿》、《抱一庐丛稿》。在教学期间，他还为美术专业的大学生开设文学鉴赏课程，旨在提高学生综合素质与文学修养。他在重庆编撰过文学讲义《诗词学讲稿》、《诗词学杂谈》等，课程深受广大艺术学子的欢迎。这些讲义原稿虽然多毁于“文革”秦火，但从其留传下来的草稿或学生保存的笔记与口碑中，仍可拾珠玑之论，真知灼见不随时光消泯。如他强调诗要有意境，思想内容与格律形式要“等价交换”以及“韵如屋之柱石，柱不稳必倾地”等议论，深入浅出，形象突出，语言诙谐。如他评论桂林山水，举例说明：“唐韩愈诗‘水似青罗带，山如碧玉簪’能状其貌，但不若柳宗元之‘欸乃一声山水绿’之有声有色，而意境深远也。”这既是身为画家的切入角度，也是文学鉴赏者的独到见识。他多有论述，也有不少像当年杜甫、苏轼那样的以诗论文、论艺、论人的佳作，都写得精致灵动，颇能概括事理，如《论印六绝》。下举其中所论《齐白石》一首以窥一斑：

不朽班门饿饭翁，别开生面夺天工。漫云粗犷为疵病，气魄能收太华雄。

“粗犷”是不假雕饰，不受拘泥，大气磅礴，好比泰山华山之雄险。这就极好地评价并传达出了齐白石的印篆艺术特色与精神，于微厘方寸之间见挥洒自如、收泰山华岳之势，这既是白石之风，也是建吴先生自己的诗风。冯建吴先生的诗作数量很多，都用情颇深，与他自己的书画篆刻作品亦珠联璧合。正如著名美术理论家洪毅然先生当年所感：

冯君攻国画及书法、篆刻、诗词，孜孜五十余载，少承家学，长亲师友，益以“读书、行路”，功力甚为深厚。

又道：

冯君几乎每画必诗。是故不仅“画中有诗”，其画，其诗，实二而一。以画为诗，又其另一特点。寸缣巨幛，皆不啻为无声之诗①。

中国文艺中的诗画合一、诗画互文传统由来已久。在汉字创造发明之初，即已实现诗、书、画、乐的有机合一、互通，艺术繁衍，源远流长，终未分割。冯建吴先生的传记里还生动记叙道，先生还长于鼓琴弹奏，在带领学生外出写生途中，在大自然的环抱中，他不免诗兴大发，乐心随其机杼，这时候往往是同学们欣赏文艺、陶冶情操的享受时刻。不论哪一门艺术，就其本质而言，无非都是“言志抒情”，用西方流传甚广的现代文论话语来讲，即“实现人的诗意的栖居”。叔本华有段话甚妙：“看到一处美丽的风景能让我们感到分外愉快，这其中的一个原因就是我们看到了大自然普遍的真理和前后一致。”② 诗歌的哲理也正在于此。

由于时代局限与前边所说诗配画的缘故，冯建吴先生的文学表述形式是传统的旧体诗体，似乎轰轰烈烈的新文学运动（如新诗）或时尚文化与他无缘，其实这不过是他的一种选择而已，观念新旧也不单在形式新旧，这一点前人所论颇多，如沈从文先生所述辜鸿铭在讲台上关于留不留辫子的言论，头上未留辫子的人，未必心里没有一根封建的辫子。建吴先生虽然用旧体诗格，但文浅意深，比兴新颖，随机而发，有着现代人的深刻意识。这即是他在坎坷曲折、苦苦追求艺术的一生中，始终保持独立人格，不阿权贵，甚至不为五斗米折腰，坚持纯粹的

① 转见《诗心画魂——冯建吴传》，第 147、148 页。

② 《叔本华美学随笔》，上海人民出版社 2004 年版，第 201 页。

人间操守与人格志向。兴许这更代表了20世纪现代人的精神风貌。同时，他也以古人为师，梅妻鹤子，淡泊自甘，陶醉在艺术的表现与精神的不断升华中。以上操守，也是他诗歌的主旋律与立意所在。他扎根生活，擅长把人生哀乐乃至苦难化为艺术创造与创新，这一诗意栖居的本质，令他具备了新文化人的品质与界定性。如果单单就文艺形式新旧而论，显然会落入形式主义的肤浅与狭隘。正如传记作者描写冯建吴一段时期受到石鲁等长安画派的影响，画风为之一变转为雄奇一样，冯建吴的诗歌也有着时代的投影，甚至有时代强权话语的植入，但他很明智地把握着分寸，往往写得恰到好处。观其画作，如（《瓜瓞绵绵》、《苦瓜小鸡图》、《稻熟荷香图》等），引用印度谚语说明问题："每一小粒的稻米也会投下影子。"（《叔本华美学随笔》，上海人民出版社2004年版，第201页）其诗歌也一样，以小见大，反应时代气息与人生感遇。他在患难困苦年代所作的诗歌心曲抒发，虽然古人如欧阳修有"欢愉之辞难工，愁苦之言易巧"的说法，但真要将愁苦的心情写得生动、深刻，有新意，像杜甫一般"沉郁顿挫"而不失赤子之心，有史以来，并不见多，多的反是"为赋新词强说愁"者。而冯建吴的曲折经历与心灵史，有意承接了杜诗的优良传统，并兼收并蓄，独发机杼，创作了川味特色的抒情与叙事相结合的作品，也有"史诗"的意味。梳理冯建吴一生诗歌创作，可大体将之分为五个阶段：

一，青年学艺与畅想时代。

二，成年创业艰苦并前程迷茫的描述。

三，蒙难含冤禁闭于乡间，从事体力劳动与坚持艺术创作时期。

四，教学生涯或伸或屈、或荣或辱、不可预料的特殊年代之表述。

五，躬逢盛世，老当益壮、豪情满怀的晚年。

这五个不同的时期，氛围、境遇自然直接影响着冯建吴先生的创作风格与情调，喜怒哀乐溢于言表，思想蕴藉于诗中。但就整体而言，正如冯先生自号"抱一庐"，他抱一守诚，在79年人生中，始终探索追求，与人民大众保持血肉联系，将知识分子的个人利益与国家民族紧密维系，在动荡乃至黑暗的社会时期不失道义坚守。

累债不可解，有道不可伸。中肠结万虑，世步伤荆榛。逃禅复逃酒，炕火难逃秦。载盆漆室中，郁郁常哀呻。幸有香梅花，可以愈幽人。

——《除夕感赋》

诗成于20世纪30年代前期，世乱不堪，为创办艺术教育事业，冯建吴与同仁负债累累，陷入困境，心情十分压抑。诗语自然，颇得五言诗的直抒与简约，哀吟之间，则仍见美的情趣、清趣。该诗歌不啻为一剂心灵良药。

岁序将残人未行，渝城客夜风凄清。黄花空抱陶潜节，白酒羞无袁绍迎。与世浮沉聊因循，听时甘苦托枯荣。自知枉学屠龙技，错恼天贫冷一生。

——《客夜》

像这样古典、萧索的诗作，在冯先生集中不少，很有代表性。虽字里行间用典不少，但能贴切化入，拼接无痕，易阅读接收，表现了20世纪前期有志之士蜷曲难伸的情怀，可谓语字精到。这类诗明显学习杜诗，采用句中对偶联结，沉郁顿挫，铿锵有力。“因循”一词看似简单，却也巧用典故，取自李商隐诗《有感》，用得贴切。

除开个人际遇，“哀民生之多艰”，也是冯建吴着力表现的主题。如：

入眼村墟冷，闻风草木腥。感怀脱吟咏，十万痛生灵。

——《登汉嘉城堞》

一日复一日，行役多感伤。绵绵山路永，中有盗贼藏。闻之肝胆落，欲去空彷徨。方知蜀道险，咫尺生太行。官吏竟何毒，辛苦为催粮。民怨不敢说，笞责痛难偿。

——《宜宾至自流井途中》

命酒浇怀愤，哦诗寄旅情。灯光摇屋白，岚气入楼清。冷抱琴书乐，难为肝胆倾。岁残生愁绪，豺狼正纵横。

——《岁残》

类似的反映旧中国民生疾苦与苦难的作品，自是中国古典诗歌人民性方面由来已久的传统精神，源远流长。冯先生虽一生远离政界，但书生意气，知识分子的良知、责任感从未冬眠。在以后的年代、时期，他忧国忧民、表现内心疑惑的作品也占着相当的分量。

作为画家、艺术家，更多的诗作仍是倾注于河山壮丽、生活丰富，以及对心灵净土、画境的描绘与反复歌咏，这里边有山水情味、田园意境，也有逃禅的机锋，但诗画合一，形象突出，对美的呵护与发现跃然纸上，仿佛先生随时睁大着双眼，寻觅着人间的真谛、美景：

夕阳三五处，修竹几家屯。野水白于练，菜花黄到门。春情浓似酒，诗思淡无痕。取路溪桥畔，临流坐松根。

——《夕阳》

是处蝉声响，云深眼望迷。天浮岚翠重，峰压劫尘低。漫欲乘龙桥，何须扶杖藜。九株松色好，欲借一枝栖。

——《青城入山道中》

街东街西人似水，城北城南角吹霜。闲心逐鸟归林壑，信步随路来村庄。皎皎月从烟际出，昏昏山向渡头荒。个中诗思销魂处，绕郭千株梅暗香。

——《夜游曾家岩》

梵宇琳宫佛道场，往来路熟石羊乡。鸡公车小行程缓，坐看飞鸦恋夕阳。

——《近慈寺返城口占》

春水当门绿似苔，几笼翠竹夹梅栽。渡船载得村男女，乡镇交流日去来。

——《题画春江小艇》

这类景观人文书写，清新可诵。他晚年壮游河山，题泰咏黄，写意峨眉，赋韵京华，则更多豪情壮志，亦多理想色彩。也许现在的读者会嫌稍多口号标语、官方色彩，但身处当时，结束十年“文革”，锁拿四凶，改革开放后知识爆炸，千千万万的知识分子击掌踊跃，却也是不掩的真情流露，赤子之情真而无伪。

词的创作也是冯建吴先生那一代人笔下的胜场，可谓推敲之乐，颇得讲究。他至今留在重庆鹅岭公园的长联作品，历来为人称道，观光吟咏者不禁口角留香：

枕嘉陵，带长江，迢递起高楼。看楼外青山山外白云，云与诗心寥廓。
凿泉石，构台榭，窈窕缀名花。醉花间樽酒酒间明月，月随人影徘徊。

如果说这些尚是应景赋丽，多少有些文字游戏味道的话，“文革”中他与石鲁两兄弟间的鸿雁传书、词曲唱和，相互鼓励，手足情深，则展示了一代文化人的磨难与心路历程，其中如：“半生事，南柯误，化浮埃。荣辱漫嗟身世，鬞老未尳聩。万古金瓯似铁，彩绣人间奇迹，螺钉亦是材。”（《水调歌头》）正如他另一首诗中所感叹：“头颅白误机关事，花朵红贪造化功。”（《孤篷自振图》）把不谙世事、不懂得逢迎和投机取巧的艺术家坎坷正直的一生以及飞蛾赴火般的爱美热情刻画得淋漓尽致。

冯建吴先生的塑像仍是四川美术学院校区里的一道风景，人们驻足像前，难掩对这位杰出的美术家、教育家、诗人的崇敬之情。先生留下的大量旧体诗词，脍炙人口，令人将他与巴蜀近代名驰一时的文学家、诗人如吴虞、吴芳吉、吴宓等大师同视为同声绝唱。他与从事新文学创作与研究的巴蜀籍文艺名家们一样，同样代表着钟灵毓秀的巴蜀人文精神与勇往直前、不断创新、锐志进取的坚贞品格与聪明才智。冯建吴先生的文学作品值得我们用心学习与研究。

凭吊了川南眉山仁寿冯建吴先生故居，作以上论文，以示纪念。

（2010年8月30日草于成都霜天老屋，9月2日改定于北京大有庄一号楼1111室。2011年5月29日改定于川大。）

（作者单位：四川大学文学与新闻学院）

二十世纪旧体诗词的研究现状与思考

□ 江腊生

旧体诗词是一种具有鲜明民族特色的文学形式，在数千年的中国文明史上曾创造出夺目的辉煌。到了“五四”期间，在冲决传统的巨大压力之下，一代学人把“创造新诗”作为文学革命和思想变革运动的一场“攻坚”的硬仗来打，以打破旧格律，引入新文法为突破口，主张推翻旧体诗词的种种束缚，按照表达现代人新思维、新思想、新感情的内在要求，大胆地运用现代白话文，创造出一种新的现代自由诗体。这是完全可以理解，也是必要的。然而新诗采取了与传统诗词相对立的姿态，语言全用白话，形式上摈弃声韵格律，追求形式自由，断绝承传关系，这种断裂式的文学意识充溢于新中国成立后的学术界，各种版本的现当代文学史只谈白话新诗，没有文言文和旧体诗词的位置，成为纯而又纯、实则狭隘单调的新文学史。对古典诗词的研究，则统统视之为文化遗产，仅仅截止于“五四”前的近代。古代文学与现当代文学研究互不通气，“老死不相往来”。古代文学研究者守其本位，不关注现当代诗词的创作；现当代文学研究者更是视旧体诗词创作为“文学复古”，认为缺乏文学的“现代性”，这就使旧体诗词长期“在野”，处于冷落弃置的境地。但旧体诗词是一种有着顽强生命力的艺术形式，作为潜在的文学创作和精神活动，在整个20世纪它始终没有消滞，80年代以来还呈复兴态势，并涌现了一系列可观的成果。这些作品是中华民族在新的历史条件下创造的精神产品和文化成果，是中国现当代文学的有机组成部分，值得认真研究。

当代旧体诗词的概念，一直未能定型，它的变化体现了不同文学时代对旧体诗词的态度与认同度。毛泽东同志首出“旧体诗”一名，所以这个称谓一直还在使用，但已经出现了不同的呼声。20世纪80年代，“旧体诗”界率先推出了“中华诗词”的称谓，将“旧体”二字剔除，“诗词”顿时获得了一次具有历史意义的新生！从此，中华民族的诗歌文体，可将各种传统体式之作都囊括进来，与外国诗歌比较则特别地显示了中国本土文体的特色。随后，黄修己援引“旧戏”为“现代戏”的说法，将“五四”以后旧体诗词中反映现代生活、表现现代思想感情的，称为“现代旧体诗词”。他指出：“我这是先给当今的旧体诗词加冕，加上‘现代’之冕。同时也为它们正名，既然有了‘现代旧体诗词’之名，说明其与传统的旧体诗词是不一样的，是新历史条件下的文学新品种。这样，便于它名正言顺地步入中国现代文学的殿堂”，“把它定名为‘现代旧体诗词’，也是为了求得研究现代文学的人们的承认”。话语中透出一种命名的无奈。随后，人们意识到“中华诗词”也好，旧体诗词也好，都属于“旧”诗，而非主流的新诗。很多研究者主张新诗与旧诗平起平坐，诗歌评论界推出了一个概括性极广的新名词“现代汉诗”，体现了当下诗歌观念、文学观念的不断变化，文学史正在慢慢走出过去的阴影。命名的变化，意味着旧体诗词努力争取文学史的认同。当代的旧体诗词是否能够像通俗文学那般入史，反映了当代旧体诗词研究的重要成果，也是旧体诗词的观念不断走进文学史的过程。

目前，中华诗词学会有成员 14000 多名，加上省、市、县诗词学会的成员和众多诗社的成员，全国经常参加诗词活动的人在百万以上。全国共有公开或内部发行的诗词报刊 600 多种，每年刊出几十万首诗词新作。中华诗词学会主办了《中华诗词》杂志。它和以发表新诗为主的《诗刊》构成了双峰对峙、二水分流的景观，发行量达 25000 多份，远销海内外，是目前国内发行量最高的诗歌刊物。陈友康认为这是“旧体诗词复兴”[①]，即指诗词创作相对于过去几十年的冷落和沉寂，重新获得长足进步。它的重振，表现为作者多、诗词组织多、发表的刊物多，社会影响也越来越大。当代旧体诗词的创作队伍主要分为两部分，一是文人作者，二是老干部作者。当代诗词复兴的又一表现是发表的刊物大量增加，各种诗社创办了大量刊物，每个有一定规模的诗社基本上都有自己编印的刊物。这类刊物绝大多数是内刊。公开发行的刊物目前全国已有十余家，其数量超过了专门发表新诗的刊物。广州《当代诗词》、南京《江南诗词》、湖北《东坡赤壁诗词》、湖南《岳麓诗词》等都是定期出版并具有全国影响的正式出版物。另一表现是一般报刊也纷纷发表旧体诗词。中国诗歌界的权威刊物《诗刊》以及《星星》、《诗神》、《诗潮》等诗刊都开辟了旧体诗词专栏，一改以往只有极少数具有特殊政治身份的人物创作的旧体诗词能见诸报刊的状态，普通作者的作品都能在各种文学刊物和报纸副刊出现。这标志着诗歌界及社会对当代旧体诗词创作文学价值的全面认可，同时表明旧体诗词拥有了更为广阔的生存空间和影响范围。

二

旧体诗词能否入史，是近年来旧体诗词研究的一部重头大戏。自“五四”以来，随着新诗对旧体诗词的冲决，新诗逐渐由于其“现代性”而一统天下。作为文学现象最高评价的文学史，往往是维新去旧，对事实上并未明日黄花的旧体诗创作视而不见。近年的文学史观念不断更新，旧体诗词入史的呼声日益高涨。朱德发综合分析从“五四”到新中国成立后逐渐形成的现代与传统、新与旧的二元对立认识框架，认为其指导思想是一种庸俗的直线进化论。判断文化、文学的价值，普遍认为新胜于旧，现代高于传统，凡是现代文化、文学都是先进的、前卫的、先锋的，凡是古代文化、文学则是落后的、腐朽的封建糟粕。新文化和新文学的创造和发展，必以废除旧文化、旧文学为前提。他指出：“这种机械的片面

---

① 陈友康：《旧体诗词复兴论》，《宁夏大学学报》（人文社会科学版）1999 年第 4 期。

的绝端的价值评判，尽管给现代文化文学和古代文化文学研究带来难以估量的误读误解，甚至作出不少荒唐可笑的判断结论；但是可怕的习惯势力或定型思维总是自觉或不自觉地控制着我们的研究视野与判断标尺。……它无疑严重妨碍了我们对现代文化文学和古代文化文学作出正确的科学的辩证的价值判断。”[①] 改变学术界普遍的思维状况，去除时代的遮蔽，重新将传统的优势文化文学进行挖掘与提炼，是中国文学研究的必然。吴晓东的《建立多元化的文学史观》一文也提出：“以‘现代性’为核心的价值取向的中国现代文学研究，在某种意义上局限了应有的更广泛的对象以及更开阔的视界”，“也许近于韦伯所主张的‘价值无涉’的一个可能方式是把中国现代文学乃至20世纪中国文学看作一个中性化的时间概念，而不是一个隐含着价值倾向的概念。凡是发生在这一时期之内的一切文学现象，都应该列入文学史的研究范围”[②]。

钱理群一方面认为“现有的现代文学叙述一直是以‘新、旧文学’的截然对立作为前提的，而且是将‘旧文学’（包括被称为‘旧小说’的通俗小说，‘旧体诗词’，以及‘旧戏曲’）排斥在外的，在这个意义上，所谓‘现代文学史’也就是‘新文学史’”，同时也承认“在‘五四’时期，‘新’、‘旧’文学的对立，是自有其缘由的；但在发展过程中，却逐渐把这种对立绝对化，就不免出现了偏颇。金庸的出现，与八九十年代通俗文学的发展，更引发出我们的一些新的思考，注意到两者的对立（区别）同时存在者相互渗透、影响与补充”。他在分析现代旧体诗同样具有文学的现代性的基础上，指出它在“表现现代人的思绪和情感……方面，并非无能为力，甚至在某些方面，还占有一定的优势，这就决定了旧诗词在现代社会不会消亡，仍然保有相当的发展天地”[③]。

最近几年极力倡导把旧体诗词写入文学史的黄修己在考察现代以来被压抑的旧体诗词的创作状态后，认为被边缘化的旧体诗词，能够在强大的主流文学身旁继续生存、发展的原因有三：一是旧体诗词的艺术形式还有生命力，还足以作为新的思想感情的载体；二是作为它的对立物的白话新诗，至今可以说尚处于“幼年期”，还很不完美，不足以完全取代旧诗词；三是最重要的，那就是文学革命、文化革命有自己的规律，新与旧的交替不可能是截然的一刀两断。他指出：“我们以前写文学史，只讲新的战胜旧的，取代旧的，这不完全符合历史实际。应该是有的部门新的取代了旧的；有的部门则创造了新品种，推进了文学的现代化，与此后继续存在、发展的旧形式并存，谁也不能取代谁。新诗自有其优越性……同样，文言旧诗词也有白话诗达不到的特长。……新与旧既相颉颃又相渗透，这才是历史的实相。”既然现代文学与旧体诗词之间有着分不开、割不断的因缘，他指出“无论是新诗还是旧体诗词，共同面对着‘历史选择’的考验。”[④] 马大勇提出构建“20世纪诗词史”的设想，认为“20世纪诗词写作……是现当代文

---

① 朱德发：《齐鲁文化与现代中国文学关系的沉思》，《文学评论》2005年第1期。

② 吴晓东：《建立多元化的文学史观》，《中国现代文学研究丛刊》1996年第1期。

③ 钱理群：《论现代新诗与现代旧体诗的关系》，《诗探索》1999年第2期。

④ 黄修己：《旧体诗词与现代文学的啼笑因缘》，《中国现代文学研究丛刊》2002年第2期。

学中不可遮蔽的客观存在，更是完整的诗歌史研究不可割裂的一脉珍贵泉源”，“时代发展至今，被某些人判定早就死亡了的旧体诗词非但没有死亡，反而被相当数量的现当代人所喜爱、讽诵，进而吟写不辍，这是旧体诗词仍富于强大活性的坚实佐证。对此我们不能视而不见，死抱住高头讲章自欺欺人”①。刘梦芙也认为“搜集、整理现、当代诗词，进行全面深入的研究，填补20世纪诗歌史的空白，是我们这一代人义不容辞的责任”②。

同时，也有一些学者从各自的文学史观出发，坚持认为旧体诗词不宜入史。这大概要从毛泽东与臧克家的通信说起。毛泽东说：“我历来不愿意发表，因为是旧体，怕谬种流传，贻误青年；再则诗味不多，没有什么特色。”随后，他又认为“旧体诗词源远流长，不仅像我这样的老年人喜欢，而且像你这样的中年人也喜欢。我冒叫一声，旧体诗词要发展，要改革，一万年也打不倒。因为这种东西，最能反映中国人民的特性和风尚，可以兴观群怨嘛，怨而不伤，温柔敦厚嘛……”③ 显然，“诗当然应以新诗为主体”这是“五四”以后已经形成的诗歌格局。毛泽东出于建立新文学秩序的考虑，将“五四”以来的新诗，乃至新文学革命作为体系固定下来，而认为旧体诗词的创作没有什么特色，但又难以掩饰他个人对旧体诗词的偏爱。从那以后，新文学的文学史观，或者说新文学的文学秩序，长期主宰了文学史写作的模式。很多学者从“五四”以来的新文学革命史观出发，坚持旧体诗词因为其旧而无法入史。

20世纪80年代，唐弢坚持并捍卫“五四”精神，在《中国现代文学史的编写问题》一文中明确指出：“我们在‘五四’精神哺育下成长起来的人，现在怎能回过头去提倡写旧体诗？不应该走回头路。所以，现代文学史完全没有必要把旧体诗放在里面作一个部分来讲。”④ 然而，从他主编的《中国现代文学史》的郁达夫一节中，单独写一个人的旧体诗，说明他并非不重视“五四”后旧体诗词的成就，不赞同将旧体诗词入史只是出于他的现代文学观。

王富仁从“文化压迫”的角度出发，也撰文指出：“作为个人的研究活动，把它作为研究对象本无不可，但我不同意写入中国文学史，不同意给它们与现代白话文同等的文学地位。这里有一种文化压迫的意味。这种压迫是中国新文学为自己的发展所不能不采取的文化战略。这里的问题不是一个具体作品与另一个具体作品的评价问题，而是一个引导现代中国人在哪个领域发挥自己的创造才能的问题；也不是它还存在不存在的问题，而是一个它在现代中国存在的意义与价值的问题。”⑤ 王富仁从二元论的价值理念出发，虽然并不执意反对鸳鸯蝴蝶派作

---

① 马大勇：《“20世纪诗词史”之构想》，《文学评论》2007年第5期。

② 刘梦芙：《20世纪诗词理当写入文学史——兼驳王泽龙先生“旧体诗词不宜入史”论》，《学术界》2009年第2期。

③ 刘汉民：《毛泽东谈文说艺实录》，长江文艺出版社1992年版，第117页。

④ 唐弢：《中国现代文学史的编写问题》，《唐弢文集》第9卷，社会科学文献出版社1995年版，第371页。

⑤ 王富仁：《当前中国现代文学研究中的若干问题》，《中国现代文学研究丛刊》1996年第2期。

品、新武侠小说进入中国现当代文学史，却坚决反对把旧体诗词写入中国现当代文学史。在他看来，从学理上考虑，如果给旧体诗词与现代白话文学同等的文学史地位，那无异于否定“五四”新文化运动的合理性，这必然会危及中国现代文学研究这一学科存在的合法性。从“实际的”而非理论的角度考虑，如果把那些数量惊人、作为“个人抒情解闷或私人间交往的手段”的旧体诗词写入中国现当代文学史，那么我们的文学史就不再主要是由相对独立的现当代作家创造的文学史，“大量的党政干部、画家书法家、学院派教授、宗教界人士就将占据我们现当代文学史的半壁江山”①。黄修己分析王文的特定背景，对海外新儒家否定“五四”新文化运动作出批评性回应，指出王富仁“必须像一个人保守自己的生命一样保守住‘五四’文化革命和文学革命的合理性”，才反对现在把旧体诗词入史，并说“这里有一种文化压迫的意味”。所以，他认为王文谈的不是对旧体诗词成就的评价问题，而是对新儒家的对策。他尤其指出，历史研究不应该过多地受现实的影响。但这种见解也是一种文学史观，应该在学理的层面上展开争鸣，这体现了一种学术的宽容与大度②。

王泽龙更从社会制度转型、文化思潮演变的角度来阐释文体变革与文学变革的关系，列举散文化的自由体诗歌成为“诗坛主潮”的种种理由：“它更加切近了现代人丰富心灵世界与繁复的现代生活的表达”；“能越来越有利于发挥现代汉语的诗性功能”；“更加适应了当今文化开放多元的必然趋势”；“散文化诗潮更加适合当前文化语境。受西方后现代主义思潮影响，消费时代的文化正成为商品。精致的格律化的制作较少成为可能”。散文化的诗歌“更加接近生活，接近大众，接近时代的审美趣味……也非常地适应了商业化时代日益流行的消闲文化潮流”。他指出：“20 世纪的旧体诗词出现了一批具有现代思想品质的作品，但是旧的格律体形式中的创作，仍然不是我们所认定的具有文学现代形式与审美品质意义的现代性诗歌。”“我们认为文学史应该是文学经典化的历史……20 世纪的旧体诗词，也包括 20 世纪的文言小说、文言散文在 20 世纪的文学历史中不具有经典性意义，可以不纳入文学史研究的范畴。……现有的中国现代文学史研究不把旧体诗词纳入文学史研究，既有历史的原因，也是符合中国现代文学学科历史与现状的客观性发展的一种选择，体现了一种学院化的经典性文学史观，不存在‘压迫’、‘拒绝’与‘悬置’的问题。”③

有意思的是，这些从外部对旧体诗词进行研究的学者，大都是从事现代文学史研究的学者，却很少有真正从事古代文学研究或专业从事旧体诗词创作的学者介入。他们大多不从事诗词创作，而是从事文学史层面或者宏观的现代性研究。从唐弢、王富仁到王泽龙先生，大多在文学新旧二元对立的认识框架下从事现代文学研究，既展示了他们捍卫新文学精神的可贵，也造成了对当代文学整体形态的遮蔽。编新文学史的人总是站在维护新文学的立场，很容易接受、采用文学革

① 王富仁：《关于中国现代文学史编写问题的几点思考》，《文学评论》2000 年第 5 期。
② 黄修己：《旧体诗词与现代文学的啼笑因缘》，《中国现代文学研究丛刊》2002 年第 2 期。
③ 王泽龙：《关于现代旧体诗词的入史问题》，《文学评论》2007 年第 5 期。

命先驱者留下的史料和见解。这是后来编出的新文学史或现代文学史不记述旧体诗词的一个重要历史背景。持这种观点的人是把诗歌形式的旧和思想内容的旧等同起来，认为它采用了旧的艺术形式便不可能产生有价值的思想成果，但这明显不符合文学的发展规律和20世纪中国旧体诗词的实际。这里重要的问题是，旧体诗词是否具有新诗一般的“现代性”特征。

二

是否具有现代性也是旧体诗词研究的一个主要话题。“现代性”是一个内涵丰富并颇有争议的概念。康德、黑格尔、韦伯、福柯、哈贝马斯等都有自己的理解。总体看来，现代性指的是一种与现实相联系的思想态度和行为方式，这种态度和行为方式在欧洲启蒙运动中形成，并产生自由、民主、平等、博爱等价值观念。其中，理性意识和主体意识是现代性的核心观念，自由则构成现代性的根本价值。一方面，有学者认为现代旧体诗词的定型化导致它的一些情感以及情感模式未能走出传统文人诗词的套路，他们的情感世界与古人诗词的文人情怀之间的差异性小。刘纳说：“在旧体诗定型化的表达方式和它所对应的情感现象之间，早就建立起了密不可分的联系。感时书愤、陈古刺今、述怀明志、怀旧思人、送春感秋、抒悲遣愁、说禅慕逸……构成了吸引着历代诗人的情感圈。中国诗论重视诗人的个人风格，但在种种格调风格的覆盖下，我们看到的却是情感内容的相似性与连贯性。”[①] 也有一些学者指出，现代旧体诗词在格律、用词上，和古典诗词相比，虽然有许多大胆创新，比如用新韵、用新词甚至外语词汇入诗等。但我们仍然不能无视现代旧体诗词在形式上非常保守的一面。现代旧体诗词的诗形、节拍、用韵仍然大体上沿袭了古典诗词的一套，显然与文学现代性所要求的创新精神是不符合的。

然而，很多学者认为旧体诗词同样具有“现代性”。他们认为盛行于学术界关于旧体文学不具有现代性的观念，其实源出于一种“误解”。袁进先生指出：“中国旧体文学的存在与衰亡，恰恰是中国文学现代化过程中的一个重要方面，体现了中国文学现代化过程的民族特点”，它“只是不具有新文学那样的现代性”而已。而有的学者经细致研究后做出了旗帜鲜明的回答：20世纪中国学者的旧体诗词的价值“在于它表现了现代性追求，满足了人的自由需要和社会需要，弥补了新文学的某些欠缺”[②]。把深蕴着中国本土文化经验的旧体诗词写入文学史，非但不会由此削弱、乃至否定新文学的“现代性”，反而会有助于我们在新文学同旧体文学的相互比较中准确地把握、理解和体认这种“现代性”，进而有助于我们完整地确认真正的中国文学的“现代性”。同时，只有在同包含旧体诗词在内的旧体文学的相互辉映中，新文学的“现代性”才会彰显得格外鲜明，我们对

---

① 刘纳：《旧形式的诱惑——郭沫若抗战时期的旧体诗》，《中国现代文学研究丛刊》1991年3期。

② 陈友康：《二十世纪中国旧体诗词的合法性和现代性》，《中国社会科学》2005年第6期。

近百年来中国文学作品所进行的经典化工作，才不致因缺乏本土化的价值坐标而流于空疏。

为了打破新、旧诗的二元对立模式，改变对旧体诗词的歧视和压迫，首先需要理解其合理性，用一定的概念来整合20世纪中国诗歌，消弭新、旧诗词的对抗和对立。正如牛汉指出的，“对诗来讲，一千年前的诗有的到现在仍觉得清新，而当今新出现的诗，有不少一诞生已苍老不堪”①。这句话既道出了诗歌创作中现代性判断的辩证关系，又承认了新诗在中国诗史上的历史性变革及其意义，也承认了旧诗在现代文学中的合法性。

对于旧体诗意义和必要性研究，很多学者从诗词写作的外部环境、自身成就等方面进行了探讨。倪墨炎在1985年《书林》第5期上发出呼吁：“应当重视旧体诗词在现代诗歌中的地位。”公木在1998年11月19日《光明日报》上发表文章《当代诗词的变革之路〈当代诗词学〉读后》，指出：当代诗词的繁荣发展之势“实在是研究古典文学和当代文学的学者都必须认真钻研的一项重大课题”，并对“许多现代文学的研究者偏偏莫名其妙地将这些同样富于现代性的旧体诗词逐出了文学史”而大惑不解。舒芜在1998年11月28日《文汇读书周报》发表文章《另有一个诗坛上》，介绍当代青年诗人的诗词作品，给予了充分肯定和高度评价，并认为应重写文学史，充分肯定现当代诗词在文学史上的地位。凡此等等，其真知灼见，深中肯綮。钱理群在1998年第1期《安顺师专学报》上发表文章《一个有待开拓的领域——〈二十世纪诗词选〉序》，指出应该“关注与思考旧体诗词在本世纪的命运”，并加以“研究”与“认同”。他从文学史写作的高度，对当代旧体诗词创作予以关注，并指出未来的研究方向：“这些事实，迫使人们关注并思考旧体诗词在20世纪的命运、历史变迁、发展轨迹、特点、价值与地位：这是一个尚待开拓的研究领域，有许多文学现象特别值得注意与深思。其中最有意思的可能是‘新文学作家（包括新诗人）的旧诗词创作’。”② 李中原先生说：“当代中国古典诗词，才是五十年来中国文学艺术中，最有历史价值，亦最具有艺术价值，从而亦最有永恒意义的珍宝。”③

郑伯农指出：“在经济全球化的历史条件下，文艺品种比任何时候都多，但没有任何一朵文艺之花能代替诗词。人们需要运用诗词这种富有民族特色的艺术形式来倾吐心声，沟通感情，表现新的时代”，“不仅在华夏大地，在世界各大洲，凡是华人聚居的地方，都有蓬勃的诗词活动。海外赤子们组织诗社，互相唱和，并经常与国内诗友联络沟通，包括与中华诗词学会进行联系。可以说，诗词已成为联结炎黄子孙的一种精神纽带”④。

---

① 《中国诗歌》第一辑封底题词，云南人民出版社1996年版。

② 钱理群、袁本良：《二十世纪诗词注评》序，广西师范大学出版社2005年版。

③ 李中原：《永结有情缘》，载李小竹《生命的超越——碧琅汁诗词选》，内部印本，1999年，第358页。

④ 郑伯农：《继承·创新·和谐·奋进——在中华诗词学会成立20周年大会上的讲话》，《中华诗词》2007年第7期。

这些努力本身表明了20世纪中国旧体诗词研究鲜明的现代性追求，自足地构成一种新的历史传统。在新的世纪，必须打破新、旧诗词二元对立的模式，把旧体诗词作为中华民族在新的历史时期创造的文化成果进行研究，既有助于旧体诗词的发展，又有助于文学和文化观念的改进。

孔范今主编的《20世纪中国文学史》[①] 第30章是“仍占一席之地的旧体诗词”，其中第一节为“旧式文人的旧体诗文”，专门介绍廖仲恺、黄炎培、于右任、许寿裳、吴芳吉、陶行知，简略论及的还有王季思、钱昌照、王昆仑、邓拓、赵朴初等。第二节“新式文人的旧体诗作”，有专门文字介绍鲁迅、郁达夫、郭沫若、刘大白、田汉、刘大杰、毛泽东，还提到了茅盾、萧军、俞平伯、聂绀弩的旧体诗词创作。黄修己编撰的《20世纪中国文学史》[②] 附录有《“五四”后中华诗词发展概述》，对现代旧体诗词的介绍也比较详细。这些文学史写作实践，大大推进了旧体诗词的研究。

当然，这些研究往往纠缠于旧体诗词合法性、人史问题以及存在价值问题的呼吁较多，却因为自身缺乏诗词创作的体验，忽略了旧体诗词如何继承和发展古典诗词的传统、旧体诗词与新诗之间的美学形式差异、旧体诗词的精神品格等方面的微观研究。这些研究总体上显得视野有余，而真正的诗性探求不足。

三

文学思维的更新、文学观念的革命，逐渐将旧体诗词的研究拉入精神、价值、文本形式等文学的内部世界。对于当代旧体诗词创作的总体研究，主要表现在创作目的和心态、写作技术因素，以及存在的问题和解决的途径等方面。张海鸥注重旧体诗词的内部思考，探讨旧体诗词写作的技术因素，即旧韵与新韵的关系问题[③]。丁芒在考察当代旧体诗词的状况时，指出其中的绝对化功利目的，还分析归纳出当代诗词创作的四种心态：一、求大不求小，二、求古不求新，三、求众不求独，四、求外不求内。他指出，这种心态不但从根本上破坏了诗的本质，还封闭了诗的种种艺术道路[④]。

这些研究主要集中在作家的创作心态、审美形式等方面。钱理群分析了20世纪旧体诗词创作的三次相对高潮：一是世纪初的辛亥革命前后，一是40年代抗战时期，一是世纪末的“文化大革命”及其以后的消化期。在此基础上，钱理群对“文革”时期知识分子的旧体诗词创作做了分析。他认为：“他们在受到非人的残酷迫害，身陷囹圄，甚至面临死亡威胁时，同时经受着精神上的痛苦、困惑的磨难，这时候，他们很自然的要到自幼耳濡目染的中国民族文化传统中去寻求精神支持，诸如儒家的仁义、气节，道家的通达等等，都会在这特定的历史境

① 孔范今：《20世纪中国文学史》，山东文艺出版社1997年版。

② 黄修己：《20世纪中国文学史》，中山大学出版社2004年版。

③ 张海鸥：《旧体诗词的韵与命》，《中山大学学报》（社会科学版）2007年第1期。

④ 丁芒：《论当代诗词创作的目的与心态》，《中华诗词》2003年第11期。

遇下，得到价值与情感的认同。这样的‘心声’要外显于‘言’时，旧诗词无疑是最能随心所欲的形式。”[①] 当中国知识分子在极度的政治高压下感受着自身的苦痛，忧虑着民族的苦难时，积淀在他们心中的民族文化心理、民族文化精神，自然地涌现出来。这种研究较为成功的有刘纳对抗战时期的郭沫若诗词研究。他借助于郭沫若抗战时期的旧体诗词写作，分析他当时创作的心态等，从文学的本体论角度，论述现代旧体诗词的自娱、社交等作用。刘纳指出：“对于受过中国旧式教育的知识分子来说，写诗已经成为他们人生方式和感情方式的一部分。吟诗弄文这件事本身，就能给他们带来快乐和安慰。何况，写诗不但有明志和自娱的作用，它还是一种必不可少的交际与应酬的工具，是一种显示才具的手段，也常常成为一种风雅的游戏。”同时，他指出：“阅读优秀的旧体诗，能体味出存在于音节韵律与人生韵律之间的微妙联系，其中某些曲折深藏的情致是很难用白话来表现的。而且，在旧体诗能表达的‘古’之情怀中，有一些人类感情生活中具普遍价值的形式，它们在不同时代里有不同的内涵和表现，又毕竟是可以相通的。”[②] 刘纳将诗词创作与个人命运结合起来，越出诗歌本身的范畴，显示了研究视野的扩展。

张永芳在分析新诗与旧体诗之间的异同时认为，新诗多反映社会生活，旧体诗词则大多同个人经历相关。新诗的生命力似乎是外在的，旧体诗词则是内在的。这种内容上不期而然的分工，大约正是旧体诗词的一个比较特别的长处[③]。因此很多知识分子、学者纷纷青睐旧体诗词，表达个人的追求与品性。而陈友康则在对20世纪学者诗人创作的宏观研究基础上，认为20世纪学者诗人有一个共同特点：他们是从地道的老式文人向纯粹的现代文人过渡的一代，他们的文化背景中既有传统的影子，又有现代的因素，于是在为人和创作上体现出鲜明的过渡性特点。这些特点可以归纳为民间化、自娱性、专业性和典雅性[④]。

燕世超从旧体诗词的诗意审美出发，认为旧体诗之所以出现生存困境，最根本的原因就在于诗意的隐退，它突出地表现在以下几个方面。首先是创作主体情感的衰退。就文本来说，当代诗词在语词的运用上也表现出明显的生存困境。当代诗词生存困境同样也表现在接受主体方面。当代诗词的生存还遇到来自文学领域其他文体的挑战[⑤]。

旧体诗词研究主要表现为对毛泽东等老一辈革命家和启功等老一辈学者的诗词创作研究。从“南社”诗人柳亚子胜赞毛泽东的《沁园春·雪》为“千古词人共折腰”开始，到90年代关于毛泽东诗词美学的系统研究，毛泽东诗词的各种评注本数量庞大。截至2009年，出版的各种毛泽东诗词的评注、鉴赏本已不下

---

① 钱理群：《20世纪诗词待开发的领域返观与重构》，上海教育出版社2000年版。

② 刘纳：《旧形式的诱惑——郭沫若抗战时期的旧体诗》，《中国现代文学研究丛刊》1991年第3期。

③ 张永芳：《旧体诗词的生命力》，《写作》1999年第5期。

④ 陈友康：《论20世纪学者诗词》，《云南社会科学》2003年第3期。

⑤ 燕世超：《诗意的隐退——论当代诗词的生存困境及其对策》，《中华诗词》2002年第2期。

百种之多。半个世纪以来，有关毛泽东诗词的评论层出不穷，从诗词的诠释、典故的索解，到历史背景、思想内涵的阐析；从主题的分析、艺术特色的归纳，到创作原则、作品风格的揭示；从单篇作品的吟诵、鉴赏，到同一题材或同一主题作品的串析、比较，以至于综合性的大部头研究专著。研究既有从解读、赏析、借鉴着手的，又有从史学、美学和社会学的观照，可谓成果丰厚。

总体来看，毛泽东诗词研究呈现出两个突出特点。其一是诗词赏析作品的数量多、影响大，在普及、宣传毛泽东诗词及其深化研究方面起到很大的推动作用。突出的有1951年中国青年出版社出版的臧克家讲解、周振甫注释的《毛主席诗词十八首讲解》，1990年由臧克家任主编、蔡清富和李捷任副主编的《毛泽东诗词鉴赏》等。其二是毛泽东诗词研究逐步呈现出全方位态势，特别是对诗词美学、史学、哲理、格律等专题的研究。陈晋称毛泽东和他的诗词为“诗雄”与“雄诗”，双重角色使他的诗词自然地兼具一般浪漫豪放诗人的洒脱拔俗、即兴随意的气派，在历史风云变幻中发挥重大作用的开国政治家的雄壮浑厚、本色凛然的威风，既文采斐然、情思飘逸，又酣畅淋漓、咄咄逼人；集生气、神气、灵气和豪气、锐气为一体①。在诗意品格的研究方面，有人认为毛泽东一生中的诗词创作非常神奇地达成了志士与雅士之间的平衡。他以“志士”与“雅士”来概括毛泽东的旧体诗词创作，在二者的双向互动中逼近毛泽东的精神品格②。他认为毛泽东诗词分为两类。一类是与文人雅士唱和的诗词，明显雅意较多，唐风稍足。《七律·和柳亚子先生》、《七律·和周世钊同志》力图把唐诗意蕴丰厚的特点引入词中，大段的自然景象描摹和丰富的联想意境的凸现中不失唐人之雅。另一类是直面工农劳苦大众，用志士的追求、精警平实的诗句去唤醒、激发工农民众革命的愿望和热情。

许多学者将毛泽东诗词作了美学特征的提炼，约计30余种，其中有崇高美、史诗美、哲理美、人格美、人情美、情操美、神韵美、含蓄美、心境美、意境美、境界美、典雅美、晓畅美、艺术美、力度美、整合美、浩瀚美、章法美、形象美、悲壮美、苍凉美、嘲讽美、和谐美、秀丽美、色调美、色彩美、音乐美、声韵美、意象美、山景美、绘画美、自然美、生活美、女性美等等。其中，专著主要有刘汉民的《毛泽东诗词十美》③、马连礼主编的《毛泽东诗词美学论》④、李人凡的《鲲鹏之路——毛泽东诗词美学发展论纲》⑤等，从不同的美学角度论述了毛泽东诗词美学品格的特征、价值和得失，丰富了当代旧体诗词和诗歌研究的理论。但对毛泽东诗词研究由早年的对单篇诗词的鉴赏、评论，逐渐转向美学

---

① 陈晋：《诗雄与雄诗——兼说诗人毛泽东对古代诗人的超越》，《民族诗魂——毛泽东诗词研讨会论文集》，1993年。

② 罗浩波：《志士与雅士的非凡组合——毛泽东诗词观探析》，《广州大学学报》（社会科学版）2002年第7期。

③ 刘汉民：《毛泽东诗词十美》，长江文艺出版社1992年版。

④ 马连礼主编《毛泽东诗词美学论》，山东人民出版社1994年版。

⑤ 李人凡：《鲲鹏之路——毛泽东诗词美学发展论纲》，广西人民出版社1998年版。

层面的探讨、诗人气质的探讨等方面，但在毛泽东诗词与当代文坛的影响、毛泽东诗词创作及其文艺思想等方面还缺乏整体的研究与挖掘。

启功的诗词研究也颇具代表性。启功的诗词主要集中在《启功韵语》和《启功絮语》。张中行从启功的个人气质出发，对启功诗词的形式创新进行了探究。他指出，启功诗词创作的根本在于打破常规性质，不是旧瓶子装新酒，而是连瓶子也新了[①]。赵仁珪以他古典文学的学养，加上自身诗词的创作和师生的亲密距离，将启功的旧体诗词创作归纳为继承与创新两个根本途径。他指出，启功旧体诗词创作的继承主要表现在词汇、用典、对仗等语言、形式、学力诸方面，又表现在立意、格调、韵味等情感、气质、才情诸方面；而创新则表现在新观点、新思路、新内容、新情感的展现，新语言的成功运用和幽默风格的全面发展与极大提升。李鸿然从少数民族文学研究视野出发，认为启功诗词对“生老病死、事业爱情、逆顺苦乐、成败荣辱、美丑善恶”都有深刻生动的表现。他指出：“幽默、率真、通俗是启功诗词的最突出的特点。其幽默绝非油滑，而是一种哲人的笑；率真未陷入直白，总与神情远韵同行；通俗不是低俗，深刻的思想和精湛的艺术，使一些日常生活语言卓尔不群，显得既通俗又超俗。诗人在旧体诗词的总体框架中灵活地运用现代生活用语，使严谨的古典格律和鲜活的现代用语达到了完美的结合。对汉语诗文声律的精深造诣，使启功对古今汉语平仄变化的微妙规律了如指掌，运用起来得心应手，左右逢源。”这个评价，对于启功这样一个集书画、诗词为一身的学人而言，无疑是精到准确的。

总体来看，尽管旧体诗词繁荣一片，但存在的问题也不容忽视，量与质比例悬殊，滥、俗、滑、浅普遍存在。对于诗词本身的美学评论研究鲜见透彻骨髓的针砭，多见互相唱和以至相互抬高之态。因此，对于当代旧体诗词的发展而言，更多的需要诗学理论的支持，建立纯正的美学批评。

（作者单位：九江学院文化传播学院）

① 张中行：《〈启功韵语〉读后》，见《桑榆自语》，人民日报出版社1996年版，第209页。

从"汉语新诗"看现代汉语的诗性建构

□ 胡西宛

在新诗近百年的生命历程中，始终伴随着对其自身主体性建构的不懈努力，诗歌创作实践和理论探索在中外诗学资源中东奔西突，但迄今难以博得对其工作成绩的首肯。同时，不懈的努力仍在焦虑中坚持。近年，在对新诗建设的宏观把握中，"汉语新诗"这一概念崭露头角，人们寄望它能廓清新诗诗学的某些纠结。对这一概念的阐发，令人认识到，这或许接触了新诗主体性建构工程的关键部位，从此处入手，十分有利于厘定长期以来人们所关切的一系列关乎新诗本质属性的问题。

近年学界对"汉语新诗"概念的思考和阐述①，逐渐深入到了新诗的语言学基础部分，接触到了新诗主体性建构的根本。作为一个诗学范畴，它本身的建设对汉语新诗和汉语新诗学建设发展的积极意义，值得认真估量。统观新诗诞生以来获得的那些称谓，可以认为，"汉语新诗"是一个创新性的、或许是根本性的命名，它揭示了中国新诗的"汉语性"本质，是从方法论起始的对新诗具有本体论意义的正本清源的诗学主张。

"汉语新诗"从汉语言文学的意义上认定了新诗的基本内涵，突出了新诗的主体性价值，这是新诗安身立命的根本。对"汉语新诗"概念的思考，以汉民族母语文化为中枢，接通古典一现代、中国一西方的诗学资源，铺就四通八达的诗学思考路径。这一概念内涵丰富，开放包容，边界清晰，具有广阔的阐释空间，本文试从其语言内涵、诗学内涵和文化内涵方面作一辨析。

一、语言内涵

现代白话在全民族共同参与下，经过近一个世纪的发展，业已成长为全功能的现代语言——现代汉语。一代代语言艺术大师锤炼的结晶——典范的现代白话文著作，包括新诗，被认定为我们全民族共同语——普通话的语法规范。"汉语新诗"概念所指称的汉语就是现代汉语，这是对新诗文化身份的规定。傅天虹认为，汉语新诗的命名"凸显了与中国传统文言诗的区别，这种语言运用上的差异事实上体现了整个中国建立在语言信仰背后的文化信仰的转变，汉语在这里不仅

① 见傅天虹《对"汉语新诗"概念的几点思考》，《暨南学报》2009年第1期。

包含一种诗歌工具的简单意义，更具有一种形而上的品质”[①]。

基于现代汉语语法西化、语义明晰化的特性，新诗重建了它的整个表达结构，酿造了新的诗性语言，并用以表达现代经验。这是新诗建设的伟大成就。今人对当初新文化运动和文学革命推翻旧的书面语言的决绝态度颇有诟病，谓割断了汉语语言传统。实际上，语言这种全民族参与的社会活动，其文化传承根本不是谁凭主观意志可以割断的。汉语源头遥远，融汇百川，它从上游带来的文化信息自然流播，无从逃避，也无可抗拒。另一方面，作为语言艺术精华的诗歌，本也应积极主动地融汇作为文化遗产的古代汉语。因此，“‘汉语新诗’有效地更改了那种更多地停留在对‘现代’语义的强调的‘现代汉诗’的偏重，不仅仅指陈时间维度上‘代际’性的文类秩序，还更指向一种连续性的语言策略和象征体系”[②]。因此，“汉语新诗”指称的汉语是从历史深处走来的、古老而常新的现代汉语。

对语言的加工能力体现着一个民族的综合能力，而这种能力的实现，要从正确认识自己民族的语言开始。

与西文相比，汉字在音韵上的特征是一字一音或一词一音，形音同一，声调上有四声、平仄。这种独特的音节、声调特征，具有形音谐一的特殊形式美，是诗歌组织节奏、韵律，创造音乐美的天然优越条件。它同时又造成汉语句形组合的自由，并导致语义的灵活性和多义性，使汉语诗歌获得独特的诗美。这说明，汉语言本身就富有诗性特征。

不同于纯粹作为音响符号、诉诸听觉的抽象性的西文拼音文字体系，汉字是表意文字，具有直观的视觉特点和感性魅力。汉字的构形特点是形象性和艺术性。它处处显示着汉民族文字、语言创制过程中留下的痕迹和记忆，携带了大量历史文化信息。汉字的结构显示着创造者、使用者对世界和自身、对表述对象的指示与理解。它的造型和文化信息都能直接诉诸读者和欣赏者的生活经验和感情体验，本身就具有审美功能。因此，汉语诗歌多出了一种西文诗歌所不具备的魅力：它可在语义层面之上，由其字形率先传达给读者一重文化信息和审美信息。老诗人郑敏曾感叹道：“汉文字实则是文字与视觉艺术的混合体，而艺术的威力主要是直接震动感官”，“汉字本身就是诗、书、画三者结合的时间——空间的双重艺术”[③]。

现代汉语语法接近西语，但自身又有语法上的特殊性。汉语词源丰富，词义复杂而精细；它在词法、句法、语序上都有与西语语法截然不同的方面，有人指出一个重要现象，就是它的“非语法性”特征。特别是古典汉语的蕴藉特征，显示出汉语的独特风韵。所以从语法层面来讲，汉语也是构筑新诗民族性的基石。

总之，“汉字由于象形的特点，本身具有诗学的意义。这个意义在于：(1) 一个字就是一个音节的语音学特点；(2) 附着于这种单音节的形体象征意

---

① 傅天虹：《对“汉语新诗”概念的几点思考》，《暨南学报》（哲学社会科学版）2009年第1期。

② 傅天虹：《论“汉语新诗”的理论运行与美学价值》，《中国新诗：新世纪十年的回顾与反思——两岸四地第三届当代诗学论坛论文集》，2010年。

③ 郑敏：《语言观念必须革新——重新认识汉语的审美与诗意价值》，《文学评论》1996年第4期。

味；（3）附着于这种音、形上的对仗、平仄、呼应形成的和谐、延宕等的诗学意义。这三点是汉字诗学独特的意义”①。着眼于汉语诗歌的外部特征，汉语的语音、字形、词汇和语法特点指向诗歌文体的形成机制问题；向其内部考察，则可见汉语言是造就汉语诗歌独特诗美的根本。所以，“语言之于诗，并不是一种可以随意替换的外套，或者如过去人们常说的一种形式。实际上，每一种具体语言都从根本上成就了一种具体的诗歌和一种具体的诗学，包括它的世界观、审美视域和诗体样式，而且只能成就这样一种而不是多种甚至是普遍的诗和诗学”②。

认识了“汉语新诗”概念在语言文字层面的内涵，我们可以更加明了“汉语新诗”概念强调“汉语性”的意义和价值；认识了汉语言所积贮的原初的艺术创造力，可以更积极主动地促使它有效地释放到新诗创作中。

二、诗学内涵

新诗起步时的姿态就是背向中国古典诗歌传统，向域外寻找新的诗学资源。早前梁启超即在发动“诗界革命”时倡导学习“欧洲意境语句”，由此开始了一个世纪前中国诗歌界的“引进外资”热潮。说它在一定程度上成就了新诗，当不为过。新诗的“混血”容貌当使古典诗人触目惊心。因此，“汉语新诗”之“新”，除了白话这个语言层面的因素，还指向新诗借鉴的西方诗艺和诗学观念。但“汉语新诗”之“汉语”，依我的理解，落脚点却在新诗诗学的“汉语性”上。一方面，它表示，现代汉语的运用和现代经验的书写造成了新诗的现代审美风貌、新的审美特质。另一方面，它指出了新诗保持汉语诗学传统的问题：古典汉语诗学传统既无法割断，同时也是新诗诗学的民族基因。其血肉、思想，不论包含着何种组织和营养，都要由这一民族基因决定。

中国古典诗学传统的自然继承性是“汉语新诗”概念成立的现实基础，新诗以艺术实践支持了“汉语新诗”概念对新诗诗学内涵的“汉语性”的强调。新诗文本和新诗诗学思考中遍布古典诗学因素，这是不争的事实，单从新诗意象的运用，就可见这一点。最能代表“五四”时代声音的郭沫若诗作有著名的“凤凰”、“天狗”，最“西化”的李金发也写“弃妇”，“现代派”诗人戴望舒有他的“丁香”。任洪渊认为闻一多的《死水》囊括了中国古典诗词的意象：“语言的运动，穿越了‘无一字无来历’与‘文本间’的全部时空，使得我们读一首现代经典诗，就是在读一部文学史。”③ 新诗经典中存在的这种鲜明的古典蕴含，证明了“汉语新诗”概念强调“汉语性”诗学内涵的合理性和必然性。

在此基础上，“汉语新诗”概念给定了新诗的诗学内涵，这是得到了极大扩展的新诗内涵。它是“新”的，所以是开放的系统，向已经成功吸收、消化的域

---

① 曹万生：《现代汉语诗学：诗美的衰减与变形》，《西南大学学报》（社会科学版）2009年第6期。

② 周晓风：《现代汉语诗歌与现代汉语诗学》，《西南大学学报》（社会科学版）2009年第5期。

③ 任洪渊：《为了叫出自己的汉语世纪》，《现当代诗歌：中韩学者对话会论文集》，北京，2007年10月。

外诗学主张开放，并继续向尚未吸收及尚未生成的新的诗学主张开放；它是“汉语”的，所以它应涵盖现代、古典、民间，包括中华民族大家庭中少数民族诗歌的诗歌审美范式。它是所有华人的艺术经验和生命体验，它拥有中国大陆、台港澳以及海外新诗创作的各种诗学观念和审美价值，它的样态是多元共生互渗，古典汉语诗学传统、现代海内外资源——人世情怀，独特的生命体验，天人合一观念；意境，用典，比兴说，神韵说，格调说，性灵，肌理，意象，声律，风骨，味；自由体、新格律诗、象征派、现代派、散文美、民歌、崛起的新的美学原则；90年代台、港、海外“网路诗”；语言特性，修辞方式，文体传统……这一切，都是构筑新诗诗学的“汉语性”材料和参照，“汉语新诗”概念依此界定了新诗是融合了历史传统而具有现代性特征的汉语诗歌。它是一条织锦，不断把革新元素编织进自身；它是一条长河，沿途汇入所有支流的无尽活水。“汉语新诗”概念对新诗学内涵的揭示，展现了建构新诗主体性的无限可能性，勾起了触发新诗的艺术创造力、开创汉语文学艺术未来的遐想。

另一方面，“汉语新诗”概念也包含着提纯、净化新诗品质的功能。对“汉语性”的强调，剥离了新诗存在的种种非诗的因素：如各种功利性因素，再如流行文化的因素，包括当前新诗创作表现出的生命体验的浮躁化、粗糙化和简单化，以及语言环境的污染，从而使新诗回归汉语诗歌本身，突出新诗的核心价值。

三、文化内涵

“汉语新诗”概念揭示的第一重文化内涵涉及身份认同问题。

人们早已不再把语言仅仅看作交际工具或思想的物质外壳，它被尊为人类一切存在的栖身之所，甚至干脆就是人的存在方式。对一个民族来说，母语并不是某个族群仅仅基于民族感情而刻意选择使用的语言，它是无可选择的，它是他们与生俱来的文化环境的基本要素，是他们自然存在的方式。所以语言是种族的特征，标识了人群的民族属性，也意味着使用者的身份认同。汉语是汉民族共同体使用的母语，是全球华人的种族标记，它是人类一种文明类型的表征。

汉语是以华族人口数量的优势而成为世界第一大语种的，所以具有纯粹、稳定的特征，不同于诸如英语这样的国际语言，是因英美等国经济、文化、科学、军事等方面的强势地位而成为世界上广泛使用的语言，更不同于某些前殖民地国家的语言运用情形，那些国家曾因宗主国的轮换而在历史上轮番使用不同的国语或官方语言。所以，因为语言使用而唤起的身份认同感，在华人社会尤其强烈。新诗不同于西语诗歌、西方诗学体系的特征是，它源自统一的中华文化、古典文学艺术源头，在继承汉文化传统中更新、发展，成为宽阔、汹涌的无尽长河。在主流的新诗诗坛也具有统一、稳定、纯粹的种族特征。如今“汉语新诗”概念的运用，又突破了地域、政治实体和意识形态的界限，在全球化背景下，以开阔的文化视野，描述了汉语世界、汉语文化中新诗的身份和地位，以及它在全球文化中的独特价值。这种整合，造成了新诗内涵的新的同一性。新诗不同于英语诗歌或英语文学、西班牙语诗歌或西班牙语文学，虽然它们都是跨国界的，但唯独汉语新诗是民族特征最鲜明的诗歌和文学门类。在全球文化大交流、大冲撞、大融合而民族文化身份意识愈加自觉的时代，“汉语新诗”概念为新诗和汉语文学明晰了身份，也为其创作主体和欣赏主体思考自己个体的、集体的、自我的身份认同提供了启示。

“汉语新诗”概念揭示的另一重文化内涵，涉及新诗承载和传播的民族文化价值。

语言是文明的载体，承载着无尽的文化和生命信息。郑敏说：“世界上各民族的语言都是其本民族的文化地质层，在无声地记载着这个民族的物质与精神的历史。”“对语言所不可避免的多义及其所自动带入文本的文化、历史踪迹要主动作为审美活动来开发探讨。”[①] 汉语新诗的民族特征就体现在汉字和汉语中，如前所述，汉字和汉语因其极富民族色彩的字形、语音、语法特质和积淀文化的能力，而层层蕴藏着丰富而清晰、感性的中华文化的信息，就像汉文化历史的博物馆，存贮、陈列并传承着华人的文化心理结构、历史文化沉积。只要使用汉语写作，在诗人表达具有自觉意识的生命体验的同时，汉语和汉字所携带的自身的文化信息必然会“自动带入文本”，将华人的世界观、智慧、伦理原则、生存状态、生命态度、审美理想、情感意志呈示给所有阐释者。这有赖于创作者对语言文字的自觉的选择和使用，也有相当一部分属于其艺术创作过程中的无意识行为，甚至还有独立于作者之外的语言文字自身携带的文化信息；文本使用的话语方式，除了作者的主动选择和艺术创造外，也自然地反映了作者所属民族的文化心理特征、情感意志内容等等的深厚积淀，这也是一种“自动带入文本”的文化讯息。循着语言文字的这些所谓“踪迹”（trace），读者会进入文本结构中多个并置的意义空间：一、体现创作主体自主意志的显性意义空间，二、由语言文字和话语方式构筑的无意识的意义空间，三、由汉语和汉字自身建构的更加隐蔽的意义空间。这第三度空间，竟或位于创作主体的无意识之外，因为它是由汉语、汉字自身携带的文化信息自动组织生成的。这一空间的深层记忆被唤醒，汉语新诗的阐释空间就愈加广阔、辽远。认识到新诗的汉语文化价值，不仅使我们在新诗主体性建构中获得更多理论资源和启示，也将更加认清建构的路向，并增添信心。

如果置于全球化的时代背景前，“汉语新诗”概念所呈现的新诗的丰富内涵，将使新诗的价值超出诗歌本身。汉语新诗依托汉语言文学的独特优势、汉文化的独特优势，以及中国和华人社会在全球日益上升的影响力，不仅自身将长足发展，在世界诗坛占据重要位置，而且也必将促进中华文明向全世界的传播，参与中华民族伟大复兴的历史进程。

（作者单位：北京师范大学珠海分校）

---

① 郑敏：《语言观念必须革新——重新认识汉语的审美与诗意价值》，《文学评论》1996年第4期。

编者按：中国现代文学馆研究员、学者傅光明先生以与美国作家韩秀女士的来往通信，写成《书信世界里的赵清阁与老舍》一书，出版前，将书稿以电子邮件方式传奉，向老舍研究专家史承钧先生请教意见。以下是史先生读后所写的长信，自是一篇富于学术价值的书信体书评。发表在此，以飨读者。《书信世界里的赵清阁与老舍》一书，已由复旦大学出版社出版。

读傅光明著《书信世界里的赵清阁与老舍》所想到的

□ 史承钧

傅光明先生：

您好！

很抱歉这么晚才给您回信。您传来的书稿我在前两周才断断续续得以读完，并酝酿着写点感受给您。但我忙于家务琐事，特别是在带小外孙（还不到3岁，是个可爱而淘气的孩子），有点身不由己，所以拖下了。

书稿很有意义。它不仅展示了书信世界里的赵清阁和老舍，也记录了“舒公公”、“赵姨”与他们的小慧之间的隔代情谊，还有您和韩秀之间的跨越时（年龄）空（地域）的友情，这些都是真实感人的。书稿的文字也很生动亲切，富于文采。使人觉得仿佛不是论著，而是文学散文。所引的那些书信，也是赵清阁先生在《沧海往事》前言中提到文人书信时所说的“美妙的散文”。这是令人欣喜的。

只是我觉得“赵清阁与老舍”作为全书的主要内容，似还嫌单薄些。书稿中这一部分，如韩秀所说，是她以书信形式接受了您的采访。由您提出问题，她来作答，并提供相关的材料。不知您在给她的书信中，是否也会对此说出自己的想法或介绍国内的说法，如果能够多引述一些，形成讨论，似乎能更好一些。同时，如果能结合自己的调查研究，也吸收社会上的其他研究成果加以梳理，较全面地反映赵清阁和老舍的交往和情谊，那就可能更充实了。

不过，书稿的“附录”中收入的赵清阁致韩秀的8封信和另外的4封信，收入了老舍致赵清阁的4封信和赵清阁的《落叶无限愁》和《〈落叶〉小析》等重要的文章，作为翔实的证据和补充，也能大致弥补了上述的遗憾，使读者能领略他们之间曾经存在的凄美的诗和梦一般的爱情，以及这种爱情无法继续的凄婉和美好，还有赵清阁先生为此做出的默默的牺牲以成全老舍的事业和家庭的良苦用心。

韩秀的信从一个特殊的视角提供了许多有关老舍和赵清阁的真实信息。如她作为孩子秘密为老舍传递书信，促成老舍寄款以救急；她以孩子的敏感和好奇边玩耍边聆听了外婆谢慧中对老舍有负于赵清阁的义正词严的责备，感受了老舍的哀戚无助和无言的痛苦；还有她1964年去山西插队，最后一次见到老舍时，老舍要求她再给他念普希金的诗，听得“老泪纵横”，而最后送给她的是“吃饱穿暖”四个字。这些都写得很动人。这是个真实的老舍。他始终关爱着赵清阁而又怀着歉疚，不能自拔；他看来并不赞同那耽误了一代人青春的“上山下乡”运动，只是嘱咐他的小友好好保重身体，而不说那些套话，显示出最人性化的一面。韩秀对关于老舍之死一些听闻和推论也提供了不少令人思考的方面。他所说的“晨昏一炷香，遥祭三十年”虽有些诗化，也有事实根据。我了解赵先生晚年，每逢老舍的生辰或忌日，均有这样的表现。

不过，个人的见闻总是有限的。韩秀的叙述中，也有一些不确切的地方。如她对于《落叶》，似看得太实了，以致说一个月后舒太太也带着孩子追到上海，那是没有的事，而且老舍1946年2月15日抵上海，3月5日乘船赴美，也不到1个月。又说从那以后两人再没相见也不确，事实上，50年代赵清阁因事去北京时也曾见面（不过没去老舍家，而是在阳翰笙或马彦祥家）；1963年4月，老舍参加了在广州举行的话剧、歌剧、儿童剧座谈会后，曾途经上海，两人再次相见，成了永诀。还有，说两人在北碚都住在林语堂的房子里，也不确。老舍去北碚时住在那儿不假，老向夫妇、萧伯青、萧亦五均在那儿住过，但赵清阁是和她的好友杨郁文住在一幢小楼的二楼，离梁实秋住的雅舍不远，老舍后来也在附近找了一间平房住下。这在梁实秋的回忆中曾提及。

韩秀可能太爱她的舒公公和赵姨了，以致有时对于她认为有损他们形象的事情无法接受。如关于有台湾人在她面前攻击老舍支持文字改革，要消灭中国字。对此的争论从“五四”就开始了。新中国成立后成了一种政府行为，赞成的和腹诽的都有，台湾学者更有不同看法。从他们的观念出发对老舍的指责也是有一定根据的，不能如她所说的没有半点关系。因为老舍担任过《汉字简化方案》审订委员会委员，并以作协副主席身份主持过座谈会并作总结，而且发表过《拥护文字改革和推广普通话——汉民族共同语》、《文字改革是广大人民的迫切需要》等文章，主张简化汉字并试行拼音文字。我以为老舍在政治上是天真而热情的，回国后的十几年中，他一方面是热情拥护新政权的，相信新政权一切为人民利益着想，因而努力改变自己来适应新的形势。他写出许多自称歌德派的作品，修改《骆驼祥子》、《离婚》等旧作，否定《猫城记》，参与许多政治活动，都是为此，不都是“敷衍”（那些在反胡风、“反右”中写的声色俱厉而最后又流露出温情的批判，也许可看作是一种敷衍）。然而根深蒂固的自由主义、民主主义和人道主义等思想又和他面对的现实和理论常常格格不入，有时不免露出本色。他借批评丁玲说出对“革命作家”的不满，写《论悲剧》，不愿出《老舍文集》等等，就表现出这一点，直至“文革”初期的最后失落。

还有对于赵清阁的入党，韩秀感到痛苦无言。我觉得她太过认真了。1984

年，当时国内通过否定“文革”，平反冤假错案，改革开放，发展经济，有一定民主化趋势，的确有不少好的气象。这时，党也打破过去成分出身的限制，大量吸收知识分子，不少人对此抱有信心。赵就是在这样的情况下入党的。洪钤说赵这样向她说明：“过去（他们）一直不信任我，现在我成了他们中一员，也算是给自己‘正’了名。”我觉得这是她晚年在孤寂中寻求某种慰藉，由此证明自己为国家作过贡献的一种自我保护、自我肯定的行为。党内的确有不少优秀的人才，有许多令人钦佩的人物。但这点在宣传中被绝对化了，一度造成优秀人物必定是党员或必须入党的社会心理。党和非党，区别是很大的，影响到职业分配、职务升迁、职级评定、社会评价等等方面。但在彻底否定“文革”之前，有所谓历史问题或出身不好及社会关系复杂的人是不能入党的，赵先生也在排斥之列。了解这点，对赵先生的晚年入党也就可以理解了。况且赵先生从未以此炫耀于人。小传和生平介绍等等，都是别人写的。

再就是所谓的“肌肤之亲”了。韩秀开始对于那些刺探性问题很反感，而以“男女授受不亲”回答。我理解这是对提问者的窥探之心的鄙视，谴责那是封建思想作怪。而另一处却说虽然“男女授受不亲”，但能相见也是幸福，似是否定他们有“肌肤之亲”了。洪钤文章中也特意对此加以否定，认为那是“并非眼见为实的传言”的夸大和猜测。老实说，这也是2007年您邀我写而我有所顾忌不愿写也不能说的原因之一。虽然我不能问赵先生那种无聊的问题，但我从了解到的一些情况分析，却有自己的理解和看法，而说出来又怕被无聊者利用。因为在封建思想根深蒂固的中国，这种两人间最私密的事常常被看做是见不得人的甚至龌龊的事。其实，只要不是肮脏的交易或罪恶的占有，这就纯属两个人之间的事，旁人不应过问的；而对志同道合、患难与共、两情相悦者来说，却是一种情感上的升华，更应该给以肯定和尊重。我以为老、赵两人正是这样。况且他们的爱情发生在一个特殊的年代和环境中。在战争令夫妻分离，两地隔绝，而形势又常使人孤寂苦闷之时，在文化人之间有过不少这样的事情。在一些著名的作家、剧作家和一些年轻有为的女性之间，也有同样的事情，比老、赵他们大胆和浪漫多了。

抗战初起，老舍别妇抛雏来到武汉投身抗战，担负起领导“文协”的重任。后来到了重庆，在复杂的斗争中，他任劳任怨，苦心撑持，为抗战，为文艺呕心沥血。但他孑然一身，贫血，头晕，苦闷，孤寂。这时赵清阁和他相爱，在战争中相濡以沫，相互支持，不也是在抚慰一颗痛苦疲惫的灵魂吗？但她得知胡絜青冲破封锁线，千里迢迢赶来重庆，而因经济困难中途滞留时，她还是和梁实秋一起去找到当时在救济总署负责发放美国援助基金的端木恺，汇了一笔钱到西安，促成了他们家庭的团圆。（这事赵先生对我说过，洪钤文章中也提到。）老舍和赵清阁之间超乎朋友的关系因此戛然而止。对此赵先生曾对我说，我没有破坏他们的家庭，相反，我还成全了他们，促成了他们的团圆。

老舍的朋友很多，他的事情瞒不过朋友们。有些朋友从爱护老舍的观念出发，写信告诉了胡絜青。因此才有胡絜青甘冒风险，勇敢地维护自己的家庭的行动。而在了解真情后，这些朋友也有些后悔。

再有一个顾虑就是老舍的归国。因为老舍应周总理之邀回国，已作为他的爱国行为深入人心，而我了解老舍其实也有过不回来的打算。我不能不据实写，而写了又怕影响老舍爱国者的形象。近年来有人披露曾见到过老舍1948年的一封信，老舍在信中说已在马尼拉买好房子，让赵清阁去马尼拉团聚，已经触及这个问题了。我没有见到这封信。但赵清阁先生和我谈到过，不过她说的是新加坡。她说遵照阳翰笙的指示写信动员老舍回国，老舍曾写信要她去新加坡共同生活。他说，到了国外，就没有什么名分不名分的问题了。她回信不同意，说你回来再说吧。老舍不久便回来了。她说这事不能说，现在老舍都成了神了。

其实，爱国是不分畛域的。不能说一定要生活在国内才是爱国。爱国者由于种种原因，长期的或一时的离开祖国是不足为怪的。被称为“无产阶级导师”的马克思、恩格斯长期生活在国外，没人因此说他们不爱国。毛泽东没离开过中国，但他的“战友”刘少奇、周恩来、邓小平等曾去国外留学。还有许多华侨，如陈嘉庚为代表，对祖国也作出过重大的贡献，自然是爱国者。在科学家中，新中国成立后回到国内的邓稼先、钱学森等固然是爱国者，但也不能否定选择继续留在国外的杨振宁、李政道等也是爱国的。文学家中，我们不能说长期生活在国外的林语堂不是爱国者，也不能说去了香港的徐讦等人不爱国。如果老舍选择留在美国，继续介绍和发扬中华文化，写出他立志要写的能代表中华文化的，如未能完成的《正红旗下》之类自传性和历史性的巨著，他就不是个爱国者了吗？

赵先生有一个底线，就是一定要老舍和胡絜青离婚，并安排好她和子女的生活和子女的教育，才能和他生活在一起。老舍的确在做这方面的努力。她说她也有半封建思想，她也爱惜羽毛，她要一个名分，不能不明不白地和他在一起。但老舍却很难做到这一点。因为他和胡絜青是由他的好友白涤洲和罗常培介绍，由双方老人认可，然后通信恋爱，正式成婚的。他和胡絜青在济南也有过“爸笑妈随女扯书，一家三口乐安居”的生活，抗战前有了三个孩子（后来又添了个女儿）。尤其是胡絜青为了支持他出去抗战，挑起了一家的担子，养育子女，特别是代他奉养他的老母亲并为她尽孝送终。他欠她的很多。因此，他要理直气壮地提出离婚，取得妻子的谅解，是很困难的。更何况新中国成立后一个接一个的运动，重视强调集体利益而轻视个人情感，还有作为“名人”的形象，是不容许有婚姻纠纷出现的。这就决定了他们只能屈从现实，继续由赵先生做出牺牲，成全老舍的家庭和事业。而除了“文革”中所受的政治迫害，这也是从另一角度导致老舍的自沉、赵清阁的孤寂的原因。

顺便说说，我对于胡絜青先生也并无成见甚至怀有敬意。我觉得对于老舍，她可说是贤惠的妻子和孩子的慈爱母亲。后来，她也成了有成就的画家。她冲破日军封锁去到重庆保卫自己的婚姻，从她的角度，或当时一般人的眼光看也有其合理性，而且很勇敢。但她不理解老舍和他的情感，也不理解赵清阁的情感和她做出的牺牲，因此虽然保住了婚姻，却未能赢回老舍的心。这事最终对三个人来说都是悲剧。要多研究历史的、社会的原因，各人思想、性格和观念的差异，而不能过分责备某个人。

就写到这儿吧，已经很长了。这封信也由于开头所说的原因，断续写了两周多。但总算把阅读时想到的一些写出来了。

还没能写到对您和韩秀的友情的感受。但正是这种友情感动了我，拉近了我们间的距离，使我愿意写出上述感受。

祝

好!

史承钧

2011年5月7日

见证一个美丽而凄凉的灵魂

——序傅光明著《书信世界里的赵清阁与老舍》

□ 陈思和

傅光明先生的新著《书信世界里的赵清阁与老舍》是一部奇书。我说它“奇”，倒也不是指它内容有什么特别，而是指它的书写形式。最初，它是一份学术采访——一个正在撰写《老舍传》的著作者向另一位童年时代与老舍（舒公公）和赵清阁（赵姨）有过交往、后来又一度成为赵清阁忘年交的美国作家（韩秀）请教有关传记的细节；一个虚心请教，一个坦率相告，如此而已。这两位通信人都是文字工作者，他们的交流是用书信（电子邮件）的形式进行的，而这些书信又不似一般的电子邮件简短而直接，两人在书信里交流的内容逐步深入，远远超出了学术采访的内容，发展成为对人生、历史、社会、文学等方面广泛而有趣的交流，真挚、坦率、友好，竟建构起了这个纸上的“书信世界”。

再发展下去，书信变成了目前的散文叙事：傅光明成为这部书的叙事人，他给韩秀的书信内容经过他的叙述，转换为散文叙事；而韩秀——那位会说一口京腔的美国作家，她给傅光明的信件经过收信人的精心编辑整理，成为散文叙事中的一个特殊文本。这就是我们正在翻阅的这部“奇书”——从学术采访到书信再到目前的叙事形式，文体所发生的变化同时也蕴含了内涵的变化：关于赵清阁与老舍的故事，在书信里已经变得不很重要。

这本书让人感动的地方在于：就在我们生活的周围，从2009年底到2011年初这一年多一点点的时间里，它见证了一种普通人之间能够坦诚相见、互相信任、惺惺相惜进而发展起来的感人的忘年友谊。傅光明和韩秀，至今还没有见过一次面，仅仅是为了讨论老舍传记里的一个细节而建立起来的信任和友谊，在今天到处流行着为争夺利益而分分合合、斤斤计较，不择手段的利用、欺骗、攻击、背叛、造谣、匿名信以及人际的冷漠和隔阂等等恶俗风气下，这部散文叙事产生的人与人之间真诚交流的故事，愈加显得珍贵和清爽。读了这部书稿，我第一个感受就是仿佛在清晨步出户外，深深呼吸了一口清新的空气，听到了第一声欢乐的鸟鸣，看到了沉沉天云外一道微微的金色晨曦。

这两位通信者并非生活在君子国或者温柔乡，他们在各自生活中都遇到难以言说的困境。韩秀两岁时从美国到中国接受中文教育，一直到中学毕业，上山下乡运动时到山西农村插队落户，“文革”浩劫中又亡命新疆，一个外国人不远万里来到中国吃尽苦头，直到“文革”结束后回到美国，后来又随着外交官的丈夫游走于世界各地，也包括在20世纪80年代重返北京，与居住在上海的赵清阁重新续上童年时代的情缘。在她的中国经验里肯定有许多不愉快的记忆。而傅光明先生虽然小韩秀近20岁，生活在比较幸运的“太平犬”时代，但是他的发展似乎也不是世俗眼睛里的“很顺”，尤其在2008年他从复旦做完博士后研究报告出站以后，可能是原先有些期待落了空，腹中自有块垒，这在他给韩秀的信中也略有倾吐。但是，他们都没有因为有不愉快的经验而影响了世界观——我指的是对于这个世界上的人与事的真诚信任。韩秀的经验成就了她的创作，而傅光明先生在某些方面的失落，可能会转换成另外一些方面的精神财富，这也未必不是好事。

我们现在处于一个丧失了基本做人道德规范的世道里，所有的人伦关系似乎都可以转换为物质利益进行等价交换，所以，能在致命而炫目的权欲、物欲以及各种感官享乐的诱惑面前，要坚持知识分子的人文理想及内在操守变得非常困难。我试着想，假如傅光明先生少年得志，名利双修，整天作为一个名流这里开会演讲，那里宴席招待，满耳都是阿谀赞词，到处都是重酬邀约，顺顺利利，也许会享受到一些人生精彩的荣耀，但是这样的话，他绝不会有时间安心下来写一部《老舍传》，就是写了，也没有足够的时间和精力为查阅一个细节而远隔重洋反复写信求教，更不会有时间在上班、写作、家务之余，静静地坐在电脑前与一个不相识的异国友人倾吐各种各样的人生感受。谁都说这是一个快餐时代，手机短信可以取代一切，但是表述感情的形式改变了，人类复杂而丰富的感情世界就会变得单调而粗陋，会慢慢失去品嚼、体会、倾吐和表达内心感受的能力，如果一个民族对感情的表达仅限于电视娱乐搞笑节目或者宴席上闹酒的水平，那是一种多么可悲的现状。所以，我答应为傅光明先生这部书稿写序，看重的是光明先生这种化委屈为淡定、化块垒为清流的人生态度，而这种内心转化过程中，异国的韩秀的温馨关爱和侠义支持，起到了关键性的作用。

这部散文叙事所讲述的老舍与赵清阁之间的感情故事，本来就不是秘密，只是同代人出于对当事人的尊重不愿意去谈论。记得近20年前，诗人牛汉正主编《新文学史料》，一次他来上海看望我恩师贾植芳先生，我在场陪着两个老人聊天，牛汉先生曾经说起过老舍准备在新加坡买房接赵清阁出去团聚的事情，牛汉说当时老舍给赵清阁的有些信件是通过文协默林转的，所以默林了解其中曲折。我当时年轻，觉得这一代知识分子有些不可理解，既然两人相爱，老舍也主动提出了移居海外的方案，而且连默林都知道这个方案，可见也不是什么秘密，但为什么赵清阁不能接受，反要督促老舍回国呢？他们都不是左翼作家，也没有承担什么必须留在国内的义务，老舍的朋友如林语堂等都在国外，老舍本人无顾忌，反倒是赵清阁犹豫了。这个谜团，直到这次在书稿中读了赵清阁的散文《落叶无限愁》，才理解了一点点赵清阁的性格。从这个角度看，韩秀回忆中外婆对老舍的指责，其实是有误解的。

但是谁也没有想到，这件事竟然会成为后来老舍被迫害致死的原因之一。我在为傅光明先生的另一本著作《老舍之死口述实录》写的序里曾经含蓄地提出过这一点，老舍在“文革”发生前不久对巴金说自己是个“正派”人，隐含了当时有人诬陷他“不正派”的威胁，但这样的威胁肯定不是来自家庭的倒戈，因为家庭矛盾不可能影响到社会层面，只有当这样的“威胁”在社会层面上损害了好面子的老舍的声望，才可能使他感到严重性和真正的沮丧。在一个大的残酷时代里，个人的某些行为可能会直接导致周围人的命运改变，但是真正的原因仍然在于社会大环境，甚至连这些个人行为本身，也是这个残酷时代的产物。要不，40年代的导火线怎么会在60年代才爆发？如果不认识到这一点，仅仅把注意力放在个人的行为作用，那反倒会转移了对时代责任和真正元凶的追究。

我不想对赵、舒之恋做什么评论，只能说，在今天这样一个不尊重个人隐私、只会炒作揭秘之类的文化环境，对人类丰富而复杂的感情既缺乏同情理解，更不可能用审美态度去接受的恶俗社会里，对待这样的事情，出于对当事人的尊重，最好还是沉默相守，因为两个人的情事只有两个当事人自己最清楚，好与不好，应该与不应该，都由他们自己来决定，旁人无从评说，更何况我们都属于后来者，当时的时代、环境、条件已发生了大变化，我们根本就无权评论这些历史现象。当然，从人的感情世界的进化历程而言，可能真正的变化并不大，所以我们还是可以理解前人的感情世界。那么，就让我们用美好的心灵去接近他们，从历史人物的感情世界中，获取我们自己所需要的精神营养吧。

还有一点体会，本书附录赵清阁晚年与韩秀的通信，以及最后两人还是以隔阂而沉默相待，活生生地揭示出赵清阁这一代老知识分子晚年的现实处境、精神追求以及风骨所在，他们通信的这一段时期，正是我的学术成长时期，我接触过不少老知识分子在大劫以后，壮心不已，执笔奋起的精神状态，但是随着时代风气和社会风气的变化，真正能够在晚年获得社会承认并且走红的老人（后来有一个名词来形容他们：文化老人）并不多，大多数还是在寂寞中默默奉献，了此一生。我的忘年交老人、翻译家毕修勺晚年曾经守着一大堆无法出版的译稿，只说了八个字：只知耕耘，不问收获。而赵清阁晚年不断写作，力求开拓，希望海外出版她的著作，也可以看作是一种可贵的精神追求。她晚年几次与病魔顽疾作生死搏斗，最后一封给韩秀的信里说：“我去年因患肾功能不全病住院八月之久，一度严重，经治疗，病情稳定，今年春出院，在家疗养。虽不见大好，总算还能起坐，又给你写信了。不过岁逾八旬，也衰老不堪了，写作已停，视力、体力不济，写信也很维艰！为让你知道我还活着，勉强书此短笺。以后可能联系少了！”读之让人动容。

“为让你知道我还活着”，这是老人最后对这个世界的遗言。她没有失望，傅光明先生的这本散文叙事就是一个“活着”的证明，同时赵清阁为文坛所奉献的许多剧本、小说、诗歌本身，仍然会继续“活”下去，见证一个美丽而凄凉的灵魂的传奇。

2011年6月26日于鱼焦了斋

（作者单位：复旦大学中文系）

也谈《铸剑》写作的时间、地点及其意义

□ 廖久明

对《故事新编》，鲁迅自己评价不高，对《铸剑》[①]却另眼相看："《故事新编》真是'塞责'的东西，除《铸剑》外，都不免油滑。"[②]加上《铸剑》的写作过程相当复杂，因而涉及的内容也很复杂，所以研究的文章不少，争议也很大。因搞清楚《铸剑》写作的时间、地点对理解作品意义重大，"不仅解决了史料的准确性，主要则是看到了鲁迅这一段不平凡的生活历程、思想发展及其战斗精神；特别是有助于对作品的主题的深入理解"[③]，所以，单《铸剑》写作的时间、地点就存在着很大争议——多数人认为1926年10月在厦门完成了1、2节，1927年4月3日在广州完成了3、4节[④]。早在1979年，朱正先生就在《铸剑不是在厦门写的》中如此写道："关于《铸剑》，看来可以断定：写作时间：一九二七年四月三日，而不是一九二六年十月；写作地点：广州白云路白云楼，而不是厦门的石屋里；最先发表的刊物乃是《莽原》，而不是《波艇》。"[⑤]也许因为朱先生考证时依靠的证据主要来源于《铸剑》以外，所以，收有《铸剑不是在厦门写的》的《鲁迅回忆录正误》尽管影响很大[⑥]，但直到21世纪仍有人认为"《眉

---

① 《铸剑》发表时题为《眉间尺》，1932年收入《自选集》时改题为《铸剑》，1935年底收入《故事新编》时仍题为《铸剑》。为论述方便，除引用文章外，一律写《铸剑》。

② 见鲁迅1936年2月1日给黎烈文信，另见同年3月28日给增田涉信。由于鲁迅著作有各种版本，尽管笔者使用的《鲁迅全集》是人民文学出版社2005年版，但为方便读者和节省篇幅，凡鲁迅作品，用集子名加篇名形式标注；鲁迅的书信注明写作日期（正文有写作日期的不标注），鲁迅给许广平的信为原信。

③ 孙昌熙、韩日新：《〈铸剑〉完篇的时间、地点及其意义》，《吉林师大学报》1980年第1期。

④ 主要文章有《回忆鲁迅先生在厦门大学》（俞荻）、《关于〈铸剑〉的写作年代及发表时间、刊物》（柯家强）——以上文章见《鲁迅在厦门资料汇编》第一集（厦门大学中文系，1976年），《〈铸剑〉完篇的时间、地点及其意义》（孙昌熙、韩日新，《吉林师大学报》1980年第1期）等。

⑤ 朱正：《铸剑不是在厦门写的》，《鲁迅回忆录正误》，湖南人民出版社1979年版，第41页。

⑥ 该书出版了4种版本：湖南人民出版社1979年版、人民文学出版社1986年版、浙江人民出版社1999年版、人民文学出版社2006年版。2006年版的《内容简介》中有这样的话："1979年出版后，为学术界所瞩目，书中的一些结论被鲁迅的传记作者们普遍接受。胡乔木认为此书可以作为编辑学教材的参考书。"

间尺》的一、二节是在厦门写的，三、四节是在广州写的”①。李允经先生最近更认为，鲁迅1935年12月在自编《故事新编》时在《铸剑》后补记的时间“1926年10月作”“没有错，也不会错”②。既然弄清楚《铸剑》写作的时间、地点有如此重要意义且争议如此巨大，笔者便不揣浅陋，结合《铸剑》本身对这一问题做一考证，同时谈谈该作品的意义——凡朱正先生已论及的地方笔者不再赘言。不当之处，还望专家多多批评指正。

一、1、2节不可能写于1926年10月

从内容可以推断，1、2节不可能写于1926年10月。第2部分中有这样的话：“‘哎，孩子，你再不要提这些受了污辱的名称。’他严冷地说，‘仗义，同情，那些东西，先前曾经干净过，现在却都变成了放鬼债的资本……’”这段话至少有一大部分是针对高长虹的。我们知道，鲁迅写文章有一显著特点，喜欢在文章中引用论敌的语句以达到讽刺目的。如果说“仗义”有可能针对现代评论派的话——鲁迅1927年9月3日创作的《辞“大义”》便主要是针对现代评论派的③，那么“同情”很明显是针对高长虹的——正如《鲁迅全集》对该小说中“放鬼债的资本”的注释所说：“作者在创作本篇数月后，曾在一篇杂感里说，旧社会‘有一种精神的资本家’，惯用‘同情’一类美好言辞作为‘放债’的‘资本’，以求‘报答’。参看《而已集·新时代的放债法》。”而《新时代的放债法》中的“精神的资本家”是指高长虹已成学界定论。高鲁冲突爆发后，高长虹除在《公理与正义的谈话》中将自己打扮成公理和正义的化身外，还在《时代的命运》中如此说：“不妨说，我们是曾经过一个思想上的战斗时期的，他的战略是‘暗示’，我的战略是‘同情’。”④ 明明是自己挑起争端，高长虹却在这儿摆出一副

① 聂运伟：《缘起·中止·结局——对〈故事新编〉创作历程的分析》，《文学评论》2003年第5期。持类似观点的文章有：《死亡与新生——〈铸剑〉的文化原型分析》（申松梅，《现代语文》2007年第10期）、《〈铸剑〉：鲁迅的爱情宣言与生命宣言》（邱福庆，《龙岩学院学报》2007年第4期）、《虚无现实中的复仇——浅析〈铸剑〉中的人物及其思想》（白帆，《沧桑》2007年第3期）、《〈铸剑〉的文化解读》（张兵，《复旦学报》2005年第2期）、《对“复仇”主题的诗意表达》（曹兴戈中，《学生阅读·高中版》2003年第1期）；《色彩斑斓的小说——读鲁迅小说〈铸剑〉》（郎伟，《朔方》2003年第1期）、《鲁迅为何偏爱〈铸剑〉》（袁良骏，《鲁迅研究月刊》2002年第9期）、《放逐之子的复仇之剑——从〈铸剑〉和〈鲜血梅花〉看两代先锋作家的艺术品格与主体精神》（林华瑜，《鲁迅研究月刊》2002年第8期）、《从民族精魂的赞歌到胜者的悲哀——〈铸剑〉解读》（程宁，《咸宁师专学报》2000年第5期）、《深刻独特的生命体验　历史特质的准确把握——鲁迅历史小说〈铸剑〉解读》（朱全庆，《山东教育学院学报》2000年第6期）等。

② 李允经：《〈铸剑〉究竟写于何年》，《鲁迅研究月刊》2009年第10期。

③ 实际上，说此处的“仗义”是针对高长虹也有道理。高长虹在《公理与正义的谈话》中将自己打扮成公理和正义的化身，鲁迅在写作《〈走到出版界〉的“战略”》时，引用得最多的便是这一篇文章。

④ 《走到出版界·时代的命运》，《高长虹文集》中卷，中国社会科学出版社1989年版，第184页。

与人为善的样子，其荒谬性不言而喻，鲁迅对其进行讽刺也在情理之中——鲁迅12月22日完稿的《〈走到出版界〉的“战略”》引用的第一句话便是这句。而《时代的命运》和《公理与正义的谈话》发表在1926年12月12日出版的上海《狂飙》周刊第10期上。根据10月17日出版的《狂飙》周刊第2期鲁迅10月23日收到、11月7日出版的《狂飙》周刊第5期11月15日收到可以推断，鲁迅收到《狂飙》周刊第10期的时间当在12月20日左右。由此可推断，1、2节的写作时间不可能早于12月中旬。

二、鲁迅误记为1926年10月的原因

尽管1、2节的写作时间不可能早于1926年12月中旬，鲁迅在收入《故事新编》时写上“一九二六年十月作”的落款却是有原因的。

小说第一部分中有这样一段话：“过了一会，才放手，那老鼠也随着浮了上来，还是抓着瓮壁转圈子。只是抓劲已经没有先前似的有力，眼睛也淹在水里面，单露出一点尖尖的通红的小鼻子①，咻咻地急促地喘气。”并说：“他近来很有点不大喜欢红鼻子的人。”只要看过鲁迅书信的人都知道，此“红鼻子”指顾颉刚②。尽管在9月20日和30日给许广平的信中鲁迅都表达了对顾颉刚的不满，但这不满毕竟不严重。从给许广平的信中可以知道，从10月中旬后，鲁迅对顾颉刚的厌恶之情明显加深：“本校情形实在太不见佳，顾颉刚之流已在国学院大占势力，周览（鲠生）又要到这里来做法律系主任了，从此现代评论色彩，将弥漫厦大。在北京是国文系对抗着的，而这里的国学院却弄了一大批胡适之陈源之流，我觉得毫无希望”③；“此地研究系④的势力，我看要膨胀起来，当局者的性质，也与此辈相合”，“研究系比狐狸还坏，而国民党则太老实，你看将来实力一大，他们转过来拉拢，民国便会觉得他们也并不坏……国民党有力时，对于异党宽容大量，而他们一有力，则对于民党之压迫陷害，无所不至，但民党复起时，却又忘却了，这时他们自然也将故态隐藏起来。上午和兼士谈天，他也很以为然，希望我以此提醒众人，但我现在没有机会，待与什么言论机关有关系时再说罢”⑤。鲁迅在1927年4月10日完稿的《庆祝沪宁克复的那一边》中如此写道：

---

① 在鲁迅整理的《古小说钩成·列异传》中有这样一句话：“妻后生男，名赤鼻。”也就是说，“赤鼻”本是干将、莫邪的儿子眉间尺的名。在写作《眉间尺》时，鲁迅也许由眉间尺的名“赤鼻”想到顾颉刚的红鼻子，于是特别强调老鼠的红鼻子以达到讽刺顾颉刚的目的。

② 1927年在广州期间，鲁迅就在2月25日、5月15日、5月30日、6月12日、6月23日、7月7日、7月17日、7月28日、7月31日、8月8日、8月17日给章廷谦信中称顾颉刚为“赤鼻”或“鼻”，另在8月2日给江绍原的信中也有此称呼。

③ 见鲁迅1926年10月16日给许广平信。

④ 鲁迅在1926年10月16日给许广平的信中说“现代评论色彩，将弥漫厦大”，此信又说“此地研究系的势力，我看要膨胀起来”，由此可知，鲁迅是将现代评论派与研究系相提并论的——鲁迅11月3日给许广平的信说顾颉刚为“研究系下的小卒”便是最直接的证据。

⑤ 见鲁迅1926年10月20日给许广平信。

"革命的势力一扩大，革命的人们一定会多起来。统一以后，我恐怕研究系也要讲革命。去年年底，《现代评论》，不就变了论调了么？和'三一八惨案'时候的议论一比照，我真疑心他们都得了一种仙丹，忽然脱胎换骨。"两相比较不难看出，它们的意思相近。由此可知，鲁迅此时确有打算写作提倡不妥协的复仇精神《铸剑》的可能。

鲁迅此时打算写作《铸剑》，另外一个非常重要的原因当与女师大有关。8月26日，鲁迅离开北京，"在上海看见日报，知道女师大已改为女子学院的师范部，教育总长任可澄自做院长，师范部的学长是林素园。后来看见北京九月五日的晚报，有一条道：'今日下午一时半，任可澄特同林氏，并率有警察厅保安队及军督察处兵士共四十左右，驰赴女师大，武装接收……'"[①] 从给许广平的信可以知道，尽管离开了北京，自己曾经为之付出过心血和汗水的女师大发生的事情仍然牵动着鲁迅的心："看上海报，北京已解严，不知何故；女师大已被合并为女子学院，师范部的主任是林素园（小研究系），而且于四日武装接收了，真令人气愤，但此时无暇管也无法管，只得暂且不去理会它，还有将来呢"[②]；"女师大的事，没有听到什么，单知道教员大抵换了男师大的，历史兼国文主任是白月恒（字眉初），黎锦熙也去教书了，大概暂时当是研究系势力"[③]；"'经过一次解散而去的'，自然要算有福，倘我们在那里，当然要气愤得多"[④] ……尽管鲁迅不会像在北京那样"气愤"[⑤]，但还是"气愤"却是毫无疑问的。10月14日，鲁迅将自己在离京前4天在女师大学生会举行的毁校周年纪念会上发表的演讲《记鲁迅先生的谈话》[⑥]。后写上附记，并将篇名改为《记谈话》收入《华盖集续编》，"先作一个本年的纪念"。

应该正是以上两方面原因，才使鲁迅1926年10月打算写作《铸剑》。也正因为如此，鲁迅后来才会在《铸剑》末尾写上"一九二六年十月"这样的落款。所以，丸尾常喜先生下面的观点应该是站得住脚的："在篇末所记的1926年10月这一时间里面，与其说反映了编辑《故事新编》时记忆的模糊，毋宁说在鲁迅的记忆里存在着某种对《铸剑》的构思起过重要作用的东西这种可能性更强。"[⑦]

尽管有了想法，鲁迅却并没有动笔，用他自己的话说是没有与"什么言论机

---

① 见《华盖集续编·记谈话》。

② 见鲁迅1926年9月14日给许广平信。

③ 见鲁迅1926年10月4日给许广平信。

④ 见鲁迅1926年10月15日给许广平信。

⑤ 鲁迅在1926年11月9日给许广平的信中如此写道："校事也只能这么办。但不知近来如何？但如忙则无须详叙，因为我对于此事并不怎样放在心里，因为这一回的战斗，情形已和对杨荫榆不同也。"从此信也可看出，鲁迅对女师大当时发生的事情确实没有在北京时那样气愤，这也当是鲁迅未能将创作《铸剑》的计划付诸实现的原因之一。

⑥ （向）培良：《记鲁迅先生的谈话》，《语丝》周刊第94期（1926年8月28日）

⑦ 丸尾常喜：《复仇与埋葬——关于鲁迅的〈铸剑〉》，《中国现代文学研究丛刊》1995年第3期。

关有关系"[①]。在笔者看来，实际上还有以下原因：一、读读此段时间鲁迅的书信便可知道，当时厦门大学的吃住条件极差，不但浪费了他大量的宝贵时间，还使他内心感觉很不舒服；二、鲁迅在厦门大学不但有教学任务，还有研究任务；三、与许广平的分离不但令他牵肠挂肚，他还花时间写了不少情书；四、莽原社内部矛盾爆发，不但伤透了鲁迅的心，他还花时间写作了以下文章：《写在〈坟〉后面》（11月11日）、《所谓"思想界先驱者"鲁迅启事》（11月20日）、《〈阿Q正传〉的成因》（12月3日）、《〈走到出版界〉的战略》（12月22日）、《新的世故》（12月24日）、《奔月》（12月30日）。

三、鲁迅1927年4月初动笔的原因

1927年1月16日，鲁迅"午发厦门"；18日到达广州，"晚访广平"；19日"晨伏园、广平来访，助为移入中山大学"；20、22、23、24日，鲁迅接连看了四场电影（《鲁迅日记》）。这段时间，鲁迅"每日吃馆子，看电影，星期日则远足旅行，如是者十余日，豪兴才稍疲"[②]。从以上文字可以看出，自从鲁迅到广州后，妨碍他写作的多数原因已不存在。与此相反，顾颉刚要到中山大学的消息却使他写作提倡不妥协的复仇精神的文章的愿望更加强烈。

用鲁迅自己的话说，他离开厦门有"一半"原因是"在厦门时，很受几个'现代'派的人的排挤"[③]。1927年2月25日，鲁迅在给章廷谦的信中如此写道："红鼻，先前有许多人都说他好，可笑。"这时，鲁迅应该已经听说了顾颉刚确实要到中山大学来任教的消息[④]，故出此语。"有一天，傅孟真（其时为文学院院长）来谈，说及顾某可来任教，鲁迅听了勃然大怒，说道：'他来，我就走。'态度异常坚决。"[⑤] 傅斯年（按：傅孟真）是顾颉刚的同学，学生时代同住一室。傅斯年决定聘顾颉刚为文科教授，并扬言：如聘受阻，他便辞职。为此，当时主持校务的朱家骅多次到鲁迅宿舍调停，傅斯年也多次向鲁迅说情，乃至双方激烈争论，鲁迅丝毫不为所动。后来，傅斯年提出一个折中方案，让顾颉刚"赴京买书，不在校"，但鲁迅认为这是他们早有此意，而"托词于我之反对"，坚决不回

---

① 此处的"言论机关"当指后来刊载《庆祝沪宁克复的那一边》的《国民新闻》这类影响较大的报纸，而不是影响有限的《波艇》月刊之类。

② 许寿裳：《挚友的怀念》，河北教育出版社2000年版，第41页。

③ 见鲁迅1927年4月20日给李霁野信。

④ 据鲁迅1926年11月6日给许广平信可以知道，还在厦门时，鲁迅就已知道顾颉刚要到中山大学："顾之反对民党，早已显然，而广州则电邀之。"

⑤ 许寿裳：《挚友的怀念》，河北教育出版社2000年版，第41页。

到学校[①]。4月18日，顾颉刚到了中山大学；21日，鲁迅辞去一切职务，离开中大[②]。5月11日，孙伏园在武汉《中央日报》副刊第48号发表了《鲁迅先生脱离广东中大》的文章，以通信形式说明了鲁迅脱离中大的原因。见报后，顾颉刚于7月24日写信给鲁迅："务请先生及谢先生暂勿离粤，以俟开审"，鲁迅接信后作《辞顾颉刚教授令"候审"》，揭穿了他的诡计。由此可见，鲁迅对顾颉刚是多么深恶痛绝。现在，听说顾颉刚也要到中大，种种往事涌上心头，鲁迅决定动手创作《铸剑》便是顺理成章的事情。

到广州后，鲁迅动笔创作《铸剑》，除自己深恶痛绝的顾颉刚接踵而至外，还与他到广东后看见的现实有关：从鲁迅1927年3月24日写作的《黄花节的杂感》、4月8日在黄埔军官学校作的《革命时代的文学》的演讲、4月10日写作的《庆祝沪宁克复的那一边》等文章可以知道，鲁迅到广州后看见的现实印证并加深了他在厦门时对国民党、现代评论派和研究系的看法。

四、《铸剑》与高长虹的关系

除上面提到的与高长虹有关的内容外，《铸剑》中还有部分内容与高长虹有关。

眉间尺复仇的传说主要来源于《列异传》、《搜神记》，在这两种版本中，大王杀掉干将的原因都是将雌剑献出而将雄剑藏起来。鲁迅创作《铸剑》时却这样写道："他说：'大王是向来善于猜疑，又极残忍的。这回我给他炼成了世间无二的剑，他一定要杀掉我，免得我再去给别人炼剑，来和他匹敌，或者超过他。'"其原因与《奔月》中逢蒙射杀后羿的原因何其相似：后羿教会了逢蒙射箭，逢蒙为了能出人头地，射杀后羿。而《奔月》中的逢蒙是影射高长虹的，已成学界定论。

《铸剑》第2部分中还有这样一句话："我的灵魂上是有这么多的，人我所加的伤，我已经憎恶了自己！"这一句话应该主要是针对高长虹的。进入1925年后，鲁迅便仿佛交了"华盖运"，斗争不断：先是在女师大事件和"三·一八"惨案中与陈西滢、杨荫榆、章士钊等斗，到了厦门后不久又与自己一手培养出来的高长虹等人斗。与陈西滢、杨荫榆、章士钊等斗，鲁迅是无所顾忌的，但与自己一手培养出来的高长虹斗，却伤透了鲁迅的心。高鲁冲突的爆发对鲁迅的精神

---

① 见鲁迅1927年5月15日给章廷谦信。

② 鲁迅离开中山大学的原因，不少人只说"四一五政变"，但笔者认为下列说法更符合实际："顾颉刚的到来，是最直接的促使鲁迅很快作出辞职反应的导火线。"（李运抟《鲁迅辞职由于顾颉刚吗?》，《广东鲁迅研究》1999年第3期）实际上，顾颉刚的后人顾潮也认为鲁迅离开中山大学是因为她父亲要到中山大学："（4月）17日抵广州后，父亲见到傅斯年，方知鲁迅在中大宣扬谓顾某若来，周某即去；并知鲁迅恨自己过于免其教育部佥事职之章士钊，大有誓不两立之势。鲁迅一知道父亲来了，即于20日辞职；傅斯年亦为鲁迅反对父亲入校而辞职。"（《历劫终教志不灰·我的父亲顾颉刚》，华东师范大学出版社1997年版，第113页）"月亮诗"即高长虹在上海《狂飙》周刊第7期上发表的《给——》的第2首，收入同名集子时为第28首，为叙述方便，人们通常简称为"月亮诗"。

打击是“格外沉重的”：“鲁迅所产生的，是强烈的‘被利用感’——这是继1923年‘兄弟失和’之后第二次同样性质（至少他自己主观感觉如此）的精神打击……鲁迅在五四时期所自觉选择的以‘进化论’为基础的‘发展自我与牺牲自我互相制约与补充’的伦理模式，受到了严重挑战。”①

鲁迅将自己的笔名“宴之敖者”送给黑色人，应当也与高长虹对自己的攻击有关。1924年9月，鲁迅辑成《俟堂砖文杂集》，题记后用“宴之敖者”作为笔名。这一笔名的由来，据说与鲁迅从八道湾搬出有关：“父亲的解释是，这个‘宴’字从上向下分三段看，是：从家、从日、从女；而‘敖’字从出、从放。即是说：‘我是被家中的日本女人逐出的。’”② 周作人说：《孤独者》“第一节里魏连殳的祖母之丧说的全是著者自己的事情”③。文中的魏连殳是这样的一个人：“原来他是一个短小瘦削的人，长方脸，蓬松的头发和浓黑的须眉占了一脸的小半，只见两眼在黑气里发光。”④ 人们在回忆鲁迅在中山大学的形象时说：“穿着一领灰黑的粗布长衫……面部消瘦而苍黄，须颇粗黑。”⑤ 比较一下便知，宴之敖、后羿、魏连殳与鲁迅的外部形象及内在精神都有相似的地方。

10月17日，高长虹在《狂飙》上发表《通讯》二则。11月6日，周作人在《语丝》第114期上发表《南北》通信，文中有“疑威将军”、“不先生”、“挑剔风潮”等语。11月19日，高长虹写《语丝索隐》，说《南北》中的话是周作人“‘自画自赞’”、“自谓”、“自述”⑥。至此，原本发生在鲁迅与高长虹之间的冲突，变成了周氏兄弟与以高长虹为首的狂飙社成员之间的冲突。论争中，周氏兄弟的文章都发表在《语丝》上，狂飙社成员的文章都发表在上海《狂飙》周刊上——给人的感觉是，周氏兄弟以《语丝》为阵地协同作战，对以《狂飙》为阵地的狂飙社成员进行反击。虽然周作人在《又是“索隐”》、《南北释义》等文章中反复说明高长虹误解了他的意思，但不管怎样，周作人实际上参与了同高长虹的论战。周作人参与论战，不但减轻了鲁迅的压力，而且为鲁迅提供了思想武器：在《新的世故》中，鲁迅借用周作人在《南北》中的“酋长思想”、晋人“好喝醋”等语言，对高长虹进行批判。周氏兄弟1923年失和以后，互不往来。这次周作人参与论战，很可能使鲁迅想起了他们兄弟之间原本怡怡的情景，若没有那个日本女人羽太信子，他们兄弟之间何至于成为参商？想起这些，怎能使鲁迅对周作人妻子不心怀怨恨呢？1927年10月，《语丝》被张作霖政府所封，作者皆暂避，周作人躲进日本医院，鲁迅知道后，在10月7日给川岛的信中说：“他之

---

① 钱理群：《从高长虹与二周论争中看到的……》，《高长虹研究文选》，第167页。

② 周海婴：《鲁迅与我七十年》，南海出版公司2001年版，第73页；另见许广平：《十年携手共艰危》，河北教育出版社2000年版，第151页。

③ 周作人：《鲁迅小说里的人物·〈彷徨〉衍义》，周作人、周建人《书里人生》，河北教育出版社2000年版，第83页。

④ 见《彷徨·孤独者》。

⑤ 《鲁迅回忆录·散篇》（上册），北京出版社1999年版，第493页。

⑥ 《走到出版界·语丝索隐》，《高长虹文集》中卷，第190页。

在北，自不如来南之安全，但我对于此事，殊不敢赞一辞，因我觉八道湾之天威莫测，正不下于张作霖，倘一搭嘴，也许罪戾反而极重，好在他自有他之好友，当能互助耳。”对周作人的拳拳之心，溢于言表；对羽太信子的懔懔之意，同样昭然若揭。所以在创作《铸剑》时，鲁迅将自己用过的笔名送给了要代他复仇的黑色人也很正常。

五、《铸剑》的意义

从上面的分析可看出，《铸剑》从酝酿到中止到写作再到内容都与顾颉刚、高长虹有关，是否就意味着《铸剑》的创作与女师大事件和“三·一八”惨案及当时中国的现实无关呢？否！

鲁迅创作《铸剑》与顾颉刚有关，但并不是因为与顾颉刚有私仇。在分析“鲁迅误记为1926年10月的原因”时，已经知道与顾颉刚有关的原因是：一、“现代评论派色彩，将弥漫厦大”；二、顾颉刚是“研究系下的小卒”，而国民党对与现代评论派沆瀣一气的研究系认识不清。鲁迅对现代评论派和研究系不满，一个重要原因是，在女师大事件和“三·一八”惨案中，该营垒的不少人站在段祺瑞政府一边。

尽管《铸剑》中有不少内容与高长虹有关，由于这方面的内容太过隐蔽，以致直到现在笔者尚未看见这方面的说法。《铸剑》中涉及高长虹的内容，当与鲁迅的常用办法有关：“我现在得了妙法，是谣言不辩，诬蔑不洗，只管自己做事，而顺便中，便偶刺之。他们横竖就要消灭的，然而刺之者，所以偶使不舒服，亦略有报复之意云尔。”①

在人们心目中，鲁迅始终以“战士”的形象存在着，殊不知“譬如勇士，也战斗，也休息，也饮食，自然也性交，如果只取他末一点，画起像来，挂在妓院里，尊为性交大师，那当然也不能说是毫无根据的，然而，岂不冤哉！”② 鲁迅与那些自称“心中只有他人”的“战士”不同的是，他有自己，并且时时捍卫自己的应得利益。1933年6月18日，鲁迅在给曹聚仁的信中说：“现在做人，似乎只能随时随手做点有益于人之事，倘其不能，就做些利己而不损人之事，又不能，则做些损人利己之事。只有损人而不利己之事，我是反对的，如强盗之放火是也。”在与人战斗的时候，鲁迅“没有这些大架子，无论吧儿狗，无论臭茅厕，都会唾过几口吐沫去，不必定要在脊梁上插着五张尖角旗（义旗?）的‘主将’出台，才动我的‘刀笔’”③，《铸剑》便是鲁迅向顾颉刚、高长虹等“唾过去”的“吐沫”。只不过，在向顾、高“唾过去”之前，鲁迅早就想向现代评论派及研究系“唾过去”了，所以也溅了这些人一脸。

在说到创作方法时，鲁迅常说：“作家的取人为模特儿，有两法。一是专用

① 见鲁迅1934年6月21日给郑振铎信。

② 见《且介亭杂文二集·“题未定”草》。

③ 见《而已集·革“首领”》。

一个人……二是杂取种种人，合成一个……我是一向取后一法的。”[①] 鲁迅在创作《铸剑》时，尽管与顾颉刚、高长虹有关，但在创作时，古今中外类似的事件浮现在他眼前：“三王冢”的传说、女师大事件的事情、“三·一八”惨案中的血痕、厦门大学乌烟瘴气的环境、广州“奉旨革命”[②] 的现实等种种影像叠加在一起，使《铸剑》呈现出一种“多义性”特征。所以，说《铸剑》的创作是因为女师大事件和“三·一八”惨案是有道理的。我们甚至可以这样说，《铸剑》的意义远不止上面所说的具体事件，它是一首反抗压迫、颂扬复仇精神的悲歌——它适用于古今中外所有类似情况，不仅指向集团复仇，也包括向个人复仇。

（作者单位：乐山师范学院四川郭沫若研究中心）

① 见《且介亭杂文末编·〈出关〉的“关”》。

② 见《而已集·革命时代的文学》（1927年4月8日）、《三闲集·在钟楼上》（1927年12月17日发表）等。

悲凉缘何而生

——郁达夫散文《故都的秋》新读

□王友珍

有些风景永远不会远逝，有些情结永远不会释怀。“秋天，无论在什么地方的秋天，总是好的；可是啊，北国的秋，却特别地来得清，来得静，来得悲凉。”这便是郁达夫散文《故都的秋》带给我们的永远记忆。那么，这份“悲凉”是缘何而生的呢？

1934年7至9月，郁达夫偕同夫人到青岛、济南、北京、北戴河游览。他说：“我的不远千里，要从杭州赶上青岛，更要从青岛赶上北平来的理由，也不过想饱尝一尝这‘秋’，这故都的秋味。”这一段文字很有意思，一个“更”字把作者特意地、专心地、心无旁骛地不惜千里迢迢，不惜旅途劳顿，从杭州到青岛，从青岛到北平的心情凸显出来了。还有一“饱”字，让作者饥渴久后的“贪”劲儿呼之欲出。不是浅尝，不是略尝，而是“要饱尝一尝”，可谓精准。还有一句“这‘秋’，这故都的秋味”，作者使用间接反复修辞，韵味深长地隆重推出这“故都”二字。作者是对故都的秋渴望之，向往之呀！原来一切的铺垫、一切的泼墨，只为这“故都”二字造势！

“故都”二字有人解释为故乡。郁达夫生在美丽的浙江富春，是个地道的南方人，误把它乡认故乡岂不荒唐？除非对这他乡有别样的情怀和眷恋。

郁达夫在北平也只是待了一年多，况且因为教授的是统计学，他不甚喜欢，也常有厌倦意。他在《五六年来创作生活的回顾》中写道：“受了北大之聘，到了北京之后，因为环境的变迁和预备讲义的忙碌，在一九二四年中间，心里虽然感受到了许多苦闷焦躁，然而作品终究不多。”① 但是，作者在《北平的四季》中又写道：离开北平一年半载，“在北京以外的各地——除了在自己幼年的故乡以外——去一住，谁也会得重想起北京，再希望回去，隐隐地对北京害起剧烈的怀乡病来。这一种经验，原是住过北京的人，个个都有，而在我自己，却感觉得格外的浓，格外的切。最大的原因或许是为了我那长子之骨，现在也还埋在郊外广谊园的坟山，而几位极要好的知己，又是在那里同时毙命的受难者的一群。”郁达夫三岁即父亲见背，幼小失怙，随长兄留学日本十年，四处求学而漂泊；回国后四处求生活而漂泊，可以想象作者内心的那种漂泊流落的况味。郁达夫就是

① 见王永生主编《中国现代文论选》（第二册），贵州人民出版社1984年版，第354页。

一个游子，一个漂泊者，而北平不妨就是他心灵的一个故乡，一个驿站。

细读文本，发现文中多次使用"北国之秋"一词，为什么不以"北国之秋"为题却偏要牢牢地抓住"故都"一词呢？可不可以换为"北国之秋"呢？当然不可。因为这"故都的秋"蕴涵深，蕴涵远，蕴涵着中国人太多的怀旧色彩。

人们对"故都"二字更愿意解释为"过去的国都"。故，旧有的，已远逝的，有历史变迁的沧桑情怀，有繁华不再的黍离之悲。"陶然亭的芦花，钓鱼台的柳影，西山的虫唱，玉泉的夜月，潭柘寺的钟声"，那是皇都的秋，那是北京的秋，不是北平的，不是郁达夫的。北平的秋一定是"人家一椽破屋"中所看到的、听到的、触摸到的；一定是街道边胡同里随意生长着的槐树；是和蟋蟀、耗子一样，像家家户户都养在家里的家虫一样的蝉；是穿着很厚的青布单衣或夹袄的都市闲人的平平仄仄念错的歧韵；是屋角，墙头，茅房边上，灶房门口，一株株长大起来的枣树。故都的秋"普遍到几乎无处不在"，清，静，悲凉。

有了这些阅读背景的积淀，有了这些阅读心理的积淀，捧卷而读，"故都"二字迎面；"我的不远千里，要从杭州赶上青岛，更要从青岛赶上北平来的理由，也不过想饱尝一尝这'秋'，这故都的秋味"，每一个字都迎面；作者再赴北平时的那份急切，那份眷眷之情迎面；那份悲凉的况味迎面。阅读者心中何不涌起悲凉的滋味！

玩味《故都的秋》，总会让人有不一样的感怀。年轻时沉浸在故都秋景的清与静中，悲凉嘛也就一带而过了。甚至还会质疑文中关于枣树一节的描写与全文的情调不协调。有了些许经历再读时，好像真的能和作者共鸣，和他一起，领略故都的秋。

是什么人"在皇城人海之中，租人家一椽破屋来住着，早晨起来，泡一碗浓茶，向院子一坐"？是什么人能"看得到很高很高的碧绿的天色，听得到青天下驯鸽的飞声"？是什么人会"从槐树叶底，朝东细数着一丝一丝漏下来的日光"？是什么人"在破壁腰中，静对着像喇叭似的牵牛花的蓝朵"，还建议："说到了牵牛花，我以为以蓝色或白色者为佳，紫黑色次之，淡红色最下。最好，还要在牵牛花底，教长着几根疏疏落落的尖细且长的秋草，使作陪衬？"

透过文字，仿佛看到了一位渴慕清静安宁、远避纷争嘈杂的秋士。有人说这是作者在一种完全宁静松弛甚至不无闲适的心态下写就的文字[①]，我倒是在这种"宁静松弛甚至不无闲适"的表象中读出了落寞清寂甚至一种无以聊赖的心绪。他"朝东细数着一丝一丝漏下来的日光"，那么日光也一定会一丝一丝地西移，流逝！真是敏感、细腻到了极致！此景此情映射出作者的生存状态是多么落寞和清寂呀！这一段文字往往被一些读者作为"北国的秋，却特别地来得清，来得静"的诠注。其实不然，这一段秋景固然清，固然静，但是更来得悲凉。清静是表，悲凉是骨。这是因生命的落寞寂寥而生的一种悲凉。

有读者认为，作者在写景上注重以冷色调为主。无论以蓝色或白色者为佳的牵牛花，还是槐树的落蕊，其色调（都是冷色调）与情感基调相统一，而果树一

① 钱虹：《渴慕清静的秋士与细、清、真得艺术追求》，《名作欣赏》2004年第8期。

段显然破坏了这种统一性。因为他认为成熟到八九分的枣子、柿子为黄或红色，很难产生悲凉之感，更多的应是一种即将收获的喜悦。这种暖色调显然不符合作者当时的心境，也不适合整个文章的感情基调。的确，按照常理，冷色调与悲凉的感情基调相一致。那么，郁达夫在《故都的秋》中关于枣子、柿的描写是否与全篇“清、静、悲凉”的氛围不协调呢？作者通过这一段的描写到底想传达一种怎样的情怀呢？那么就让我们进一步细读文本，深入到文字中，品尝作者笔下的秋味，关注一段时间流逝，生命流逝的过程，体味文中那份难掩的淡淡悲凉吧。

落蕊。“早晨起来，会铺得满地。”想必一定是一夜飘零，早晨起来，才会铺得满地。作者把这飘落的动态过程省去，只为我们呈现了静态的“铺得满地”，“声音也没有，气味也没有，只能感出一点点极微细极柔软的触觉”。“扫街的在树影下一阵扫后，灰土上留下来的一条条扫帚的丝纹”，呈现的是树影下一阵扫后什么都没有留下的空寂，潜意识下怎不觉得有点儿落寞？曾经的存在，而今的消逝，能有什么比这更能生悲。这悲只能是又清又静又空又寂又凉薄的悲凉。

秋蝉衰弱的残声。蝉是中国文化特有的语言符号。郁达夫独辟蹊径，舍去其余，只写其衰弱的残声。从“啼叫”到“嘶叫”是一个过程。“啼叫”怕是夏虫的清唱，而“嘶叫”则一定是秋天凄切的、衰弱的哀鸣。暑气消散，秋意渐浓，秋蝉的嘶叫难以留住生命的流逝。如果说槐树落蕊带来的是一种悲凉的感伤，秋蝉衰弱的残声多少有了些许萧索、严厉的悲凉的感触。

再说说枣子、柿等果树。要读明白这一段的意义，还得关注修辞。“像橄榄又像鸽蛋似的这枣子颗儿，在小椭圆形的细叶中间，显出淡绿微黄的颜色的时候，正是秋的全盛时期，等枣树叶落，枣子红完，西北风就要起来了，北方便是沙尘灰土的世界，只有这枣子、柿子、葡萄，成熟到八九分的七八月之交，是北国的清秋的佳日，是一年之中最好也没有的Golden Days”。审读这一段文字，不难明白作者的表达意图。在北平，七八月之交是四季中最美的季节。“淡绿微黄”、“红”等暖颜色给人多么温暖的享受；“枣子、柿子、葡萄，成熟到八九分”，这是秋的全盛期、收获期，是北国的清秋佳日；多美呀！但是，作者要表现的全然不在这里，而在“等枣树叶落，枣子红完，西北风就要起来了，北方便是沙尘灰土的世界”。以美景衬哀情，作者于全盛看到了衰亡，于清秋佳日看到了沙尘灰土，于现在看到了将来。秋的全盛期会转瞬即逝，美的风景留不得、留不住，怎不心生悲凉，一种无可奈何花落去的悲凉。想到了宗璞的《报秋》：“玉簪花那雪白的圆鼓鼓的棒槌，从拥挤着的宽大的绿叶中探出头来。我先是一惊，随即怅然。这花一开，没几天便是立秋。以后便是处暑便是秋分便是寒露，过了霜降，便立冬了。真真的怎么得了！”这段文字传达的思想情绪与郁达夫是多么相契！

深入文本之后，你就会发觉，作者在谋篇布局、修辞运用上是多么精心。“来得清，来得静，来得悲凉”三句的内涵绝不是分割开的，他们是有层次地在行文中展现着。唯此你才能体味到郁达夫对于故都的秋独到、透彻而细微的歌咏。

（作者单位：北京市潞河中学）

中国新诗：1957（下）

□ 刘福春

1957 年 8 月

1日　《星星》诗歌月刊第 8 期刊出傅仇《我们在战斗中成长》、李耕《山村》、罗泅《青城滴翠》等诗。

1日　《奔流》1957 年 8 月号“反右派斗争特辑”刊出郑克西《略论李白凤的诗和诗论以及其它》和任访秋、郭光、刘溶《“青春组诗”是一束毒草》等文。《“青春组诗”是一束毒草》讲：“我们读了‘奔流’诗专号的‘青春组诗’（作者为右派分子李白凤），一股毒辣的臭气，喷射得我们难以忍耐。我们认为，这一组‘诗’比‘珍珠和泥土’（《人民文学》5、6 月号）、‘写给诗人的公开信’（《人民文学》7 月号）的毒素还要浓烈得多！”

1日　《处女地》1957 年 8 月号刊出井岩盾《右派》、项兰田《反右派讽刺诗》、鲍明路《夜渡大凌河》、昌耀《伏虎者》等诗和田新《反对爱情诗讨论中的右倾思想》等文。

2日　北京师范大学校刊编辑室编的《师大教学》报第 175 期头版头条刊出报道《在中文系党总支、民盟师大支部整风小组联合继续举行的座谈会上：大家一致认为右派分子黄药眠的反动言行不是偶然的——在事实面前，黄药眠的狡辩矛盾百出、理屈词穷》、《中文系举行教职工大会：揭露和批判钟敬文、陈秋帆反党反社会主义言行》和马特的文章《钟敬文的反党言行是一贯的》。前文云：“7 月 25 日下午，在中文系党总支和民盟师大支部整风小组联合继续举行的座谈会上，黄药眠进行了第二次检查。他的态度极不老实，只说了些‘我的错误很严重、很大，并且是政治上错误’等空话，未谈反党活动的具体事实，也未认真检查思想实质，反而把他的反党反社会主义的罪行全说成是偶然的。……会上大家一致对黄药眠不老实和抵赖、狡辩的态度非常气愤，要求黄药眠正视自己的问题，端正态度，彻底交代。”

4日　北京师范大学校刊编辑室编的《师大教学》报第 177 期刊出望远镜《斥黄药眠的“党在腐化”论》等文章。

4日　《文艺报》1957 年第 18 号刊出蔡其矫的诗《我们的春天》。

5日　《人民日报》刊出新华社的报道《流沙河怎样把持“星星”培植毒草——在四川文联的围攻下开始交代他的罪恶活动》。新华社成都 4 日电：“在四川省文学艺术工作者联合会工作人员的检举揭发下，右派分子流沙河最近交代了他和省文联的另一右派分子石天河结成反党联盟，有计划地篡夺‘星星’诗刊领导权，向共产党进攻的罪恶活动。”“‘星星’是四川省文联在今年1月创办的诗歌月刊。流沙河等经过积极活动进入‘星星’充当编辑后，就把‘星星’作为反对共产党反对社会主义现实主义的‘阵地’；并假借‘培养’为名，拉拢和联络一批青年人。他们到处刊登耸人听闻的稿约和广告。在稿约中，他们对浪漫主义等各种流派的诗歌都表示非常欢迎，但绝口不提社会主义现实主义。”“流沙河承认，他们当时的编辑方针是：一、多登歪曲和反对共产党的‘讽刺诗’；二、多登宣扬颓废感伤情绪的情诗；三、多登小巧玲珑的玩意，引导读者脱离政治、脱离现实。当‘星星’创刊号上刊出的黄色诗歌‘吻’和反动诗‘草木篇’受到批评后，流沙河、石天河等满怀仇恨，立即组织反扑，打着执行‘百花齐放’方针的幌子来反对党的领导。”“流沙河承认，当时他们采用了五种手段来向共产党进攻。一、‘写’，他们写了好些文章对党进行污蔑和恐吓，或者向党‘算总账’；二‘骂’；三、是放毒草，企图在‘星星’上刊出一些攻击新社会的反动诗和比‘吻’还坏的黄色词。石天河还教导流沙河用‘地下斗争’办法在刊物中偷放补白，对党进行讽刺、攻击；四、煽动别人向党进攻；五、扩大影响，他们曾密谋把他们写的攻击党的反批评文章印发全国。石天河还支使流沙河四出造谣，说‘星星’被围剿等。”“‘星星’诗刊主编白航是党内的右派分子。石天河、流沙河就多方拉拢和影响他，挑动白航对党的不满情绪。他们利用白航来抵制党的领导，但又不愿白航对刊物管得太多，于是采取了既拉拢、又排挤的两面手法。白航完全接受了流沙河等反动的编辑方针，并同流沙河一起反对党为加强‘星星’编辑部而调进新的编辑人员。这样，‘星星’就完全落入了这一伙右派分子的手中。”“现在，省文联工作人员正乘胜追击，要流沙河等彻底交代他们互相勾结、狼狈为奸的一切阴谋活动。”

5日　《延河》1957年8月号刊出“延河”编辑部《本刊处理和发表“大风歌”的前前后后》、安旗《这是一股什么“风”——评张贤亮的“大风歌”》等文。《本刊处理和发表“大风歌”的前前后后》附有《张贤亮给编辑部的来信》，来信讲：“我是一个业余作者，又是青年，我有很多机会和一般青年接触，而且能和他们谈知心话，看见他们一般人不容易观察到的精神状态，你们说我有愤懑的情感，不错，我有的，你们说我有不平的声音，不错，我有的，而且我不只愤懑，我还痛恨，不仅不平，我还责骂。为什么呢？我就是看见很多青年的行为，听到很多青年的声音的结果。编辑同志：难道你们没有感到和平时期青年的精神麻痹了吗？难道你们没有感到生活提高的结果，青年中产生了享乐思想了吗？难道你们没有感到风暴，没有激烈的阶级斗争，没有动荡的革命行为，青年是怎样的在那里想着个人，知识浮浅随波逐流，对时代热爱不深，对生活拥抱不紧吗？请相信我，我没有偏见，没有只看着一部分，我看的是成千个被称为积极分子的人呀？而且很大部分是党员、团员，在南京、在北京、在银川。编辑同志！难道这不令人痛心，不令人愤懑，不令人不平吗？我们不能再唱催眠曲了，我们不能再安慰自己了，我们不能再满足现状了（我为我发表的三首诗感到羞耻），忘记了‘五四’，忘记了‘一二八’，忘记了长征，忘记了保安的‘红小鬼’，忘记了自己的职责，在对祖国犯罪，在对时代犯罪。（我不是左派幼稚病患者。‘大风歌’发表不发表没关系，我要你们知道）‘大风歌’就是要把这种睡眠状态的青年唤醒。”

5日　《文艺月报》1957年8月号《揭露右派分子的阴谋活动　批判右派文艺思想》栏刊出以群《施蛰存并未“做定了”第三种人》等文和陈山《孙大雨“看病”》等诗。

7日　《红岩》1957年8月号刊出余斧的文章《错误的缩小和缺点的夸大——读孟凡的〈由对〈草木篇〉和〈吻〉的批评想到的〉》。

8日　《人民文学》1957年8月号刊出公木《“写给诗人们底公开信”读后感——致诗人李白凤》和黄珮玉、沈仁康《再谈抒情诗的构思》等文及饶阶巴桑《工程师》、艾青《滇池呵》、袁水拍《讽刺诗三首》、蔡其矫《故乡集》、李瑛《斗争》、吴兴华《咏古事二首》等诗。《编后记》云：“七月号‘作家论坛’中发表诗人李白凤‘写给诗人们底公开信’一文，其中某些观点是我们不同意的，特别对于诗坛所作的基本估计，问题尤其明显，本期特发表了公木同志反驳的文章。”

8日　《文艺学习》1957年第8期刊出袁水拍《寄托》、麦青《放火的妖精》、公木《他们从生活里拿走一切》、肖犁《右派“要人”咏叹》等讽刺“右派”的诗和沈澄的文章《“草木篇”事件是一堂生动的政治课》。文章讲：“人们本来是对‘草木篇’这一文学作品进行论争，但却被右派分子利用为向党进攻的手段，使它变成了政治性的事件。变成一场激烈的、尖锐的阶级斗争、一场决定思想意识中的‘所有制’问题的战斗。”“流沙河——石天河——文汇报记者范琰——张默生，他们站在一个立场上，结成一条战线，向党进攻。在事件中的种种活动，表现了他们明确的阶级立场和政治态度；石天河所以支持流沙河，不是与他们坚持反动的特务立场，妄图变天，因而想以‘草木篇’事件打开缺口、向党进攻有关么？文汇报上那篇充满恶意攻击的报导不也正是与文汇报几个月来坚决执行章罗反共、反人民、反社会主义的资本主义路线、唯恐天下不乱，到处点火的罪恶活动分不开么？至于张默生趁火打劫，更不能不说是为了向党夺取对知识青年和文艺事业的领导权，与全国范围内章、罗联盟起互相配合、互相支持的作用。”

9日　《人民日报》刊出沙鸥的诗《脸谱种种》，有《装穷卖苦》、《看准时机》、《制造流言》、《里应外合》4首。

9日　北京师范大学校刊编辑室编的《师大教学》报第182期刊出报道《党委会、校行政、民盟师大支部等单位联合召开大会：粉碎黄药眠反党反社会主义言行——黄药眠表示低头认罪，但对章罗联盟避而不谈》，云：“8月6、7两日，在新校北饭厅，由党委、校行政、师大民盟支部、校工会以及大家放、大家鸣等社团联合举行全校大会，批判章罗联盟大将、军师，‘四月会议’决定民盟向右转的主角之一，‘高校体制工作组’召集人，六教授之一，师大‘民主办校’之幕后人，‘高校领导体制’之起草人，我校和社会上的大右派分子黄药眠的反党反社会主义言行。大会由党委副书记方铭同志、民盟师大支部主委陆宗达教授主持。陈垣校长、民盟中央整风领导小组代表千家驹先生也参加了大会。”

12日　《解放军文艺》1957年8月号刊出文莽彦《八一城抒情》、傅仇《森林之曲》等诗。

14日　《人民日报》刊出新华社讯《不容右派分子篡夺人民出版事业领导权——文化部负责人谈首都出版界反右派斗争经过》。文化部负责人说：“不但在出版社的编辑和出版等业务部门的右派分子如此，在书刊发行、美术设计等部门，右派分子的进攻，一时也很猖獗。譬如，美术出版社设计组组长曹辛之，曾诬蔑美术出版社是‘官僚主义加小商人的领导’，公开要求党员领导干部下台下轿，他还和人民出版社的张慈中、世界知识出版社的孙正、财经出版社的卫水山、人民文学编辑部的唐祈和吕剑等相勾结，活动另外组织‘书籍装帧协会’和‘书籍装帧设计联合办公室’，实行资本主义的经营，企图垄断书籍的美术装帧设计事业。”

15日　《人民日报》刊出陈敬容的文章《斥李白凤》，说：“‘人民文学’七月号有一篇李白凤的‘写给诗人们底公开信’。这信登在‘作家论坛’栏第一篇的地位，引起了我的注意。但是，我读了之后，不得不愤怒地告诉所有的读者：这是一株毒草，很恶毒的毒草。”

15日　《青海湖》1957年8月号刊出昌耀的诗《林中试笛》，有《车轮》、《野羊》诗2首，诗后《编者按》说：“这两首诗，反映出作者的恶毒性阴暗情绪，编辑部的绝大多数同志，认为它是毒草。鉴于在反右斗争中，毒草亦可起肥田作用；因而把它发表出来，以便展开争鸣。”昌耀讲：“1957年对于我以及我这样的一批人都是流年不利的一年。那年秋，正当我的第一本诗集《最初的歌》将由陕西人民出版社第二编辑室发排出版，我以两首原由《青海湖》诗歌专号刊作头条（后挪于末版）的16行小诗《林中试笛》而罹罪。这很滑稽：歌颂等于‘毒箭’，故定为右派分子。从此扫出文坛，打入最底层。这是一个对于我的生活观念、文学观念发生重大影响的时期。我以肉体与灵魂体验的双重痛苦，感悟了自己的真实处境与生存的意义。而清白无辜与欲加之罪带给我的心理冲突终难将息。我感觉到自己从来没有像那时强烈感受到的与普通劳动者的认同。不，我的处境还要等而下之，一个‘贱民’即便想融入到‘普通劳动者’一族过一种平和的世俗生活亦不易得。”（《一份“业务自传”》，1997年3月《诗探索》1997年第1辑）

16日　《人民日报》刊出该报记者姚丹的报道《在“草木篇”的背后》。报道讲：“‘星星’创刊于今年1月。早在创刊以前，石天河、流沙河和白航就秘密策划好了通过‘星星’进行反党的阴谋。他们给‘星星’规定的方向是：不走‘名人路线’，借以排斥进步诗人，要按照他们的反党意图，另外培植一批‘作者’；‘稿件不要机械配合政治’，从而企图大登其反社会主义的作品。石天河又据此写了公然排斥社会主义现实主义作品的稿约。在这种露骨的反党纲领指导下，‘星星’的第一期就出现了‘草木篇’和另一首坏诗‘吻’。”“今年春季，‘草木篇’受到批评以后，他们又密谋采取各种卑劣手段，向党发动猖狂的进攻。这一大群右派分子差不多都写了充满谩骂攻击的‘反批评’文章，投到各报刊。其中有的文章甚至写道：‘虚假的王冠快被摘下来了，虎皮交椅快要坐不稳了！’又骂批评者是‘妓院的老嫖客’。这些文章未被刊登，他们又打算秘密印刷，散发到全国。他们另一个恶毒的办法就是在‘星星’上继续放毒。决定以后更要多发表反党的讽刺诗和宣扬颓废、哀愁的诗。流沙河扬言还要写‘昆虫篇’，他叫嚣：‘你怕，老子二天（即以后的意思）还要干！’”

16日　《中国青年》1957年第16期刊出沙鸥的文章《反击右派的战鼓——谈北大、清华的反右派墙头诗》。文章讲：“在北大、清华等大学里，在反击右派分子向党、向社会主义的猖狂进攻中，许多同学除了向右派分子展开了面对面的说理斗争外，并以大量的墙头诗反击着右派。”“从诗歌上来说，这是万分可喜的现象。”“我们从来也不曾掩饰，诗歌是我们工人阶级进行阶级斗争的一个武器。当我读到同学们写的许多反右派的墙头诗时，我是以激动的心情感到这个武器是如此紧紧地握在我们先进的同学手中，它又是以充足的火力射击着敌人。”

18日　《文艺报》1957年第20号刊出公木《扫除灵魂底垃圾——击破丁陈反党联盟》、沙鸥《丁玲的哲学及其它》等诗和树鑫的文章《四川文艺界反击以石天河为首的反党小集团》。

20日　《蓝星诗选》创刊号出版，覃子豪主编，至10月25日停刊，共出2期。第1期名为“狮子星座号”，刊有覃子豪的诗论《新诗向何处去》。纪弦讲：“一九五七年八月三十一日下午，‘诗联’举行八月份最后一次的常务委员会。我到得较早，第二个到的是覃子豪，这时，其他常委和组长，还没有一个来，他就送给我一册八月二十日新出版的《蓝星诗选》第一辑，并说他的理论有和我相抵触之处，希望这不影响到我们之间的友谊。散会后，回到家，我拜读了他的长文《新诗向何处去》，大部分未敢苟同，颇有几句话要说。当然，我也希望这不伤及我们之间的感情。否则，以团结诗坛为宗旨的‘诗联’之组成，岂不是根本就多此一举了吗？于是我写了《从现代主义到新现代主义》和《对于所谓六原则之批判》两篇长文，分别发表在《现代诗》第十九期和第二十期上，给了他一个总的答复。”（《纪弦回忆录·第二部》第81页，联合文学出版社2001年12月版）

20日　《文学杂志》第2卷第6期刊出林以亮《十四行二首》、梁文星（吴兴华）《览古》等诗。

21日　《人民日报》刊出星环的文章《应不应该“一棍子打死”?》。

22日　《旅行家》1957年第8期刊出田间《芒市见闻二首》、徐迟《旅行者的歌》等诗。

23日　北京师范大学校刊编辑室编的《师大教学》报第188期刊出报道《彭慧、穆木天的“检讨”是对党的反扑——中文系全体教职工对此极为愤怒，揭穿了他们的反扑阴谋，作了彻底揭露和批判》，云：“右派分子向党进攻的急先锋、叛徒夫妇——彭慧和穆木天，在上次大会批判揭发斗争后，经过了一个多月的时间，才写出了他们的所谓检讨。在‘检讨’中，他们不仅没有彻底交代，向人民低头认罪，而且对党进行反扑。八月十五、十六日下午，中文系党总支召开全系教职工大会，对彭、穆的反扑进行反击。会议由李文保同志主持。会上，大家表示了极端的愤怒，对彭、穆的反扑的阴谋，作了彻底的批判和揭露。两天大会发言的有二十三人。”

24日 《人民日报》刊出新华社消息：改组编辑部 扭转政治方向 “星星”除去毒草开香花。新华社成都21日电：“自创刊以来一直被右派分子石天河、流沙河等把持的《星星》诗刊编辑部，最近已进行改组。新改组的编辑部在17日给国内许多诗人的信中，这样写道：‘《星星》诗刊现已是反击右派的阵地，是社会主义诗歌阵地！’”“从已发排的第九期所刊登的诗歌就可以看出这个刊物的政治面貌有了改变。在这一期刊有十多首反击右派的诗，占了这期刊物四分之一以上篇幅，其中有工人、战士和彝族青年的作品。此外还有歌颂祖国建设的诗篇。”

25日《诗刊》1957年8月号刊出袁水拍《一场恶战》、柯仲平《反右派的歌》、林庚《在历史的航程中前进》、阮章竞《招魂》、公刘《我们的生活向右派宣战》、李瑛《贴在街头》等诗和沙鸥《“草木篇”批判》、邹荻帆《李白凤的公开信》、屠岸《莎士比亚的照妖镜》等文。邹荻帆文章讲：李白凤的信“一开始，他仿佛在给诗人们献颂诗一样，‘为你们能唱出这末多丰富而美好的赞美我们这个伟大的时代、民族、国家、人民的雄壮而快乐的诗歌感到无限的钦佩。’接着，他这样提出：‘我感觉到诗歌的创作被限制在如此狭窄的领域里，诗人们替自己划定了写作范围，就在这样的小天地里回旋着。’请看，他的前提和结论，竟是多么互相矛盾。一个颂扬的前提，一个诋毁的结论。如果联系起来解释，那就是说：他认为‘赞美我们这个伟大的时代、民族、国家、人民’的诗歌，实在并没有什么可钦佩的，因为，他‘感觉到诗歌的创作被限制在如此狭窄的领域里’。这里，他的赞美很广泛，但极空洞。姑且不论是否我们的诗人已经唱出了这样雄壮而快乐的诗歌，如果按照他的说法，是已经唱出了这样的诗歌，那怎么能还说是‘限制在如此狭窄的领域’呢？李白凤所要的是怎样的‘写作范围’呢？难道我们还应该赞美资产阶级，赞美资产阶级在中国的一去不复返的时代吗？是的，李白凤并没有明白地提出来歌颂资产阶级，但他在感觉到诗人们的赞美是在‘小天地里回旋着’之后，进一步来反对我们的诗人们，诬蔑我们的诗人们了。”“他是用了他的‘现代派’笔法，诬蔑了我们的诗人和我们的时代。难道他的公式不是这样在演绎：诗人们唱出了丰富而美好的赞美我们这个伟大的时代……的诗歌，——但是是限制在如此狭窄的领域里，——这是因为诗人选定了不那末太多的诗歌写作方法，——这是由于‘我们还不容许不同风格的诗歌有充分发表的可能性’，——这就造成了如马克思针对当时德国‘最新审查条例’所说的：‘它只准许产生一种色彩，官方色彩’，——而后要我们参考参考。”

31日 《现代诗》第19期刊出马朗《岛居杂咏四章》、黄荷生《可怜的语言十首》等诗和纪弦的文章《从现代主义到新现代主义——对覃子豪先生〈新诗向何处去〉一文之答复》（一）。

8月　中国诗人联谊会在台湾成立，钟雷、上官予、纪弦、覃子豪为常务委员。纪弦讲：“中国诗人联谊会（简称“诗联”），成立于一九五七年诗人节后，是由我和覃子豪、钟鼎文、钟雷、上官予、宋膺、左曙萍等共同发起的。这是一个聚全国诗人于一堂，主要以联谊为宗旨的团体。但是我们没有固定会址，只好借‘文协’水源路的老房子开会。那时候（一九五四年以后），各大专院校差不多都有一个诗社的组织，例如台大的‘海洋诗社’、师大的‘喷泉诗社’、文化学院的‘华冈诗社’、台北医专的‘北极星诗社’（喻丽清任社长）等等。同学们时常邀请我和其他诗人去作专题讲演，开座谈会，有时他们举行朗诵比赛，就请我们去评分，所以‘诗联’的会务也相当的繁忙。在台湾，最初几年，特别是一九四九、一九五〇这两年，军中文艺空气十分浓厚，一般军人都爱写诗，而新诗的读者也多半都是军人。直到一九五一年后，大专和高中的学生们方才开始爱好文艺，开始写起诗来。由军中而校园，写诗和读诗的战士与青年，一年比一年多起来了。因此，‘诗联’的组织与活动，在当时，的确是有其必要的。”（《纪弦回忆录·第二部》第80页，联合文学出版社2001年12月版）

8月　《黎·穆特里夫诗选》由作家出版社出版。

8月　沙鸥的儿童诗集《快去迎接春天》由天津人民出版社出版。

8月　童晴岚的诗集《海堤诗草》由福建人民出版社出版。

8月　张自英的诗集《下弦月》由反攻出版社出版。

8月　李季、姚以壮、朱红兵的诗集《银川曲》由通俗文艺出版社出版。

8月　高平的诗集《拉萨的黎明》由重庆人民出版社出版。收有《悬崖上的绳索》、《藏族骑手》、《钢铁的城》等诗。

8月　顾工的诗集《这是成熟的季节啊》由作家出版社出版。收《我们在海防线上》、《开罗呵！你的名字就是胜利》、《这是成熟的季节啊!》、《战士的荣誉》等诗37首，分为2辑，有作者《后记》。

8月　刘文玉的诗集《柳笛集》由辽宁人民出版社出版，为“青年文艺创作丛书”之一种。收《柳笛》、《炼钢炉旁》、《春天的使者》、《塔山下边梨花开》等诗39首，有作者《后记》。《后记》说：“几年来在党的培养下，使我在业余时间里写了点不成熟的诗稿。”“叫它‘柳笛集’，是因为它不成熟，正像用柳枝拧成的笛儿一样。不过，孩子们在春天里吹奏，虽说没腔没调，却能表达点家乡的味道。如果说这个集子是诗，也仅仅是传达了些微家乡变化的声音罢了!”

8月　王希坚的诗集《远方集》由作家出版社出版。收《天安门前》、《又一座大厦开工了》、《列宁墓》、《在朝鲜时我又想起》等诗34首，有作者《后记》。《后记》说：“最近几年写的诗很少，回顾起来自己也不够满意，但在这几年当中，也的确作了不少探索和努力，下过一些工夫。这里的几篇短诗，从它的风格的参差不齐和内容的芜杂不一来看，就可以看到我的摸索前进的痕迹。有些地方自己觉得好像有些心得，有些地方又还不敢肯定。在这本小册子能和读者见面的时候，我很希望能够从此得到一些意见和批评，使我能从参照启发当中，找到一个更明确的方向。”

8月　严阵的诗集《春啊，春啊，播种的时候》由作家出版社出版。收《春啊，春啊，播种的时候》、《县委书记》、《拖拉机来了》、《水兵回到家乡》等诗37首。该书《内容说明》讲："这部诗集包括三十六首短诗和一篇长诗'风暴歌'，都是描写淮河平原上的农村生活的。这些短诗，从不同的方面，描写了农业合作化运动给淮河平原带来的崭新的生活气象，和人民思想感情的变化。长诗'风暴歌'，写出了农业合作化运动高潮中的阶级斗争，同时还穿插着一对纯洁青年的恋爱故事。这些诗作，语言朴素，带有浓厚的抒情情调。"

8月　江西人民出版社编的《农村诗选》由该出版社出版。收黄思咏《敲钟老人》、张弦《我们的母亲恢复了青春》、李耕《秦老汉的脾气》、文莽彦《进城的姑娘》等诗35首。

8月　公木的诗论集《谈诗歌创作》由新文艺出版社出版。收《和初学写诗的同志漫谈关于写诗的问题》、《邵燕祥的诗》、《谈中国古典诗歌传统问题》等文8篇，有作者《我爱》诗一首代序。该书《内容提要》说："本书包括谈诗歌创作的文章八篇。其中，'和初学写诗的同志漫谈关于写诗的问题'一文，详细分析了初学写诗者一些不正常的思想，例如认为'写诗只要有真实的感情就行'、'只要思想正确就能写出好诗'等等。'邵燕祥的诗'等五篇，是对几个青年诗人的作品的评介，指出了这些诗作的优点和缺点。其余两篇，是谈中国古典诗歌的传统问题的，文章中讨论了古典诗歌的传统究竟是什么，以及应该怎样继承和发扬这个传统。"

1957年9月

1日　《星星》诗歌月刊第9期刊出本刊编辑部《右派分子把持"星星"诗刊的罪恶活动》一文和曦波《右派"作家"进行曲》、梁上泉《边山诗草》等诗。编辑部文章讲："'星星'诗刊1—8期，为右派分子石天河、流沙河、白航所把持，篡夺了党对'星星'诗刊的领导，篡改了'星星'的政治方向。现在，'星星'诗刊编辑部已经改组。改组后的编辑部，对'星星'诗刊1—8期作了初步的检查"，所检查出的"毒草"作品，"除'草木篇'和'吻'而外，我们认为还有'风向针'（右派分子流沙河化名陶任先，4期）'传声筒''泥菩萨'（白鸽飞，6期、5期）'步步高升''我对着金丝雀观看了好久'（右派分子长风，2期），我们所以把这些当作毒草提出，因为从政治思想倾向上看，它们是不符合六条标准的，有的异常恶毒地诬蔑党的领导；有的则辱骂人民、辱骂新社会，造谣新社会没有自由，人民甘愿过不自由的生活；有的则进一步诋毁我们的社会制度，散布官僚主义是社会制度产物的谰言，实质上宣传了取消党的领导，推翻人民民主专政制度的主张，和全国各地的右派分子唱着同一个调门"。

1日　《处女地》1957年9月号《锋芒指向右派》栏刊出师田手《党》、苗雨《给流沙河的"草木篇"》、方冰《是克雷洛夫的狗熊吗?》、沙鸥《未亡人》等诗。

1日　1957年9月号刊出陈瘦竹的文章《什么“同人诗刊”》，说：“江苏省人民广播电台文艺编辑部右派分子王染野，曾经拉拢一些对党不满的人，想要创办一个‘同人诗刊’，企图和‘雨花’文艺月刊及‘新华副刊’唱对台戏。他们为什么要办‘同人诗刊’呢？那是因为他们毁谤党所领导的文艺刊物是‘宗派把持’，有‘门户之见’。他们为什么要这样毁谤党的文艺刊物呢？我们只要检查一下他们所纠合的是那一些‘同人’和要创办的是那一种‘诗刊’，那就可以明白其中的真相了。”“这样一批‘同人’，能够办出什么一种‘诗刊’来呢？这个右派刊物虽然还没有出版，可是据说早已有了编辑方针，其中一条，便是不登歌颂‘机器轰隆响、大红花’的诗篇。所谓‘机器隆轰响’，当然是指工农业的建设而言。只有一切劳动模范和战斗英雄以及其他为人民立功的人，才有资格戴上‘大红花’。今天中国人民在党的领导下，正以极大的热情和极高的速度在建设社会主义，不仅在工厂车间里和拖拉机站里有‘机器轰隆响’，而且在荒山野洼人迹罕至的地方也有‘机器轰隆响’。我们每天都可以听到从各个战线上传来的捷报，遇见为人民立了功应该戴上‘大红花’的先进的人们。我们正是依靠了‘机器轰隆响’以及戴‘大红花’的人，才有了今天的和平幸福的生活以及更美好的前途。如今有人憎恨‘机器轰隆响’和‘大红花’，那末他是什么样的人呢？今天的诗歌如果不歌颂社会主义社会的生活，那末它要歌颂什么样的生活呢？由此可见，王染野等心目中的那个‘诗刊’，完全和毛主席的文艺为工农兵服务的方针背道而驰，只是少数野心家用来作为反党反社会主义的工具而已。”

5日　《文艺月报》1957年9月号《进一步深入展开反右派斗争》栏刊出刘金《“神经过敏”与“鼻子伤风”——读〈从“草木篇”谈起〉有感》、田之《“人民文学”反右派斗争获初胜——剥露唐祈、吕剑的原形》等文。田之文章讲：“反右派斗争开始以来，‘人民文学’编辑部全体工作人员连续开了十几次会议，揭露与批判了唐祈、吕剑等的反党、反社会主义言行。”“在反右派斗争以前，唐祈还纠集了解放以前他们在上海搞的那个象征派颓废派‘中国新诗’的班底（包括曹辛之、唐湜、杜运燮、穆旦等）在办所谓‘同人刊物’和提倡新诗流派的名义掩护下，企图发展自己一派势力，开拓一个反党的文学阵地。”

5日　《延河》1957年9月号刊出林山《新的土地》、高敏夫《指问放火的野心家》、沙陵《从哪里射来枪弹》、蔡其矫《绝句五首》等诗和安旗《从矫揉造作的“颂歌”到反社会主义的战歌》、沛翔《“大风”吹来了什么？——读“大风歌”有感》、姚虹《人民的洪流将席卷一切右派分子而去——斥张贤亮的“大风歌”》、霍松林《扑灭这股妖风——批判张贤亮的“大风歌”》等文。

6日　《人民日报》刊出白桦的诗《有这样的诗人》。

6日　《中国青年报》刊出孙秉富的文章《批判“人民文学”七月号上的几株毒草》，讲：“当七月份‘人民文学’的‘革新特大号’出版的时候，轰轰烈烈的反击资产阶级右派分子的斗争早已开始了。很明显，读者期望这一期的‘人民文学’能够和全国人民一道，积极参加这场关系我们的社会主义祖国的生死存亡的斗争。然而，当我们读了七月号‘人民文学’以后，是感到怎样的失望呵！反击右派的，仅有短短的两篇杂文。文艺界的右派言论也丝毫没有加以批判。这且不论。最不能令人容忍的是在这一期里，却放出了比过去的每一期‘人民文学’还似乎要多得多的毒草。”“除作品外，在‘作家论坛’这一栏里（也是第一篇），还有一株大大的毒草，就是右派分子李白凤的‘写给诗人们的公开信’。在这封公开信里，李白凤暗示我国的诗歌创作不自由、灰色是‘唯一钦定的色彩’。说老诗人的诗作可以被掌握‘生杀予夺’大权的编辑所扼杀，而‘要想从下面冲到上面来的年轻诗人，似乎并不比从石头的重压下冲出来的幼苗更省力’。”

7日　《蜜蜂》1957年9月号刊出《本刊重要声明》，并在《彻底粉碎资产阶级右派的进攻》栏刊出尹一之《警告右派分子》、何建平《反右派诗二首》、叶蓬《把右派分子一网打尽》等诗。

8日　《人民文学》1957年9月号刊出郭小川《射出我的第一枪》、张永枚《海的儿子》、骆文《她的歌》、文莽彦《八一馆》、吴奔星《漫步雨花台》、李欣《再见》、路展《沿着钢铁大街》等诗。

8日　《文艺报》1957年第22号刊出通讯《文艺界对丁、陈反党集团的斗争深入开展　李又然、艾青、罗烽、白朗反党面目暴露》和闻山《致“黄鸟”诗人》、公木《骗取党龄的人》等诗。通讯讲：“文艺界对丁玲、陈企霞反党集团的斗争，正在以激烈的辩论和严肃说理的方式更深入地开展。随着会议近几天揭露和批判了丁、陈反党集团的走卒李又然的反党言行，并对艾青、罗烽、白朗等人的反党言行也进行了揭露和批判。”“大会揭露：艾青和丁、陈集团的关系非常密切，他热心地为这个集团奔走效劳，出谋划策。近一、两年来，艾青活跃在丁、陈反党集团、江丰反党集团和吴祖光右派集团之间，进行传递消息、奔走串连、出谋献计、争取相互支援的活动，帮助和支持他们向党猖狂进攻。”

8日　《文艺学习》1957年第9期刊出黄秋耘的文章《批判我自己》和张永枚的叙事诗《鱼水之歌》。

12日　《解放军文艺》1957年9月号刊出诗歌特辑，刊有江枫《我们挺身战斗》、肖英《右派分子的脸谱》、徐迟《我的歌》、公刘《河西行》、李瑛《时代纪事》等诗。该刊1957年10月号《编后记》说：“诗歌方面，我们在九月号出了特辑，不但集中地发表了较大数量的诗，而且极力注意到诗的质量，注意到发展其不同的风格，极力发扬诗歌歌颂社会主义建设、鼓舞建设者的战斗意志的作用，以及它在反右派斗争中的号角的匕首作用。这些努力引起了广大读者的共鸣，获得了广大读者的支持。我们要扩大这方面的战果，准备一九五八年一月号再来一个诗歌特辑。”

14日　《人民日报》刊出沙鸥的诗《脸谱种种续集》，有《冯雪峰》、《艾青》、《李又然》、《陈明》4首。

15日　《文艺报》1957年第23号刊出李季、阮章竞的文章《诗人乎？蛀虫乎？》和李宝靖的文章《李白凤要歌颂的是些什么？——评李白凤的诗和〈给诗人们底公开信〉》。李宝靖文章讲：“李白凤的‘致诗人们底公开信’（《人民文学》1957年7月号）是一篇诬蔑党的文艺领导、充满着反党的右派思想的文章。

这篇文章的许多错误论点，都是从作者的阴暗的思想情绪述说出来的。他特别厌恶和反对诗人们用最好的形容词——太阳来歌颂新时代的光明、歌颂伟大的共产党和敬爱的领袖。他说：'在我们的诗歌中，有着不同签名而内容变化不多的歌颂太阳的诗。……过多的使用太阳这一象征不觉得单调么？'显然，长期呆在阴暗的角落里，或者和阴暗角落的气味相投的人，是怕见太阳的。”

15 日　《青海湖》1957 年 9 月号刊出王浩《韩秋夫、程远反党联盟“理论家”的自白书——反右火线传单诗五则》、秀山《斥反动诗——“林中试笛”》等诗。

15 日　《新港》1957 年 9 月号刊出邹荻帆《斥丁、陈反党集团》、白桦《毒菌——为丁玲画像》、公刘《粉碎章罗集团的恶性“大发展”》、顾工《他忘记了……——在党内有这样一个右派分子》等诗，编者《这一期》讲：“这期的诗，主要的都是些反右派内容的诗。许多诗人如邹荻帆、公刘、白桦等同志对我们热诚协助，是应当在此志谢的。”

20 日　《文学杂志》第 3 卷第 1 期刊出梁文星（吴兴华）《绝句》、余光中《浮雕集》等诗。

22 日　《文艺报》1957 年第 24 号刊出阮章竞《“宇宙歌王”》、闻捷《塔塔木林画像》等诗和署名“记者”的报道《艾青是怎样“检讨”的?》。报道说：“在作家协会党组扩大会议第 24 次会议上，胡海珠同志代表在作协整风办公室工作的八位同志发言，揭露了艾青怎样做‘检讨’的故事。”“艾青发言中‘关于和吴祖光新凤霞的关系’这一部分的检讨和交代，完全是他爱人高瑛替他写的，不仅从笔迹上可以看出那是高瑛的字，从内容上和语气上也完全可以肯定这是高瑛替他写的。他谈到吴祖光第三次到他家时，发言稿上写着‘是在我生孩子之后’！（胡海珠念到这里，全场大笑）说到他们夫妇有一次到吴祖光家吃饭的情形，发言稿上说：‘席间大家大谈笑话，艾青听着很少插嘴，我和新凤霞谈家常。’（全场笑）……这不是高瑛的语气是谁的语气？艾青同志对党没有一丝一毫的诚意，他是以怎样卑劣的态度来对待这场严肃的斗争，对待同志们的批评，从这里不是看得十分清楚吗?”

24 日　《人民日报》刊出徐迟的文章《艾青能不能为社会主义歌唱?》。文章讲：“这些年来，艾青的情绪是非常阴暗的。由于犯过错误而受到党的处分，他认为自己是处在逆境之中了。但是，和丁玲一样，他也经常讲他是靠国际影响吃饭的。他经常把外国出版的他的翻译诗集和关于他的诗的论文集捧来捧去给人看，并以之作为处于逆境中的安慰以及对党骄傲的资本。”“艾青是非常骄傲的。别人的作品从来都不在他眼里（可以参看他的‘诗论’）。他对同时代的诗人都诽谤过，讽刺过，甚至对同时代的外国大诗人也在口头上散播过许多刻薄话。其实别人的诗他很少看。这两年几乎根本不看。他对整个文艺界抱着虚无主义的态度。他一直是抗拒着党对文艺工作的领导的。他刻薄地说：‘现在有一些人，创作不出来了，就搞理论，理论也不行了，就干行政。结果呢，行政管理论，理论又管创作。一层管一层，创作就给管得枯萎了。’”艾青近几年的作品大体说来分为两类，“一类是暴露了他的不满情绪的。一类是偷运资产阶级的颓废派、现代派诗风的”。《在智利的海岬上》“这首诗真真是现代派诗风的走私了”。“这首诗非但没有热情明朗地描绘一个政治斗争，却反而写得晦涩难懂，引起每一个读者的许多猜测，大家像打灯谜一样。但灯谜还是有底的，这些诗句却连谜底也没有。我们要反对这种诗风。它的底细，其实我们也摸的很清楚：这种晦涩和朦胧正是资产阶级的颓废派诗歌的特点，它们和资产阶级的世界主义有着血缘的亲族关系。二十年前，艾青曾经从欧洲带回一枝阿波里奈尔的芦笛，用它来吹过革命的歌曲。时代大踏步的前进了，他应该抛弃这样的音乐了。”“这样看来，艾青这两年有何改变？他何曾为社会主义歌唱？他写的“‘官厅水库’显得很平庸。事实是艾青这两年生活得很不正常，很腐化，很堕落，骄傲已极，和一些反党分子来往到了亲密无间的程度。原来问题还不在于他能不能为社会主义歌唱，而首先在于他今天能不能过这个社会主义的大关?”

25日　《诗刊》1957年9月号刊出徐迟《艾青能不能为社会主义歌唱?》、田间《艾青，回过头来吧!》、黎之《反对诗歌创作的不良倾向及反党逆流》等文和郭小川《发言集》、公木《恶鬼底画像》、严辰《洋奴的悔和恨》、顾工《喂!同志，你应该站起来大声发言》等诗。编者《反右派斗争在本刊编辑部》说：“本刊编委之一吕剑，编辑唐祈，是两个右派分子。”“新华社八月四日的电讯中，曾经揭露吕剑、唐祈两人的右派面目和他们的一些罪恶活动。这个电讯发表在五日各报上。电讯中提到吕剑、唐祈假借‘帮助党整风’的名义，先在作协召集的民盟盟员座谈会上，攻击‘人民文学’和作协的党组织。他们一不做，二不休，又到‘文汇报’驻京办事处开会，密谋‘公开’作协的问题。而后，按照了议定的谋划，吕剑、唐祈又在‘人民文学’的整风会上，大举进攻。他们污蔑了作协的肃反运动，还说‘人民文学’编辑部是‘宗派主义’的，‘党包办’的，并特别恶毒地挑拨‘人民文学’编辑部和非党作家的关系。”“根据继续揭发的材料和他们自己的交代，已经证明：他们和丁玲、陈企霞反党集团中的骨干分子李又然有着密切的关系。李又然和吕剑、唐祈在一起策划，并供给了他们进攻用的炮弹，企图为丁、陈反党分子翻案。吕剑、唐祈已经承认他们充当了这个反党集团外围的‘哨兵’。他们的其他活动，他们和其他右派分子的关系，则正在继续的揭发中，他们自己也陆续地交代了一些。”“本刊另一编委，诗人艾青，最近在作家协会党组扩大会上受到了严正的批判。艾青的反党言行被揭发了。他和丁玲、陈企霞、江丰这些反党集团以及吴祖光右派集团都有关系。他充当了这些集团中的联络员，为他们传播反党活动消息。一个深夜，艾青主动招待‘文汇报’记者，告诉他们所谓‘文艺界的两个底’，污蔑党批评丁玲、陈企霞、江丰是党内宗派主义，挑动‘文汇报’向党进攻。此外，他也说过各式各样反党、反领导的言论。”“艾青被揭发了。他的灵魂深处也是很腐朽、很卑劣、与‘诗人’和‘人类灵魂工程师’的光荣称号全不相称的。这也难怪他近年来的创作缺少革命的情绪和生活的气息，甚至在一些作品中流露了对党的领导和对党的文艺政策对抗的情绪。”“本刊其他几个编委和编辑部工作同志都积极参加了对艾青的揭发和斗争。与这同时，编辑部也积极地开展着对吕剑、唐祈的斗争，要他们老老实实、彻底地交代问题。斗争将坚决地、深入地进行下去，不获全胜，决不收兵!”田间文章讲:“在艾青的身上，原有的腐朽的资产阶级的思想作风，没有经过多少改造，而他又很怕改造；进城以后，尤其是这几年，发展到令人不能容忍的地步。他经常埋怨党，讲怪话，从不老老实实检查自己的错误，反而诬蔑党内有些同志打击他、压制他，和党对立；他对党的工农兵文艺方针，也是不感兴趣的。终于他走上反党的道路。‘大鸣大放’期间，他是一位非常活跃的角色，奔走在几个反党集团之间，几处点火。他的这些反党言行，谁能容忍？我们绝不能因为他是一个有一些成就的诗人，就允许他反党，允许他生活堕落腐化。在我们的生活中，他丝毫没有这种权利。”黎之文章讲:“‘百花齐放，百家争鸣’的政策提出以后，诗歌创作不论从题材上和形式上都比过去宽广了，数量也大大增加了。在我国文学艺术的花园里，诗歌开始开放了五彩缤纷的花朵。”“可是，我们同时不能不看到，这一个时期诗歌创作上出现了一些不良的倾向以至毒草。为了使我们的诗歌创作健康的发展，为了保卫社会主义事业，我们都必须和这些不良倾向以及那反党反人民的毒草进行斗争。”“我们知道诗应该是时代的声音，应该是战斗的号角。但是在诗歌创作上前一时期却出现了低沉、忧伤的调子，出现了一些带有浓重的小资产阶级情绪，甚至资产阶级低级庸俗感情的诗。而这些东西在某些刊物和某个时期某些地方竟占了上风。如‘星星’诗刊创刊号就出现了一些色情的和有反党情绪的诗，现在我们知道它是被右派分子霸占的一个反社会主义的阵地，直到最近这个情况才改变的。”“发表在‘延河’七月号张贤亮的‘大风歌’，也是一首表现了反动情绪的诗。这首诗写得比较含蓄，初读的印象好像只表现了作者狂怒的情绪，但仔细一读，还是可以看出作者的真实含意的。”“‘要破坏一切’! 倒[到]底他要破坏什么呢? 原来是:‘庸俗的、世故的、官僚圈子’。那些敌视社会主义的人们总是骂新社会‘庸俗’，骂新社会到处是‘官僚’而要一棒子打死。‘大风歌’也就是企图在反‘庸俗’和‘官僚’的幌子下，破坏新社会的一切。”

25日　《奔流》1957年9月号刊出本刊编辑部《我们的检讨》和贺力震《右派分子苏金伞的真面目》、牛星斗《苏金伞的反动文艺思想》、李书《“诗人”的秘密》等文。《我们的检讨》讲:“刊物对培养新作家负有重大责任；发现和培养了多少有才能的作者，是衡量一个刊物成绩的最重要标准之一。‘奔流’在‘编者的话’中虽曾提到这一问题，但在右派分子的掌握下，与编辑部严重的资产阶级个人主义支配下，实际执行的结果，是脱离省内广大青年作者，扼杀了新兴的创作力量。右派分子苏金伞认为新起的作者是‘政治上的宠儿，艺术上的无知’，对培养新作者进行恶毒的诬蔑说‘刊物培养新作者是丑表功’，他‘耻与新作者为伍’。而我们编辑部也出现了‘自然淘汰论’。所以在‘奔流’第三期‘编者的话’里，就公然提出了‘跳高’问题；这样，广大青年作者就被拒于大门之外了。”“不仅如此，‘奔流’在右派分子苏金伞、栾星等所谓‘立足河南，面向全国’的口号下，在编辑部的追随下，完全抹煞了刊物反映河南人民的生活斗争、历史传统和地方特点这一任务，因袭了旧社会的私人拉稿约稿路线。苏金伞等这种通过私人朋友交往稿件，也就抹煞了选稿标准。朋友寄来好的作品固是香花，毒草也成了香花。为同仁吹捧，为朋友拒绝批评。所谓'跳高杆子'又是可升降的了。如李白凤的诗'落日'、陈雨门的诗'无声的春雨'、栾星的杂文'说话难'等，都是在这种情况下被刊登出来的。苏金伞的诗作，不少读者的批评稿件寄来，都被压住没有发表，而一至七期仅发了一篇评论稿件，却恰是为苏金伞捧场的。问题很明显了，所谓'质量'，不过是排一排老朋友的名单，来排斥新生力量，把刊物变成朋友们的名利场。"

9 月　方冰的诗集《战斗的乡村》由作家出版社出版。

9 月　何其芳的诗集《预言》由新文艺出版社出版。

9 月　沙鸥的诗集《夜明珠》由天津人民出版社出版。

9 月　田间的诗集《芒市见闻》由云南人民出版社出版。

9 月　汪静之的诗集《蕙的风》由人民文学出版社出版。

9 月　《应修人　潘漠华选集》由人民文学出版社出版。

9 月　丁芒的诗集《欢乐的阳光》由新文艺出版社出版。收《在祖国的天空飞行》、《洱海之恋》、《访杜甫草堂》、《青年高举火把》等诗 25 首。

9 月　公刘的诗集《在北方》由作家出版社出版。收《五月一日的夜晚》、《因为我是兵士》、《在工业的地平线上》、《春天，又来到了我们身边》等诗 50 首，有作者《代序》。

9 月　青勃的诗集《乐园集》由作家出版社出版。作品分为《太阳和玫瑰》、《流着蜜的河》2 辑，收《真理的太阳》、《她望着西边工地的灯光》、《我带着千万农民的敬礼，走到石漫滩水库》、《我们两点钟创造了奇迹》等诗 54 首，有作者《后记》。《后记》说："这是我的第六本诗集。其中有一首是在 1952 年写的，其它都是 1953 年—1956 年这一阶段所写的短诗。""我在乐园里工作和生活着，我的心无时不在颤动，但是：我唱出的歌，我写出的这些诗，却只能算作乐园里嫩弱的小草。""我自然希望在我的诗歌创作上能够抽出枝条，开放一朵小小的红花。""我在努力这样作。"

9 月　万忆萱的诗集《金黄金黄的婆婆丁呵》由长江文艺出版社出版。作品分为 3 辑，收《醒来吧，古老的森林》、《金黄金黄的婆婆丁呵》、《问候你，祖国的汽车城》、《草原工地》等诗 26 首，有作者《后记》。

9 月　严辰的诗集《最好的玫瑰》由作家出版社出版。作品分为《苏联行》、《韶山冲》2 辑，收《克里姆林的红星》、《雪落满了你黑色的大氅》、《让我们插上幻想的翅膀》、《敬礼，埃及的兄弟》等诗 42 首，有作者《后记》。

9 月　北京出版社编辑的诗集《北京的诗》由该出版社出版。收公刘《致中南海》、艾青《景山石槐》、李学鳌《心上的图画》、沙鸥《节日前夕》等诗 100 首，有编者《前言》。当时的广告讲："这是解放后各报刊发表的歌颂北京的诗歌选集，这里选辑了郭沫若、臧克家、冯至、田间、李季、徐迟、沙鸥、邹荻帆、顾工等四十四位诗人和青年作者的一百首诗。在这些诗篇里，歌颂了首都的社会主义建设和巨大的变革；歌颂了首都人民的豪迈的劳动热情和幸福欢乐的生活；歌颂了首都的美妙动人的景色和节日的欢腾景象。这些诗篇表现了亿万人对我们伟大祖国的首都的无比热爱。”（1957年10月6日《文艺报》1957年第26号）

9月　上海文化出版社编辑的《“超阶级”的“灵魂”——反右派讽刺诗集》由该出版社出版，收有俯拾《章氏“政治设计院”》、邹荻帆《右派的逻辑》、邵燕祥《大人先生们的心事》、陈山《孙大雨“看病”》等诗。该书《内容提要》说：“这是一本以反右派斗争为题材的讽刺诗集。其中所辑的四十八首诗歌，大都是揭露右派分子的阴险、狡诈的丑恶嘴脸及其反党、反人民、反社会主义的反动本质的，也有几首是批判阶级立场不明和嗅觉不灵的人的。读了这些作品，使我们认识到在革命过程中阶级斗争的复杂性和长期性，而诗人们如何运用诗歌形式作为同一切反社会主义的人进行斗争的武器，也是值得学习的。”

9月　中国青年出版社编辑的诗文集《向右派开火》由该出版社出版。收江枫《我们挺身战斗》、宇锋《大字报，反右派的战鼓!》、北京师范大学“望远镜社”《变色龙》、谢冕《给朋友》等诗40余首。《编辑部的话》说：“在轰轰烈烈的反右派斗争中，首都高等学校的青年，在党的领导下，同全国人民、全国青年一起，坚决地向反党反社会主义的资产阶级右派开火。为了捍卫党捍卫社会主义，反击右派分子的猖狂进攻，他们除了在理论上粉碎右派分子的荒谬言论外，还拿诗歌和杂文作为斗争的武器，发出保卫党保卫社会主义的号召，反对温情主义，激励广大同学积极投入战斗，对右派分子展开英勇的反击；揭露右派分子的阴谋诡计和丑恶嘴脸。这本集子就是首都高等学校青年在反右派斗争中所获得的辉煌成果。”

9月　苏添穆的诗论集《新诗与创作》由神州书局出版。

1957年10月

1日　《星星》诗歌月刊第10期刊出田奇《社会主义的锣鼓在农村敲响了》、雁翼《故乡诗抄》等诗和山莓《公木支持了什么》、施幼贻《黑色的歪诗》、陶晓卒《剥皮》等文及本刊编辑部整理的《读者对“星星”诗刊的批评》，并重刊《稿约》云：“‘星星’诗刊，是社会主义的诗歌阵地。为工农兵服务的文艺方针，是‘星星’诗刊坚定遵循的方针。”“我们的诗歌，应该是社会主义伟大时代的战鼓，鼓舞人民去建设社会主义事业。”“我们的诗歌，在政治思想上，应该符合毛主席所提出的六条标准”，“我们的诗歌，在这六条标准之下，作者可以有自己的风格、形式、体裁，让我们的诗歌百花齐放”。

1日　《处女地》1957年10月号《锋芒指向右派》栏刊出方冰《温情》等诗和万福的文章《评“草木四咏”》。文章讲：“‘处女地’4月号饮可的‘草木四咏’，是借助于‘盘根草’、‘甘蔗’、‘玫瑰’、‘无花果’等植物，含沙射影、指桑骂槐地发泄作者的忿懑情绪和散播对党极端不满的。”

5日　《文艺月报》1957年10月号刊出袁水拍《反对冯雪峰的文艺路线》、

艾芜《冯雪峰是一贯反党的》、梁文若《揭露右派分子洛雨的反党反社会主义活动》等文和郑成义《拦火车路记》、沙蕾《过关》、姚奔《“大诗人”》等诗。

5日　《延河》1957年10月号刊出王亚凡《到延安去》、赵七星《山村》、高平《噶尔穆两首》、李孑《胜利的保证》、魏钢焰《编辑的诗》等诗和安旗的文章《再论抒人民之情——兼斥右派分子平平的修正主义和人性论》及柴世师、杨清南的文章《张贤亮是怎样的人?》。

6日　《文艺报》1957年第26号刊出闻捷的诗《祖国！光辉的十月!》。

8日　《人民文学》1957年10月号刊出阮章竞《向右公列传》、沙鸥《脸谱种种》、谈微《“歌德派”之歌》、戈壁舟《秦岭》、吴烟痕《黄河诗抄》、梁上泉《大巴山歌》、顾工《油印报》、方敬《路过石家庄》、杨文林《响在田野上的短笛》、安谧《桦哨》等诗和孙秉富《批判“人民文学”七月号上的几株毒草》等文及本刊编辑部整理的《这是什么样的“革新”——读者对本刊七月号的批评》。《这是什么样的“革新”》讲：“对于李白凤的‘致诗人们底公开信’，有十几位读者指出是‘诬蔑新中国、诬蔑诗歌界的毒草’，有的指出他所说的‘诗歌界的冻结现象’，‘知识分子的心情在“乍暖还寒”的时候’等，是和‘费孝通的臭名昭著的“知识分子的早春天气”一鼻孔出气的’。读者夏冰指出‘李白凤是带着黑色眼镜来观察我国诗坛的，并利用“公开信”诽谤诗坛，以期达到削弱党的领导的目的。’”《编者的话》说：“本刊七月号出版的时候，全国人民反击资产阶级右派的斗争业已展开。在这期刊物上，我们不但没有积极组织文章参加这一场关系到我们国家命运、国家前途的庄严斗争，反而以大量的篇幅和显著的地位发表了内容含有严重毒素的作品。其中最突出的，有猛烈地攻击党、攻击新社会的小说‘改选’，恶毒地诬蔑党、诬蔑党员领导干部的杂文‘“蝉噪居”漫笔’，以及诽谤我们文艺界、诽谤革命文艺的短论‘写给诗人们底公开信’等。”

8日　《文艺学习》1957年第10期刊出臧克家的文章《艾青的近作表现了些什么?》和陈官煊《勘测短曲》、芦荻《通什之歌》、牧丁《渺小和伟大——大作家点滴》、吴平《某诗人的自画像》等诗。臧克家文章讲：“近一年来，艾青在各种报刊上发表了不少的作品。这里边，有诗，也有寓言。如果单从数量上着眼，艾青的创作热情是很旺盛的，事实上呢，在他的这些作品里，表现社会主义伟大建设的、富于现实意义和时代精神的东西，是很少的；正相反，年来他所写的，多半是讽刺新社会，反映他个人不满情绪的篇什，以及毫无新意的风景画片。”

10日　《草地》1957年10月号刊出小木《斥流沙河的“个性论”》、刘开扬《也谈张默生的“诗无达诂”》等文和山莓《猫头鹰和狼》、温莎《我们和你们》等诗。

12日　《解放军文艺》1957年10月号刊出白薇《梁军女队》、周纲《九龙江的浪花》、傅仇《红色的道路》等诗。

13日　《文艺报》1957年第27号刊出何施良的《我们不需要这样的诗人——记总政治部宣传部创作室对右派分子公刘的斗争》。

15日　《奔流》1957年10月号刊出仝杏轩《肃清苏金伞反动文艺思想的影响》等文。

15日　《新港》1957年10月号刊出诗歌特辑，刊有方纪《文艺界的反右派斗争必须彻底进行》等文和沙鸥《我的祖国正是春天》、阮章竞《一本书上的女王》、李瑛《致舟山群岛》、邵燕祥《乌拉尔坦克》等诗。

15日　《青海湖》1957年10月号刊出歌铎《韩秋夫的灵魂丑出品》、《王昌耀现了原形》等诗和裴然《折断这只毒箭——批判"林中试笛"》、杨生俊《"林中试笛"试的是反社会主义的"笛"》等文。《折断这只毒箭》云："《青海湖》第八期上，右派分子王昌耀的《林中试笛》（编者按——当时发表该诗时，即发觉它有阴毒的反党情绪，后经查明，王昌耀是隐藏较深的右派分子。）用含意晦涩的诗句，发泄了他敌视现社会的反动思想，因而，是反社会主义的一支毒草。""这两首诗给人总的感觉是：对新社会不满，他又不敢大声疾呼，只得用隐晦的表现手法，托言'车轮''野羊'以诉自己的'宿怨'；已经完全超出了孤高自赏的情绪。""在'野羊'一首中，作者借野羊为题，恶毒的攻击党所领导的阶级斗争，诽谤我们的思想改造政策，企图动摇人民为保卫党的利益、维护全国人民团结而向一切坏分子进行坚决斗争的决心。"

20日　《文学杂志》第3卷第2期刊出夏菁《时间三章》、黄用《给彗星马科斯》、叶珊《穆罕默德》等诗。

20日　《文艺报》1957年第28号刊出闻捷《幻想、智慧、奇迹》、邹荻帆《第一颗星》、徐迟《当奥伊斯特拉赫在演奏》等诗。

22日　《中国语文》1957年10月号刊出唐兰《右派分子陈梦家是"学者"吗?》、秦华《继续追击右派——驳斥陈梦家、关锡》等文。

25日　《诗刊》1957年10月号刊出李季《彩虹颂》、臧克家《科学、神话、诗》、楼适夷《写给莫斯科来的一位同志》等诗和沙鸥的文章《艾青近作批判》。《艾青近作批判》讲："从开国以来，艾青的诗集'春天'、'黑鳗'和即将出版的'在海岬上'，以及没有收集进这些诗集中的诗，长长短短一并计算，有六七千行。不算少，大约一百首。这些诗中，歌颂我们社会主义新生活的、表现了新人物或新事迹的，勉强说来，只有五首。我之所以用勉强二字，是因为这些写得太平庸了，只是从题材上来看有这么一回事而已。这五首诗还不到200行。""以'女司机'为例吧。这首诗是艾青的六七千行的诗中，唯一歌颂的一位新人物了。""很容易看出来，艾青对于这样的新人物，是显得毫无办法；对于这样的新人物，是这样的陌生，这样的无话可说，这样的冷淡。前两段是极平庸的说明，谈不上对这样的人物及其生活有什么深刻的了解和真实的感受，第三段更显得苍白无力，到结尾，已是无可奈何的笔墨了。整个诗是单调的，乏味的。而'女司机'却是艾青在建国以来唯一歌颂新人物的一首。究竟歌颂了什么呢？没有。这个人物新在那里呢？也不知道。""艾青对党的关系是站在反党的立场上；艾青的情绪是阴暗的，空虚的；艾青的主观世界落后于客观世界足足一个时代，应该算是艾青深刻的危机了。由于这种危机不但存在，更要紧的是这种危机还在发展，就使艾青的创作特别是他在表现我们国内的题材上，每况愈下，连解放初期的那点激情都看不见了，是越来越冷漠了。”“如我们在他的作品中所看见的，艾青对待这种危机的办法，不是以改造思想，端正个人与党、个人与人民的关系，必须深入生活来解决；而是用追求意境，追求技巧等等方法来解决的。这当然不能克服危机。这些东西虽然值得追求，但是，它决不能补救内容上的窘境及思想上的落后。”“今天当艾青的反党面目已在政治上彻底暴露，创作的危机也发展到了一个极峰。”

25 日　《蓝星诗选》第 2 辑刊出黄用《从现代主义到新现代主义》、罗门《论诗的理性与抒情》等文；是辑后停刊。

10 月　刘心皇的诗集《伟大的日子》由人间出版社出版。

10 月　黑龙江省文联编的诗集《诗》由黑龙江人民出版社出版。

10 月　艾青的诗集《海岬上》由作家出版社出版。收《礁石》、《启明星》、《在智利的海岬上》等诗 33 首及《画鸟的猎人》等寓言 4 篇。该书《内容说明》讲：“作者于一九五四年越过大西洋，访问了南美的智利，他用诗歌记录下旅途中的见闻，和在智利伟大诗人聂鲁达家做客的情景。作者于去年访问了内蒙草原，他赞美了草原的生活。这部集子除了收录上述的诗篇外，还收集了作者最近用散文诗的形式写的四篇寓言。”

10 月　李瑛的诗集《早晨》由作家出版社出版。收《一堵断墙》、《给南昌》、《贝壳》等诗 56 首，分为《井冈山上》、《南方日记》等 6 辑。有作者《后记》。《后记》说：“一九五五年四月，一个偶然的机会，我沿着红军战士长征的足迹，作了一次长途旅行；第二年九月，我又到东海、南海的一些岛屿上，作了一次有趣的访问；收在这里的五十六首诗，就是我在这两次远行中写下的。”“在这些旅行生活中，我发现：在我的祖国，阳光、大海、溪谷、山峦，无一不跃动着蓬勃的生命；特别是劳动在她胸怀中的质朴的人民和保卫着她的忠实的兵士，他们的新生活、新感情，给了我极大的激动和美好的感受，于是，我想和我的朋友们高声谈话。这些诗就是我当时感情的简单记录；如今把它们整理出来，作为我对我的祖国、我的人民和军队的一点积极的爱的表示。”

10 月　梁上泉的诗集《云南的云》由中国青年出版社出版。收《云南的云》、《山泉流响的地方》、《巡逻组就要出动》、《庄稼成熟了》等诗 56 首，有作者《校后记》。该书《内容提要》说：“南方边境的云南，碧空彩云片片；这五十多首小诗，也像片片彩云，缭绕着平坝高山：有边防军的战歌，有苗家姑娘的欢唱，有爱尼猎手的芦笙曲，有佧佤寨的书声琅琅，有傣族青年雄壮的号角，有蝴蝶泉的奇丽风光。”

10 月　芦荻的诗集《海南颂》由广东人民出版社出版。收《琼州海峡》、《海南岛在海中间》、《修战船的工人》、《日日都是三月三》等诗 76 首，分为《老根据地杂咏》、《黎苗族之歌》等 5 辑，有作者《后记》。该书《内容提要》说：“本诗集共收入诗作七十多首……里面有歌颂海南人民革命斗争事迹和幸福生活的；有抒写海南美丽风光的。风格新颖，具有民歌色彩，适合朗诵和阅读。”

10月　张永枚的诗集《南海渔歌》由长江文艺出版社出版。收有《渔汛三月三》、《渔家红灯》、《织网女》等诗。当时的广告说，《南海渔歌》"包括诗歌十八首，对南海渔民辛酸的往事、过去渔霸的残酷专横、解放后渔民的幸福生活以及祖国美丽辽阔的海滨，都作了生动细致的描绘。笔调清新、朴实，具有民歌风味。其中长诗《渔家悲歌》，唱出了旧社会中渔民所受的深重的苦难，有血有泪"。(1958年1月1日《长江文艺》1958年1月号)

10月　邹获帆的诗集《祖国抒情诗》由作家出版社出版。收《给天安门的旗杆建立者》、《为亚洲及太平洋区域和平会议而歌》、《中国学生颂歌》、《糊火柴盒的女人》等诗30首，分为《和平与劳动的颂诗》、《前夜的诗》2辑。该书《内容说明》讲："这个短诗集共分两辑，第一辑是歌颂祖国建设、和平劳动与幸福生活的赞诗；第二辑为建国以前的作品，主要是诅咒旧社会的黑暗，以及对解放区的向往。"

1957年11月

1日　《星星》诗歌月刊第11期刊出戈壁舟《天上的飞鸿》、严成志《西藏诗抄》、彩燕《绍兴行》等诗和群夫《大力锄草，防止伤兰》、安旗《略谈诗歌的题材——兼斥流沙河关于题材问题的谬论》等文。

1日　《处女地》1957年11月号刊出方冰《怀念》、井岩盾《十月颂歌》、吕远《黄土墙上的诗——"大家伙都来反击右派呀"》、阿难《沈阳文艺界群丑图》等诗。

5日　《文艺月报》1957年11月号刊出芦芒《啊，小月亮绕着地球在飞行——献给十月革命四十年》、严辰《探寻》、钟锵《少尉同志》等诗。

5日　《延河》1957年11月号刊出柯仲平《献给苏联》、戈壁舟《访苏诗草》、阮章竞《我的同代人》、段玫《你好啊，甘肃》等诗和李古北的文章《"方采英的爱情"是一首严重地歪曲现实生活的诗——兼谈余念的反党反社会主义文艺观点》及"延河"编辑部的文章《接受本刊七月号错误的教训　为保卫社会主义文学阵地而斗争》。李古北文章讲："'方采英的爱情'这首诗是一首恶毒地歪曲和污蔑我们社会的诗。""我们说它歪曲我们社会，是因为它把我们社会写成一团糟，和十九世纪的黑暗的俄罗斯差不多，正义得不到伸张，而犯罪的人逍遥法外。更重要的是像贾良这样的人，在我们这个社会里实际上应该是被否定的，他不过是旧社会遗留下的一种残余现象，生活的渣子而已。绝不能够成为胜利者的。但所妙的是余念却恰恰把他写成一个胜利者，在那里继续作恶。而相反，方采英这样的人，不管她是爱情主义者也好，软弱的女性也好，余念却把她写成一个现实生活的牺牲品，落到真正悲剧的结果。在现实生活里，无论从法律的观点，或是从社会道德的观点，她都不应该是一个失败者，而应该是一个胜利者。我们社会的法律和道德都可以保证这一点，这是大家都知道的事实。但是，该胜利的没有胜利，不该胜利的却得到了胜利，这就决定了'方采英的爱情'这首诗的反现实的、因之也就是反社会主义生活的性质。它颠倒了生活的黑白，它给读者带来的不是热爱这个社会，而是厌恶这个社会。”

7日　北京大学“红楼”编辑部编辑的《红楼》双月刊1957年第5—6期《庆祝十月社会主义革命四十周年特辑》刊出冯至《歌颂这个伟大的节日》、刘登翰《赞歌，献给我的社会主义祖国》等诗。

8日　《人民文学》1957年11月号刊出臧克家《短歌颂苏联》、田间《我的歌》、严辰《红场漫步》、高缨《大凉山情歌》、沙鸥《脸谱种种》、张志民《扬场》等诗。

8日　《文艺学习》1957年第11期刊出邹荻帆《苏维埃的喷泉》、丁力《致苏联作家》、严辰《新的太阳》等诗。

10日　《文艺报》1957年第31号刊出欧阳予倩的诗《无私的帮助，伟大的友谊——纪念十月革命40周年、为苏联专家歌唱》。

10日　《草地》1957年11月号《彻底揭露右派分子！严肃批判右派思想！》专栏刊出刘思久《批判流沙河反动的诗歌理论》和包亚东、毛冰《李白凤默想些什么?》等文。

12日　《人民日报》发表社论《要有一支强大的工人阶级的文艺队伍》。

12日　《解放军文艺》1957年11月号刊出郭小川《十月的诗》、严辰《阿芙乐尔》等诗和虞棘的文章《公刘仇视什么？宣传什么?》。

16日　《山花》1957年11月号刊出姜海风的文章《揭露右派分子胡危舟反共、反人民的罪行》。

20日　《文学杂志》第3卷第3期刊出梁文星（吴兴华）的诗《偶然作》。

22日　《旅行家》1957年第11期刊出朱子奇《人类大节日之歌》、田间《莫斯科》、魏巍《访苏短句》等诗。

25日　《诗刊》1957年11月号刊出郭沫若《月里嫦娥想回中国》、甘永柏《十月颂》等诗和巴人的文章《也谈徐志摩的诗》。是期起编委由原来的田间、艾青、吕剑、沙鸥、袁水拍、徐迟、臧克家、严辰改为卞之琳、田间、严辰、阮章竞、沙鸥、徐迟、郭小川、臧克家。《编后记》：“本刊新的编辑委员会业已组成。”“对于我们，这将是一个新的开始。”“在今年春天和夏天这不平常的日子里，我们受到考验。经过斗争，我们已打退了右派分子的进攻，取得胜利。我们的胜利是辉煌的。我们查出了许多右派诗人来，并对他们的作品进行批判。诗人的队伍经过这样一次整顿，可以说面目一新了。”“本刊从反右斗争开始的第七期起，内容和形式都曾经有些改进。诗风明显地较以前更为健康。”

29日　诗人王统照在济南病逝。

11月　1957年11月号刊出亚塔《斥“有生活的地方，就有诗”的谬论》、林玫《不许抹掉诗的教育目的》等文。

11月　白桦的长篇故事诗《孔雀》由中国青年出版社出版。

11月　曹世钦的诗集《塞上散诗》由河北人民出版社出版。

11月　化石的诗集《长虹》由作家出版社出版。

11月　芦荻的诗集《田园新歌》由广东人民出版社出版。

11月　雁翼的诗集《秦岭之晨》由重庆人民出版社出版。

11月　白桦的诗集《热芭人的歌》由中国青年出版社出版。收《热芭人的歌》、《写生画》、《春天的嫩茶》、《回忆战友》等诗8首（组），有作者《后记》。该书《内容提要》说："这些风格清新的小诗，生动地描写了云南边疆藏族、彝族、傣族等各族青年的生活——他们在旧社会所受的苦难，他们在新社会灿烂的前途；他们对于解放军战士的热爱，他们对于劳动的忠诚和对于幸福的向往……"

11月　蔡其矫的诗集《涛声集》由新文艺出版社出版。收《水兵的心》、《厦门之歌》、《无风的中午》、《西沙群岛之歌》等诗26首，分为《东海》、《南海》2辑，有作者《后记》。《后记》说："我认为，一首诗的产生，绝不只是由于几小时的经验，而是用作者一生的经验，用周围人的经验，用今人也用古人的经验（从书本上），这一切汇集起来，然后成为一首诗。""亲爱的读者，展开在你们面前的这本书，就是我用这方法，从一九五六年九月到一九五七年三月，生活在福建和广东的海上和陆地上时，所写的二十六首抒情诗。""这些诗歌，既不是在卖弄文学修辞，也不是出于虚假的臆测，而是直接取自现实生活中无数人的经验，读者可以通过它，摸到海上人们的心。"

11月　何鹰的诗集《劳动之歌》由长江文艺出版社出版。收《劳动之歌》、《我们驾驶着起重机》、《我们的友谊》、《底盘车间一群泼辣的姑娘》等诗26首。

11月　苗得雨、阎一强的诗集《从荆河到沂河》由新文艺出版社出版。收苗得雨《握紧武器》、《那是我们家乡最美丽的时光》等诗32首，阎一强《第一个劳动日》、《微山湖的春天》等诗25首。

11月　辽宁人民出版社编辑的《战鼓——反右派斗争诗集》由该出版社出版，收井岩盾《右派》、方冰《是克雷洛夫的狗熊吗?》、刘文玉《我们不要轻看》、佟明光《猎人啊，握紧你的枪》等诗22首（组），有编者《前言》。《前言》讲："一九五七年，资产阶级右派分子，乘党整风之机，向党、向人民、向社会主义展开了疯狂的进攻；他们梦想改天换日，在我们国家恢复资本主义统治。他们的可耻行为遭到了全国人民一致的反对。现在，在全国范围内，反击右派的战斗正在全面进行。在这一场激烈的反右派斗争中，忠于党、热爱党的诗人们，踊跃地投入了保卫党、保卫社会主义的战斗，他们吹响战号，召唤人民一起奋战；他们的诗句是锋利的枪刺……它们戳向资产阶级右派分子丑恶的嘴脸。……我们把这些诗辑集起来，为的是对这个斗争尽一份力量，为读者输送一些武器。反右派斗争，是热爱党、热爱社会主义事业的每一个公民的神圣的历史的使命！亲爱的同志们：这里有短剑，也有长矛，选择你应手的战器吧！对右派分子坚决迎击！"

1957年12月

1日　《作品》1957年12月号刊出诗歌专号，刊有周钢鸣《为社会主义歌唱》、黄宁婴《温流和他的诗》等文和陈残云《写在农村黑板报上的小诗》、柯原《青年垦荒队》、陈江帆《田野口占》、韩笑《一九五七年，中国》等诗。

1日　《处女地》1957年12月号刊出王书怀《垦荒队诗抄》、张志民《新娘》、师田手《十月革命四十年颂》等诗。

1日　《文艺报》1957年第34号《感谢苏联文学对我的帮助》栏刊出雁翼的文章《一册手抄的诗集》和赵进珍的诗《终身不忘的印象》。

1日　《现代诗》第20期刊出季红《白色的救护车》、沉冬《神之证道》等诗和纪弦《对于所谓六原则之批判——对覃子豪先生〈新诗向何处去〉一文之答复》(二)、林亨泰《中国诗的传统》等文。

4日　《星星》诗歌月刊第12期刊出社论《到工农兵群众中去!》和未央《社会主义保卫战》、禾波《白云下》等诗。

5日　《文艺月报》1957年12月号刊出田野《五十二兄弟——台湾民间传说》、农菲《世界呀！我们要牵着你的鼻子走!》、严阵《乡村宣言》、张志民《县长》、沙鸥《四月组诗》等诗。

5日　《延河》1957年12月号刊出兄弟民族文学专号，刊有亚丽·莫合买提《塔里木之歌》、铁依甫江·艾里耶夫《致煤》等诗和郝御风的文章《“向太阳”? 还是背太阳?》。

8日　《人民文学》1957年12月号刊出李明春《致苏联》、天蓝《众星之星》、汪静之《乐园的逐客令》、高士其《献给人造卫星》、李冰《大桥落成曲》、纳·赛音朝克图《在尼泊尔访问期间》、鲍明路《赣西行》、张天民《朝鲜族少女》、宁宇《航海日志》、张长《傣村短笛》等诗。

8日　《文艺报》1957年第35号刊出臧克家《噩耗传来——悼念王统照先生》、陆耀东《评目前研究五四以来作家作品的一种倾向》等文。陆耀东文章讲，陈梦家的《谈谈徐志摩的诗》“对徐志摩的诗只是称赞、肯定，对他的诗思想内容上的空虚、贫乏，那种世纪末的消极颓废情绪，不仅不触及，而且笼统地予以肯定；对于这位思想上有着反动因素的诗人的政治、艺术见解一字不提。这样，评论者所叙述的与客观真实就有了很大的距离，读者从这篇文章中，就根本不可能对徐志摩有一个全面而又正确的理解”。

8日　《文艺学习》1957年第12期刊出谢云的文章《漫谈诗里的比喻》。

12日　《解放军文艺》1957年12月号刊出陈亚丁《蒙古组诗》等诗。

15日　《文艺报》1957年第36号刊出刘诤《大字报赞》、丰吾《卫星，先锋火箭》等诗。

15日　《青海湖》1957年12月号刊出汪承栋《生活——诗的矿山》、该刊编辑部《让我们写出更好的诗来》、岗子河《反映现实的优秀诗篇——评歌铎的“群丑图”》等文。

16日　《萌芽》1957年第24期刊出张立云的文章《斥公刘的情诗》。文章讲：“今年二月，‘诗刊’上发表的‘迟开的蔷薇’，四月，‘北京文艺’上发表的‘小夜曲’，去年五月，‘长江文艺’上发表的‘霓虹’，都宣传了同样类型的东西：爱情永恒，恋爱至上。他的诗，不是引导人们为新的更加美好的生活而斗争，而是号召人们耽溺于爱情，超脱尘世，去过那沉醉昏迷的颓废生活。公刘自己也承认，他的某些诗，是开倒车，向反动的新月派看齐。其实，在今天的条件下，他写这样的诗，比当年的新月派还要反动得多。”

20日　《文学杂志》第3卷第4期在刊出余光中《火星大使的演说》、艾予《骊曲》等诗。

22日　《文艺报》1957年第37号刊出公木的诗《时事杂咏》和《文艺界右派的反动言行》，其中诗人有王希坚、钟敬文、穆木天、苏金伞、陈梦家。

22日　《旅行家》1957年第12期刊出李季的诗《南京素描》。

25日　张元勋被逮捕。“12月25日之清晨，起床铃刚响，校园内夜色未尽，我被传至校办公楼二楼之办公室，被秘密逮捕，直到1979年11月24日上午，在山东省的一个监狱里，由北京市中级法院来鲁裁决平反，悠悠二十二载风雨之途、辗转羁押于荒原大漠之间的艰辛历程，化为一场难忘的梦！”“我被判刑八年，1965年12月24日‘释放’。”（张元勋《最知情者的回忆：北大往事与林昭之死》，2000年2月1日武汉《今日名流》2000年第2期）

25日　《人民日报》刊出戴伯健的文章《一首歪曲“百家争鸣”的诗——对“九十九家争鸣记”的批评》。文章讲：“今年5月7日《人民日报》八版上刊登的穆旦所写的‘九十九家争鸣记’，我认为是一首不好的诗。作者尽管用了隐晦的笔法，但是也不能掩饰它所流露出来的对党的‘百家争鸣、百花齐放’的方针和整风运动的不信任和不满。”“5月上旬，正是党发表整风指示不久，指示在全党范围内进行‘整风’，进一步开展‘争鸣’和‘齐放’。可是作者却鱼目混珠地借‘批评’某些人不敢放手‘鸣’、‘放’，对整风运动暗施冷箭。像是在告诉人们：共产党整风并无决心，‘争鸣’只不过走走形式，‘雨过地皮湿’。诗的题目是‘九十九家争鸣记’，暗示‘争鸣’只是‘九十九家’，是一伙子人，而真正应该鸣的，却是被排斥在‘九十九家’之外的‘小卒’。因此，在作者的笔下‘争鸣’就变成这样的情景：这个‘毫无见识’，那个‘半真半假’，但主席却给这些人以‘奖励’和‘支持’。除此而外，就剩下‘应声虫’、‘假前进’的‘难分难解’的‘舌战’。人们要问为什么‘争鸣’这样沉闷？作者说就是因为那个‘单等作结论的’看起来是多余的‘主席’，他一意孤行，把持会议。‘有谁不幸提到一个事实，和权威意见显然不同’，于是虽然表白过‘不要扣帽子’，但是还是指出了‘某同志立场很有问题’。经过作者这样的丑化，所谓‘争鸣’，当然是一个骗人的幌子了。”

25日　《诗刊》1957年12月号刊出郭小川《白雪的赞歌》、雁翼《写在宝成路上》等诗和晓雪的文章《艾青的昨天和今天》。《编后记》讲：“诗刊已经出满了一年。”“回顾一年之前，诗歌界的状况和现在的状况不一样：当时还有新诗旧诗之争；对于诗歌的主调问题——强烈的时代精神和浓厚的生活气息，有一些诗人还是了解得不十分明确的。”“毛主席的诗和信的发表，使诗人们在创作上受到了巨大的启示；解决了新旧诗的关系问题。”“今年下半年的反右斗争，使诗歌创作有了突出的变化，诗风为之一振。对右派诗人的批判使诗歌的队伍更纯洁，也更团结了。”

31日　《人民日报》刊出臧克家的文章《送诗友下厂下乡》。文章讲：“写诗的朋友们，有好几位已经先后下厂下乡了。”“阮章竞同志走在最前头，他在‘包钢’，已经陆续地发表了一些反映伟大建设面貌的诗篇了。我们期待着他写出比‘漳河水’更优秀的作品来，这个期待是不会落空的。”“严辰同志，现在已经到了松花江上。他走的头几天，曾经碰到过，虽然为时匆匆，但我从他欢笑的谈吐里，听到了如归故乡的快乐心情。严辰同志，曾经到过朝鲜，带回来的抗美援朝诗篇，受到了读者的欢迎，这一次深入到斗争生活里去，一定是会丰收的。”“田间同志，来辞别的时候，在明亮的灯光下，我们曾经亲切地谈心。他说着他‘十个长诗’的计划。这次到农村里去，对于完成他的诗创作是一个有利的条件。这一、二年来，田间同志时常下到生活里去，他到过内蒙古，到过昆明，每次下去，收获都不少。每次回来，他的生活里多了些新的东西，他的诗里也增添了一些新的情味。”“在我写这篇送别的短文的时候，李季同志大概已经回到他的玉门油矿了。就是在这里，他写过许多令人喜爱的诗篇。他的安身立命之处是西北，当他向我说着，他将要到玉门，到三边，到柴达木盆地……我的小房子，一时变得海阔天空，我的心好似要飞起来似的。”“我听他说着他的长诗的写作计划：一个年轻的孩子，怎样走过了千山万水，在革命队伍里锻炼成长。他在形式方面，也要写得念出来人人能听懂，同时保持它的艺术水平，像‘焦尔金’那样。我在等待着李季同志笔下‘焦尔金’的诞生，同时希望他原谅我泄露了他的创作计划。”“我过去受到的革命锻炼很少，在思想情感里面存在着一些小资产阶级的残余，这些东西，不自觉地在某个时间，某一场合，突然冒出头来。我写过‘六亲不认’（载5月3日人民日报副刊）的错误文章，就是因为没能够用工人阶级思想去分析问题。就以交友而论，在我们的新社会里，交朋友的首要条件是志同道合，也就是站在一条革命战线上，如果离开了阶级立场，单纯的去追求‘友情的温暖’，那是错误的。现在离开我写那篇文章的时间已经八个月了，但一想起来，还是痛心不已。说一句‘站稳阶级立场’容易，真的使自己的思想情感的发动，自然的出乎阶级本能，那就是一件十分困难的事情了。如何改造自己，这是每一个知识分子的问题，它对我更是迫切。这些年来，自己觉得思想情感都有了不小的变化，对于新鲜事物，感觉也还不迟钝，因而时常被打动，引起一种激情。但是，缺乏对斗争生活的深入，个人的思想情感也就缺少一个巩固的基础。这些年来，被疾病管制着，不但不能深入生活，就是走马看花也得费力挣扎。不甘如此，但又不得不如此，我的心是痛苦的。特别在送走了这些时常在一起的诗友们以后，这种痛苦一时就更加重起来。但是，我是要在工作中，在学习中，锻炼自己，改造自己，提高自己的。”

12月　李旭的长诗《延边之歌》由作家出版社出版。

12月　乔林的诗集《留下的脚印》由广东人民出版社出版。

12月　谈微的长诗《致埃及》由天津人民出版社出版。

12月　王书怀的诗集《乡土集》由辽宁人民出版社出版。

12月　吴烟痕的诗集《峡谷灯光——三门峡诗抄》由河南人民出版社出版。

12月　严阵的长诗《淮河要唱一支歌》由安徽人民出版社出版。

12月　洛夫的诗集《灵河》由创世纪诗社出版。

12月　袁水拍等著的诗集《寄给顿河上的向日葵》由上海文化出版社出版。

12月　青岛市文学艺术工作者联合会编的诗集《葵花集》由山东人民出版社出版。

12月　诗集《旄头漫卷西风》由甘肃人民出版社出版。

12月　公木的诗集《黄花集》由作家出版社出版。收有《鞍山行》、《难老泉》、《风箱谣》等诗，分为3辑。

12月　公木的诗集《崩溃》由新文艺出版社出版。收《据说，开会就是工作，工作就是开会》、《镇压反革命黑帮胡风集团》、《扫除灵魂底垃圾》、《希特勒底十字军》等诗24首。

12月　郭小川的诗集《致青年公民》由作家出版社出版。收《投入火热的斗争》、《向困难进军》、《箭，要向反革命匪徒发射》、《保卫我们的党》等诗18首，分为《致青年公民》、《“遵命”集》等3辑，有作者的《几点说明》。《几点说明》说：“有些同志向我提出问题：在你的诗里，为什么用那么多的‘我’字，干吗突出你自己呢？这个问题，也使我想了很多。前几首‘致青年公民’中，曾有过‘我号召你们’、‘我指望你们’的句子，实在是口气过大，所以，在以后的各首中，我就改正了。但，我要说明的是：我所用的‘我’，只不过是一个代名词，类如小说中的第一人称，实在不是真的我，诗中所表述的、关于‘我’的经历、‘我’的思想和情绪，也决不完全是我自己的。我现在还不敢肯定，这样的看法是否恰当，我的用意确乎在此。请求读者予以谅解。”

12月　贺敬之的诗集《乡村的夜》由作家出版社出版。收《五婶子的末路》、《儿子是在落雪天走的》、《在教堂里》、《小全的爹在夜里》等诗16首，有作者《附记》。

12月　胡昭的诗集《小白桦树》由作家出版社出版。收《湖上早霞》、《当我们想到煤》、《给一位黑人歌唱家》、《电车开到绿色的市郊》等诗49首，分为《向海兰江致敬》、《汽车城的节日》等8辑，有作者《后记》。《后记》讲：“这个集子里的短诗，差不多都是业余时间写的。最早的几首写在一九五〇年。有的随时写随时就发表了，有的就写在小本子上、写在日记里，后来才慢慢地整理出来。”“我常觉得自己写东西写得慢、写得吃力：当时感到的东西很少能马上写出来，一些纷杂的印象一时把握不住，不知道应该写些什么，只能把这些记在心里；过一些时候——有时要过很久，那印象才渐渐更清明、更生动了，我才把握得准了些，才能动笔写。也有时即兴地写一点，但总是写得很不好，后来再看看，也许写出来的刚好不是留在心里的东西。而真真感动了自己的、留在心里的印象，无论过了多久都不会淡忘的；因此我一次又一次地改写这些稿子（不管发表过或未发表过的），努力使它更真实地表达出自己心里感受到的东西。”

12月　康朗甩的诗集《从森林眺望北京》由中国青年出版社出版。收有《从森林眺望北京》、《依高呵，北京!》、《开端》等诗，分为《从森林眺望北京》、《贺喜》2辑。

12月　蓝曼的诗集《绿野短笛》由作家出版社出版。收《最后一班夜哨》、《有这样的一位姑娘》、《老猎人》、《路过天津》等诗53首，分为《军中花草》、《绿野短笛》等4辑，有作者《后记》。《后记》说："当我把三年来的习作编起来之后，才感到这本诗集的杂乱。其中可能也有几朵鲜花，但花间却羼杂着不少野草。""今天把这些不像样的东西拿到读者面前，感到有愧于我们这个伟大的时代。""虽然是这样，我仍愿意在党的培养与教育下，接受前辈诗人与广大读者的批评，努力克服弱点，提高素养，在这条创作的道路上勇敢地走下去。"

12月　田间的诗集《马头琴歌集》由中国青年出版社出版。收《鹿》、《少女颂》、《白云鄂博》、《垦荒者》等诗30首。该书《内容提要》说："这是作者新近的一本行吟诗集。作者采用了大众化的歌行诗体；这些诗和音乐、和民歌都结合得比较紧。""作者在这里，歌颂了祖国的青春——祖国的社会主义建设、社会主义的人和一个崭新的时代。同时也歌颂了兄弟民族的生活，对兄弟民族全新的生活，寄予了无限热爱、同情和希望。"

12月　张永枚的诗集《骑马挂枪走天下》由中国青年出版社出版。收《骑马挂枪走天下》、《南方边境的夜》、《想起亲人在边疆》、《捣米谣》等诗30首，分为3辑。

（作者单位：中国社会科学院文学所）

媒介文化研究的本土化尝试与创新探索

——评操慧博士的《中国晚报文化研究》

□陈 叙

书桌上摆放着操慧博士的专著《中国晚报文化研究——作为个案的〈北京晚报〉文化》，淡黄色的清雅书面，一如作者本人的风格：清新、淡雅，沉稳中透着灵犀。再次认真地阅读它，36万字的专著安静地舒展着，严密的逻辑，开放的学术视野，独特的视角，清新的文笔，令人升起“台上一分钟，台下十年功”的喟叹。《中国晚报文化研究》是操慧在其博士论文基础上经过认真修改与补正后出版的专著，它透射着作者对该领域学术研究前沿动态的敏锐洞见，体现了作者对媒介文化研究进行本土化创新的执著探索和努力，它是对作者学术储备、专业素养的一次综合检阅和展示；同时也是作者多年学习研究的心血凝聚。

20世纪以来，人文社会科学领域相继发生了一系列重要转向，从语言学转向、解释学转向、后现代转向，直至文化转向。新媒体和娱乐产业的飞速发展带来巨大的革新潮流，让人们不得不认真审视大众文化所引发的严峻挑战。媒介文化作为大众文化的重要分支，也成为日益升温的研究领域。最为典型的是西方法兰克福学派和英国文化研究学派对媒介及其文本进行了反思性的分析、解读、阐释和批评。进入21世纪，世界传媒技术的日新月异，助推大众传媒发挥着越来越重要的影响力。媒介不仅构筑了我们生存其间的拟态环境，还嵌入人们的日常生活，内化为人们的一种生活方式，此即媒介化生存。在中国，随着媒介社会角色的日趋重要以及西方学术思想的传播和由此构成的参照，使媒介文化研究朝着跨学科方向发展，由此吸引了诸多不同学科背景的学者的参与。然而，绝大多数研究还停留在介绍西方媒介文化或对中国媒介文化的一般性描述上，在研究中侧重对西方文化理论的解读而忽视对中国文化理论的本土阐释和建构；在分析中国文化现象时往往照搬或套用西方的文化理论，尚存在方法上简单移植、缺乏分析深度和学理深度的遗憾。正如清华大学新闻传播学院尹鸿教授所言：“我们的媒介文化研究如同整个文化研究乃至整个人文学术研究一样，都处在一种学术后殖民的尴尬状态中。”① 关注本土的媒介文化现象，建构本土的媒介文化理论阐释框架应当成为当下学者的一种学术责任和自觉追求。《中国晚报文化研究》一书

① 朱红霞：《2007年媒介文化研究综述》，《兰州学刊》2009年第1期。

正体现了作者的这一理论自觉和探索精神。

媒介文化研究的本土化探索当主要包含两方面的命题。一为媒介文化为何，即什么是媒介文化？二是媒介文化何为，即媒介文化在时代语境下如何发展，其内在规律和未来趋向是什么？

围绕这两大命题，该书以理论建构和个案剖析相结合的整体构架系统，深入、生动地呈现了作者对本土媒介文化现象的关注，表达了其对媒介文化的独到理解与思考。诚如作者所言，解析中国传媒实践中较重大、较迫切的现实问题，是对自身系统学习新闻传播理论的全面挑战与必要检验，也是回应传媒业界实践的理论需要，这也是媒介文化研究赋予研究者的学术使命。本书在研究对象的选取上，既体现了对现实本土的媒介文化现象的敏感和关注，又注意了对媒介文化理论研究的现实性提升。即既要考虑本土媒介文化现象的典型性，又要关注其研究空白和提升空间，寻找到贴切而深入的研究视角、价值和意义，从而给予媒介文化内涵应有的界定。

其实，媒介文化为何与何为本身就是一个相互成就的因果体，同时，从动态发生和发展的过程来审视，它也是一个相互创生的特定文化机制。媒介文化的生发离不开社会历史发展进程中的文化积淀与接受惯习。经验式的研究多从微观的某一媒介文化现象出发，探讨其社会影响和媒介功能的发挥，因而侧重于媒介和文化的主体功能的叠加式分析，并力图说明媒介文化应用的利弊及提供如何趋利避害的策略，这与媒介研究惯用的应用功能取向是一致的。如中西方学界对电视、电影节目的文化功能研究；或如媒体影响某一类社会特定群体的态度、行为及认知的研究（尤以儿童为代表，如电视广告对儿童行为的影响等）。这类偏向媒介文化功能与效果的研究，预先假定媒介文化存在，在此基础上选取任意种类的媒体传播内容或行为进行对象化特定功能解析，无疑突出了微观切入、透视深入的应用性和对策性立场，但是对媒介文化内在的客观规定却有所忽略，避之不谈，这无形中使我们对媒介文化的认识只见零散的构件而不见统合的机理，更不见背后的社会化动因，因此，令我们在理解媒介文化时可能会走向碎片化、游动性和一定程度的随意化，这对于不断发生的新的媒介文化的接受和创新会造成理性认识的阻滞或片面，而且在宏观层面上其实简单化和浅表化了媒介文化作为活力丰沛的社会景观的研究价值。由此研究现状的深层反思和中西方媒介实践研究的比对出发，作者选取了中国晚报文化来试图丰富或弥补之前研究尤其是本土媒介文化研究的某些缺憾。

作为文化传播的重要载体和结晶之一，中国晚报文化的生发紧紧依傍着晚报的发展；而晚报独特的文化品格和精神滋养历经日常传播的沁润，形成了城市与传媒、传媒与人以及城市与人的多维文化生态与文化观照；从某种意义上说，它是一座城市的媒介镜像，它也是一座城市的媒介记忆的鲜活文本，在当下媒体多元型塑社会与影响人文的复杂互动中，中国晚报的发展确为独具本土特色的媒介文化景观，它使我们对媒介文化的广义理解和具象聚焦都找寻到了贴切的入口。在这里，我们从中国晚报的发展、运作以及创新的媒介实践出发，看到它所记录和传播的社会变迁，其记录和传播的内容和方式构成了历时性的文化传播，其“飞入寻常百姓家”的审美特征正是媒介文化持续性、渗透性发挥功效的写照和明证。缘此逻辑，作者从传播的时代语境和晚报的个性特征立足，梳理了中国晚报从近代发端到建国后新型社会主义晚报的蓬勃发展的历程和阶段特征，为它凝聚成相对独立的晚报文化范畴与特性提供了合逻辑与合规律的学理依据。

媒介文化传播和媒介的文化功能相长，体现了媒介文化生成的基本规律。中国晚报先后经历了以提供消遣娱乐为主的晚报“幼年”期，以宣传抗日民主为己任的“进步”期，以坚持“姓社名晚”的“升华”阶段，以及搏击改革大潮的“辉煌”期，现在中国晚报正进入现代化转型期。在中国城市媒体中，晚报作为传统媒体，发展相对稳定，群众基础良好；同时，在历史沿革中，晚报通过贴近民生的传播所形成的雅俗共赏的审美特征是中国晚报文化研究成为可能的基础。从受众使用与满足的角度来看，晚报从“补日报之不足”的时效定位的转型中逐步成为受众文化消费的“灯下客”和“精神伴侣”，阅读晚报成为一种文化享受，它从一开始就透射出文化传播的独特韵味与影响力。晚报与中国城市化进程同步，与受众生活方式的变迁同构，以社会风尚的潜移默化“飞入寻常百姓家”，其传播内容和方式无不开掘与满足着受众的多元文化需求，历经传播实践，通过晚报生产、晚报传播和晚报接受三个层面逐步建构起媒介、人、城市的多元关系。由此可见，晚报传播内容的文化特征，以及晚报为人们提供消闲娱乐的文化功能，晚报对所在地人文风貌的文化表达与记录，已然构成独特的晚报文化现象，它印证着晚报文化形态的独立与存在。作为历史发展悠久且富含文化内涵的中国本土媒介文化形态，中国晚报的发展既反映了时代的变迁，又构成晚报区别于其他媒介适应时代挑战的蜕变动因，这种同中有异、异中有同的媒介文化形态蕴含了理论创新的可能，也为我们较系统、深入地解析本土媒介文化的动因提供了得当的学术视角。因之，它所建构和阐释的媒介文化的内涵一开始就体现出强烈的动态感和开放性，媒介文化为何被巧妙和系统地植入媒介文化何为的实践过程中，使得我们理解媒介文化有了立体化的坐标系，可谓研究构架的特色与创新之一。

值得关注的是，作者在著作中同时以文献研究的梳理为另一视角，在媒介文化研究中“术”与“论”的转型平衡比照中，具体分析了以中国晚报研究为代表的不足与缺陷，提出了围绕媒介必然走向现代化的新的研究命题；无疑，媒介文化的理论建构成为必要和必然。作者没有重述已有的中国晚报史，而是在重“术”轻“论”的文献分析中就晚报文化作为一个新的完整的研究对象提出了假设并聚焦于《北京晚报》的个案研究来做应用归纳模型的尝试与延伸。

北京作为历史悠久的文化古都，其竞争激烈的媒介环境构成了晚报发展最具中国特色的特定时空。创办于1958年的《北京晚报》，不仅是京华大地最具影响力的报纸，而且凝聚着丰厚的文化内涵与品牌价值。20世纪90年代后期，它被公认为传统晚报现代化转型及二次崛起的典型代表。个案研究在晚报文化研究中尚属空白，该书“首次以《北京晚报》文化作为个案，系统、全面、独家地演绎了颇具代表性的中国晚报从传统向现代化转型的可能与可为。尤其是采用了北京地域文化生态与传媒生态的交叉分析，以《北京晚报》的人文品牌的培育与成熟的动态过程为线索，聚焦20世纪90年代引领中国晚报的‘文本策略’，全息式地提供了透析晚报文化内涵的现实依据。其中，对《北京晚报》大事记的独家整理及‘一报两刊’的‘早攻晚守’的纵横比较，是国内目前专题研究中填补空白的尝试，其‘零距离’访谈所获的独家资料与得当的传播社会学的动因分析使本书在媒介文化的中国特色的研究中具有时代特色与现实意义”①。

强调中国视角，并力图在中国语境中构建起中国晚报文化研究的理论框架并阐释其现实意义，体现了作者难能可贵的中国问题意识和学术建构能力。这是本书最大的创新和亮点。要回答媒介文化为何的命题，须走出简单机械移植西方媒介文化理论研究的误区，“西方媒介文化研究的现实主义与批判主义的主调和研究取向，取决于西方媒介发展的传播特征，中国社会的历史处境与西方国家有着巨大差异，如果无视这种差异，将很可能导致我们的文化研究脱离中国社会现实，这也会从根本上违背媒介文化研究的实践精神。所以，立足中国媒介生态的历史源流和发展实际，倡导研究的中国特色、本土视野，无疑是符合马克思主义历史唯物主义与辩证唯物主义的科学方法论的”②。这种理论自觉深深渗透进了作者的理论阐释架构之中。本书在研究媒介文化的生成与其共性、个性比较中，注重中国意识的立足点，强调媒介文化的中国特色，强调多元化的视野以及辩证的思维。作者认为，“不同的国情、民情和文化积淀，决定了晚报发展的不同；而国内各地横向比较，区域性的差异同样决定了同中有异的实况。它启示我们：对媒介及媒介文化的研究一定要放在大的特定时空坐标中，联系多种相关因素综合考察，才能得到有别于以前单一、定性的全面认识”③。因此，作为研究对象的媒介文化和作为研究方法的文化研究的同构性决定了问题的复杂度。厘清媒介文化的内涵边界与确立正确的研究视角成为本书的创新起点。

作者对第二次世界大战后西方“媒介文化”研究兴起以及“西方新闻传播学批判学派”的历史进行了简略回溯，指出其最大特点是跳出狭义的新闻说新闻，离开传播论传播。如以“社会学的整体的”研究方法著称的法兰克福学派，对西方资本主义“商品拜物教”文化逻辑的揭示与批判。又如英国伯明翰学派的“文化研究”采用文本分析和受众调查两种主要方法，揭示大众传媒为占统治地位的利益和意识形态服务的倾向，考察受众符号解读的多样性等。西方学者的理论论著中少有将“媒介文化”作为整体概念或范畴进行学科意义上的宏观论述，更多是将媒介的内涵与外延，如媒介史、媒介技术、媒介功能、媒介影响以大众传播的生产制作、加工、销售为中介进行多维的个案式的文化分析。在研究角度上，他们多采取“媒介”与“文化”双线平行的互证研究，通过寻找可论证两者间的关联达到对“媒介文化”的阐释与论析。“西方学者对‘媒介文化’这一对象的

---

① 操慧：《中国晚报文化研究·自序》，四川人民出版社2006年版。

② 操慧：《中国晚报文化研究》，四川人民出版社2006年版。

③ 同上。

界定和对其内涵的认识是宽松的、具体的、开放的、综合的。‘媒介文化’在‘媒介’与‘文化’的互动中所形成的‘媒介活动’与‘媒介现象’中互证着其独立的存在和彼此依存的交叉性的内涵。”① 而在中国文化语境中，文化内涵和外延的无限丰富性给媒介文化研究带来了多种可能。自20世纪80年代文化热兴起，加之西方媒介文化研究的传播，我国在80年代末90年代初形成了“新闻文化”研究的小热潮。以刘智为代表的本土学者，认为“新闻文化是作为群体或类的人在新闻活动中创造的，表现为器物（物质层次）、制度（心物结合）、观念（心理层次）的复合体”。作为一种亚文化系统，它包括物质文化、制度文化、心理文化三个子系统。尽管在研究立场和态度上，西方媒介文化研究以批判性著称，而“新闻文化”多偏向积极肯定面的立场与态度。但作者在对中西媒介文化研究的比较中仍然发现，西方媒介文化研究内涵中包括的媒介发展、媒介运作、媒介接受、媒介特征、媒介人文等内容与“新闻文化”的内在关联是显而易见的。其中的历史发展、媒介运作、媒介人文，恰好与“新闻文化”构成的物质、制度、心理三层次对应。“新闻文化”在此层面上可被视作具有本土化、中国化特征的“媒介文化”。作者在中西研究成果的比较基础上验证了媒介文化内涵的共通之处。在对媒介文化发生模式的考察中，又着眼于物质、制度、精神三个层面的交互作用分析其动力过程，并指出媒介文化发生的起点普遍表现为制度层，由它决定物质生产层的方向与内容。作者的中国问题意识与理论自觉让该书在研究中汲取了西方媒介文化研究中多学科交叉的方法，并努力寻求媒介与文化的平行互证；同时，也注重中国文化语境的适应性，更多以建设性的态度和立场进行中国晚报文化研究，还同步吸纳了东方人整体思维的特点，即媒介文化既可视作一种研究语境，也可作为一种阐释逻辑。因之，作者认为媒介文化“是指以媒介为载体，为中心，通过自身的信息传播活动与社会文化形成相互创生的一种亚文化系统和一种特殊的文化样态”②。在对中国晚报文化的研究中，她既把晚报视作一种文化现象，也密切关注晚报在历史变迁中的多元文化动因；她既把晚报文化作为整体研究对象，透析其特点，又从晚报历史、晚报运作、晚报人文三个层面去把握媒介文化的内涵，并将理论分析与个案研究有机结合，力图呈现晚报文化所代表的中国本土媒介文化的流动性和生命力。

在将中国晚报文化作为整体的研究对象的基础上，作者采用了多维的媒介生态视角来展开研究。一是明确晚报文化的范围和地域性，它是中国而非其他国家和地区的晚报文化；二是强调用文化研究的视野和方法来透析中国晚报，突出研究方法的互动性和综合性，即作为文化的中国晚报。文化与传媒的互动性，令研究对象与研究方法之间呈现出内在的契合和合理的同构性。作者对媒介文化视野的定位就是要将晚报放在社会文化的环境中做历时性考察，审视我国晚报文化生发的社会、政治、经济等方面的动因，考察其作为媒介文化之亚文化系统对文化

① 操慧：《中国晚报文化研究》，四川人民出版社2006年版。

② 同上。

系统的功用和动态机制。媒介文化研究的视角决定了该书开阔的学术视野。围绕传播、媒介、文化三者间的关系，媒介文化凝聚为巨大的复合体，它与新闻传播的社会学、历史学、文化学、人类学、美学发生着千丝万缕的关联。唯有多学科、跨学科的开放视野方能解读这一现象。如果说媒介研究包含着媒介生产（包括体制、环境和运作）、媒介内容（或文本）以及媒介影响三个面向，那么媒介文化研究则是整合这三个面向的最佳选择，同时也为理论研究的填补、跟进提供了可能。中国晚报文化作为中国媒介文化的分支，它既依托于中国媒介文化的发展，又具有鲜明的个性，并鲜活地呈现于具体的媒介运作中。这生动地演绎着媒介文化为何与何为的创生规律，揭示了两者内在的生发机理，在一定程度上使媒介文化的理论建构自成一体。

媒介文化的包罗万象考验着作者的研究能力，如果缺乏一把犀利的解剖刀，研究或止步于外围，或迷失在现实的细节面前。读《中国晚报文化研究》颇有看庖丁解牛的意味，看作者条分缕析，层层剖解，游刃有余。该书的研究整体上采用了媒介文化与晚报文化“同中有异”的交叉论证框架，以典型个案加上大背景的点面结合方式进行架构。媒介文化——中国晚报文化——作为个案的北京晚报文化，作者建构起从宏观层到中观层再到微观层，层层推进，相互印证，每一层理论建构都为下一层的剖析提供了理论依据与背景。媒介文化在人类物质生产的进程中以媒介的技术发展为先导，以媒介本身为承载，以媒介文化传播内容的综合性、大众化为主体，寻找到了媒介与文化的生长点，而最终以有机的整体姿态顺势而生。它的生发与作用机理使之体现为多圈层的交叉与渗透，显示出丰富的依赖性。作者从文化传播的需要和效用出发，敏锐且准确地把握到媒介文化发生时在物质、制度、精神三个层面的历时交错与循环回归规律，进而揭示出媒介文化发生的两大特点，一是与媒介历时共生的同步性，二是与社会生活方式相互建构的同构性。对媒介文化发生机制、动因、模式、特点的分析，为更进一步把握媒介文化的内涵、特征、功能提供了好的解读思路。最终从媒介发展、媒介运作、媒介人文三个层面建构起媒介文化内涵的有机构成，并将之放置于中国的文化语境中予以审视，强调其异于西方文化语境的中国特色：如传统媒介与电子媒介并存、混合；“内容为王”与“品牌经营”并重导向；媒介自律与文化自觉并立兼顾。在媒介文化生成中看到晚报文化的衍生性，又在对中国晚报文化的审视中呈现其媒介文化的相对独立性。作者始终围绕晚报文化生发的同步性与创生性，在晚报文化的内涵构成的阐述中，注重传受双方主客体的互动分析、抓住晚报人文中人的创新性与能动机制的形成，沿着由点到面的论证思路综述、演绎、归纳了中国晚报文化的历史沿革及内涵特征，合理展望了晚报文化现代化的发展走向，从而形成了较为开放、系统、完整的晚报文化的论证结构。这样的构思和阐释张弛有度，贴切启思。

当下媒介文化的发展已然打上了后现代的烙印，媒介历史、媒介运作、媒介人文等层面深受影响，作者在研究中对媒介人的文化自觉意识的强调体现出研究的前瞻性。同时，作者把媒介文化的接收者置于“后喻文化”的转型背景下，有效勾连其传播者与受众之间的互动性以及对文化传播形态的重大影响，而今天的媒介传播实践表明，这些预见确实正在发生。当然，中国媒介文化研究尚以建构性研究为主，面临中国社会转型以及媒介文化变迁的挑战，媒介文化内在价值的张力和冲突必然存在和越加复杂化，并需要进一步开掘和拓展研究，该书的着墨并不多，此乃后续研究应该关注之处，在方法创新中还可注意交叉学科借鉴使用的准确性。

十年寒窗，聚力而发，凝聚成《中国晚报文化研究》这一学术专著。在这个浮躁的年代，能耐得住寂寞并自得其乐地徜徉于学术研究者，不多也。该著作出版后深受学界与业界好评，如中国社会科学院新闻传播研究所前所长喻权域先生的评价："操慧博士这本书的可贵之处在于，她不是一般的研究晚报，而是着重研究晚报文化。我认为这个选题很有现实意义，也具有长远意义。但是，研究的难度也大。操慧博士这部著作在研究晚报文化方面起了开拓作用"①。上海记协前主席、《解放日报》前总编辑丁锡满先生评价该著作"细致严密地阐述了晚报文化的内涵、特征和发展走向；既有综合的全面的观览，又有个例的典型的分析，既有对前辈学者研究成果的融化吸收，又有自己独到的见解。这样的著作，就既有理论意义又具有实际价值，不仅对晚报事业，而且对日报、党报都有借鉴和参考作用"②。2008 年 5 月 18 日，专著的相关内容被收入北京晚报创办 50 周年纪念文集，在"我们同行"的代后记中这样写道："在这里，我们还要对四川大学操慧博士表示衷心感谢，此次我们摘录了她于 2003 年 3 月至 4 月对北京晚报进行全面深入调查后写出的《中国晚报文化研究》一书的部分章节，这无疑增加了本文集的厚重感。"③ 该书荣获四川省第 13 届哲学社会科学优秀成果三等奖。近年来，操慧先后承担了国家社科基金青年项目和国家社科基金重大攻关项目子课题等多项课题研究，这些研究均延续和深化了媒介文化的思考，并不断促发她开掘新的研究视角和方法。千里之行始于足下，唯愿操慧的学术之路越走越深广，也期待她能在媒介文化的本土研究中再上层楼。

---

① 操慧：《中国晚报文化研究·序一》，四川人民出版社 2006 年版。

② 操慧：《中国晚报文化研究·序二》，四川人民出版社 2006 年版。

③ 北京晚报编辑部：《我们同行——北京晚报 50 周年纪念文集．后记》，北京出版社 2008 年版。

通过"窄门"后的宽阔：歌词研究前景探讨
——兼评陆正兰的《歌词学》

□席　妍

一、《歌词学》与作为一门新学科的"歌词学"

随着时代的发展，歌曲越来越成为当今文化中不可或缺的重要部分，歌词的重要性日见突出。实际上，歌词成为了某些人一生能够接触到的唯一的诗歌形式，甚至文学形式，其重要性不言而喻。但是，偏偏我们文学研究界几乎没有歌词研究这一科目。

按通常理解，歌曲是词与曲的结合。然而，我们也必须看到这样一个事实：我们在谈论一首歌曲时，最直接探讨的是它的歌词；悖论的是，音乐界也没有人对歌词作出系统翔实的阐释和研究。除非歌词丢失了音乐，成为"文学遗产"，例如《诗经》、《荷马史诗》、《雅歌》，待它们变成了经典，才会让无数学者皓首穷经钻研一生，或是当作圣典作微言大义的索解。否则，歌词就只是歌词，至多作些感性赏析，或作为诗歌边缘体裁的附带研究，抑或是音乐研究的分外说明。可以说，歌词的实际生存现状和它在社会文化生活中的重要性，已经有了严重"错位"甚至"断裂"。这种局面是极端不正常的。考虑到歌词在当今文化生活中的重要性，学界应该有责任关注这一重要的领域。

值得兴奋的是，2007年11月，中国社会科学院出版了陆正兰所著的《歌词学》。这本著作率先将歌词作为一门学界似乎从不屑于给它定义和探讨的"学科"来加以研究，无疑在学界发出了"振聋发聩"的先声。到底何谓"歌词"？歌词如何作为一门学科来进行研究，它的理论基础何在？歌词学研究的前景如何？这一系列困扰歌词研究的问题，都在《歌词学》中得到了比较全面而系统的论证。全书用近30万字的篇幅，将其分成上下两篇，分别从歌词内部的"文体学"和歌词外部的"文化学"，对它进行了令人信服的"学科性、学理性"[①] 研究。且不说此书从理论建构到学科化探索，其中经历了怎样的艰难积累，就这种研究行为本身，体现出作者追求真知的一种胆识。

本文将试从两个方面——歌词研究的理论建构，以及歌词学作为一门新学科

① 吕进：《歌词学：学科性与学理性》，《词刊》2008年第5期。

的前景——来探讨《歌词学》一书对于歌词研究的重要意义。

二、歌词研究的理论框架：建构歌词的“三重身份”

《歌词学》开宗明义，作者在导论部分直接指出歌曲生产与流传的五个环节——即（词作家的）歌词、（作曲家的）音乐、（歌手的）表演、（机构的）传播、（歌众的）传唱——其中最关键的环节则是作为歌曲流传起点的“歌词”。陆正兰认为，“歌词为歌曲的整个流传起到了意义定调的作用——在歌尚未作出、尚未传出之前，一首歌的基本特征和门类归属，就已经由歌词确立了”[①]。这实际上为歌词研究作了一个多维度的定位。

我们看到整部《歌词学》立足于现当代，强调从历史到当代，两种不同语境转换过程中歌词被诗歌和音乐所遮蔽的各种个性。例如作者在廓清以往对歌曲雅、俗、流行、经典等品类命名的基础上，提出了“歌必流行”的基本观点，认为“任何歌曲都是意图的广泛流传”。把“流传”作为歌曲创作的目的，应该说符合当代文化特点。再例如，作者对上至远古，下至明清，歌与词分合历史的基本脉络作出了清晰而简明的勾勒，得出“歌词与新诗的分途越来越远”，“无法完全把新诗和歌词合为一谈”的结论，也为“歌词学”作为一门独立的学科，找到了历史和现实研究依据。作者仔细辨析了歌词与新诗的四个方面差异，即“主体上扬、褒义倾斜、完整性外在、语音下潜”。具体而言，就是歌词表达要求抒情主体出场，歌词语句要求明显的“乌托邦解释”（即“要求接受者带上善的、美的、理想的色彩来解释”），歌词结构的完整性需由曲调赋予，歌词比诗歌更容易潜入无意识[②]。这看似简单的四点却涉及符号学、阐释学、结构诗学、弗洛伊德精神分析法等很多相关理论知识，并以歌众的“接受”原则贯穿始终。

我个人认为，《歌词学》实际上为歌词构建了“三重身份”，即文学身份、音乐身份、文化身份。这三重身份的集合，揭示了歌词之所以为歌词的基本要素。但这“三重身份”并不是孤立的，而是相互关联、相互作用的，它们构成了歌词发展的动力。

作者对歌词文体学的研究表明，歌词首先是文学文本。这一点集中体现在对歌词语言技巧的分析上。分别从语言的显张力、杂语、立象衍情、双关语与复义以及姿势语几个方面，以大量古今歌词作为例证，综合考察了歌词作为诗学文本是如何“戴着音乐这一听觉艺术束缚的脚镣，来‘延长’和‘美化’自身，调动各种情感共鸣自身，并达到流传的目的”[③] 的。

其次，歌词与音乐结合，才构成歌曲。而这种结合不是简单的相加，必须是一种有机的呼应。这一点集中体现在“歌词呼应结构原则”一章中。作者认为，“呼应”是歌词最本质的结构，并且这一“呼应”不同于我们通常阅读文学文本

---

① 陆正兰：《歌词学》，中国社会科学出版社 2007 年版，第 6 页。

② 同上，第 44—53 页。

③ 同上，第 55 页。

时所引起的“单向共鸣”，而是通过歌词文本内部呼应、歌词与音乐呼应、文化呼应这三个方面“双向共鸣”而形成了歌词独有的结构体系。文本内部的呼应，是“歌词内部组成成分之间的各种呼应关系”，这一结论已经被一些研究者认同并运用①；歌词与音乐的呼应，是“歌词与音乐作为两种不同媒介载体合二为一的要求”；而文化呼应，则是“歌词与其传播语境及歌众情感呼应关系”②。这三层呼应关系实际上为歌词创作、歌词与音乐的结合、歌词传唱与接受找到了连接点。前两层属于上篇歌词文体学，而文化呼应则与下篇的“歌词文化学”密切相关。

再次，《歌词学》一书中对歌词“文化身份”的建构也耐人寻味，别具慧眼。作者通过对西方大众文化研究理论的扬弃，提出了“歌众”这一新概念。认为歌众是歌曲流传最重要的一环。因为“歌流传到歌众，才出现意图实现、失败、再生的最终可能性”。这与以往我们所理解的“听众”，有着本质上的区别。“听众”意味着被动接受，而“歌众”却具有强大的能动性。在歌词流传过程中，歌众对歌词的理解和接受意识也会渗入其中，进而与歌词的语境和歌者的情感相呼应。

歌众是歌词实现意义的场域，歌词必须期待歌众的“再创造”，即由词作者的意图、曲作者的意图、歌手的意图，最终归结到歌众的意图。这种意图的扩大循环，也即是作者开篇谈到的“歌必流行”的内涵所在。对于这一论述，作者运用了西方大众文化研究中费克斯等人的能动观众理论，以及斯图亚特·霍尔的“三种解码”理论，并富有创见地提出了第四种解码方式“创作式解码”，强调“歌的接受，一开始时是摹仿，不久就变成了自我表达，自我创造，而在自我表达中不可能完全遵循精英所规定的模式，而是就自己的身体条件、感情需要、精神追求、予以改造”。“歌必流行”在很大程度上取决于这种“创作式解码”，歌词本身的意图在歌众的再造过程中获取了新的意义。

在这个大的框架下，作者对歌曲流传中的主体与主体间性、阿尔都塞“询唤理论”下被“召唤”出的歌众主体也进行了深入探讨。同时，该书还对歌曲流传的特殊方式，例如“歌不附‘体’”、老歌翻唱、歌曲代沟以及商业化背景下公私机构在歌曲流传中发挥的重大作用，都做了颇有见地的论述。可以说，作者为歌词赋予的“文化身份”让我们对歌词有了崭新的认识。

整部《歌词学》视野开阔，从歌词文体学和文化学两个大的角度，分别对歌词的诗学身份、音乐身份、文化身份进行了提纲挈领的把握和分析。作者扎实的文学理论素养和乐理功底，在研究中显露无遗。详略有致的叙述论证，为歌词研究搭建了坚实的理论骨架。理据服人，“歌词学”这门学科的出现也就因此顺理成章。

---

① 厦门大学方慧君的《论唐宋词的呼应结构》一文，继续讨论了陆正兰的“歌词的内部呼应”，并将这一观点运用到宋词结构分析中。见《黄冈师范学院学报》2010年第2期。

② 陆正兰：《歌词学》，中国社会科学出版社2007年版，第110页。

三、从《歌词学》到“歌词学”：一门新兴学科的研究前景

就像一本《当代文学史》不等于一门当代文学史一样，一本《歌词学》也不等于一门歌词学。正如作者在自序中所言：“本书之所以直接命名为《歌词学》的原因之一，并非作者自诩博识，穷尽了歌词研究领域。相反，本书跋涉之艰难，足以证明：这门学科亟待更有眼光的学者共同探索。”[①] 作者为此著命其名的目的，正是为了呼唤更多研究者加入建立这门新学科的努力。

当文化研究成为学界重要研究范式时，歌词学这门学科无疑更具有前沿性。作为新生学科，歌词研究难免也会遭人诟病，甚至受到争议和质疑。但抽象的评价是非无济于事，具体的争议才更值得人们思考，更具有研究价值。法国哲学家萧沆在其著作《解体概要》中谈道：“怀疑不可能在音乐中开放……一个没有眼泪可以交给音乐，只能依靠回忆自己往昔所抛洒的泪滴过活的人，算是彻底没救了……”[②] 同理，一个对歌词研究抱有怀疑的人，也必然会发现他认识的狭隘和对歌词的理解的简单粗陋。真理必定是经过无数争议、无数质疑，甚至沉默后才获得的。何况在这个男性云集的中国学术界，一个能写诗、写歌的女学者，以敏锐细腻的学术眼光捕捉到这块阳光照不到的领域，且能自成一家，十分难得。《歌词学》作为一种理论基础和研究方法，能推动歌词的跨学科研究，从而建立起一种更广泛的“歌词学”学科[③]，而歌词学作为一门新兴学科的前景也非常值得期待。对此，我们可以从以下三个方面来加以研究。

首先，从跨学科中的歌词研究来看，歌词在文学、音乐、影视、戏剧（包括歌剧、舞剧）以及戏曲等艺术式样中都有广泛的应用。但一般学者都忽视了歌词在自身艺术形式中的特殊作用。例如在中国传统戏曲中，唱词可以看作一种特殊的歌词。它同样具有歌词所具有的三重身份，但它的存在方式必然带有戏曲学科的独特印记；歌词也是现代歌剧中举足轻重的“脚本”，它的表意方式也必然要符合歌剧的艺术“规定”；同样一首脱离电影语境的歌曲，看似和流行歌曲没有很多差别，但在创作意图上必然受到其影视作品主题的制约。可以说，歌词站在众多学科的交叉点上，歌词学的出现，既明确了自身存在的意义，也为不同学科间的研究互动注入了新的活力，歌词在向其他艺术领域扩展的过程中，势必会带动和丰富其他学科领域的研究内容。同样，跨学科研究的新成果也有助于歌词理论进一步完善和深入。

其次，从歌词创作艺术研究来看，当代歌词创作虽然有专门探讨歌词创作方法的著作出版，但歌词研究仍未受到足够重视。中国古代就有专门的歌词创作研究，宋词、元曲就是最好的例证。如果说唐宋之前的歌谣还只是零散创作，到了

---

① 见陆正兰《歌词学》，中国社会科学出版社 2007 年版，第 3 页。

② 萧沆：《解体概要》，宋刚译，浙江大学出版社 2010 年版，第 171—172 页。

③ 李诠林：《歌词研究的理论体系——试论陆正兰〈歌词学〉的学术史意义》，《中国诗歌研究动态》2009 年第 2 期。

宋元，就有了专业填词的词人以及大量对歌词的讨论。柳永就是典型的填词名家，他擅长作词，常赠词给歌妓，借以维持生活。甚至可以说他是以作词谋生的专业词人。从文学史来看，宋元两代市民文化的兴起，与今天大众文化的兴起，有着颇为有趣的相似之处，而宋元两代的词曲，无论从形式上还是内容上，都具有很高的艺术价值。当流行歌曲成为大众文化生活的重要部分时，歌词创作却没有突显出它应有的重要地位。纵观大陆和台港乐坛，并不是没有好的词作者参与到歌词的创作中。但毕竟优秀的词作者数量极少。一个歌手配一个词作者，制作成一张专辑发行，是大部分歌曲创作的基本模式。歌词创作不像诗歌，它也必须要考虑到它背后所涉及的一系列经济效益。诗人不愿作词以“降低身份”，而很多独立音乐人自己能写词，却也不会仅以写词为生。歌词创作往往陷入“两难”的困境中：一方面，词作者在创作方法上缺乏相应的理论素养，歌词在艺术表现形式上还不够完善或缺乏新意；另一方面，词作者本身不可能独立存在，他必须要依附于曲作者、歌手、乃至歌曲背后的整个文化产业链。因而词作者并不像诗人那样只为纯粹个性表达，而是需要创作出与歌众有所“呼应”，并且能够带来文化和经济效益的歌曲。

正因如此，《歌词学》为歌词创作提供了理论上的依据，给予了词作者启发性的创作指导。如何找到歌词与音乐的最佳平衡点，自觉将文学性与音乐性有机结合起来，这都是词作者需要解决的问题；在歌词文化学阐释中，作者明确了歌词流传的方式、机构在歌曲流传中的作用、歌曲流传中的主体性构筑以及歌众的“创作性解码”，深入全面地论述了歌词背后隐含的文化链，揭示了如何创作被歌众所接受和喜爱的歌词，或者说，通过对歌词受众的心理分析，词作者也借此调整自己的创作心态，以更为自觉审慎的姿态来进行有益的创作，推动歌词创作向专业化方向发展。

最后，从歌词的多维度文化研究来看，歌词背后所蕴含的文化产业也需受到应有的重视。随着互联网应用的普及，以往借助报刊、书籍等平面媒介进行传播的交流方式逐渐开始向多媒体虚拟互动方式转变。人们从互联网上获取大量信息，而畅通高效的传播渠道有利于文化的散播，从而形成了高雅文化、大众文化、主流文化这三种文化之间相互影响、融合的状态。我们可以看到，在这样的情境下，各种艺术样式都能通过多媒体得到最大化呈现。歌词伴随着网络在实际生活中的应用以及流行歌曲的发展，越来越深入大众的生活，同时逐渐占据了文化产业的一部分。百度音乐、酷狗音乐、豆瓣电台等一系列在线传播机构，形成了强大的音乐传播阵营，而大多数网站，也靠此运营和盈利。一些电视节目，如“我爱记歌词”，或网络上网民自发组织的“你最喜欢的一句歌词”、“歌词党”等网络互动活动，也都从侧面反映出歌词在传播过程中与歌众们的呼应。其背后所蕴含的产业附加值也相当可观。乐界自身也通过举办一些音乐活动，例如“草莓音乐节”、“热波音乐节”、“特仑苏”音乐以及会各种酒吧乐队的演出等等让歌词研究参与到音乐产业化当中去。

尤其值得注意的是，近年来大陆、港台不断涌现出一批独立音乐人。这些独立音乐人拥有独立的音乐主张和个性，自己创作歌词歌曲，甚至由自己演唱。他们与其他音乐人不同，没有唱片公司，也没有人帮其打造专辑，做宣传工作。他们往往自己选择团队，自己录制和宣传音乐。例如大陆独立音乐人曹方及其“大班音乐工作室”，台湾的独立音乐人陈绮贞、苏打绿等等。这些独立音乐人的作品与一些经由音乐公司打造、筛选、包装且包含了较浓厚的商业目的的歌曲不同，独立音乐人简化了歌曲在流传过程中的主体构筑，歌曲制作成本较低，歌词创作也相对自由。尽管在生产资金的投入和专辑发行量上规模不大，但事实证明，独立音乐所赢得的歌众数量却并不比经过包装后的歌手少。由此可以看到，独立音乐作为一种音乐文化产业模式，也对歌词的创作提出了新的要求。用歌词来抒发心情，用歌词来表现自己的生活态度、对世界的看法，这也是引发歌众喜爱并欣赏的重要原因。歌众作为流行音乐的最终“消费者”，对音乐产业化的推动也是不可小觑的力量。

结　语

从《歌词学》到“歌词学”，可以说，这是一门已经诞生，还在期待不断完成的新学科。《歌词学》不仅为这门新学科架构了一个建设性的基本理论框架，而且其中对一系列与歌词相关的音乐现象和事实作出的本质上的思考，都为后来歌词研究者们提供了许多具有意义的学术生长点，这也正是歌词学作为一门新学科的宽阔的研究前景。

安德烈·纪德的小说《窄门》中有一段意味深长的话：“你们要努力进窄门。因为引至灭亡，那门是宽的，路是大的，进去的人也多；引至永生，那门是窄的，路是小的，找着的人也少。”《歌词学》就是这扇“窄门”，通过它，我们势必将发现这一学科更广阔的天地。

（作者单位：四川大学文学与新闻学院）

多元史观下的文学探寻

——评孟庆澍的《历史·观念·文本——现代中国文学思问录》

□ 穆海亮

关于中国现代文学的研究，学界曾有“贫矿”之喻，意指随着横向研究之泛与纵向研究之深，在现代文学30年这本不十分富余的研究领地上，可供开发的处女地越来越少。现代文学研究选题之难、出新之不易似乎已人所共知。然而，孟庆澍的《历史·观念·文本——现代中国文学思问录》（河南大学出版社2010年版，以下简称《思问录》）却给人带来了一些新的启示。

该书并非传统意义上以“三十年”为中心的现代文学研究，而是力求打破近代、现代与当代文学之间的界限。全书以十余个专题的形式，分别讨论了晚清以降的报刊舆论、文化运动、观念论争、经典传播、当下创作等等。全书形式多样，既有厚重的历史考源与观念思辨，亦有精细的文本阐释，不仅内容丰富、视野开阔，而且在资料与观点上时有新见。能做到这一点，我以为，是因为《思问录》不仅能将严谨的理论思维建于扎实的历史文献之上，于细致入微的资料扒梳中进行一种“在地的文学史研究”；而且将鲜明的微观史意识融入开阔的跨理论视野中，进行一种微观史料学基础上的文化反思，在前所未论或看似寻常的问题上坚持反思立场，从而做到见前人所未见，发前人所未发。

一

翻开《思问录》，首先让人感到的就是其扑面而来的历史感。这不仅是由于作者对资料占有的全面翔实，尤其给人留下深刻印象的，是作者对历史刨根问底的信念和对学术精益求精的追求。这样的例子比比皆是。开篇对《甲寅》杂志兴衰脉络的考究已让人眼前一亮，“历史的碎影”一章对《绿波传》、《闲话并耕》的考辨更是对现代文学研究领域“点”的突破。通过严谨的考证，孟庆澍指出《绿波传》署名“孤桐”的作者并非章士钊，而是文学史上默默无名的蔡达，所以该小说收入《章士钊全集》实属误收。孟庆澍还借此整理出蔡达小传，这与对周作人佚文《闲话并耕》的发现同样可谓对现代文学研究一个小小的补缺。这些纠偏和查漏的工作看似细小，但在现代文学研究史料几近泽竭，文献学、史料学的发掘越来越受重视的今天，显得极为可贵。同样，对《骆驼祥子》在战后美国文坛的传播情况的考察，也有填补现代文学研究空白的意义。更何况，作者还由此发出呼吁："现代中国文学作品的译本及传播研究绝非仅仅属于翻译学或比较文学领域，而从来就应是现代中国文学研究的题中应有之义。"这样的呼吁绝非无的放矢，若能受到重视，将开辟现代文学研究新的广阔空间。《思问录》一书浓郁的历史感，还体现在以丰富厚实的史料营造时代气息，竭力复原历史形貌。这从第一章对《甲寅》和《新青年》渊源的探讨，尤其是第二章对清末民初公共领域、报章舆论的考究中体现得十分明显。作者在探究"作为舆论事件的新文化运动"时，采用社会史、文化史的研究理路，通过对原生态历史事件的叙述和对鲜活时代氛围的描摹，令读者如临其境，如面其事，在真切可感的历史语境中，体会近代社会公共领域的形成、公共舆论的兴起与新文化运动的发轫之间的互动与纠结。

于是，可以看出，《思问录》对文学史的描摹，借鉴了微观史学的研究思路，注重从细微处入手，挖掘历史细节，善于从貌似偶然的小事中追寻历史的脉络。这种做法，并不是由于作者深入细致的史料考究带来的无意收获（尽管它必须以深入细致的史料考究为基础），而是作者意识鲜明的有意为之。不仅研究思路如此，这甚至还影响了《思问录》一书的表述方式。附录之《世界舞台上的民族主义》一文对卡尔·瑞贝卡《世界大舞台——十九、二十世纪之交中国的民族主义》的评论，就是从一件偶然的事件——在湖南教书的美国女教师与避难中国的菲律宾共产党员的邂逅和交往——入手，切入评论的视角。当然，令人最为印象深刻的微观史考察，是《思问录》对清末民初政论杂志的研究。新的视角提供了新的思路，从而发现新的问题，做出新的阐释。如对《甲寅》和《新青年》渊源的研究，作者避开了此前研究者从发刊宗旨、编辑思路、栏目设置、刊物风格、政治理念等方面展开论述的传统视角，而是"从杂志形成、发展的外部因素，包括编辑和作者的人际互动以及刊物所依托的出版机构等角度切入，重新释读这两份杂志之间的渊源，尝试以微观史学的方法，再现新知识者在民初特殊的时代背景下，如何围绕报纸杂志这一新兴的言论空间进行交往和互动，构筑自己的思想和文化网络，制造引导时代进步的新议题的历史过程"。作者详细考察了《甲寅》主事章士钊与陈独秀、李大钊、胡适、吴虞等人的文字交游，以及《甲寅》、《新青年》与其出版机构亚东图书馆、群益书社之间千丝万缕的联系，从而为阐释《甲寅》与《新青年》的渊源和差异开掘了新的视角，并为进一步考察民初政论杂志与新文化运动之发轫的关系提供了史料学、社会学乃至文化理论的支撑。通过微观史、日常史的考证，作者发现，只有将更多看似琐碎的历史细节纳入研究的视野，人们才能更准确地理解新文学与新文化究竟缘何而来。这提醒我们，对于新文学的研究，应该更多注意文本之外的因素，政事、制度、市场乃至琐细如私人情谊者，都有可能于关键时刻发挥作用，从而推动历史的进程。

在接下来的论述中，作者将这种视野一以贯之，详细考察了近代报刊与官方势力、市场效应、士绅阶层的互动，印刷技术、邮政事业对报刊发展的支持，新学堂的开设、识字率的提高、新知识分子的涌现和租界的存在对近代舆论形态的影响，以丰富的材料为读者勾画出了中国近代舆论的多元内涵和多维动态结构。在这样一个具有自身发展逻辑的独特历史存在中，作者对新文化运动发生所做的知识社会学考察便顺理成章，作者把“五四”新文化运动视为此前长时间知识积累的产物，这些知识与新式教育、近代出版等社会性因素共同构成了新文化运动得以发生所必备的一整套资源谱系。其中，以《甲寅》和《新青年》为代表的民初政论杂志，既是这资源谱系的一部分，又参与并主导了这一时期知识生产的过程，还作为舆论的主要表现形式以及公共领域中的特殊结构和主体，作为新知识分子的一种典型交往模式，改变了原有的知识生产方式，从而为新文化的发生奠定了基础。

由此可见，《思问录》的文学史研究的理路，是将微观史作为切入的视角，而不是最终目的。作者虽然强调从具体细节入手研究历史，但落足点仍是希望寻求对历史的整体把握与深度反思。《新青年》在《甲寅》杂志的停刊和甲寅作者群的解体、分化中诞生，这恰恰体现了近代中国的现代化进程由政治启蒙向新文化启蒙的发展。在政论杂志《甲寅》中崭露头角的“社会性议题”到《新青年》中越发凸显，遂使“社会”与“文化”成为“五四”时期知识生产的主题，这表现了清末民初知识生产的主题“国家——社会——文化”的演变过程，而这既是知识阶层参与社会策略的转变，又代表了知识分子对自身公共性、社会性的初步觉醒。诸如此类知微见著的论述在《思问录》中随处可见，这体现着作者微观史视野下的历史主义传统与社会科学取向。在这一点上，《思问录》显然更接近于以梅狄克为代表的德国微观史学派，而区别于以金兹伯格为代表的意大利同道。虽然梅狄克认为只有“小的才是美丽的”，但正如伊格尔斯所指出的那样，这并“不是指脱离了更大的语境之外的轶闻逸事史。事实上，梅狄克坚持说：历史学应该从对‘中心’体制的关怀转移到边缘上面去，在那里可以发现有并不符合既定规范的每个个人。然而，个人却只能是作为一个更大的文化整体的一部分而为人理解。因此他所追求的微观史，缺少了一个宏观社会的语境便不能成立”[①]。《思问录》曾表达了对梅狄克观点的赞同，看来这并非作者一时的心血来潮。实际上，《思问录》绝不仅有对梅狄克微观史学说的借鉴，更是对微观史学带有后现代主义极端倾向的修正，从而既避免了使微观史、日常史研究“退化成奇闻逸事和发思古之幽情”[②] 的危险，又避免了所谓的“后现代历史叙事学”对历史真实的虚无主义态度。

《思问录》对《绿波传》的考辨，对《闲话并耕》的钩沉，以及对《骆驼祥子》英译本传播状况的梳理，都体现了相当传统的治史之道，即对于史料的重视；即便是在借微观史学之力最多的第一、二两章，作者也同样坚持从史料出发的原则，并采用了细密严谨的社会学方法，使用了一些第一手的统计数据和报表，这不仅增强了论述的准确性和可信度，而且昭示了一种文学史研究的新理

① 格奥尔格·伊格尔斯：《二十世纪的历史学》，何兆武译，山东大学出版社 2006 年版，第 108 页。

② 同上。

路。正如不少理论家所指出，微观史与宏观史的结合可能是未来史学的发展趋势，而历史学与社会理论的互渗对于彼此都可相互激发促进，彼得·伯克已经非常清晰地论证了这一点。我们的文学史研究，从中也可获得启发。从这种意义上说，《思问录》一书不仅提供了一些独到新颖的研究结论，其方法论的意义或许也同样重要。

二

《思问录》对微观史学方法既有所借鉴又有所修正，既借用西方又立足本土的研究理路，显示了作者广阔的理论视野与谨严的治学理念。《思问录》对社会理论的娴熟运用，之所以是恰切而富有说服力的，是因为作者坚持了立足本体、化而用之的原则。作者在一篇书评中，对于另外一位青年学者曾有这样的期许："既有面向世界敞开的廓大胸怀，也有自己独立的阅读和思考；既能借鉴吸收国外的社会科学理论，也能珍视源自本土的切身体验，特别是应该以自身对民族历史的深入阅读和体会为基础，强化自身的问题意识而不至于陷入别人的话语场而不能自拔。"他将之称为"在地的文学史研究"，而以此概括《思问录》的研究理路，同样是恰如其分的。

《思问录》对社会学理论的借用顺手拈来，这广阔的理论视野为探求新思路、形成新认识提供了重要的支点。如果说《思问录》对汪曾祺气质的评论和对"自由人"文艺思想的复原都是传统意义上知人论世的文学研究，显得客观辩证；那么，在新的社会理论的支撑下，《思问录》对文学现象的研究乃至对当下文学作品的解读都充满了发人深省的反思意识，彰显出个性飞扬的学术品格。小而言之，这体现在借用原型批评理论对莫言小说《蛙》进行的文化解读，借用微观史学对影片《十月围城》所做的虽短小精悍却精彩迭现的个性评论；大而言之，则体现在以知识社会学的视角切入对"五四"新文化运动的重新释读，和对时下十分热闹的"知识分子"问题的深刻剖析。这些研究，不仅总体上得出了不同于前人的崭新阐释，而且于具体问题上屡有新见。比如，对传统研究视角"启蒙"的反思就很有启发性。前人的研究往往把《甲寅》、《正谊》等民初政论杂志，甚至更早的《清议报》、《新民丛报》等改良派刊物视为新文化的批判对象，然而从知识积累的角度看，这些刊物却是广义上启蒙运动的组成部分，是政治性的启蒙。而由政治启蒙发展为"五四"时期的新文化启蒙，说明政治启蒙的作用并不明显，但政治启蒙的失败开启了新文化启蒙运动。从这个角度看，这些民初政论杂志的意义不容抹杀，其政治理念上的新与文化理念上的旧，恰恰说明"作为一个整体的中国现代启蒙运动的重心，在这一阶段合乎逻辑的、同时无可避免地处于政治启蒙阶段"。同样，《思问录》还从知识社会学的角度，尤其是柯林斯的互动仪式链理论和网络结构理论，分析了中国知识分子的社会角色和功能从"帝王师"向独立的、公共性的"社会人"的转变，以及这种转变引起的知识生产方式的转变。正是这种转变，为新文化运动的发生提供了必要前提。

《思问录》最见作者功力的论述，我以为，是全书的第二章“作为舆论事件的新文化运动”。这不仅是由于它从一个全新的角度阐释了新文化运动发轫的历史动因与文化逻辑，而且在很大程度上倚赖于作者对舆论、公共领域等重要文化现象的鞭辟入里的剖析。毋庸讳言，此处的精彩论述得益于哈贝马斯者诸多，不知哈贝马斯关于“公共领域”的论述是否以及多大程度上激发了作者的研究灵感。关于哈氏理论在近现代中国的适用性，本是见仁见智的事情。玛丽·兰金虽然认为中国的情形不属于哈氏理论界定的那种形态，但她也并未完全否认其在中国近代公共领域发挥作用的可能性，因为毕竟在民国初期市民社会，某些最初的因素已经出现。李孝悌也认为“民间社会”的出现可以带给人更多的省思的空间。当然，众所周知，李欧梵则明确否定了近现代中国公共领域的存在，连哈贝马斯本人也否认公共领域在诸如中国、俄国、叙利亚这样的国家存在的可能性。但是，关于这个问题，或许彼得·伯克的观点是更加辩证的：“或许我们在谈论和思考公共领域时，不应简单地从有无的角度考虑，而应考虑不同文化中可能具有的不同形式以及相对的重要性。”[①]《思问录》大体接受了哈贝马斯的理论，并且认为，如果不能否认近代中国出现了与国家权力相对抗的社会公众意见，就不能否认公共领域在中国的存在。而在具体运用时，《思问录》也丝毫没有套搬的迹象，更没有陷入理论的泥潭迷失自己的研究路向。作者很清醒地意识到，在使用哈氏理论时，首先“需要注意‘公共领域’概念的特殊历史时效与阶段性内涵。西方的理论框架移植于中国，要看其具体的移植是否真正改变我们提问历史的方式”。作者一方面肯定了清末民初的中国出现了“公共领域”，一方面又认识到这种公共领域与国家、政府的关系要比在西欧出现的同类现象紧密得多，而且中国“公共领域的形成未必与‘高度制度化意义上的社区共同体’有关，中国的城市化是前现代且发育极不充分，因此在这里生存的‘公共性’是极为有限的”。尤其值得注意的是，《思问录》在此处引入哈氏理论之前，已经对晚清以降中国社会公众的形成、舆论的出现做了细致的梳理，分析了近代舆论所受报人与受众的主观意识形态、落后的经济状况、严酷的政治势力、严厉的思想言论整肃制度以及知识分子身份的游移等内外在因素的制约，对这“未完成的公共性”做了严密、清晰、辩证的文献学考辨与理性分析。在此基础上引入的哈氏理论，在阐释近代中国的公共空间与公共舆论时，就扎扎实实地植根于中国的文化土壤与历史语境中，与中国实情严丝合缝，最后得出的结论也就自然水到渠成：“公共领域的出现，是新文化运动发生的前提条件之一，或者说，从公共性的角度来看，新文化运动就是一次成功的舆论事件。”在借西方社会理论反思中国问题方面，《思问录》的方法与经验，即使不能说为我们提供了一个良好的范本，也颇值得后来的研究者认真借鉴。

坚持立足本土，适当化用西方理论，在微观史视野中展开文化反思，这是

---

① 彼得·伯克：《历史学与社会理论》（第二版），姚朋等译，上海世纪出版社集团2010年版，第86页。

《思问录》一书主要的研究路向。其微观史的视野和建立在社会科学理论基础上的文化反思本是密不可分的一体两面，前者为后者提供了赖以展开的根基和土壤，后者使前者由琐碎与肤浅的表层现象升华出深沉厚重的内在意旨。二者的密切交融贯穿于全书始终，这就是《思问录》的作者提倡的“在地的文学史研究”。他是这么提倡的，很显然，也是这么做的。

（作者单位：南京大学中文系）

七月社、希望社发生机制和运作史研究的创新之作
——读周燕芬《因缘际会》

□ 张学义

中国现代文学社团史的研究，近年来开始显现出新的突破和成绩。这是现代文学研究中一个有新意、有挑战、有价值的研究课题。由于研究的重点偏重于人事，把研究的关注点集中到现代文学最原初的起点——个人的文学活动，使得文学史上某一文学社团的形成、流转、活动、作用等得到细致和深层次的揭示、诠释。这对以往的偏重于文学流派研究，是一个有效的修正和完善。西北大学周燕芬教授的《因缘际会》(武汉出版社 2011 年 1 月出版)，是对现代文学史上以胡风为中心的七月社、希望社及相关文学社团研究的创新之作。

一、全面系统地勾勒出社团的起承转合

无疑，七月社、希望社及相关的文学社团的文学活动和文学成就，在现代文学史上有着重要而独特的地位。多年来，有关的研究并未停歇。随着 20 世纪 80 年代后胡风集团冤案的平反，相关的研究逐步提升并持续活跃，最终，大家注意的焦点多集中在胡风身上。但是，对胡风的研究无法全面说明七月社、希望社及其相关文学社团的发生运转和整体风貌，而对文学社团的整体把握又是文学研究中新鲜而重要的一翼。在《因缘际会》中，首次完成了对凝结了胡风巨大心血的七月社、希望社等文学社团的历时发生和运演过程。周著从“左联”及其内部斗争入手，指出：“左联”“名义上的作家团体和实际上的政党或者第二党构成一种矛盾或悖论，是左联内部矛盾的发生和关门主义、宗派主义逐渐盛行的必然原因”(6 页)。于是，“左联”内部形成了雪峰派、胡风派和鲁迅派。但是，在这三个所谓的“派”之外，还有一个周扬派。“两个口号论争”使“左联”的内部斗争白热化，而鲁迅的去世，加速了“左联”队伍的解体。抗战烽火的纷起，催生着新的文学社团的诞生。

周著在第 2 章和第 3 章翔实展现了七月社、希望社及相关社团的背景、来由与流变、同人队伍、社团特征、社团活动、个人关联等，占全书三分之二的篇幅，是该著最有分量的部分。在这里，周著让我们明白了鲁迅逝世给左翼文坛形成的空白、胡风等作家受到的冷遇、排挤和创办新的文学刊物的迫切需要的情

势。就文学社团的根本特质而言，周著第 2 章第 3 节的“七月社的构成形式与社团特征”和第 3 章第 5 节的“希望社社团特征以及摩擦与对抗的产生”是最重要的两节内容，既是对社团特征的深度揭示，也是首次对这两个主要社团以社团研究的诸要素条理化的探究和揭示，从而把七月、希望等文学社团研究和以往偏重于文学流派研究的做法区别开来，凸显出周著的文学社团研究的特征。就以七月社为例——

七月社的组织形式：《七月》杂志（107 页）；

七月社的纲领性文献：胡风的《七月》杂志的发刊词（107 页）；

七月社的特征：既开放又集中（109 页）；

七月社的精神特征：坚持五四新文学路向，配合抗战的现实需要（112 页）；

七月社形成的关键因素：鲁迅的思想精神（116 页）；

七月社的成型：以鲁迅和胡风为之奋斗的新文学为共同追求，相互激励而结为一体的作家群（117 页）；

七月社文学追求的精神纽带：主观战斗精神（129 页）；

七月社的艺术风格：时代的激情、现实的忧患、作家的忧郁、笔触的疾厉、色彩的浓烈（129 页）。

另外，周著的全面性在于，从七月等社团的产生背景、产生机缘、中间的转换与终结，乃至作为胡风集团分子的遭遇，都在纵横交错的叙述中得到有始有终的展现。七月等文学社团的发展变化轨迹，因此得以清晰呈现在读者面前。

二、拓展了胡风研究

胡风研究，就是以胡风为研究对象展开的全部研究活动。当然，研究界把胡风研究主要集中在围绕胡风的创作、文艺思想、文艺活动而展开，也合乎情理。但是，就目前胡风研究的主要趋势看，大约主要表现为：一，有关资料的搜求和汇集；二、围绕胡风事件的回忆和申说；三、胡风文艺理论的研究；四、胡风知识分子命运的研究。周著属于“中国现代文学社团史研究书系”之一，而这套书系所追求的，正是见于在文学研究中以往只重视文学流派的研究而轻视了社团研究的现状而着力于“研究文学社团的兴衰聚散”，其“重点在人事”。周著正符合这样的学术研究设计。

如果说陈思和、南帆主编的中国现代文学社团史研究已经以出版了 15 部著作的成就显示出对中国现代文学研究的拓展价值的话，周著对于胡风研究而言同样具有其拓展的意义。陈思和先生对现代文学社团大致从 4 个方面来划分：一是传统文人社团形式；二是依托现代知识分子公共空间的社团形式；三是以同人刊物为核心聚集作家的形式；四是文人小团体的形式。依此来看，周著所研究的七月、希望等文学社团，正属于第三种类型，即“以同人刊物为核心聚集作家的形式”。周著拓展的意义在于：一、第一次把胡风稳妥而恰当地放置在“七月”、“平原诗社”、“诗垦地”、“七月文丛”、“希望”等文学河流里来作纵向的勾勒和考察；二、把胡风的文学社团和后来的“胡风集团”第一次从文化演变的角度联系起来，从而看取胡风等作家文人的存在方式。这一点，又超出了“以同人刊物为核心聚集作家”的概括范围，也因此显示出胡风命运的悲壮及其可贵的品格。

三、初步建构起相关的学术研究框架

现代文学社团研究还是一个尚待大加开掘的文学研究领域。由于诸多原因，还有许多困难横亘在研究者面前，以胡风为核心人物的七月、希望等文学社团研究也是这样，诸如有的资料难以搜求，有的资料在不知不觉中消失，有的话还不能说，有的事情还不方便下断语。但有了这个研究，毕竟开了一个好头。

周著的三个“附录”很值得称道。作为附录一的“参考资料”，详尽开列出周著的资料来源。作为附录二的“相关期刊和丛书目录”，向读者全面展示了有关七月、希望等多种过往的文学事实的目录索引。作为附录三的“胡风相关社团编年大事记”，为读者捋出一条比较清晰的线索。这些看似单调枯燥的“附录”，正是学术研究之功力的绝好体现，也是研究者面对研究对象心存敬畏、认真劳作的结晶，还是着手研究开辟新境的基础，更是有益于后来者接力于新的学术起程的真实助推。

对于“中国现代文学社团”的准确理解，应该是“中国——现代——文学社团”，也就是说，“中国”是空间概括，“现代”是时间上的概念，“文学社团”是包涵着一切文学品种的文学大家族里所形成和存在过的文学社团。这样看来，关于中国现代文学社团的研究任务，非常艰巨而且光荣。艰巨，是其研究任务非常之巨大和繁多；光荣，是按照这样的内涵理解，目下对中国现代文学的理解的局限性有望得到新的突破，乃至中国现代文学及其研究的面貌将得到大的改观。试想，在现代中国这样一个时空下，所有的文学社团都纳入研究者的视野的时候，中国现代文学的整体新格局将被勾勒出一个清晰的轮廓，呈现出一个全新的面貌。中国现代文学在这样的研究视角下，将是一个更符合历史真实的文学景观。这将是一个巨大而迷人的文学建筑。周燕芬教授以《因缘际会》的著述，奉献出自己的真诚的建设性劳动。

（作者单位：渭南职业技术学院）

纠偏·开创·深化

——评张均《中国当代文学制度研究（1949—1976）》

□ 罗执廷

这些年来在中国当代文学研究领域，文学制度、文学生产体制这样的研究角度已经颇成气候，产生了不少学术成果，有效拓展了当代文学研究的领域和方法。这方面的先行者和较突出的成果有洪子诚著《中国当代文学史》、杨匡汉与孟繁华主编的《共和国文学50年》、洪子诚著《问题与方法——中国当代文学史研究讲稿》、孟繁华与程光炜著《中国当代文学发展史》、洪子诚与刘登翰合著《中国当代新诗史（修订版）》、王本朝著《中国当代文学制度研究（1949—1976）》等。2011年4月，中山大学的张均同志也出版了他数年钻研的结晶之作《中国当代文学制度研究（1949—1976）》（北京大学出版社）。张均这本书虽为后起之作，甚至书名都与先前的某著作雷同，却绝非对前人研究的简单因袭与低效重复。认真研读此书，并与其他同类著作细加比较之后，我确信，张均此书不仅是目前有关1949—1976年间中国大陆文学制度（或体制）研究的集大成之作、锦上添花之作，更是一部具有观念“纠偏”、思路“开创”和整体“深化”价值的精品力作，是对当代文学制度研究的整体推进与突破。我相信，它的出版将有助于学界反思目前同类研究的偏差与局限，有助于人们对目前盛行的机械文学社会学研究方法的警惕，它的方法论启示意义会日益凸显。我预测，它有望在当代文学学术史上占有一席之地。

张均《中国当代文学制度研究（1949—1976）》的一个重要贡献就是“纠偏”，即对此前有关1949—1976年间中国大陆文学制度的许多不正确、不严谨的认识或结论的纠正，以及对这些不当结论背后的某种“认识装置”的纠正。正像张均所指出的，“文学制度作为一种事实上由多重观点、利益博弈而成的事实规则”，其本身是复杂的、动态的，甚至有时是自相矛盾的，但此前同类研究的诸多结论都有“简化”的毛病。笼统、简化就难免不合历史事实，难免有谬误。通过翻阅大量的原始资料及回忆录，张均发现“文学全部纳入党和国家意识形态的轨道”这类盛行的判断大多并不合乎实情，而是“含有较多想象成分，某些结论甚至不能成立”[①]。比如，时论以为1949年全国出版资源被统制以后，党通过“行政与半行政的手段”，禁止鸳鸯蝴蝶派等通俗文学出版，所以“不仅‘鸳鸯蝴

① 张均：《中国当代文学制度研究（1949－1976）》，北京大学出版社2011年版，第3页。

蝶派’，所有以旧式的传统章法、语言写作，缺少新思想新气象的通俗文学，都一起结束了它们在祖国大陆上的存在”。张均却发现，新中国成立后不但鸳鸯蝴蝶派作品以各种形式“残存”了相当长时间，而且前鸳蝴作家也多数仍以笔耕为业，努力模仿“人民文学”，出版、发表不少新作，直到60年代鸳蝴派作家才彻底从文坛消失。张著还发现对鸳蝴文学进行打压并非党的政策，而是以丁玲为首的延安文人的自作主张。强调“改革”旧派文学，不全部否定而是承认鸳蝴文学的部分进步因素，留下调和、改造的余地，是中宣部定下的认识基调；但丁玲等个别文艺官员却明显违反这种基调，彻底否定旧小说，其私人意见通过其掌握的《文艺报》表达，对鸳蝴文学加以排斥。张均发现，此前的许多研究者都以后设视角来反推历史，或是带着某种先入之见进入历史，所以经常误读材料，倒果为因，将某项制度或政策运作的结果当作最初制定制度或政策的动机。有的研究者则陷入二元对立的思维惯性，以历史抗议者的身份将社会主义文化体制视为应该否定的对立面，于是很自然地将本来复杂、动态的文学制度及其运行状况简约为与国家权力、主导意识形态完全“一体化”。这种“认识装置”的偏差或曰“意图谬误”是造成将历史简化或理念化，导致认识与结论违背历史事实的一个重要原因。

张著之所以能够屡屡发现和纠正此前研究中的不当说法或结论，主要得益于重视“史料发现与考订”以及注重历史细节，坚持以史带论、论从史出的研究方法。著者说：“我并不反对‘一体化’等结论，但疑心甚重，且对历史沟壑和细节充满好奇，也许文学现场告诉给我的东西，会大有不同吧。故而所谓‘研究’，在我主要变成了找材料。”“几年下来，日记、书信、交代材料之类，让我对很多文学史‘基本事实’与‘定论’失去了信任感。”[①] 通过大量的资料发掘，他发现“文学制度在运作中遭到抵抗、挪用、歪曲乃至消解之现象”在1949—1976年间是普遍存在的。由此他对“一体化”等笼统而简单化的结论发出质疑：“这类判断是否过度放大国家权力？中国社会运作极其复杂，在历史上，国家权力究竟能在多大程度上‘宰制’社会空间与民众思想，极为可疑。”[②] 为了防止“历史的多重面孔”被“单面化”，他特别注重对历史细节的梳理，这表现为对具体文学制度、政策的形成、演变过程（包括其中的折冲、迂回、反复）的“还原”式的呈现和入情入理的分析。比如他发现，这一时期的稿酬制度几经反复，在动荡中变来变去，其间充满了错综复杂的各种利益群体的博弈，如周扬等文艺领导人和“群众”势力的反复博弈，作家群体内部因道德境界的差异或实际利益的分化而导致的分歧与争议，毛泽东、周恩来、刘少奇、张春桥等政治领导人的不时介入及立场、动机的差异，等等。作者深入历史的细节之中，尊重材料，尊重事实，尽量还原历史现场，还原历史的复杂性。

张著的另一突出贡献则是其开创的文学制度研究的新思路与新方法。对此，於可训教授已做了精准的评价：“与此前学者所做的现当代文学制度研究不同，

---

① 张均：《中国当代文学制度研究（1949-1976）·后记》，北京大学出版社2011年版。
② 张均：《中国当代文学制度研究（1949-1976）》，北京大学出版社2011年版，第3页。

张均博士的当代文学制度研究，旨在论析当代文学制度的发生，揭示在这个过程之中，种种社会政治力量（权力）的作用，以及因这种作用而导致的文学内外各种势力之间的博弈；正是这些势力集团（包括其中的个体）之间的博弈，使当代文学制度不至于在人们的印象中，仅仅是一些无生命的机构、规则和政策条文，而是一个个‘有意识的、经过思虑或凭激情行动的、追求某种目的’（恩格斯语）的个体或集团活动着的历史现场。从这个意义上说，张均是人化了文学制度研究，或曰把文学制度研究还原成了人的研究，即构建制度、操作制度和被制度所构建、所操作的活生生的人的研究。这是张均博士的一大发明，一个创举，也是本书独特的价值和魅力之所在。"[①] 确实，"把文学制度研究还原成了人的研究"正是本书的特出之处与高明之处。近些年，文学研究界兴起一股"外部研究"热，文学的传媒研究、传播研究、文学制度、文学生产体制研究都是其类，这类研究当然是必要的，但也存在一些普遍的问题与弊病，比如片面、机械地看待各种外部环境、条件对文学发展的影响。外部的环境条件因素当然会对文学的创作、出版、接受等产生影响甚至是制约作用，但外部因素首先必须通过文学活动的主体"人"才能起作用。也正是在这样的意义上，勃兰兑斯指出："文学史，就其最深刻的意义来说，是一种心理学，研究人的灵魂，是灵魂的历史。"[②] 张著通过分析当时文学场中不同行为主体相互间错综复杂的关系，通过对他们的文化心理、文学理念、个人性格、行为动机等的深入剖析，来呈现各项文学制度或政策的生成过程和具体实施状态及效果。这就比笼统、机械、客观主义的外部扫描更贴近历史实情。张均认为习见的文学制度研究模式或思维有一个重要的错误"假设"，即文学制度是独立的行为主体，它一旦形成，便会自动作用于作家，按照预设指令实现相应功能。他认为真实的情形是"在中国，任何公开规则，同时又与人有关，由人制定、为人所用。制定者、使用者不单纯是执政党的预设意图的机械执行者，作为活生生的个人，他们也生活在不同观念、利益与情境之中。作为制定、运用制度的人，他们才是主体。制度达成怎样的状态，发生怎样的功能，与制定它、执行它的人希望它成为何等状态，发挥何等功能实在是大有干系。而观念、利益与情境的混杂性，决定了制度状态与功能的歧异性与不确定性。同一执政意愿，在不同制定者掌握下可能形成不同的规则。同一条文，因运作者的不同目的、不同解释，亦可能生成差异性功能"[③]。确实，中国传统上就是个"人治"的文化体，即便到当代，规范化的现代制度运作体系也依然没有建立或虽立而不行。注意到这种历史因袭的"潜规则"，无疑避免了书斋式推演的单纯与不切实际。

由于注重史料发掘和历史细节的梳理，以及新的研究思路的开创，张著得以将当代文学制度研究这一课题推进到一个新的深度。这首先表现为它所关注的对象的扩展，比如它对鸳鸯蝴蝶派作家、对私营书局的文学出版的关注，对50年代的"同人刊物"问题的挖掘，对民间通俗（章回戏曲）读者的注意，对知识分

① 於可训：《中国当代文学制度研究（1949－1976）·序》，北京大学出版社2011年版。

② 勃兰兑斯：《十九世纪文学主流·引言》，人民文学出版社1997年版，第2页。

③ 张均：《中国当代文学制度研究（1949－1976）》，北京大学出版社2011年版，第9－10页。

子阅读在50年代的失败的考察等等，都是此前研究者较少涉猎或涉猎不深的领域。即使是习见的研究对象，张著也往往挖掘出了新的内容或得出了新的认识。比如在第一章“文学组织制度的建立”之第一节“文艺机构的设置”中，就不是单独地考察一个个重要文学机构，而是从“单位制度”的视角做宏观和整体的考察，并指出：“单位制度及其运作，在有效地将中国带向现代化的同时，亦使文艺机构重蹈古代官方学术机构相类似的处境：‘自汉代经学与利禄结合以后，学术思想的领域便很难维持它的独立性，而成为通向政治的走廊。从博士制到后来的翰林制，传统的学术机构是附属于政府的’，‘没有自主的力量’（余英时《中国知识分子论》）。新中国的文艺机构复活了这种‘走廊’现象。”[①] 这种认识不仅辩证地分析了单位制度的正反两面性，还在历史的纵深中加以审视，这就将对当代文学制度的研究同时向“现代化”（或“现代性”）的维度与历史文化传统的维度掘进。另外，张著视野开阔、架构周全，它的上编分别考察和梳理了文学组织制度、出版制度、批评制度、接受制度的生成和建立，下编则以更大的篇幅深入论证了上述制度介入与当代文学发生及展开之关系，可以说是体大思精而又重点突出，相较此前零散或平面化的文学制度研究，有更宏观的驾驭和更深入的开掘。比如它有关“人民文学”、“新文学”、鸳蝴派和革命通俗文艺四分的看法，对自由主义文学批评与通俗批评（又分为鸳蝴型、革命传奇型批评）、政治批评（社论、编者按、工农兵评论和写作组）的区分，对知识分子阅读与大众阅读的分别考察，都达到了相当程度的细化与深化。尤其，张著对研究者自身的“认识装置”的反思，对文学制度中“人”的因素的揭橥，对当代文学制度与传统文化、历史之间深刻的“血缘关系”的发现，都体现了对当代文学制度研究整体推进和深化的努力与成效。

当然，百密一疏，张著也存在少许薄弱点或盲点。比如，它对“文革”十年的研究就有些薄弱，远不及对“十七年”梳理全面和分析细致。“文革”期间的具体文学政策、制度当然与“十七年”有所差异，可考察与分析的对象也并不少，比如“文革”期间的各种非正式出版物（如红卫兵小报、厂矿、学校等单位的自印刊物等，它们是后来《今天》等民刊的滥觞，具有重要的文学史关联意义）和内部出版物（即供批判用或专供高级领导干部阅读的欧美文学出版物，如作为北岛、芒克等“今天派”诗人的重要精神食粮的所谓“黄皮书”与“白皮书”）是否应该纳入“文学出版制度”之中来考察呢？“文革”期间的手抄本小说和地下诗歌的传播与阅读现象，作为统制化的“文学出版制度”的后果与对立面，是不是也应该纳入本书中“接受制度与阅读秩序”这样的章节中去讨论呢？似乎都不应该忽略。

（作者单位：暨南大学中文系）

① 张均：《中国当代文学制度研究（1949－1976）》，北京大学出版社2011年版，第31页。

稿约与稿例

一、本出版物暂定为半年一辑，每年春秋两季出版。

二、常设栏目有“现代文学与现代文化”、“文学史新论”、“巴蜀文学重读”、“对视与争鸣”、“现代中国文学档案”等，强化“问题意识”、倡导“学术锐气”、保藏“文献档案”是我们追求的目标。欢迎围绕以上栏目撰写论述，也欢迎提供百年来各种形式的中国文学与文化发展史料。

三、来稿请采用脚注带圈字符每页重新编号方式，注意学术规范。

四、本出版物实行匿名审稿制度。

五、来稿请同时提供纸质与电子文本。纸质文本请寄：四川大学文学与新闻学院《现代中国文化与文学》编辑部周维东（邮编 610064）；电子文本请寄：Smtdd@126.com

编后记

转眼之间，在学界诸同仁的大力支持下，本刊已出满10辑了。在此，本刊全体同仁向多年来鼎力支持本刊工作的学界朋友们表示衷心的感谢，真诚地希望你们一如既往地支持我们，为推动现代中国文化与文学事业的发展尽绵薄之力。

“文学的‘民国机制’研究”是本刊着力打造的栏目。因为这一视野的提出对当下艰难徘徊的现代文学研究而言不啻为一种有效的突围。本期李光荣的《论中国现代文学概念的游移与中华民国文学史的缺位》一文，虽然构思于2004年，但在今天看来依然有其合理之处。汤巧巧的《“民国文学”或者“民国机制”》则是对这一视野的直接呼应。当然，我们也欢迎持不同意见的学界同仁参与其中，无论是支持还是驳难，只要言之有物，言之成理，在学理的层面上进行平等的对话，我们都竭诚欢迎。真理在争辩中明晰。

“文学史研究”是我们的重点栏目。冯铁的《从奥匈帝国边缘到新文学中心——作为中国现代文学传播者的记者、翻译家卡尔玛》一文，将一个为文学史所忽视但却对中德文学交流产生重要影响的传播者卡尔玛从“边缘”拉到了“中心”，使我们对这位杰出的文化使者及其贡献素然起敬。易彬的《论20世纪40年代的穆旦批评空间》与白贞淑的《1956年“百花时代”中的〈人民日报〉副刊与诗歌》，以充分的史料和翔实的分析为读者理解40年代与50年代的批评生态提供了具体且富有反思意义的个案参照。沈庆利、梁华的《论谭正璧的历史小说》与任冬梅的《浅析梁启超眼中的科学小说》，选题新颖，论述细致而有新拓，颇为可喜。

2011年4月，海峡两岸现代文学界的部分学者汇聚四川大学，就百年中华文学的发展演变进行了深入的探讨。本辑“海峡两岸百年中华文学演变专题”中所收录的论文就是这次研讨会上交流的部分优秀成果。蔡震的《“桌子们开始跳舞”——郭沫若与创造社的方向转换》与陈俐、王海涛的《移孝作忠与儒学复兴——以抗战时期郭沫若和马一浮讲“孝”为个案》，为人们重新认识郭沫若的复杂性与丰富性提供了新的视点。台湾学者李宜涯的《给“标准青年”看的小说——〈青年进步〉初期小说之分析》与曾阳晴的《两条救赎的河水——张资平〈约檀河之水〉与北村〈施洗的河〉比较研究》，或剖析基督教青年会所创作的给现代青年看的文艺小说是什么，或比较张资平与70年后北村小说创作之异同，都给人以启发。李祥林的《“文学革命”呼声中的戏剧新、旧之争及其影响》，亦值得一读。廖久明的《也谈〈铸剑〉写作的时间、地点及其意义》则再次施展了他擅长考据的才华。

老舍与赵清阁的特殊情谊许久以来为人们所讳言，直到近几年来才有所涉及。经多年努力，傅光明出版了他的《书信世界里的赵清阁与老舍》，为我们展示了一个以往不为人所知的老舍世界。它的出版引起了学界的广泛关注，其学术价值不言而喻。同样，史承钧的读后感与陈思和的《序》也会引起学界的进一步思考。这也是我们以“编者按”的形式隆重推出的重要原因。

“新作荐评”是我们的保留栏目，这里推荐的是几位中青年学者的力作，他们为学界做出的努力值得我们肯定。这一栏目我们打算长期办下去。

2011 年是鲁迅诞辰 130 周年，我们特发一组别开生面的文章以示纪念。其他论文亦各有心得，值得关注。

望朋友们继续支持我们的工作，我们也努力更上一层楼。

图书在版编目(CIP)数据

现代中国文化与文学.第10辑/李怡,毛迅主编.—成都:巴蜀书社,2012.1
ISBN 978-7-80752-960-6

Ⅰ.现… Ⅱ.①李…②毛… Ⅲ.①文化研究-中国-现代-丛刊②中国文学:现代文学-文学研究-丛刊
Ⅳ.①G122-55 ②I206.6-55

中国版本图书馆CIP数据核字(2012)第002085号

现代中国文化与文学(十) 毛迅 李怡 主编

责任编辑	李 蓓
出 版	四川出版集团巴蜀书社
	成都市槐树街2号 邮编610031
	总编室电话:(028)86259397
网 址	www.bsbook.com
发 行	巴蜀书社
	发行科电话:(028)86259422 86259423
经 销	新华书店
印 刷	成都蜀通印务有限责任公司(028)84122206
照 排	成都完美科技有限责任公司
版 次	2012年2月第1版
印 次	2012年2月第1次印刷
成品尺寸	230mm×170mm
印 张	20
字 数	490千
书 号	ISBN 978-7-80752-960-6
定 价	35.00元